사진과 함께 읽는

차이나 키워드

China Keyword

100

김동하, 오혜정, 이창준, 신재은 지음

사진과 함께 읽는
차이나 키워드 100
China Keyword

초판발행	2019년 3월 15일
1판 3쇄	2021년 3월 20일
저자	김동하, 오혜정, 이창준, 신재은
책임 편집	가석빈, 최미진, 高霞
펴낸이	엄태상
디자인	진지화
조판	이서영
마케팅	이승욱, 전한나, 왕성석, 조인선, 조성민
경영기획	마정인, 조성근, 최성훈, 정다운, 김다미, 오희연
물류	정종진, 윤덕현, 양희은, 신승진
펴낸곳	시사중국어사(시사북스)
주소	서울시 종로구 자하문로 300 시사빌딩
주문 및 교재 문의	1588-1582
팩스	0502-989-9592
홈페이지	http://www.sisabooks.com
이메일	book_chinese@sisadream.com
등록일자	1988년 2월 13일
등록번호	제1 - 657호

ISBN 979-11-5720-149-5 (03910)

매년 3월이면 신입생들은 저마다 원대한 포부를 가지고 캠퍼스에 첫 발을 내딛는다. 중국 및 중국어 관련 학부(과)를 지원한 많은 학생들은 고교 때 제2외국어로 중국어를 배웠거나, 심지어 중국에서 수년간 생활한 경험도 가지고 있다. 이들에게 보다 전문화된 어학을 가르치면서, 또 다른 한편으로는 제한된 학기 내에 중국과 관련된 정치·경제·사회·문화·역사 전반을 알려줘야 할 '임무'는 거의 모든 교수자가 경험하는 '압력'이다. 어떻게 하면 제한된 시간에, 보다 많은 내용을, 조금 더 재미있고, 기억에 오래 남도록 전달할까에 대한 고민 속에서 이 책을 만들었다.

현대는 SNS와 영상의 시대이다. 우리 주위의 모든 정보는 손안에 있는 스마트폰을 통해서 불과 몇 초 만에 전달되며, 그 가치는 역시 짧은 시간에 정의되어 기억되거나 소멸된다. '찰나(刹那)'와 '비주얼(visual)'에 의해 결정되는 시대에 살고 있다 해도 과언이 아닐 것이다. 한편, 교수자가 직면하는 어려움은 매년 가르쳐야 하는 것들이 늘어난다는 점이다. 6천 년 전에 만들어진 갑골문도 소개해야 하고, 2017년 베이징을 방문한 우리나라 대통령이 용허시엔장(永和鲜浆)에서 요우티아오(油条)를 먹고 결제한 '위챗 페이'도 알려주어야 한다.

본서를 집필하면서 무엇보다 이러한 트렌드에 부합하고자 노력했다. 또한 사진 및 도표를 적극 활용하여 중국 지역학 전반에서 가장 중요한 지식을 정확하게 독자들에게 전달하고자 하였다. 우리는 융복합 시대에 살고 있다. 치열한 경쟁 속에서 사회는 대학에게 스페셜리스트이자 제너럴리스트로 인재를 배양시킬 것을 요구하고 있다. 따라서 저자들도 가장 기본적인 것을 알려주되, 이를 통해서 보다 심층적인 내용에 대해 흥미를 유발하고자 하는 원칙을 가지고 본서를 서술했다.

본서는 '중국학'을 처음 접하는 학생들과 독자들을 위해 만든 도서이다. 본서가 기존에 출판된 중국학 입문서들과 다른 점으로 다음 몇 가지를 꼽을 수 있다.

첫째, 충분한 시간을 두고 이루어진 100개의 키워드 선정이다. 현재 국내 126개 대학 및 전문대의 중국 및 중국어 관련 학과에서 어학 외에도 중국학 관련 내용을 배우고 있다. 이중 85% 이상 교육기관의 커리큘럼을 파악하여, 8개 챕터로 나누어 최적화된 비중으로 키워드가 선정되도록 하였다.

둘째, 저자들이 직접 찍은 사진들을 활용하였다. 저자들이 찍은 사진보다도 관련성이 높은 사진이 출판 사용권이 자유로운 인터넷 사이트에서 제공될 경우, 이를 활용하였다. 또한 사진과 어울리는 〈그림〉·〈표〉를 제작하여, 지식을 시각화하는데 노력을 기울였다.

셋째, 전통적인 '중국학' 지식 범주에 속하는 정치·역사·문화 외에도 'ICT와 4차 산업혁명' 챕터를 추가하여, 중요하지만 아직은 국내 교재에 등장하지 않은 인터넷 플러스, 공유경제, 핀테크 등 최신 지식을 추가하였다.

넷째, 강단에서 교재로 쓰일 것을 고려하여, 100개 키워드 중 분야별로 절반을 나누어 우선 가르칠 필수 키워드와 심화용 키워드를 구분하였다. 또한 최신 강의 자료를 프레젠테이션 파일에 담아 교수자에게 제공할 예정이다. 이를 통해 최신 정보가 독자들에게 꾸준하게 제공될 수 있도록 노력할 계획이다.

본서 완성에 많은 분의 도움이 있었으나, 일일이 여기 다 적지 못함을 송구하게 생각한다. 본서 집필 취지에 흔쾌히 동의하시고, 보다 생생한 사진을 제공하여 주신 장정재 박사(부산발전연구원)와 박민수 교수(부산외대)께 먼저 감사를 드린다. 이외에도 키워드 선정에 지속적으로 도움을 주신 중국지역학회 곽복선 회장님과 회원님들께도 감사를 표한다. 수많은 사진과 원고들을 깔끔하게 정리하느라 고생하신 시사중국어사 편집부에도 감사드린다. 끝으로 '중국학'이 가지는 의미를 가늠해주시고, 기꺼이 어려운 출판을 결정해주신 시사중국어사 엄태상 대표께도 사의를 표한다.

2019년 1월

공저자를 대표하여 김동하

일러두기

① 본문의 중국어 표기는 첫째, '국립국어원'에서 정한 '중국어 표기법'을 적용하였으며, 둘째, 1992년 한중 수교 이후 한국 내 주요 언론에서 사용한 표기법을 준용하였고, 셋째, 적당한 용례(用例)가 없는 경우에는 독자가 읽기에 편할 것이라고 판단되는 표기법을 채용하였다. 따라서 중국어 발음 혹은 우리 한자음으로 통일하지 않고, 저자의 기준에 따라 혼용·표기하였다. 그 예로 중국 정치 지도자 '邓小平'은 '덩샤오핑'으로, 무역을 관장하는 중앙부처인 '商务部'는 한자음 '상무부'로 표기하였다.

② 일부 동일한 사안에 대하여 한·중 양국이 통계 수치가 다르게 공표되는 경우가 있는데, 본문에서는 통계 수치를 일치화하지 않고 원문의 통계를 원용하여 출처를 밝혔다. 그 예로 무역과 관련하여 중국 측 자료를 참조하였을 경우 중국 상무부 통계를, 그 반대의 경우에는 한국무역협회 수치를 인용하였다.

③ 본문에 사용한 사진 혹은 이미지는 가독성을 고려하여 일일이 저작권 표기를 하지 않았다. 사진과 이미지 자료의 출처는 집필진, 관련 공공기관 사이트, 관련 유료 사이트에서 제공되었다.

목차

CHAPTER

1

인문·자연지리

국호(国号), 국기(国旗), 국장(国徽), 국가(国歌)

중국을 상징하는 대표적인 것은 단연 붉은색 바탕에 별이 다섯 개 그려진 오성홍기이다. 그밖에 중국을 상징하는 것들을 찬찬히 살펴보자.

① 국호

중국의 정식 국호는 '중화인민공화국(中华人民共和国)'이다. 1949년 9월 베이징에서 개최된 중국인민정치협상회의 제1차 전체회의에서 국호를 중화인민공화국으로 정했고,❶ 같은 해 10월 1일 천안문광장에서 공식적으로 선포하였다. 그리고 이날을 기념하여 10월 1일을 국경절로 제정하였다. 현재 우리가 사용하는 '중국'이라는 명칭은 고대부터 주변 국가들의 '중심에 있는 나라'라는 뜻으로 사용하였다. 갑골문에서 중(中)은 가운데, 국(国)은 지역이라는 뜻을 나타내 중국은 '가운데 있는 지역'을 의미했다. 중화민국이 성립되기 이전에 '중국'이라는 단어는 '가운데 있는 지역'을 뜻하는 일반명사로 사용되었다. 근대에 들어서는 1912년 중화민국 수립 이후 '중국'이라고 불렀고, 이것이 정식 국호로 자리 잡았다. 1992년 우리나라와 국교를 수립하기 전에는 중국을 '중공(中共)'이라고 불렀다.

② 국기

1949년 정치협상회의에서 중국의 국기를 '오성홍기'로 정하였다. 가로와 세로의 비율은 3:2로 직사각형이고, 붉은색 바탕에 왼쪽 상단에는 황색 별이 5개 그려져 있다. 붉은색과 금색은 중국에서 상서로운 의미를 나타내는 전

---

❶ 마오쩌둥은 1948년 12월 30일 신화사에 쓴 신년축사 〈혁명을 끝까지 진행하자(将革命进行到底)〉에서 '1949년 정협회의에서 중화인민공화국 성립을 선언할 것'이라고 하였다.

통적인 색깔인데, 붉은색은 혁명을 나타내고 황색은 광명과 함
께 황색인종이라는 인종의 특성을 상징한다. 5개 별 중 가장 큰
별은 중국공산당을, 나머지 네 별은 각각 노동자, 농민, 소자산
계급, 민족자산계급을 상징한다. 그래서 혁명의 기치 아래 중국
공산당을 중심으로 모든 중화인민이 단결하자는 의미를 담고
있다.

오성홍기(五星红旗)

중국국가박물관에 전시된 중국 국기 후보 디자인들
1949년 7~8월간 〈인민일보〉를 통해 해외 각지로부터 받은 도안들은 국기 1,920건, 국장 900건이었으며, 국가
(国歌)는 곡 632건, 가사 694건에 달했다.

❸ 국장

국장은 한 나라를 상징하는 공식적인 표장을 가리키는 말로, 중국에서는
'국휘(国徽)'라고 한다. 중국의 국장은 천안문 위쪽에 별이 5개 떠 있고, 주위
를 곡식의 이삭이 감싸고 있으며, 중앙 아래에 톱니바퀴가 있는 형상이다.
천안문은 5·4운동의 시발지이자 중화인민공화국의 건국을 선언한 장소로
신민주주의 혁명투쟁과 민족정신을 나타내며, 이삭은 농민과 풍요를, 톱니
바퀴는 노동자와 발전을 의미한다. 인민대회당 같은 국가 주요 기관은 반드
시 이 국장을 달아야 하며, 중국 동전 1위안 뒷면에서도 이 국장을 볼 수 있

국휘(国徽)

다. 2015년 9월 3일 있었던 전승절 70주년 기념 열병식에서 시진핑 국가주
석이 열병식 사상 처음으로 의전 차량에 번호판 대신 국장을 달기도 했다.

❹ 국가

중국의 국가는 '의용군행진곡(义勇军进行曲)'으로 1935년 니에얼(聂耳)이 작곡하고 티엔한(田汉)이 작사하였다. 항일영화였던 〈풍운아녀(风云儿女)〉의 주제가로 항일전쟁 당시 유행했던 곡이다. 1949년 신중국을 건국한 후 국가를 정식으로 제정하기 전에 이 곡을 국가로 지정하였다. 그 후 문화대혁명 시기에는 가사 없이 연주만 하였고, 1978년 새로 작사하였다. 그러다가 1982년 전국인민대표대회(전인대)에서 원래 가사로 복구할 것을 결정하였고, 2004년 전인대에서 '헌법 수정안'이 통과되면서 의용군행진곡이 정식으로 국가로 지정되었음을 헌법에 표기하였다.

중화인민공화국 국가
(의용군행진곡)

일어나라!
노예 되기 싫은 사람들아!
우리의 피와 살로
우리의 새 장성을 쌓자!
중화민족에 닥친 가장 위험한 시기에
억압에 못 견딘 사람들의 마지막 외침
일어나라! 일어나라! 일어나라!
우리 모두 일치단결하여
적의 포화를 뚫고,
전진하자!
적의 포화를 뚫고,
전진! 전진! 전진! 전진하자!

2 지형

중국의 국토 면적 : 960만 km²(세계 4위 규모, 한반도의 약 40배)
지형적 특징 : 서고동저(서쪽의 칭짱고원에서 동쪽으로 갈수록 평원지대로 낮아지는 지형)
주요 강 : 창장(长江), 황허(黄河)

　중국의 국토 면적은 960만 km²로 세계 4위 규모다. 한국과 비교하면, 대한민국 면적(9만 9,720km²)의 96.2배이며, 한반도(22만 km²) 면적의 43.6배 규모다. 미국 국토 면적은 982.66km²(세계 3위)로 중국보다 2.36% 크며, 캐나다 면적은 998.46만 km²로 세계 2위 수준이다. 국토 면적이 세계 1위인 국가는 러시아로 1,709.82만 km²에 달한다.

　중국 국토의 동서 간 거리는 약 5,200km로 우리나라 경부고속도로 구간이 416km인 것을 고려하면 서울~부산의 12.5배에 달한다.

　중국의 지세는 서고동저(西高東低)형으로 서쪽 끝의 히말라야산맥에서부터 동쪽 끝의 창장(长江) 중하류 평원까지 서쪽에서 동쪽으로 낮아지는 형태를 보인다. 중국 서남부에 위치한 칭짱(青藏)고원은 가장 높은 지대이며 쿤룬(昆仑)산맥, 치롄(祁连)산맥, 헝돤(横断)산맥을 경계로 하여 동쪽과 북쪽으로 낮아지는 일련의 고원과 분지가 그다음 단계로 높은 지대다. 마지막으로는 다싱안링(大兴安岭), 타이항산(太行山), 우산(巫山), 우링산(武陵山), 쉐펑산(雪峰山) 등이 동쪽 평원을 구성하고 있다.

　중국은 이처럼 평원이 적고 고도 차이가 심하다. 중국의 3대 평원은 둥베이(东北)평원, 화베이(华北)평원, 창장 중하류 평원으로, 이 중 헤이룽장성·지린성·랴오닝성으로 이루어진 동북평원이 가장 크다.

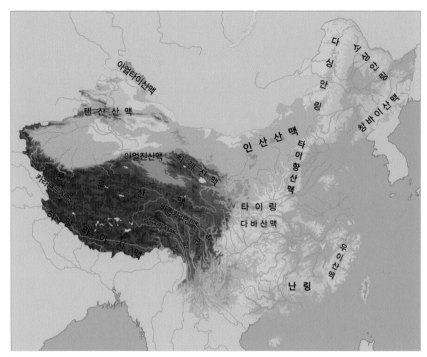

중국 지형도

    국토 지형별 유형을 보면 산지가 33%로 가장 많고 그다음이 고원(26%), 분지(19%), 평원(12%), 구릉(9.9%) 순이다. 중국 내 경작지는 전 국토의 12.68%인 1억 2,172만 ha에 달한다. 이는 총규모로는 세계 4위로 국토 순위와 동일하나 인구 13.4억 명을 기준으로 1인당 경작지 면적으로 보면 세계 126위에 불과하다. 특히 개혁개방정책 실시 이후 많은 경작지가 유실되면서 공장과 상업건물이 들어섰다. 1997년 중국의 경작지는 1억 2,993만 ha였으나 2010년 말 현재 경작지는 1997년 대비 821만 ha나 줄었다.

    2000년 중국의 1인당 경작지 면적은 1,053.33m²였으나 2010년에는 920m²로 14.5%나 줄어들었다. 이는 세계 1인당 경작지 면적 평균치의 40% 수준이다. 현재 중국 정부가 설정한 최소 경작지 유지 면적은 1.2억 ha다.

    이외에도 중국 국토 중 18.2%는 삼림이며, 내륙수면(강·호수)이 1.82% 수준이고, 목축업이 가능한 초지는 32.6% 수준이다.

중국에서 가장 긴 강은 창장으로 총연장은 6,300km
에 달한다. 그다음이 황허(黃河)로 5,464km 수준이다.
중국에서 가장 큰 호수는 칭하이성에 위치한 칭하이호
(青海湖)이며, 그 면적은 4,583km²로 서울 면적(605.4km²)
의 7.6배에 달한다. 칭하이호는 염호(짠물 호수)이며, 면적
기준으로 중국 내 2대 호수인 포양호(鄱阳湖 3,583km²)는
중국 최대 담수호(민물 호수)다.

중국의 3대 유역도

칭하이성 시닝시의 중국 최대 호수 칭하이호(青海湖)

중국에서 해발고도가 가장 낮은 곳은 신장위구르 자치구에 위치한 투르
판분지(Turfan Depression)로 해저 154m 수준이며, 가장 높은 곳은 네팔과 국
경을 마주한 에베레스트산(8,850m)이다. 에베레스트산의 티베트어 명칭은
초모랑마(Chomolangma, 대지의 여신)이며, 중국어 명칭은 초모랑마를 음역한
'주무랑마(珠穆朗玛峰)'이다.

중국에서는 종교와 관련해 신성시하는 산들이 많다. 도교에서 신성시하는
5악(五岳)이 있는데, 타이산(泰山), 헝산(衡山), 화산(华山), 헝산(恒山), 쑹산
(嵩山)이다. 불교에서 신성시하는 4대 명산으로 푸퉈산(普陀山), 어메이산(峨
眉山), 우타이산(五台山), 주화산(九华山)이 유명하며, 안후이성에 있는 황산
(黄山)도 1990년 유네스코 세계자연문화유산으로 등록된 명산이다.

자료: 『중국통계연감』

국토 면적	960만 km²		습윤지구 32%	
동서 간 거리	5,200km	**기후대**	반습윤지구 15%	
남북 간 거리	5,500km		반건조지구 22%	
해역 면적	473만 km²		건조지구 31%	
해안선 총연장	32,000km		경지 12.68%	
도서(섬) 수	5,400개		삼림 18.21%	
도서 면적	3.87km²		내륙수면 1.82%	
국토 지형별 유형	산지 33.33%	**국토 특징**	초지 41.67% (경작 가능 32.64%)	
	고원 26.04%		기타 25.61%	
	분지 18.75%		창장 6,300km	
	평원 11.98%		황허 5,464km	
	구릉 9.9%		쑹화강 2,308km	
주요 호수 면적	칭하이호 4,583km²(칭하이성)	**주요 강 길이**	주장 2,214km	
	포양호 3,583km²(장시성)		랴오허 1,390km	
	둥팅호 2,740km²(후난성)	**지형** (해발최고저)	투르판분지(−154m) 에베레스트산(8,850m)	
	타이호 2,425km²(장쑤성)			

Plus Info

섬서성과 산서성의 표기법

陝西省(섬서성)과 山西省(산서성)의 중국어 발음(한어병음)은 모두 동일하게 'ShanXi'로 표기된다. 따라서 국립국어원 중국어표기법도 둘 다 '산시성'이다. 혼동을 피하기 위해 우리 주류 언론에서 陝西省은 '샨시성'으로, 山西省은 '산시성'으로 표기하는바, 이 책 역시 이에 따랐다. 이는 『중국통계연감』 내 지역명 영어표기 시 산서성은 'ShanXi'로 섬서성은 'ShaanXi'로 표기하는 것에 기인한다.

3 기후

중국은 광활한 영토에 걸쳐 다양한 기후대가 나타난다. 북쪽에서 남쪽으로 내려오면서 한온대에서 중온대, 난온대, 고온기후대, 아열대, 열대기후대까지 6개 기후대가 있다.

중국 지형도에서 보듯이 중국은 시베리아와 인접한 한온대와 베트남과 인접한 열대기후를 모두 보유한 광활한 기온대를 가지고 있다. 북쪽에서부터 한온대, 중온대, 난온대, 고온기후대(사막지역), 아열대, 열대기후대가 모두 나타난다.

중국의 기후대 구분

이에 따라 도시별 최고·최저기온도 극한대과 극고온대를 동시에 나타낸다. 먼저 동북 지역에 있는 하얼빈시의 경우, 1월 최저기온이 −41.4℃를 기록한 바 있다. 반면에 화남 지역 광저우시는 1월 평균기온이 영상을 유지하고 있다. 서북권 대부분을 차지하는 사막지대와 고원지대의 기온도 낮은 편인데, 칭짱고원에 위치한 칭하이성 수도 시닝시의 12월 최저기온은 영하 26.6℃ 수준이며, 신장위구르자치구 수도 우루무치 역시 2월 최저기온이 영하 41.5℃를 기록한 바 있다.

반면에 중국 내 가장 남쪽에 위치한 하이난성의 산야시는 연평균기온이 25.5℃로 전형적인 열대기후다. 또 하이난성 하이커우시의 7월 최고기온은 40.5℃를 기록한 바 있으며, 7월 평균기온은 28.1℃ 수준이다.

일반적으로 중국 내에서도 여름철에 덥기로 유명한 3대 도시가 있는데, 난징(南京), 우한(武汉), 충칭(重庆)이 그 주인공이다. 이들 도시는 중국 서남 지역과 화중 지역에 있는데 공통점은 창장 중하류에 위치하고 주변에 호수가 많아서 공기 중 습도가 높다는 것이다. 충칭 같은 경우는 쓰촨분지에 인접하여 더워진 공기가 외부로 확산되지 못하고 도심 지역에 오랫동안 머물러 있는 특징을 보이기도 한다. 그 결과 이들 세 도시의 여름철 평균기온은 32℃를 오르내리며, 밤에도 열대야 현상이 지속적으로 나타난다.

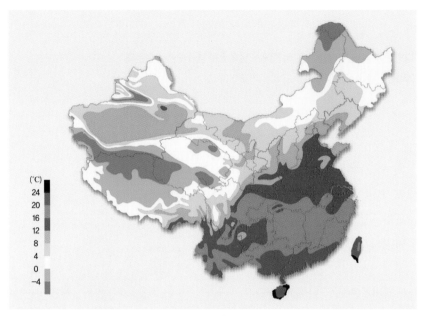

중국 연평균 기온도

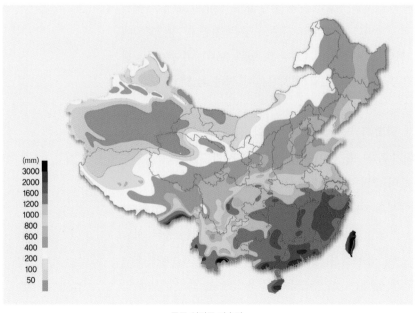

중국 연평균 강수량

▌중국 주요 도시별 기후 순위(2017년 기준)

자료: 중국기상넷(中国天气网)

구분	순위와 기록 일자		기준
고온 기록	1. 충칭(重庆) 2. 항저우(杭州) 3. 푸저우(福州) 4. 시안(西安) 5. 닝보(宁波)	6. 상하이(上海) 7. 정저우(郑州) 8. 창사(长沙) 9. 허페이(合肥) 10. 스자좡(石家庄)	고온 종합지수 기준 (1위 : 충칭 82, 10위 : 스자좡 42)
저온 기록	1. 하얼빈(哈尔滨, 98) 2. 창춘(长春, 87) 3. 후호하오터(呼和浩特, 77) 4. 선양(沈阳, 76) 5. 시닝(西宁, 72)	6. 우루무치(乌鲁木齐, 55) 7. 인촨(银川, 33) 8. 타이위안(太原, 21) 9. 다롄(大连, 5) 10. 베이징(北京, 3)	영하 10도 이하 유지 일수
고온다습 기록	1. 난닝(南宁, 70) 2. 광저우(广州, 54) 3. 하이커우(海口, 52) 4. 샤먼(厦门, 30) 5. 선전(深圳, 28)	6. 우한(武汉, 26) 7. 창사(长沙, 22) 8. 허페이(合肥, 16) 9. 난징(南京, 14) 10. 푸저우(福州, 11)	최고기온 32도, 최고습도 80% 유지 일수
최대 강수량 기록	1. 광저우(广州) 2. 하이커우(海口) 3. 선전(深圳) 4. 난창(南昌) 5. 난닝(南宁)	6. 창사(长沙), 닝보(宁波), 푸저우(福州) 7. 항저우(杭州) 8. 청두(成都)	총강수량 기준 6위 도시 3곳은 동률
최대 강설 기록	1. 우루무치(乌鲁木齐, 37) 2. 하얼빈(哈尔滨, 30) 3. 창춘(长春, 17) 4. 선양(沈阳, 14) 5. 시닝(西宁, 13)		연간 강설일수

중국 주요 도시 평균기온 (2016년 기준) (단위: 섭씨 도)

자료: 『중국통계연감』

도시	1월	2월	3월	4월	5월	6월	7월	8월	9월	10월	11월	12월	연평균
베이징(北京)	-4.2	1.4	9.4	16.9	21.5	25.9	27.4	27.5	22.2	13.4	4.3	0.3	13.8
텐진(天津)	-4.4	0.9	9.2	16.8	21.2	25.4	27.5	26.7	22.5	14.2	5.2	0.2	13.8
스자좡(石家庄)	-2.5	3.4	10.5	17.8	21.7	26.3	26.9	26.6	22.9	14.5	5.3	1.4	14.6
타이위안(太原)	-5.7	-1.4	6.2	15.1	18.2	21.8	23.7	23.6	18.4	11.7	3.7	-0.9	11.2
후허하오터(呼和浩特)	-14.2	-8.1	2.0	11.4	15.3	19.0	22.4	22.1	14.9	7.9	-1.8	-5.9	7.1
선양(沈阳)	-13.0	-6.1	3.9	11.5	17.9	22.0	25.1	24.4	18.6	8.9	-0.7	-6.6	8.8
창춘(长春)	-16.1	-8.4	1.8	8.9	16.5	20.8	24.1	23.2	16.9	6.0	-5.1	-9.0	6.6
하얼빈(哈尔滨)	-19.4	-11.8	0.1	8.0	16.0	20.1	24.3	23.2	17.1	4.6	-9.4	-13.4	5.0
상하이(上海)	4.4	6.9	11.0	16.7	20.6	24.2	29.9	29.5	24.9	20.8	13.6	9.1	17.6
난징(南京)	3.1	6.7	11.2	17.3	20.1	24.1	28.9	29.1	24.1	18.3	11.3	7.3	16.8
항저우(杭州)	4.9	8.2	12.3	17.6	21.3	25.1	30.5	30.2	24.6	20.4	13.3	9.5	18.2
허페이(合肥)	3.4	6.7	11.9	18.0	20.7	24.6	28.8	29.4	24.4	17.8	11.2	7.0	17.0
푸저우(福州)	11.1	11.3	13.7	19.7	24.2	27.9	29.8	29.0	26.6	24.5	18.7	15.5	21.0
난창(南昌)	6.3	9.3	13.1	19.4	22.3	26.7	30.3	30.9	25.7	20.8	13.6	10.0	19.0
지난(济南)	-1.5	3.7	11.3	18.6	21.3	26.0	27.7	26.2	23.3	16.2	8.3	3.6	15.4
정저우(郑州)	0.5	5.5	12.2	18.6	22.1	27.0	28.9	27.6	24.4	16.6	8.6	5.2	16.4
우한(武汉)	3.6	6.9	12.5	18.8	21.0	24.9	29.1	29.2	25.1	18.0	11.0	6.9	17.3
창사(长沙)	4.9	8.4	12.7	18.4	20.3	25.6	28.9	28.3	24.2	18.0	11.6	8.7	17.5
광저우(广州)	13.3	12.5	16.5	23.4	25.8	28.0	28.9	27.9	26.7	25.0	18.9	16.2	21.9
난닝(南宁)	12.6	12.3	17.6	24.5	26.5	28.9	29.0	28.3	27.1	25.1	19.4	16.1	22.3
하이커우(海口)	18.1	16.3	20.5	26.8	28.4	29.3	29.3	28.2	27.9	26.8	23.2	20.9	24.6

충칭(重庆)	8.2	10.0	15.9	19.7	23.0	26.4	30.6	30.8	23.9	20.4	14.4	11.1	19.5
청두(成都)	5.7	7.3	13.1	17.6	20.8	24.7	25.9	26.5	21.5	17.9	11.9	8.5	16.8
구이양(贵阳)	4.1	6.3	11.1	16.5	19.0	22.4	24.3	23.1	20.5	17.0	11.2	8.0	15.3
쿤밍(昆明)	7.9	8.6	15.0	17.9	19.7	20.5	20.6	20.8	18.3	17.3	12.7	10.1	15.8
라사(拉萨)	−1.5	6.0	6.8	10.9	12.7	15.5	16.3	16.6	13.7	11.1	4.5	1.8	9.5
시안(西安)	0.3	4.8	11.5	18.3	20.2	26.7	28.3	28.6	22.6	15.3	8.3	4.7	15.8
란저우(兰州)	−9.0	−4.6	4.6	11.6	14.4	19.3	21.7	22.5	14.9	8.0	−0.3	−5.3	8.2
시닝(西宁)	−8.5	−5.0	2.9	9.2	11.8	16.5	18.7	20.1	12.0	6.7	−0.2	−4.7	6.6
인촨(银川)	−8.3	−3.8	5.9	14.3	17.4	22.8	25.1	24.0	18.1	11.1	3.0	−1.5	10.7
우루무치 (乌鲁木齐)	−11.0	−9.5	2.9	13.5	15.8	23.6	24.4	23.3	20.9	5.3	−3.2	−5.1	8.4

4 행정구역

중국의 행정구역은 크게 성급, 지급, 현급으로 나뉘며, 성급은 22개 성과 4개 직할시 그리고 5개 자치구로 이루어져 있다. 특별행정구인 홍콩과 마카오는 성급으로 분류된다.

중국의 행정구역 편제는 다소 복잡하다. 먼저 중국에는 직할시가 4개 있으며 베이징, 상하이, 톈진, 충칭이 그 주인공이다. 충칭시는 원래 쓰촨성 소속의 2대 도시였으나 1997년 쓰촨성에서 분리되어 직할시로 승격되었다. 이들 4대 직할시는 우리의 도에 해당하는 성(省) 그리고 소수민족자치구와 동격이다. 중국에는 이러한 직할시(4개), 성(22개), 자치구(5개)가 31개 있으며 비록 명칭은 다르지만 이들은 동급 행정구역이다. 중국 내 행정분류법

상 1997년과 1999년에 각각 영국과 포르투갈로부터 반환된 홍콩특별행정구(Hong Kong Special Administrative Region)와 마카오특별행정구(Macao Special Administrative Region) 역시 성급으로 취급된다.

중국의 행정구역을 수준별로 단순화하여 나열하면 '성(직할시, 자치구)-시(지급시)-현(현급시)-진-향' 5단계로 구분할 수 있으며, 이에 대비되는 우리나라 행정구역은 '도(광역시)-시-군-읍-면'으로 볼 수 있다.

중국의 자치구, 성의 수도는 성회(省会)라고 한다. 성회는 각 성급 지역의 중심지이자 대도시이다. 중국의 성과 시 사이에는 5개 계획단열시(計划单列市)가 있다. 광둥성의 선전, 저장성의 닝보, 산둥성의 칭다오, 랴오닝성의 다롄, 푸젠성의 샤먼 등이다. 이들은 재정수지관리에서 성정부 관할을 받지 않고 중앙정부 관할을 받는 도시로서 직할시에 준한다. 1993년에는 14개까지 있었으나 계속 축소되어 5개가 남았다. 이들은 경제특구가 설치되었던 곳(선전, 샤먼)이거나 해당 성 수도보다 경제규모가 큰 연해 지역 대도시(닝보, 칭다오, 다롄)라는 공통점이 있다.

산둥성 부성급 도시인 칭다오시 인민정부

다음으로는 부성급 도시(副省级城市)가 있다. 부분적인 입법권을 가지고 있으며, 해당 도시의 시(市)공산당 서기나 시장의 행정 서열이 부성장급 내지는 차관급이다. 즉 행정적으로 비중이 있는 인사를 수장에 임명하는 차이가 있다. 현재 이러한 부성급 도시는 15개로 우한, 청두, 시안, 하얼빈, 창춘, 선양, 다롄, 지난, 칭다오, 난징, 항저우, 닝보, 샤먼, 광저우, 선전 등이다.

성급 하부 행정단위인 지급시(地级市)는 성정부 관할을 받는 도시이며, 현급시(县级市)는 그다음 단계인 지급시 산하 지방도시이다. 그런데 두 종류 모두 ○○시로 불려 우리에게는 혼란스럽다. 쉽게 이해하도록 예를 들어보면, 경기도(성급) 양평군(현급)의 인구가 급증하여 양평군 명칭을 시(市)로 할 경우, 이를 중국에 대입하면 신생 양평시는 명칭만 시(市)인 군급(중국의 현급시)인 셈이고, 경기도 여주시(중국의 지급시)보다는 한 등급 낮은 행정구역을 의미한다.

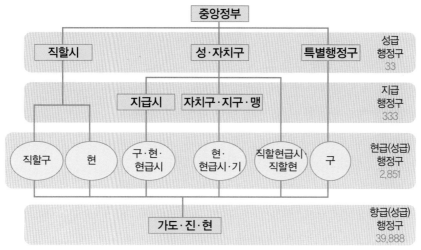

중국 행정구역 편제와 현황

* 특별행정구인 홍콩과 마카오는 성급으로 분류된다.
* 4개 직할시를 제외한 중국 내 도시는 지급시와 현급시로 나뉘며, 전자는 지급행정구이고
후자는 현급행정구이다. 둘 다 명칭은 ○○시다.

Plus Info

중국의 도시화와 도시화율

2011년 중국 도시화율, 즉 전체 인구 중 도시 거주비율이 처음으로 절반을 넘어 51.3%를 기록했다. 이는 1949년 신(新)중국 성립 이후 처음이다. 2017년 현재 도시화율은 58.5% 수준이다. 중국은 1970년대까지 공업기반을 조성하기 위한 도시화(城市化, 城镇化)를, 개혁개방정책이 시작된 1980년 초부터 WTO 가입(2001) 전까지는 연해 지역 경제발전을 위한 부동산 투자 및 개발형 도시화를 추진했다. 행정적 도시화는 농촌 행정단위에 해당하는 현(县, 우리의 군에 해당), 진(镇, 우리의 읍에 해당)을 통폐합하여 시(市)로 승격시키는 것이다. 비행정적 방법으로는 농촌 지역에 도시 인프라를 갖추어 도시민이 향유하는 공공서비스를 제공하는 것이다. 그 결과, 2005년에 1,464개에 달했던 현(县)은 2016년에는 98개 줄어든 1,366개로 축소되었다. 교외에 있는 현이나 향을 흡수·통합하여 기존 도시를 확장하는 방법도 활용되었다. 그 대표적인 사례가 충칭시이다. 직할시 승격 이전 충칭시는 인구 400만 명의 중형도시였는데 직할시로 승격하면서 인근 17개 현과 4개 자치현까지 포함한 초대형 도시로 확장되었다. 그 결과 인구는 3,253만 명으로 늘어났고, 면적은 베이징, 상하이, 톈진 3개 직할시를 합친 것보다 2.39배 더 커졌다. 2016년 기준 인구 20만 명 이상 도시는 중국에 289개가 있다(참고로 강원도 강릉시 인구는 22만 명이다).

5 만리장성

인류의 건축물 중 유일하게 달에서 볼 수 있다는 만리장성(万里長城)은 중국 북쪽에 축조된 영토 방어용 성벽이다. 현재 길이는 지도상 약 2,700km이지만 중복된 부분을 합치면 2배 이상 되어(1里 = 0.5km) 만리(5,000km)장성이라고 부른다.

춘추시대 제(齊)나라가 영토방위를 위하여 국경에 쌓은 것이 장성의 기원이며, 전국시대의 여러 나라도 이에 따랐다. 진시황제(秦始皇帝)는 중국을 통일(기원전 221)한 후 흉노족 침입을 방어하기 위해 간쑤성(甘肃省) 남부로부터 북으로, 황허 북쪽을 따라 동으로 뻗어나가 동북지구 랴오허(辽河) 하류에 이르는 장성을 쌓았다. 절반 이상은 전국시대 연(燕)·조(赵) 등이 쌓은 장성을 이용한 것이다. 전한(前汉) 무제(武帝) 때는 하서회랑(河西回廊)을 흉노로부터 지키려고 장성을 란저우(兰州) 북방에서 서쪽으로 둔황(敦煌) 서편의 위먼관(玉门关)까지 연장하였다.

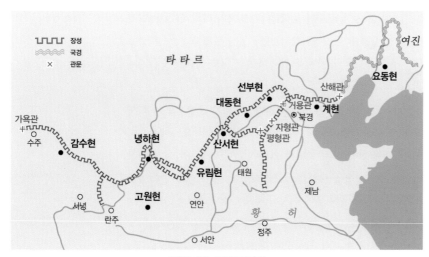

명(明)나라 때의 만리장성

남북조시대에는 북방민족의 활동으로 장성 위치가 남하하여, 6세기 중엽 북제(北齐)는 대동(大同)에서 쥐융관(居庸关)을 거쳐 산하이관(山海关)에 이르는 장성을 축성하였으며, 수(隋)는 돌궐·거란을 방비하기 위하여 오르도스(Ordos, 네이멍구자치구 중남부) 남쪽에 장성을 쌓았다. 장성이 현재 규모로 정비된 것은 명(明)나라 때로, 몽골의 침입을 막기 위해서였다. 청나라 때는 군사적 의미를 상실하고 몽골과 정치적 경계에 불과하게 되었다.

만리장성은 1987년 12월 유네스코 문화유산으로 지정되었으며, 유네스코가 지정 이유로 제시한 만리장성에 대한 서술은 다음과 같다.

중국의 '만리장성'을 유럽인은 '대성벽(Great Wall)'이라고 부른다. 성벽 구축의 역사는 춘추시대(기원전 722~기원전 481)와 전국시대(기원전 453~기원전 221)로 거슬러 올라간다. 성벽 건설은 기원전 408년 위(魏)나라가 진나라의 침입을 막기 위해 지은 성벽처럼 봉건적인 갈등에서 시작하였다. 중국 중심부에 보존된 유적들에 따르면 기원전 300년 무렵 북방의 침략자에 대항하여 진(秦)·조(赵)·연(燕)나라가 축성한 성벽들보다 먼저 축성되었음을 알 수 있다.

기원전 220년 통일된 진나라를 건국한 진시황은 기원전 3세기 혹은 그 이전 시대에 구축된 몇몇 성벽을 연결해 재건하였다. 이는 네이멍구의 오르도스에서부터 만주까지 성벽을 증축하는 것이었다. 그는 기원전 206년 한나라가 들어서기 이전에 이미 최초의 통합 방어체계로 성벽을 서쪽으로 확장하였다. 이 시대에 만들어진 성벽 모습은 황허 유역의 계곡지대와 란저우에 여전히 중요한 유적으로 남아 있다.

만리장성은 그 이후 더 확대되었는데 한(汉)나라 무제(武帝, 기원전 140~기원전 87)는 중국 서쪽의 둔황 지역부터 동쪽의 보하이만(渤海湾)까지 약 6,000km에 해당하는 성벽을 더 지었다. 중국 북방 경계 지역에는 몽골족·투르크족을 비롯해 초원지대 최초 제국인 흉노제국, 퉁구스족 등의 침략 위험이 커짐에 따라 이전보다 더욱 견고한 방어책이 필요했던 것이다.

서기 200년 한 왕조가 몰락하자 만리장성은 중세시대에 접어들었다. 당시 중국은 강력한 군사력을 보유했기 때문에 추가 방어책이 필요하지 않았다. 그래서 더는 만리장성을 증축하거나 유지·관리할 필요가 없었다. 몽골족의 멸망으로 오랜 갈등 기간을 끝낸 뒤 명나라는 진시황의 성벽 구축 전통을 부활하여 5,650km에 이르는 성벽을 구축하였다. 북방 민족의 침입을 방어하기 위해 축조한 만리장성은 수비대가 아닌 군이 관할하는 9개 진(阵) 체제로 관리되었다.

요새는 마을, 산길, 여울을 방어할 수 있도록 전략적으로 지었다. 성벽 맨 위쪽 길은 군대가 신속하게 이동할 수 있게 하고 연락병의 이동도 가능하게 했다. 상징적인 기념물 두 개가 오늘날까지도 성벽 양끝에 서 있다. 동쪽 끝 산하이관(山海关)이 첫 번째 성문이고, 1949년 이후 완전하게 복구된 요새 자위관(嘉峪关)이 북서쪽 끝에 있는 마지막 성문이다.

만리장성은 복합적·통시적 문화재로 2,000년 동안 오직 전략적 목적으로 유지된 군사 건축물의 특별한 사례이다. 그리고 성벽 건설 역사는 방어 기술과 정치 상황의 변화에 따라 계속 발전했다. 만리장성을 쌓은 목적은 외부의 공격을 막아내고, 동시에 침략자들의 관습으로부터 중국인의 문화를 보존하는 데 있었다. 그러나 성벽을 축조하는 과정에서 백성의 고난이 있었기 때문에 만리장성에 대한 이해는 중국 문학을 이해하는 필수 요소이기도 하다.

6 중국의 유네스코 문화유산

1985년 세계유산협약에 가입한 중국은 총 53건의 세계문화유산을 보유하고 있으며(2018년 기준), 이 중 문화유산은 36건, 자연유산은 13건, 문화 및 자연중복유산은 4건이다.

유네스코(UNESCO)의 공식명칭은 유엔교육과학문화기구(United Nations Educational, Scientific and Cultural Organization)이다. 유네스코는 1945년 11월 런던에서 열린 유네스코 창설준비위원회에서 44개국 정부대표가 유네스코 헌장을 채택하고, 1946년 11월 20개 서명국가들이 헌장비준서를 영국 정부에 기탁함으로써 최초의 국제연합전문기구로 발족했다. 모든 이를 위한 평생교육, 인류에 기여하는 과학, 세계유산보호와 창의성을 바탕으로 하는 문화발전, 정보와 정보학의 기반 구축에 활동목표를 두고 분야별로 활발히 활동하고 있다.

① 교육 분야 : 문맹퇴치, 초등의무교육의 보급, 난민교육 등
② 과학 분야 : 생물학·해양학·환경문제에 대한 국제적 연구, 정보교환 등 사회과학 분야에서 인권문제에 관한 연구·분석, 개발도상국의 통신설비·정보시설 지원, 언론인 육성 지원 등
③ 문화 분야 : 세계문화유산 지정, 가치 있는 문화유적의 보존과 보수 지원, 세계 각국의 독자성 있는 전통문화 보존지원, 세계 각국의 문학과 사상에 관한 문헌의 번역 소개 등

유네스코의 문화 분야 주요 활동인 세계문화유산(World Heritage) 지정작업은 1972년 시작되었다. 1972년 11월 제17차 유네스코 정기총회에 참가한 각국 대표자와 전문가들이 인류의 소중한 유산이 인간의 부주의로 파괴되는 것을 막기 위해 세계유산협약을 제정하면서 시작되었고, 세계유산위원회가 매년 6월 전체회의를 열어 여러 국가에서 신청한 문화유산과 자연유산 중에서 선정한다. 세계유산협약에 따른 세계유산은 유네스코에서 선정하는 세계무형유산이나 세계기록유산과는 개념상 구별되며 별도로 관리된다.

세계유산은 문화유산과 자연유산 그리고 복합유산 세 가지로 구분되고 이 가운데 특별히 '위험에 처한 세계유산'은 별도로 지정된다. 문화유산은 유적·건축물·장소로 구성되는데, 대체로 세계문명의 발자취를 연구하는 데 중요한 유적지·사찰·궁전·주거지 등과 종교 발생지 등이 포함된다. 자연유산은 무기적·생물학적 생성물로 이루어진 자연의 형태, 지질학적·지문학적 생성물, 멸종위기에 처한 동식물의 서식지, 세계적 가치가 있는 지점이나 자연지역을 대상으로 한다. 복합유산은 문화유산과 자연유산의 특성을 동시에 충족하는 유산이다.

중국은 1985년 12월 세계유산협약에 가입하였고, 2018년 말 기준으로 세계문화유산을 총 53건 보유하고 있다. 이 중 문화유산은 36건이며, 자연유산은 13건, 문화 및 자연중복유산은 4건이다. 중국은 이탈리아(53건)와 동일하게 세계문화유산 최다 보유국이다. 또 중국은 다양한 문화유산을 가장 많이 보유한 국가이며, 수도 베이징은 세계에서 세계문화유산을 가장 많이 보유한 도시(7건)이기도 하다. 2004년에는 장쑤성 쑤저우에서 제28차 유네스코 세계유산위원회 회의가 열리기도 했다.

중국에서는 1987년 12월 세계문화유산이 지정되기 시작해 총 6건이 지정되었다. 만리장성, 간쑤성 둔황막고굴, 베이징 자금성과 선양 고궁, 진시황릉, 주구점 베이징원인 유적지, 타이산(산둥성 타이안시) 등이 그 주인공이다.

① 만리장성
② 둔황막고굴
③ 자금성
④ 진시황릉
⑤ 베이징원인 유적지
⑥ 타이산

세계문화자연 복합유산(4곳)

1. 타이산(山东泰山, 1987)
2. 황산(安徽黄山, 1990)
3. 어메이산 러산 대불(四川峨眉山－乐山大佛, 1996)
4. 우이산(福建武夷山, 1999)

세계자연유산(13곳)

1. 우링위안 자연경관 및 역사지구(湖南武陵源风景名胜区, 1992)
2. 주자이거우 계곡(四川九寨沟风景名胜区, 1992)
3. 황룽 계곡(四川黄龙风景名胜区, 1992)
4. 싼장 빙리우(云南三江并流, 2003)
5. 판다 서식지(四川大熊猫栖息地, 2006)
6. 싼칭산 국립공원(江西三清山风景名胜区, 2008)
7. 남부 카르스트(Karst—云南石林, 贵州荔波县, 重庆武隆, 2007)
8. 단샤(丹霞—广东丹霞山, 福建泰宁, 湖南崀山, 贵州赤水, 江西龙虎山和龟峰, 浙江江郎山, 2010)
9. 청지앙 화석유적(云南玉溪澄江化石地, 2012)
10. 톈산(新疆天山, 2013)
11. 선농자(湖北神农架, 2016)
12. 호실(青海可可西里 Qinghai Hoh Xil, 2017)
13. 판징산(贵州梵净山 , 2018)

세계문화유산(36곳)

1. 저우커우덴 베이징원인 유적(周口店北京猿人遗址, 1987)
2. 만리장성(万里长城, 1987)
3. 둔황 모가오굴(甘肃敦煌莫高窟, 1987)
4. 명청대 황궁(明清皇宫—北京故宫, 1987 : 辽宁沈阳故宫, 2004)
5. 진시황릉과 병마용갱(秦始皇陵及兵马俑坑, 1987)
6. 청더 여름 산장과 주변 사원(河北承德避暑山庄及周围寺庙, 1994)
7. 취푸의 공자 유적(山东曲阜孔府, 孔庙, 孔林, 1994)

8. 우당산 고전축(湖北武当山古建筑群, 1994)

9. 라싸 포탈라궁(西藏布达拉宫, 1994 : 大昭寺, 2000 : 罗布林卡, 2001)

10. 루산 국립공원(江西庐山风景名胜区, 1996)

11. 리장 옛 시가지(云南丽江古城, 1997)

12. 핑야오 고성(山西平遥古城, 1997)

13. 전통정원(苏州古典园林, 1997)

14. 이화원(北京颐和园, 1998)

15. 천단(北京天坛, 1998)

16. 다쭈 암각화(重庆大足石刻, 1999)

17. 명청시대 황릉(明清皇家陵寝—湖北明显陵, 河北清东陵, 河北清西陵, 2000 : 江苏明孝陵, 北京十三陵, 2003 : 辽宁盛京三陵, 2004)

18. 시디춘과 홍춘 고대 마을(安徽宏村, 西递皖南古村落, 2000)

19. 낙양롱먼석굴(河南洛阳龙门石窟, 2000)

20. 칭청산과 두장옌 수리 시설(四川青城山, 都江堰, 2000)

21. 윈강석굴(山西云冈石窟, 2001)

22. 고구려 왕국 왕릉(辽宁吉林高句丽王城, 王陵及贵族墓葬, 2004)

23. 마카오 역사 지구(澳门历史城区, 2005)

24. 안양 은허유적지(河南安阳殷墟, 2006)

25. 카이핑 댜오러우 건축물과 마을(广东开平碉楼与古村落, 2007)

26. 토루(福建土楼, 2008)

27. 우타이산(山西五台山, 2009)

28. 천지지중의 덩펑 역사 기념물(河南郑州登封 "天地之中" 历史建筑群, 2010)

29. 항저우 서호(浙江杭州西湖, 2011)

30. 원나라 상도 유적(内蒙古自治区元上都遗址, 2012)

31. 훙허하니족의 다랑논 문화경관(云南哈尼梯田, 2013)

32. 경항대운하(大运河, 2014)

33. 실크로드(丝绸之路—长安－天山廊道的路网, 2014)

34. 투스 유적(土司遗址, 2015)

35. 줘장 화산 암벽화(广西左江花山岩画, 2016)

36. 구랑위(福建厦门鼓浪屿历史国际社区, 2017)

Keyword

7

서부대개발정책

1979년 중국이 개혁개방정책에 착수한 뒤 동부 연안 지역과 서부 내륙 지역 간 경제격차가 날로 확대되자 중국 정부가 이를 해소하기 위해 2000년부터 서부권 12개 지역을 대상으로 시작한 중장기(50년) 지역발전정책이 서부대개발정책이다.

– 해당 권역:

충칭시(重庆), 산시성(陝西), 쓰촨성(四川), 간쑤성(甘肃), 윈난성(云南), 칭하이성(青海), 구이저우성(贵州), 광시좡족자치구(广西), 시짱자치구(西藏), 신장위구르자치구(新疆), 네이멍구자치구(内蒙古), 닝샤후이족자치구(宁夏)

서부대개발 대상 지역

❶ 서부권 개황

　1개 직할시와 6개 성 그리고 5개 자치구를 포함하는 서부권은 지역개발권역 중 가장 큰 면적을 보유하고 있다. 중국 전체 국토 면적의 56.4%에 해당하는 541.4만 km²가 서부권역이다. 주목할 만한 점은 전통적으로 7대경제구, 9대경제구와 같은 권역 구분법에서는 화남권에 소속되었던 광시자치구와 화북권에 소속되었던 네이멍구자치구가 서부대개발 해당 서부권역에 포함되어 있다는 점이다. 이는 소득수준이 낮은 지역을 발전시켜야 하는 경제적 이유와 소수민족자치구의 사회적 안정을 추구하는 정치적 이유에 기인한다.

중국 국토의 반이 넘는 면적을 포괄하는데도 서부권 인구 비중은 26.9%에 불과하여 넓게 분포된 고산지대와 사막지대로 인한 자연지리적 특성을 엿볼 수 있다. 이 중 소수민족은 1억 449만 명으로 서부권 전체 인구의 28.8%에 달한다. 이에 따라 지역내총생산(GRDP)은 중국 전체의 19.8%에 불과하다. 주요 산업별로 보면 중국 내 전체 1차산업 중 서부권 비중이 27.4%로 1차산업 비중이 높음을 알 수 있다. 이에 반해 2차산업 비중은 20.1%, 3차산업 비중은 17.6%에 불과하다.

2015년 기준으로 보면 서부 지역 12개 성의 전국 국내총생산(GDP) 대비 GRDP 비중은 약 20.1%로 동부(51.6%)나 중부(20.3%)보다 낮으며, 동북(8.0%)보다는 높은 수준이다. 특히 중국 전체에서 서부 지역의 2차·3차산업의 비중은 각각 18.9%, 18.6%에 불과하며, 동부 지역의 50.6%, 55.5%에 비해 크게 낮은 수준이다. 이밖에도 고정자산투자(24.6%), 소비(18.9%), 공업생산(17.4%) 등 주요 경제지표의 비중도 동·중부 지역보다 낮은 편임을 알 수 있다.

최근 서부 지역 경제는 빠르게 성장하고 있으며, 2016년 기준 서부 지역 각 성의 경제성장률은 대부분 전국 평균 수준을 상회했다. 서부 지역은 12·5규획(2011~2015) 기간 대부분 10% 내외의 고속성장을 유지해왔으나 최근에는 성장속도가 소폭 둔화되었다. 하지만 최근 발표된 2016년 지역별 경제성장률을 살펴보면 서부 지역 경제성장 속도는 전국 평균 GDP 성장률 6.7%를 상회한다. 서부 지역의 광시, 네이멍구, 샨시(陝西)성을 제외한 나머지 9개 지역은 2016년 경제성장 목표치를 달성했다.

구성	총 12개 지역 – 1개 직할시(충칭), 6개 성(윈난, 샨시, 쓰촨, 구이저우, 칭하이, 간쑤), 5개 자치구(광시, 네이멍구, 닝샤, 신장, 시짱)
인구	3억 6,836만 명(중국 전체의 26.9%) – 이 중 소수민족은 1억 449만 명(28.3%) – 도시화율 47.37%(중국 전체: 54.77%)
면적	541.4만 km²(중국 전체의 56.4%)
경제 (중국 전체 규모 중 점유율)	GRDP　　　　　　　　20.2% 1인당 GRDP　　　　　3만 7,481위안(6,102달러) 　　　　　　　　　　　(중국 전체: 7,590달러) 수출입　　　　　　　　7.8% FDI　　　　　　　　　8.5% 경지면적　　　　　　　33.4% 공업생산　　　　　　　14.3% 소매판매(소비)　　　　18.1%
산업구조	1차산업 11.9%, 2차산업 47.4%, 3차산업 40.7% (중국 전체: 1차 9.2, 2차 42.7, 3차 48.1)

❷ 정책 목표 및 발전 전략

서부대개발정책 목표는 다음 몇 가지로 요약된다.

첫째 목표는 지역 간 경제발전 격차가 심화되어 5개 소수민족자치구에서 일어날 수 있는 사회불안 요인을 해소하는 것이다.

둘째 목표는 개혁개방을 먼저 시작한 기존 연해동남 지역에 이어 경제성장에서 엔진 역할을 대체할 지역을 육성하는 것이다. 서부권에 대한 대규모 사회간접자본(SOC) 인프라 투자, 노동집약적 생산·수출기지 역할 부여, 신

(新)내수시장으로 부상 등을 기반으로 미래 중국의 GDP 견인을 도모하려 한다.

셋째 목표는 연해동남 지역의 안정적이고 지속적인 발전을 위한 에너지 공급기지를 건설하는 것이다. 이를 위해 서부권에 철도, 내륙수운 등 물류 망 프로젝트를 시작했다.

서부대개발정책은 총 3단계로 나누어 50년에 걸쳐 장기적으로 진행하는 국책사업이다.

1단계(2000~2005)는 이 정책을 총괄할 중앙·지방정부 내 부처(기구)를 설치하고, SOC 분야 대형 프로젝트를 발주 집행했다. 이 시기 투자 주체는 중앙·지방정부이며, 예산과 정책대출이 재원으로 활용되었다.

2단계(2006~2015)는 동남연해에 소재한 중국 기업의 서부내륙권 진출을 유도하며, 다음 단계로 외국 기업의 해외직접투자(FDI)를 유치하고자 했다.

마지막 3단계(2016~2050)는 서부권의 도시화를 가속화하여 자체 구매력을 보유한 내수시장으로 육성하는 것이다. 현재 소수민족자치구는 대외개방 정도가 연해 지역 대비 뒤떨어지나 2050년 전까지 시장 개방도를 연해 지역 수준으로 제고할 계획이다.

❸ 서부대개발정책 주요 경과 조치

▌서부대개발정책 주요 경과 조치　　　　　자료: 「중국통계연감」

1999. 3	장쩌민, 서부대개발전략 실시 연구 및 중서부 발전 가속화 지시
1999. 9	중국 공산당 제15기 4중전회에서 '서부대개발 전략 실시' 결정
2000. 3	서부대개발 원년, 국무원 산하에 '서부지구개발영도소조' 설립
2000	'서부대개발 실시 약간 정책 조치에 관한 통지' 발표(국무원)
2001	'서부대개발 약간 정책 조치에 관한 실시 의견' 제정
2002. 2	'서부지역 인재 개발 10년 규획' 발표
2002. 2	'10·5 서부개발 종합 규획' 발표(국무원)

2006. 12	'서부대개발 11·5 규획' 발표(국무원)
2007. 6	청두시와 충칭직할시, '전국통합도농종합개혁시범구' 지정
2008. 2	'광시북부만 경제구 발전 규획' 발표
2009. 6	'관중−톈수 경제구 발전 규획' 발표
2009. 10	'국제 금융위기에 대응한 서부 지역 경제의 안정적이고 비교적 빠른 경제 발전 유지에 관한 의견' 발표(국무원 55호)
2011. 5	국무원, '청위경제구 발전 규획' 비준
2013	'차기 10년 서부대개발 계획' 수립 중
2017. 1	'서부대개발 13·5 규획' 발표(국무원)

▌ 서부대개발 관련 4대 프로젝트 추진 현황

	공사 개요	의의 및 기대 효과
칭짱철도	• 전장 1,956km인 칭짱철도 2기 공정인 거얼무(格尔木)~라싸(拉萨) 구간(1,118km)은 2006년에 완공되어 현재 상업 운행 • 시닝(西宁)~거얼무(格尔木) 구간의 1기 공정은 1984년 완공	• 시짱 지역에 대한 지배력 강화 • 인도, 파키스탄, 네팔 등 인접국들에 대한 군사적 대응 태세 강화 • 칭하이, 시짱 등 고원산지 지역의 경제적 통합과 여행업 발전
서전동송	• 전력자원이 풍부한 서부에서 생산된 전력을 북부, 중부, 남부 3개 루트를 통해 수요가 많은 동부로 보내는 사업 • 3개 루트: 중부(창장싼샤·진사강 → 화둥), 북부(황허 상류 → 베이징·톈진·탕구), 남부(구이저우·윈난 → 광둥) • 쓰촨과 윈난에 걸쳐 있는 진사강(金沙江)에 2020년까지 20개 수력발전소 추가 건설	• 서부는 전력생산 시설 건설에 따른 개발 촉진 효과 • 동부는 전력난 해소 효과
남수북조	• 수자원이 풍족한 남부에서 부족한 북부로 수자원을 동부, 중부, 서부 세 가지 루트로 나눠 수송하는 사업 • 중·동부선(창장~웨이하이)과 중부선(허난성~베이징·톈진) 완공, 서부선은 창장 상류 물을 칭하이 등 서북 6개 지역으로 끌어들이는 공정으로 2050년까지 완공 목표	• 북부는 농업 발전, 수질 개선, 생태 회복 등 효과 • 남부는 인프라 건설에 따른 경제성장 촉매 효과

서기 동수	• 서부의 풍부한 천연가스를 수요가 급증하고 있는 동부 지역으로 보내는 사업 • 1기(신장 룬난~상하이 4,200km) 2004년, 2기(신장 훠얼구스~광저우 홍콩, 8,704km) 2012년, 3기(훠얼궈스~광저우) 2014년 완공	• 기자재가 많이 들어가는 사업으로 연관 산업에 대한 수요 견인 효과가 큼 • 도시화, 생태환경 개선 등의 효과

Plus Info

서부대개발 4대 프로젝트

서부대개발 4대 프로젝트는 칭짱철도, 서전동송, 남수북조, 서기동수이다. 이들 중 칭짱철도와 서기동수 (1선 및 2선) 프로젝트는 당초 계획대로 모두 완공되었다. 남수북조와 서전동송은 2050년까지 완공을 목표로 진행하고 있다.

칭짱철도의 시발점인 칭하이성 시닝역(해발 2,261m)

칭짱철도의 종착역인 시짱자치구 라싸역(해발 3,658m)

Keyword

8 동북진흥정책

1960년대까지 중국의 대표적인 중공업 기지였던 동북3성이 1979년 중국의 개혁개방정책 착수 후에도 국유기업에 대한 투자와 업그레이드 부재로 산업 전반이 노후화하자 이를 해결하기 위해 2003년부터 동북3성을 대상으로 시작한 지역발전정책이다.

❶ 개요

동북3성은 중국의 동북 지역에 위치한 랴오닝성(辽宁省), 지린성(吉林省), 헤이룽장성(黑龙江省)을 지칭한다. 동북 지역은 계획경제 시기에 중국 경제발전의 견인차 역할을 담당했다. 1·5계획(1953~1957) 기간 중 구소련의 지원을 받아 중국 전체에서 이루어진 156개 대규모 건설투자(총투자액 611.58억 위안) 중 58개 사업(124.34억 위안)이 배정되었다. 주요 산업은 기계, 석유, 화학, 제련 등이었다. 또 2·5계획 (1958~1962) 기간에도 183.67억 위안이 추가로 투자되고, 다칭 유전(헤이룽장성)이 개발되어 관련 석유화학단지가 활성화됨으로써 동북 지역은 중국의 대표적인 중화학공업기지로 발돋움하는 기틀을 마련했다.

동북3성

헤이룽장성
지린성
랴오닝성

그러나 1980년대 개혁개방정책으로 동남연해 지역 경제특구에 중앙정부의 지원정책이 집중되면서 동북 지역에 대한 지속적인 산업 업그레이드가 단절되었다. 그 결과 기존 중화학 국유기업들은 오래된 설비로 수익을 낼 수 없는 지경에 빠지고, 개혁개방정책으로 경영 효율성을 확보한 연해 지역 기업들과 경쟁에서 뒤처지면서 '경영부진-부실채권 양산-조업중단'이라는 악순환이 1990년대 내내 지속되었다.

이러한 현상(동북현상)을 극복하기 위하여 2003년부터 중앙정부 주도로 동북3성에 대한 지역발전정책을 집행하게 되었다.

❷ 동북3성 현황

동북3성의 국토 면적은 중국 전체의 8.28% 수준이며, 인구는 1억 966만 명(2012)으로 중국 전체의 8.1%를 점유하고 있다. 2012년 말 기준으로 GRDP 점유비를 보면 중국 전체의 8.7%를 나타내 1인당 GDP 기준으로 중국 내 평균 정도 경제규모를 보유하고 있다. 전통적으로 동북3성 지역은 도시민보다 농민 비중이 높았으나 거듭된 공업화 조치로 2012년 말 기준 동북3성의 농촌인구 비중은 41.3%로 같은 해 중국 평균치인 48.73%보다 7.43%포인트 낮다. 특히 연해 지역에 위치한 랴오닝성의 경우 도시화율(도시민 거주 비율)은 64%에 달하며 농촌 인구는 36%에 불과하다.

동북진흥정책이 8년째 집행된 11·5규획 기간(2006~2010) 동북 지역은 경제총량이 두 배로 늘어나고, 성장속도는 동부 지역 평균수준보다 높았다. 1인당 GDP는 2005년 1만 5,318위안에서 2010년에는 3만 3,312위안으로 연평균 13.5% 성장하는 결과를 보였다.

동북3성의 최근 경제지표를 보면 지속된 도시화 조치로 농촌 거주인구의 감소를 초래했으며, 이는 1·2·3차산업구조 변화에도 그대로 반영되고 있다. 2012년 말 기준 동북3성의 1·2·3차산업 비율은 10.8 : 53.1 : 36.1로, 우선 중부권이나 서부권에 비해 1차산업 비중이 현저히 낮다. 그럼에도 동북3성의 1차산업 비중은 중국 평균치보다 0.7%포인트 높은 수준이다. 동북3성의 2차산업 비중은 53.1%로 중국 평균치보다 7.8%포인트나 높은데, 이는 1950년대부터 소련의 지원으로 조성된 중화학공업단지에 기인한다고 하겠다. 반면 3차산업 비중은 36.1%로 중국 평균치보다 8.5%포인트나 낮은 수준을 보이고 있다.

비록 동북3성이 연해 지역에 위치한 랴오닝성을 포함하지만 대외의존도(경제성장 중 순수출과 FDI 공헌도)는 높지 않은 편이다. 2012년 말 기준 동북3성의 수출입 교역액은 1,663억 달러로 중국 전체 중 4.3% 비중을 점유하고 있다. 외국인직접투자(FDI)액은 21억 달러에 불과하여 중국 전체의 7.3%를 차지하고 있다. 중국의 '식량창고'라는 별명이 붙은 헤이룽장성은 2008년 말 기준으로 중국 전체 경작지 중 9.82%를 점유하고 있다. 그 결과 동북3성은 중국 전체 양식 생산량의 19%(2012년 말)를 책임지고 있다. 또 권역 안에 다칭유전(헤이룽장성)이라는 중국 최대 유전이 있어 중국 전체 원유생산량의 28%가 동북3성에서 나온다. 지린성 창춘에 위치한 중국일기는 중국 3대 자동차 메이커 중 하나이며, 창춘시를 중심으로 자동차 산업클러스터가 조성되어 있다. 2012년 말 기준 동북3성의 자동차 생산량은 250만 대로 중국 전체의 13%를 점유하고 있다.

2016년 동북3성 경제규모는 중국 전체의 약 6.8%에 해당하는 5조 2,310억 위안이고, 그중 랴오닝성이 동북 GRDP의 약 42.1%, 지린성이 28.5%, 헤이룽장성이 29.4%를 차지하고 있다.

▌동북3성 주요 개황(2014년 기준)   자료: 『중국통계연감』

구성	– 헤이룽장, 랴오닝, 지린 3성 – 중국 북동쪽에 위치하며 북한·러시아와 국경 인접 – 옌볜조선족자치구 포함(지린성)	
인구	– 1억 976만 명(중국 전체의 8.02%) – 도시화율 60.82%(중국 전체: 54.77%)	
면적	78.8만 km²(중국 전체의 8.2%)	
경제 (중국 전체 규모 중 점유비)	GRDP	8.4%
	1인당 GRDP	52,357위안(8,523달러) (중국 전체: 7,590달러)
	수출입	4.2%
	FDI	6.7%
	경지면적	13.3%
	공업생산	7.7%
	소매판매(소비)	6.5%
산업구조	1차산업 11.2%, 2차산업 47.4%, 3차산업 41.5% (중국 전체: 1차 9.2, 2차 42.7, 3차 48.1)	

▌ 동북 지역 경제규모와 위상(2016년 기준)　　　　　　　　자료: 중국국가통계국

구분	동북 지역	랴오닝성	지린성	헤이룽장성	중국 내 비중
GRDP (억 위안)	52,310 (2.0%)	22,038 (-2.5%)	14,886 (6.9%)	15,386 (6.1%)	6.80%
고정자산투자 (억 위안)	30,642 (-23.4%)	6,436 (-63.5%)	13,773 (10.1%)	10,433 (5.5%)	5.10%
소비재소매 판매액 (억 위안)	29,127 (7.6%)	13,414 (4.9%)	73,10 (9.9%)	8,403 (10%)	8.80%
교역규모 (억 달러)	1,215 (-10.7%)	864 (-9.8%)	184 (3.8%)	167 (-21.3%)	3.30%

＊ ( ) 안은 전년대비 성장률이고, GRDP는 실질성장률이며, 나머지는 명목성장률

❸ 정책 목표 및 발전 전략

동북진흥전략은 다음과 같은 정책 목표와 발전 전략을 제시했다.

첫째, 신개발 지역 신규투자 중심의 종전 연해 지역 개발과 인프라 건설을 위주로 한 서부대개발 전략과 달리, 동북진흥전략은 노후된 공업시설을 개조(Reorganization)하는 산업구조 개선에 중점을 두고 있다.

둘째, 광둥성을 중심으로 한 화남 지역, 상하이를 중심으로 한 화중 지역에 이어서, 동북3성 중심의 동북 지역을 안정적으로 세계 경제에 편입시키려는 계획이다.

셋째, 국경을 마주하고 있는 불확실한 북한을 정치·경제적으로 고려하여 추진되는 경제발전 전략이며, 북한과 시너지 효과를 발휘하기 위한 여러 단계의 발전 전략이 동시에 수행되고 있다.

하얼빈-다롄 간 고속철 노선도
동북진흥정책의 대표 프로젝트로 2012년 12월에 개통했으며, 총연장 921km를 시속 300km로 4시간에 주파한다.

지역별 전략을 보면, 랴오닝성은 성의 수도인 선양시를 동북3성의 중심도시로 발전시키고, 동북권 최대항인 다롄시의 물류 인프라 건설에 중점을 둔다. 지린성은 북한과 국경을 마주하고 있어서 기존 지역전략인 두만강유역 개발과 훈춘합작구 건설 등에 중점을 두고 있다. 헤이룽장성은 역시 국경을 마주한 러시아와 에너지·자원 부문에서 협력을 강화해 경제발전을 꾀하고 있다.

▌ 동북진흥정책 경과 조치

2002. 11	동북 지역을 포함한 노공업기지의 구조조정과 개혁안 추진 공포 (중국 공산당 16차 전국대표대회)
2003. 3	'정부공작보고'에 동북 지역 등 노공업기지 개발 방향 제시
2003. 9	'동북지구 등 노공업기지 진흥전략의 실시에 관한 약간의 의견' 통과 (국무원 판공실)
2003. 12	동북진흥전략 원년, 국무원 직속 산하 동북진흥 영도소조와 판공실 설치, 동북진흥을 위한 100개 프로젝트 발표(총투자액 610억 위안)
2004	동북3성 각 지역의 동북진흥계획 입안 착수
2005. 6	'동북노후공업기지의 대외개방 확대 실시에 관한 의견'(국무원) 공표
2006. 3	국가 11·5규획(2006~2010) 중 동북진흥전략 편제
2007. 8	'동북지구 진흥규획' 공포(국무원 동북진흥 판공실)
2009. 7	'랴오닝 연해경제지역 발전 규획' 국무원 통과
2009. 9	'동북지구 노공업기지 진흥전략의 진일보 실시에 관한 약간의 의견' 통과(국무원)
2009. 11	국무원, 창·지·투 개발개방선도구 발전 규획 공포
2010. 4	국무원, 랴오닝성 선양경제구를 국가신형공업화 종합개혁시범구로 지정
2012. 3	동북진흥 12·5계획(국가발전개혁위원회) 수립 - 경제체제 개혁, 산업구조 조정, 대외개방 심화, 자원 의존형 도시의 발전방식 전환, 인프라 건설 등 목표 제시

2014. 4	동북진흥을 지원하기 위한 중요정책에 관한 의견(국무원) 공포
2015. 6	동북 노후공업기지 혁신·창업 발전을 위한 새로운 경쟁우위 육성에 관한 실시 의견(발전개혁위원회, 과기부, 인사부 등)
2016. 4	동북 지역 노후공업기지의 전면적 진흥에 관한 의견(국무원) 제시 – 2020년까지 동북 지역의 산업 고도화, 정보화, 도시화 등 주요 개혁 추진 – 2030년까지 동북 지역의 전면적 진흥 실현
2016. 8	동북 지역 노후공업기지 진흥 3개년 실시 방안(발전개혁위원회) – 2016~2018년간 127개 중대 프로젝트와 137개 중점임무 추진
2016. 12	동북진흥 13·5규획(발전개혁위원회) – 11개 분야의 39개 주요 목표 제시 – 국유기업 개혁, 첨단제조업 및 신산업 발전, 민영경제 발전 등 중시

9 중부굴기(崛起)정책

Keyword

중국 정부는 2005년부터 중부 지역 6개 성에 대한 지역 발전 전략인 중부굴기(中部崛起)정책을 시행하고 있다. 2006년 명확한 중부굴기정책 목표와 주요 조치 그리고 이를 수행할 주무부처를 명시하고, 2007년 국무원 산하에 중부굴기 판공실을 설치하여 중앙정부 차원의 정책 집행 주체를 명확히 했다.

중부굴기정책의 대상 중부권역은 모두 6개 성으로 이루어졌는데 산시성, 허난성, 안후이성, 후베이성, 후난성, 장시성이 그 대상이다. 모두 연해로부터 1개 혹은 1개 이상의 성으로 격리되어 있다는 공통점이 있다.

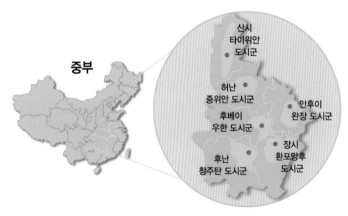

중부 6개 성 위치도

중국 내 총인구의 26.5%(3억 5,927만 명)가 거주하는 중부 지역은 중국 국토의 10.66%를 점유해 다소 높은 인구밀도를 나타낸다. 특히 중국 1성당 평균 인구인 4,367만 명을 산시성을 제외하고 모두 상회하며, 허난성 인구는 9,406만 명으로 광둥성, 산둥성에 이어서 중국에서 세 번째로 인적 자원이 많다. 그런데도 6개 성의 중국 내 GRDP 비중은 20.3%(2014)에 불과하여 경제발전의 여지가 많음을 알 수 있다. 중부 지역의 특성 중 하나로 농촌 인구 비중이 높은 점을 들 수 있다. 2016년 말 기준 중국 농촌 인구 비중은 42.65%이나 중부 지역은 후베이성(41.9%)을 제외하면 산시성(43.79%), 안후이성(48.01%), 장시성(46.9%), 허난성(51.5%), 후난성(47.25%) 등이 중국 평균치를 상회한다.

2014년 말 기준 중부권 1·2·3차산업별 비중을 보면 1차산업 비중은 11.1%로 중국 평균치보다 1.9%포인트 높으며, 2차산업 역시 49.6%로 중국 평균치보다 6.9%포인트 높다. 반면 3차산업 비중은 39.3%로 중국 평균치보다 8.8%포인트 낮다. 중부권은 동북3성이나 서부권 못지않은 중국 식량기지 역할을 한다. 중국 전체 식량생산량의 30.1%가 중부권에서 나오며, 식용유는 42.5%로 압도적인 비중을 보인다. 따라서 중앙정부로서는 중부권의 산업구조 고도화는 물론 식량기지 역할도 잘 유지해야 하는 두 가지 목표를 가지고 있는 셈이다.

중부권 역시 비록 서부권보다는 연해 지역에 가깝지만 내륙 지역에 위치하다보니 대외의존도(GRDP 중 수출과 FDI 비중)가 낮은 편이다. 2014년 말 기준 중국 전체 수출입 교역액 중 중부권 6개 성 비중은 5.7%에 불과하며, FDI 투자유치액은 중국 전체의 8.9% 수준이다. 중부 지역은 1979년 개혁개방정책 이후 먼저 개방한 동남연해 지역에 대한 노동력 제공기지 역할을 수행하였으며, 최근에는 가공·생산기지로 역할이 전환되고 있다.

중부 지역은 중국의 최대 물동량이 움직이는 동서 간 수운망(창장, 황허) 2개와 남북철도망 1개가 교차하는 교통의 요지이다. 먼저, 베이징에서 홍콩 주룽역까지 연결되는 총연장 2,538km의 경구철도(京九铁道)는 1996년 9월에 개통되었으며, 중국을 남북으로 관통한다. 경구철도는 중부 지역 중 산시성, 허난성 정저우시, 후베이성 우한시, 후난성 창사시를 경유한다(고속철은 2018년 개통 완료).

또 1993년 착공되어 2006년 2차 물막이 공사를 끝내고 2009년 완공된 창장싼샤댐 공정으로 창장 내수면 물류환경이 개선되고 있다. 총연장 6,300km인 창장은 상하이를 동쪽 기점으로 하여 안후이성, 장시성, 후베이성, 후난

우한창장대교
우한창장대교(武汉长江大桥, 1,670m)는 창장을 가로지르는 첫 번째 대교로 1957년 구소련의 지원으로 건설·개통되었다. 완리창장제일교(万里长江第一桥)라는 별칭이 있다. 상층은 기차가, 하층은 자동차가 통행하는 구조다.

성을 관통한다. 또 중부 지역의 산시성과 허난성을 통과하는 황허는 총연장 5,464km규모이다. 중부 지역은 중국 전체 철도망 중 23.1%, 내륙수운 총연장 중 26.5%, 총도로망 중 24%를 점유하는 등 GDP와 공업생산비중 대비 양호한 교통 인프라를 보유하고 있다.

▌ 중부권 주요 개황(2014년 기준)   자료: 『중국통계연감』

구성	산시·안후이·장시·허난·후베이·후난 6성
인구	3억 6,262만 명(중국 전체의 26.5%) – 도시화율 49.79%(중국 전체 54.77%)
면적	102.7만 km²(중국 전체의 10.7%)
경제 (중국 전체 규모 중 점유비)	GRDP ... 20.3% 1인당 GRDP ... 3만 8,243위안(6,225달러) (중국 전체 7,590달러) 수출입 ... 5.7% FDI ... 8.9% 경지면적 ... 30% 공업생산 ... 20.7% 소매판매(소비) ... 18.8%
산업구조	1차산업 11.1%, 2차산업 49.6%, 3차산업 39.3% (중국 전체: 1차 9.2, 2차 42.7, 3차 48.1)

▎ 중부 6개 성 주요 지역 거시경제지표와 중국 내 비중(2015년 기준)　　　　자료: 중국국가통계국

	허난성	산시성	안후이성	후베이성	후난성	장시성	중부 전국 대비 비중(%)
국내(지역)총생산 (억 위안)	37,002	12,767	22,006	29,550	28,902	16,724	21.30
1차산업	4,210	783	2,457	3,310	3,332	1,773	26.10
2차산업	17,917	5,194	10,947	13,504	12,811	8,412	24.40
3차산업	14,875	6,789	8,602	12,737	12,760	6,539	18.00
1인당 GDP(위안)	39,123	34,919	35,997	50,654	42,754	36,724	−
GDP 성장률(%)	8.3	3.1	8.7	8.9	8.5	9.1	−
연말 상주인구 (만 명)	9,480	3,664	6,144	5,852	6,783	4,566	26.50
공업생산량 (억 위안)	15,823	4,360	9,265	11,532	10,946	6,918	24.90
사회소비품 소매총액 (억 위안)	15,740	6,034	8,908	14,003	12,024	5,926	20.80
수출총액 (백만 달러)	43,061	8,421	32,270	29,212	19,137	33,117	7.30
수입총액 (백만 달러)	30,719	6,261	15,574	16,341	10,165	9,283	5.30
도시 주민 1인당 가처분소득(위안)	25,576	25,828	26,936	27,052	28,838	26,500	−
농촌 주민 1인당 순수입(위안)	10,853	9,454	10,821	11,844	10,993	11,139	−
도시화율(%)	46.8	55	50.5	56.9	50.9	51.6	−

▌중부굴기 단계별 정책화 과정

시기	주요 정책	정책 주체
2003. 10	중부굴기정책 제시	중공중앙(제16기 3중전회)
2004. 9	중부굴기정책 당 방침 채택	중공중앙(제16기 4중전회)
2005. 3	중부굴기정책 부처별 진행	국무원/전인대
2006. 3	중부굴기정책 관련 법규 제정 지시	중공중앙
2006. 4	'중부지구 굴기의 약간 의견' 공포(총 36조 의견)	중공중앙/국무원
2006. 5	'중부지구 굴기의 약간 의견'의 정책 조치 공포(총 56조 조치)	국무원 및 각 부처
2006. 9	제1차 중부 투자무역 박람회(후난 창사)	상무부 및 6개 성
2007. 1	'중부굴기정책 범위' 통지 공포	국무원 및 각 부처
2007. 4	중부굴기 업무 판공실 설치	국무원
2007. 4	제2차 중부 투자무역 박람회(허난 정저우)	상무부 및 6개 성
2007. 5	'중부지구 증치세 감면 범위 확대에 대한 시험 방법' 공포	국무원, 각 지방정부
2009. 9	'중부지역 굴기 촉진에 관한 규획' 공포	국무원
2011. 1	'전국주체공능구규획(全国主体功能区规划)'에서 중부 지역 발전전략안 제시	국무원
2012. 1.	'중원경제구규획(中原经济区规划)' 공포	국무원
2013. 5	'2013년 중부지역 굴기 촉진에 관한 중점업무(促进中部地区崛起工作要点)' 공포	국가발전개혁위원회
2016. 6	'2016~2025년 중부굴기 촉진 규획(促进中部崛起规划)' 비준	국무원
2016. 12	'중부지역 굴기 촉진 13.5규획(促进中部地区崛起'十三五'规划)' 공포	국가발전개혁위원회

* 2011년 1월에는 중국 전체 권역별·지역별 발전계획인 '전국주체공능구규획'이 반포되면서 '중원경제구' 프로젝트도 국가 발전 전략으로 승격되었다. '중원경제구'는 허난성 정저우가 중심이 되어 허난성 내 18개 도시와 허난성과 인접한 산둥, 안후이, 후베이, 산시 내 12개 도시를 아우르는 지역으로 면적은 28.9만 km²이며, 인구는 1.5억 명 규모이다. '중원경제구규획'이 2012년 12월 국무원에서 정식 공포됨으로써 이 지역은 국가급 권역 발전 전략으로 제시되게 되었다.

10 창장싼샤(長江三峽)댐

1994년에 착공되어 2009년에 완공된 창장싼샤(長江三峽)댐은 중국 중부를 흐르는 창장(長江) 중류에 높이 185m, 길이 2,309m의 댐을 조성하여 홍수를 방지하고 1,820만 kW의 발전설비를 설치한 공사이다.

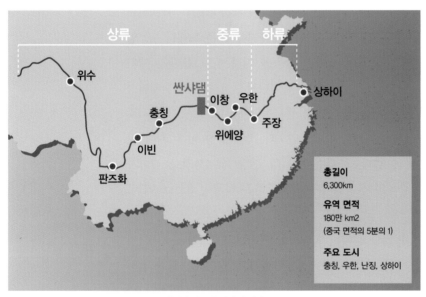

창장수계도와 싼샤댐 위치

"키안(Quian)이라 불리는 이 강은 세상에서 제일 크다. 선박 1만5,000척이 일시에 항해하는 것을 봤다. 16개 지방을 관통하며 주변엔 200개 이상의 도시가 있다."

13세기 후반에 중국을 17년 동안 여행한 마르코 폴로는 창장을 이렇게 묘사했다. 강을 뜻하는 강(江)과 하(河)의 두 한자 중 강은 본래 창장의 고유명사다. 하는 황허(黃河)를 뜻한다. 창장 또는 대강(大江)으로 불리기 시작한 것은 위진남북조(221~589)시대 이후다. 창장과 혼동해 쓰는 양쯔강(揚子江)은 창장의 일부인데, 장쑤성 양저우(揚州)에서 바다에 이르는 하류의 이름이다. 명대 마테오 리치(1552~1610) 등 선교사들이 창장을 양쯔강으로 서방에 소개하면서 비롯한 잘못이다.

창장은 칭하이성 탕구라산맥에서 발원한 뒤 11개 성급 행정구역을 관통해 중국의 동해로 흘러 나간다. 길이는 6,300km로 세계에서 나일강(6,695km)과 아마존강(6,400km) 다음으로 길다. 창장의 본류는 크게 세 부분으로 나뉜다. 후베이성 이창(宜昌)까지가 상류에 해당하며 길이는 4,529km다. 지류를 포함해 창장의 수계면적은 총 180만 km²로 국토의 18.8%를 차지한다. 창장은 1,500~2만 톤급 선박이 하구로부터 쓰촨성 신스(新市)까지 2,900여 km 구간을 운항할 수 있는 중국 경제의 대동맥이다.

"봉우리가 하늘과 만나니 배는 굴속을 지나는구나(峰与天关接, 舟从地窟行)." 청대 시인 하명례(何明礼)가 싼샤(三峽)를 지나면서 읊은 노래다. 강 양쪽 절벽이 하늘 높이 솟아 있어 배가 마치 굴속을 지나는 것 같다는 얘기다. 유비(刘备)가 숨을 거둔 쓰촨성 동쪽 끝 바이디청(白帝城)에서 후베이성 서쪽 이창까지 500리 물길이 창장싼샤다. 싼샤는 취탕샤(瞿塘峽), 우샤(巫峽), 시링샤(西陵峽) 3개 협곡(峽)을 이르는 말이다. 만리장성 이후 최대 공사였다는 싼샤댐이 이곳에 있다. 중류는 장시성 주장(九江)까지로 길이가 938km다. 중국 경제의 중심인 창장삼각주를 포함하는 하류는 835km에 달한다.

창장싼샤댐의 높이는 185m, 길이는 2,309m, 너비는 135m이며 최대 저수량은 393억 톤, 최고수위는 175m, 총시설용량은 1,820만 kW, 연간 발전량은 847억 kW이다. 1994년 착공하여 물막이 제방과 수문건설, 발전기 26개를 가동해 시간당 총 1,820만 kW를 생산할 수 있는 발전소 건설, 1만 톤급 선박 2척이 댐을 넘나들 수 있는 갑문식 운하건설, 3,000톤급 선박을 20분 만에 끌어올릴 수 있는 대형 리프트 건설 등 4단계로 나누어 진행되었다. 1997년 11월 1차 물막이 공사가 끝나고, 2003년 7월 시간당 70만 kW 발전용량의 1호 발전기가 가동되었다. 2006년 토목공사가 완료되었고, 2008년 10월 26번째 발전기가 설치됨으로써 완공되었다. 공사 책임은 중국싼샤댐개발총공사(CTGPC)가 맡았고 총사업비는 250억 달러가 들었다.

공사가 완료됨으로써 창장을 따라 길이 660km, 평균 너비 1.1km, 총면적 632km², 총저수량 393억 톤에 달하는 거대한 인공호가 만들어졌다. 이 저수량은 일본 전체의 담수량과 동일하며, 27억 톤인 우리나라 소양호 저수량의 13배가 넘는다. 또 충칭까지 1만 톤급 선박이 운항해 창장유역의 물류환경이 크게 개선되었다. 매년 빈발하는 창장유역의 홍수도 방지되며, 서부권에 안정적인 전력 공급기반을 마련하게 되어(2009년 싼샤발전소 발전량 798.53억 kW/h) 초기에는 독립 프로젝트로 착수되었으나 서부대개발정책 추진 후 서전동송(西电东送) 프로젝트로 편입되었다.

창장싼샤댐 전경(2006)

11 자유무역시험구

중국 정부는 21세기 중국의 발전을 선도할 성장거점으로 자유무역시험구(自由貿易试验区, FTZ: Free Trade Zone)를 집중적으로 육성하고 있다.

2013년 중국 정부는 상하이의 4개 보세구를 통합하여 서비스업 개방, 외자유치 확대와 금융제도 혁신, 무역자유화 촉진을 위한 상하이 자유무역시험구를 설립하였다. 이후 중국 정부는 덩샤오핑(邓小平)의 개혁개방 방식인 '점·선·면 전략'을 적용하여 지금까지 '1＋3＋7'의 형태로 자유무역구를 설립하였다.

가장 먼저 상하이를 기점으로 3년간 시범운영 기간을 거쳐 자유무역시험구의 시스템을 시범적으로 구축하였고, 이후 추가 선정 지역은 지역적 특성에 맞추어 제도를 수정·보완함으로써 개방 범위를 확대하고 점차 체계를 갖추어나갔다.

① 2013년 9월 상하이 자유무역시험구 설립
② 2015년 4월 광둥, 톈진, 푸젠 자유무역시험구 설립
③ 2017년 3월 랴오닝, 저장, 허난, 후베이, 충칭, 쓰촨, 샨시 자유무역시험구 설립

점·선·면 전략

1978년 덩샤오핑이 개혁개방을 선언하면서 선전과 주하이를 시작으로 산터우, 샤먼, 하이난 등 5개 지역(점)을 선도 개방하고, 동부 연해 톈진과 다롄 등 14개 연안도시(선)를 연결하여 개발하며, 다시 창장삼각주, 주장삼각주, 랴오둥반도, 산둥반도 일대(면)를 연결한 지역경제 발전 계획이다.

중국 자유무역시험구 권역별 분포도

상하이를 첫 시험장으로 한 중국 자유무역시범구는 금융제도, 외국인 투자 영역, 통관정책 등 주요 무역투자 인프라를 국제 수준으로 끌어올리려는 장기 목표를 갖고 출범했다. 상하이에서 시범적으로 운영한 정책·제도는 2015년 4월 지정한 3대 시험구와 2017년 3월 지정한 7대 시험구(랴오닝, 쓰촨, 충칭 등)를 대상으로 단계별로 확대 적용하고 있다.

상하이 자유무역시범구 입구

상하이 자유무역시범구는 국제투자, 무역정책과 관련된 기본 제도 시스템 개혁을 4개 분야(투자관리 시스템, 무역관리감독 시스템, 금융관리감독 시스템, 사전사후 종합관리감독 시스템)에 걸쳐 중점 추진하였다. 그중 위안화 자유태환과 자유무역계좌 확대, 금리자유화, 통관·검역 간소화, 보세관리·감독 확대, 외국인투자 내국민대우 확대, 각종 규제완화에 역점을 둔 바 있다. 이밖

상하이 자유무역시범구 기념 조형물

에도 상하이 자유무역시범구는 외국기업 투자유치, 수출입 성장, 소비 촉진 등에 기여하는 성과를 거두었다. 실제 상하이 자유무역시범구 세관통계(2013. 9~2016. 8 누계)에 따르면, 자유무역시범구 내 기업 등록 수는 2만 4,000개사이며 다국적기업의 지역본부 입주는 130개사를 기록했다. 수출입 총액은 2조 위안으로, 이는 상하이시 수출입 총액의 26.9%를 차지하는 비중이다.

▌상하이 자유무역시범구

포지션	세계대상 금융센터 구축
총면적	120.72km²
수용 가능 기업 수	5만 8,000개
구역	총 7개 구역 확대 전: 와이가오차오(外高桥)보세구, 와이가오차오물류원구, 양산보세항구, 푸둥공항보세구 확대 후: 루자주이금융구, 진차오개발구, 창장하이테크단지

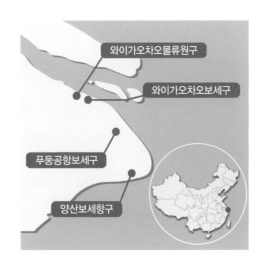

와이가오차오물류원구
와이가오차오보세구
푸둥공항보세구
양산보세항구

중국의 11개 자유무역시험구를 권역별로 나누어보면 환발해의 톈진·랴오닝, 동부 연해의 상하이·광둥·푸젠·저장, 중서부의 충칭·쓰촨·허난·후베이·샨시로 나눌 수 있다. 중국 자유무역시험구는 기본적으로 중국의 지역발전 전략인 일대일로, 창장경제벨트, 징진지 전략과 연계되어 권역별로 분포하고 있음을 알 수 있다.

신실크로드전략은 중서부 5개 무역구를, 해상실크로드는 동부 연해의 4개 무역구를 그리고 징진지는 환발해의 2개 무역구를 중심으로 새로운 성장거점 육성을 도모하고 있다.

▌톈진 자유무역시범구

포지션	동북아 대상 징진지 제조업 업그레이드
총면적	119.9km^2
구역	총 3개 구역 – 톈진항(30km^2) – 톈진공항보세구(43.1km^2) – 빈하이(濱海)신구중심상업지구(46.8km^2)
대상지역	징진지, 동북아
중점산업	운수, 물류, 금융

▌광둥 자유무역시범구

포지션	홍콩·마카오 대상 서비스 무역 자유화
총면적	116.2km^2
구역	총 3개 구역 – 광저우 난사신구(60km^2) – 선전시 첸하이신구(28.2km^2) – 주하이시 헝친신구(28km^2)
대상지역	홍콩, 마카오, 아세안
중점산업	서비스업

푸젠 자유무역시범구

포지션	타이완 대상 양안경제무역 협력 도모
총면적	118.04km²
구역	총 3개 구역 – 샤먼(厦门)시 – 푸저우(福州) 신구 – 핑탄(平潭)시
대상지역	타이완(양안)
중점산업	선진제조업, 해양산업

12 4종 4횡 고속철도망

2004년 중국 철도부는 '중장기 철도망 규획'을 공포하여 4종 4횡 고속철도망 구축을 계획했다. 광활한 대륙을 동서남북으로 연결하는 이 고속철도망 구축은 2020년까지 완공될 예정이다.

'4종 4횡'의 중심축이라 할 수 있는 베이징–상하이 구간이 2011년 6월에 개통되면서 고속철 시대가 열렸다. 2009년 9월 개통된 우한–광저우 구간은 중국 최장구간의 최고속도(350km/h) 고속철 개통으로 기록되면서 동일 구간의 항공노선이 폐지되는 등 큰 영향을 주어 주목받은 바 있다.

이후 2012년 12월 26일 전장 2,298km의 베이징–광저우 고속철이 개통되어 기존의 '4종 4횡(四纵四横)' 철도망과 연결되면서 중국 내 주요 도시를 하루 만에 다녀올 수 있는 1일 생활권 시대가 시작되었다. 베이징–광저우 고속철도는 2005년 6월 공사를 시작한 지 7년 만에 전 노선이 개통되었는데, 이번에 개통된 구간은 베이징–허난성 정저우 693km 구간이다. 정저우–후베이성 우한 구간(536km)은 2012년 9월에, 우한–광저우 구간(1,068km)은 2009년 12월에 개통되었다. 또 2018년 말 광저우–선전–홍콩선 개통으로 베이징–홍콩의 종축노선이 완성된다.

이로써 기존 철도로 22시간 걸리던 베이징–광저우 구간은 8시간으로 단축되었다. 샨시성 시안은 지금까지는 허난성 정저우까지만 연결되었으나 베이징–정저우 구간 개통으로 베이징까지 기존 12시간에서 4시간 40분으로 단축되었다. 쓰촨성 청두–베이징 구간도 기존에는 만 하루가 걸렸으나 10시간 이내로 단축되었다.

중국 고속철 4종 4횡 구조도

2004년 중국 철도부는 '중장기 철도망 규획'을 공포하여 2012년까지 4개 세로축과 4개 가로축(4종 4횡) 고속철도망을 건설하기로 결정했다. 하지만 미국발 금융위기(2008), 철도부문 투자 계획 재조정 등 국내외 문제로 완결이 다소 미루어졌다. 2017년 12월 28일, 마지막 횡축 구간인 스자좡-지난 구간(石济高铁) 고속철이 개통되면서 4종 4횡의 고속철도망 중 횡축이 완성되었다. 종축은 2019년 개통될 베이징-선양 간 노선이 남아 있다.

▌ 중국의 '4종 4횡' 철도망 현황

	구간명	개통 현황	전장	소요 시간
4 종	베이징-홍콩	베이징-광저우 개통(2012년 12월) 선전-홍콩(2018년)	2,350km	8시간 (베이징-광저우)
	베이징-상하이	2011년 6월 개통	1,318km	4시간 25분
	베이징-하얼빈	하얼빈-다롄(2012년 12월 개통) 베이징-선양(2019년 예정)	1,612km	5시간 20분 (하얼빈-다롄)
	항저우-선전	2015년 말 개통	1,346km	8시간
4 횡	쉬저우-란저우	2017년 7월 개통	1,346km	4시간 30분
	상하이-쿤밍	2016년 말 개통	2,264km	7시간 30분
	칭다오-타이위안	2017년 말 개통	906km	3시간
	상하이-청두	2015년 말 일부 구간 개통 (2023년 고속철 구간 개통 예정)	1,922km	7시간

중국이 고속철건설에 전념하는 이유는 첫째, '대량 운송, 저오염, 저운송비, 저에너지 소모'라는 우위 때문이며, 둘째는 석탄·철강 등 대형화물로 유발되는 철도 병목현상을 여객중심의 고속철로 해소하기 위해서이다. 실제 단위자원 소모량을 보면 고속철이 70~100kcal/사람·km인 데 반해 버스는 180~213kcal/사람·km, 소형차는 721~813kcal/사람·km 수준이다.

베이징-광저우 노선은 중국에서도 물류와 여객량이 가장 많은 노선이어서 개통에 따른 파급 효과가 크다. 이 노선은 중국 철도망 총연장 중 3.14%

를 점유하나 중국 전체 철도 물류량 중 8%를 소화하며 여객은 18%를 운송한다. 베이징-광저우 노선 개통으로 물류 비용 역시 절감되고 있다. 현재 중국 내 특급택배의 운송수단별 분담비를 보면 자동차가 80%, 항공이 15%, 철도가 5%에 불과하였으나 고속철이 개통되면서 철도 비중이 올라가고 있다.

베이징-광저우 철도 물류 운송능력은 현재의 4,000만 톤/연 수준에서 고속철 개통으로 1.2억~1.5억 톤 수준으로 증가할 전망이다. 이는 같은 구간으로 운송되는 석탄, 원유, 양식 등의 물류 비용이 대폭 절감될 수 있다는 의미이다. 실제로 우한-광저우 구간이 먼저 개통(2009)된 후 베이징-광저우 구간 철도 물류량은 10.9% 늘어났다.

중국 고속철, 허시에하오(和谐号)

중국의 고속철도 기차표
중국 고속철은 신분증을 제시한 뒤 구매할 수 있으며, 차표에 신분증(외국인은 여권) 번호와 성명이 명기된다. 최근에는 시트립닷컴 등 여행전문 사이트를 이용해 한국에서도 구매할 수 있다.

고속철 개통으로 도시간 일체화(同城化) 현상이 확대되고 있으며, 이로써 새로운 경제권역이 생성되고 있다. 베이징에서 80km 떨어진 허베이성 가오베이띠엔의 경우 고속철로 19분 만에 도달할 수 있자 수강특수강, 베이징일기창 같은 대기업이 이전했으며, 베이징 시민 5,000여 명이 좀 더 싼 주택을 찾아서 이주하기 시작했다. 이러한 도시 간 일체화 현상은 베이징, 정저우, 타이위안, 지난 같은 대도시(성의 수도) 인접 위성도시들 간에 확산되고 있다.

베이징-광저우 구간은 6개 성(省)에 있는 28개 도시를 관통하며 이들 도시는 총 53개 주요 도시를 5시간 거리 범위 내에 두고 있다. 이 구간은 보하이경제권(베이징, 톈진), 중위안경제구(정저우), 우한도시권(우한), 창주탄도시권(창저우), 주장삼각주 경제구(광저우, 선전) 등 중국 내 주요 경제권역을 관통하는 노선이기도 하다.

그 결과 우한시가 새로운 교통허브로 부상하고 있으며, 신설 고속철역 주변에는 신도시를 조성하여 도시 발전을 꾀하고 있다. 후베이성 우한시는 '4

종 4횡' 교차구간 중 종축과 횡축 노선이 모두 개통된 도시로, 8시간 이내 총 8억 인구의 경제권을 범위에 두고 있다.

베이징–광저우 구간 개통으로 매년 주변 도시들은 5% 이상 경제성장을 추가로 달성할 전망이다. 실제로 후난성 창사시는 이 구간 개통으로 우한(1시간), 광저우(2시간), 상하이(3시간), 쿤밍(4시간), 베이징(5시간) 등을 5시간 이내에 도달할 수 있어 이전에는 불가능했던 국제금융, 전람회, 명품소비, 문화, 의료서비스, 물류센터 관련 지역발전 전략을 새로 수립하고 있다.

중국 정부는 4종 4횡에 이어 '8종 8횡(八纵八横)'으로 통칭되는 고속철도망 추가 건설 계획을 세워놓고 있다. 2020년까지 총 15만 km의 철도망과 3만 km의 고속철 철도망을 건설할 계획이다. 이는 지역 간 균형발전, 내수부양을 위한 인프라 건설 그리고 급증하는 '마이 카'로 인한 물류망 병목현상을 해결할 대안이 고속철밖에 없다는 중국 정부의 판단에 따른 것이다. 2017년 말 현재, 중국 내 고속철 총연장은 2.5만 km로 세계 1위 수준(전 세계 고속철도망의 66.3%)이며, 상업적으로 운영 중인 철도망은 총 12.7만 km 규모이다.

13 베이징 타임

중국 국토 면적은 960만 km²로 세계 4위 규모이다. 대한민국 면적의 96.2배이며 한반도 면적의 43.6배 규모이다. 중국 국토의 동서 간 거리는 약 5,200km에 달한다. 그런데도 중국은 하나의 시간, 즉 베이징 타임만 가지고 있다.

런던 그리니치천문대의 본초자오선은 1884년 국제협정에 따라 지구 경도의 원점으로 채용되었으며, 1935년부터 이 본초자오선을 기준으로 하는 그리니치 시간이 세계 표준시로서 국제적 시간계산에 쓰이게 되었다. 이를 그리니치 평균시, 즉 GMT(Greenwich Mean Time)라고 한다.

GMT를 기준으로 세계 여러 나라의 시각을 정한 원리는 다음과 같다. 지구는 한 바퀴가 360°이다. 1시간에 지구는 15°씩 회전하므로 24시간이면 한 바퀴를 돌게 된다(1일이 24시간). GMT를 기준으로 15° 단위로 끊으면 지구 전체는 24개 구역이 된다. 이는 세계시차표의 24개 구간을 의미한다. 날짜변경선은 경도 0도인 영국 그리니치천문대의 180도 반대쪽인 태평양 한가운데(경도 180도)로 북극과 남극 사이 태평양 바다 위에 세로로 그은 가상의 선이다.

동일 시간권은 A라는 국가와 B라는 국가가 24개 구간 중 한 개에 같이 있다는 의미이다. 한국은 GMT로부터 135° 동쪽에 위치하므로 9시간 빠르며(GMT +9), 일본 도쿄 부근의 135° 경도선에서 120°까지는 같은 시간권을 써서 우리나라와 일본은 시간이 같다. 반면 베이징(동경 120°)은 우리보다 1시간 늦은 시간권(GMT +8)을 쓴다.

15° 단위로 나뉜 시간 구분선이 직선이 아닌 이유는 국가별 편의성 때문이다. 만약 세계시차표에서처럼 시간 구분선이 국경을 기준으로 되어 있지 않고 직선으로 그어진다면, 우리나라의 경우 부산과 목포에 두 개 시간대가 생기게 된다.

중국도 한때는 5개 시간권을 가지고 있었다. 문헌에 따르면 중국은 1902년(광서 28년)에 최초로 중국 세관이 해안시(海岸时)를 지정하면서 동경 120°를 기준으로 삼았다. 1912년 중화민국 시절, 베이징에 있던 중앙관상대(中央观象台)는 중국 시간권을 5개로 나누었다. 1939년 3월, 중화민국 내정부는 중국 내 5개 시간권을 확정하게 된다. 그 구분은 다음과 같았다.

① 쿤룬 시간권(昆仑时区): GMT+5.5 신장 서부와 시짱(티베트) 일부
② 신장 시간권(新藏时区): GMT+6 신장과 시짱
③ 룽슈 시간권(陇蜀时区): GMT+7 중부권
④ 중위안 표준시간권(中原标准时区): GMT+8 중국 해안
⑤ 창바이 시간권(长白时区): GMT+8.5 중국 동북권

그러나 1949년에 중화인민공화국이 탄생하면서 마오쩌둥은 중국 전체 권역에 대한 시간권을 GMT+8, 즉 이전의 중원 표준시간권으로 통일했다.

세계시차표 기준에 따르면 중국 동서 간 구간은 5개 시차 구간이 지나는 것을 알 수 있다. 하지만 중국 정부는 정치적 목적에서 수도인 베이징 시간을 표준시간으로 통일해 사용하고 있다.

따라서 베이징보다 2시간 30분이 빠른 인도 뉴델리와 같은 시간대 구역에 있는 우루무치시(신장웨이우얼자치구 수도)의 시간도 베이징과 같은 시간대를 쓰고 있다. 이는 베이징과 우루무치의 아침 8시는 동일한 표준시(베이징 타임)를 쓰지만 실제 우루무치의 천문환경은 인도 뉴델리(오전 5시 30분)와 같은 새벽이라는 의미이다.

이러한 상황을 고려하여 우루무치의 많은 기업은 출근시간을 오전 10시로 늦춰 베이징 표준시 준수에 따른 불편을 해소하고 있다. 또 우루무치의 많은 은행, 관공서 등도 하절기 영업시간은 10시로 늦춰놓았다.

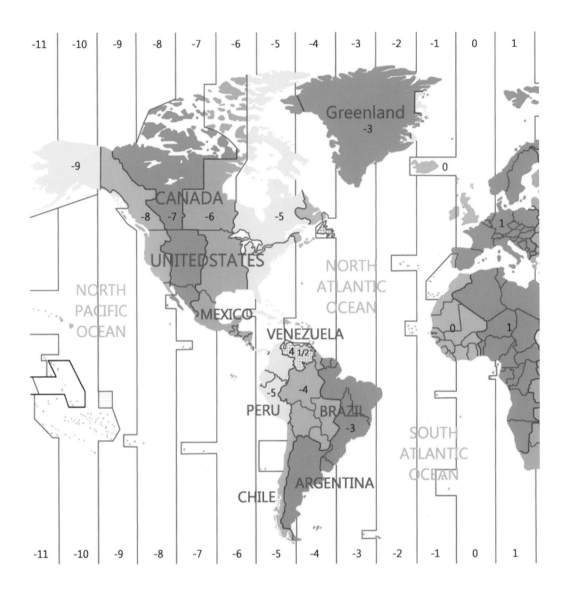

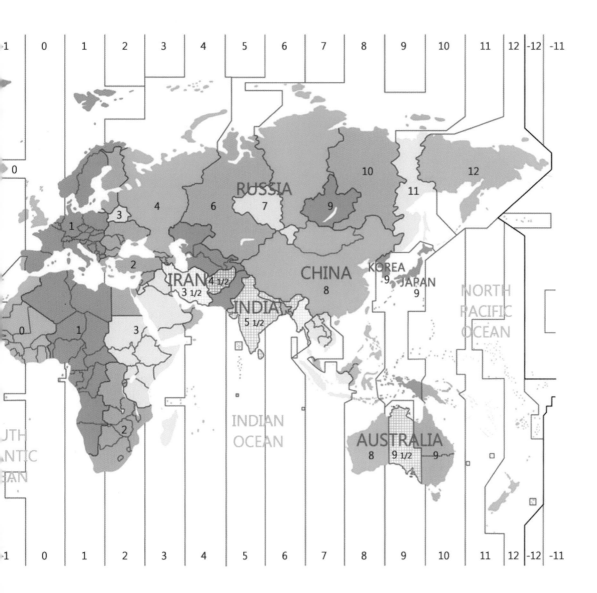

Chapter

2

언어와 문자

14 한자의 기원과 발전

한자는 중국어를 표기하는 문자이다. 중국의 역사가 오래되었듯이 한자의 역사 또한 오래되었으며, 한자가 지금의 모양으로 발달하기까지는 오랜 시일과 점진적인 몇 단계 변천을 거쳤다.

❶ 한자의 기원

가장 널리 알려진 한자 창제설은 '창힐조자설'이다. 전설에 따르면, 창힐은 황제(黃帝)의 사관(史官)이었는데, 새나 짐승의 발자국을 보고 한자를 만들었다. 창힐은 눈이 네 개였는데, 이것은 그가 관찰력이 뛰어났다는 것을 의미한다. 창힐은 태어나면서부터 글자를 쓸 줄 알았으며, 한자를 만들었을 때는 하늘에서 곡식이 비처럼 내리고 귀신이 밤에 울었다고 한다.

신화적 관점이 아닌 과학적·논리적 고증에 따른 학자들의 의견으로는 만약 창힐이 황제의 사관이었다면 약 4,500년 전 한자를 통일하고 정리하는 작업을 했겠지만 한자를 창제한 것은 아니라는 것이다. 다른 시기, 다른 지역에서도 한자가 발견되었다는 사실을 감안하면 한자는 한 사람이 창제한 것이 아니라는 사실을 알 수 있다.

❷ 한자의 발전

1. 갑골문(甲骨文)

갑골문은 현존하는 최초의 한자이다. 기원전 14세기~기원전 11세기 상(商)시대 때 250여 년간 사용했던 문자로, 거북이 복갑(腹甲)이나 소의 견갑골 등에 새겨서 '갑골문'이

갑골과 갑골문

라고 한다.❷ 기록의 내용이 주로 점복에 관한 것이라서 복사(卜辭), 계문(契文), 정복문자(貞卜文字)라고 부르기도 하고, 1928년에 허난성 안양 은허에서 다량 발굴되었기 때문에 은허문자(殷墟文字)라고도 한다.

1928년부터 갑골이 발굴된 허난성 안양의 은허유적지(유네스코 세계유산)

갑골문을 최초로 발견한 사람은 청나라 말기 금석학자 왕의영(王懿榮)이다. 그는 1899년 학질(疟疾)을 치료하려고 약재로 사들인 용골에 문자가 새겨져 있는 것을 발견한 후 용골을 대량으로 사들여 유악(刘鹗)과 함께 연구하였다. 이후 학자들이 본격적으로 갑골문을 연구하고 발굴하기 시작하였다. 현재까지 출토된 약 16만 편 중 단자(单字)의 수는 5,000자 정도이지만 해석된 것은 1,500여 자 정도이다.

갑골문에 기록되어 있는 내용은 농업(农业), 천상(天象), 길흉(吉凶), 제사(祭祀), 정벌(征伐), 전렵(田猎), 질병(疾病), 사령(使令), 왕래(往来), 혼인(婚姻) 등인데, 이는 상(商)시대의 정치, 경제, 사회, 군사 등을 연구하는 자료로 중요한 가치가 있다. 또 한자의 가장 초기 형태이기 때문에 회화(绘画)성, 상형성의 색채가 강하고 원래 사물 모습을 본떠 만들었으므로 한자의 본의를 파악하는 데 중요한 의미가 있다.

갑골문은 필획이 가늘고 강하게 표현되어 있고, 문자가 정형화되지 않았으며, 문자의 크기 역시 통일되어 있지 않다.

2. 금문(金文)

금문은 청동기에 새긴 한자를 말한다. 고대에는 청동을 '금(金)'이라고 칭했기 때문에 금문이라 하고, 청동기 가운데 악기(乐器)를 대표하는 것이 '종(钟)', 예기(礼器, 제사용 그릇)를 대표하는 것이 '정(鼎)'이므로 종정문이라고도 한다.

---

❷ 현재 발굴된 갑골 조각 16만 점 중 거북이 복갑이 약 70%를 차지하는데, 거북이 등껍질은 울퉁불퉁하고 딱딱해서 많이 사용되지 않았다. 뼈 중에서는 소의 견갑골이 가장 많이 사용되었다.

상시대에 이미 청동기 제작 기술이 우수했지만 금문이 있는 청동기는 많지 않았고, 금문의 가장 황금기는 서주(西周, 기원전 1030~기원전 722) 시기였다. 이 시기에는 거의 모든 청동기에 한자를 수십에서 수백 자까지 새겨 넣었는데, 내용은 주로 제사, 선조 찬양(赞扬先祖), 정벌과 공로(功劳), 수상(受赏)과 책명(册命), 훈계(训诫), 법률과 계약 등이다. 현재 출토된 청동기는 5,600여 개이고, 주조되어 있는 단자는 4,000여 자이며, 2,000자 정도가 해독되었다.

금문은 대부분 청동기에 주조해 넣은 글자이므로 갑골문에 비해 획이 굵고 둥글며 부드럽다. 글자 크기 차이는 많지 않고 배치도 균형이 잡혀 정형화 정도가 제고되었으며 상형성이 줄어들고 선이나 부호가 많이 쓰여 형성자가 증가하였다. 갑골문에 비해 이체자(异体字)가 감소하였는데, 이 시기 이체자는 각각의 나라에서 다르게 표현된 동일한 한자를 의미한다.

서주시대 **청동 금문과 탁본**

3. 대전(大篆)

대전은 춘추전국시대 진(秦, 기원전 221~기원전 206)에서 통용된 한자이다. 현재 석고문(石鼓文)이 현존하는 유일한 유물이다. 대전은 주문(籀文)이라고도 하는데 주문은 중국 최고 자서(字书)인 『사주편(史籀篇)』에 사용한 글자를 가리키는 말이다. 금문을 기초로 변화하였고 필획의 굵기, 글자의 크기가 통일되었으며 글자 모양이 사각형에 가까워졌다.

진나라와 4국(楚, 晋, 齐, 燕)의 한자 비교

4. 소전(小篆)

소전은 진 시기에 통용된 표준 서체다. 춘추전국시대를 끝내고 중국을 통일한 진이 '서동문자(书同文字)'정책을 시행하면서 소전으로 자체를 통일했는데, 소전은 규범화된 최초의 한자라 할 수 있다. 허신의 『설문해자』가 소전을 표제자로 삼았으며, 소전 9,353자가 현재까지 그대로 전해지고 있다. 소전은 진대와 서한 초기까지 극히 짧은 시기에 사용되었는데, 이는 진의 통일 기간이 15년밖에 되지 않았고,

소전(小篆)의 발전

서한 중기에 예서가 소전 대신 쓰였기 때문이다. 소전의 특징은 이체자가 많이 사라지고 편방의 모양이 통일되어 정형화되었다는 것이다. 또 필획이 굵기가 같으며 둥글고 긴 선을 사용하였고, 상형 정도가 많이 줄어들었으며 부호성이 강화되었다.

5. 예서(隶书)

예서는 소전의 간화체로 전국시대 후기부터 진대 사이에 생겼으며 한대에 통용된 문자이다. 진대에는 공식 문서에 소전을 사용하였지만 업무를 빨리 처리해야 하는 하급관리들이 사용하기에는 불편했다. 그래서 비공식적으로 사용한 서체가 예서이며, 한대에 이르러 공식적인 문자로 사용하게 되었다. 예서의 '예'는 하급관리를 가리킨다. 소전에서 예서로 변화한 것을 '예변(隶变)'이라고 하는데, 예변 이전 문자인 갑골문부터 소전까지가 고문자(古文字)이고, 예변 이후 문자를 금문자(今文字)라고 한다. 예변으로 한자가 표의문자(表意文字)에서 의음문자(意音文字)로 변화되었다.

예변은 세 가지 형태가 있다. 곡선이 사라지고 직선이 많이 사용되면서 획이 반듯해졌고(형변, 形变), 필획이 생략되고 합병되어 많이 줄어들면서(생변, 省变) 기존 한자의 상형성이 많이 사라져 부호 기능이 강화되었다. 소전의 동일한 형체를 예서의 여러 형태로 분화하거나 소전의 여러 가지 형체를 혼동하여 예서의 한 가지 형체로 변화시키기도 하였다(와변, 讹变). 그리고 '가로획(横), 세로획(竖), 삐침(撇, 왼쪽 삐침), 점(点), 파임(捺, 오른쪽 삐침)' 등의 체계가 잡혔다.

6. 초서(草书)

초서는 예서, 해서와 비슷한 시기에 사용된 보조 서체로 '초(草)'는 거칠다는 의미이다. 필법이 간략하고 자유로운 서체로 서한 말엽에 나타나 한대에 초서라는 명칭이 사용되었다.

초서는 장초(章草), 금초(今草), 광초(狂草) 세 가지로 분류할 수 있다. 장초는 필획의 연결이 자유롭고 자형 크기가 일치하며 글자마다 분리된 것이 특징이고, 금초는 글자가 분리되어 있지만 전체적인 흐름이 이어져 유기적으로 연결되어 있다는 느낌을 준다. 필획과 필법이 극도로 간화되어 빠르게 서사할 수 있다. 광초는 극단적으로 흘려 써서 문자로서의 가치보다는 하나의 예술품으로서의 가치만 존재한다.

7. 해서(楷书)

해서의 '해(楷)'는 모범, 표준이라는 의미이다. 그래서 해서를 '진서(真书)', '정서(正书)' 혹은 '정해(正楷)'라고도 한다. 예서를 기초로 발전·변화한 서체로, 쓰기 어려운 필획을 쉽게 고치고 굽은 부분을 직선화하였다. 편방형인 예서에 비해 해서는 정방형으로 간결, 명확, 아름다움이 특징인 서체이다.

해서는 대략 한위(汉魏)의 교체 시기에 형성된 서체로, 수(隋)에 이르러 통용되기 시작하였다. 당(唐) 시기에 해서가 표준 서체로 사용되었고 이후 오늘날까지 표준 서체로 쓰이고 있다.

8. 행서(行书)

해서와 금초(今草)의 중간적 서체이다. '행(行)'은 흐름을 뜻하는 말로, 행서의 필획이 이어지면서 유동적인 형상을 나타내는 것을 가리킨다. 서사 속도가 느린 해서와 속도는 빠르지만 알아보기 힘든 초서의 단점을 보완하여 행서를 창조하였다. 해서의 특징이 많이 나타나는 것을 '행해(行楷)', 초서의 특징이 많이 나타나는 것을 '행초(行草)'라 한다. 현재 일상생활에서 중국인들이 한자를 빠르게 흘려 쓰면 이 행서체 간화자가 된다.

갑골문 甲骨文	금문 金文	소전 小篆文	예서 隶书	해서 楷书	행서 行书	초서 草书

갑골문, 금문, 소전, 예서, 해서, 행서, 초서

072

15 육서(六书)

육서는 한자의 구성과 사용방식에 따라 여섯 종류로 나누고 각각 상형, 지사, 회의, 형성, 전주, 가차라고 칭한다.

❶ 육서의 유래

육서는 한자의 구성과 사용방식에 따라 여섯 종류로 나눈 것을 말한다. 육서는 전국시대 때 『주례』에서 맨 처음 언급되었지만 이때는 육서가 무엇인지에 대한 구체적인 내용이 없고 서한 말엽 유흠(刘歆)이 쓴 『칠략(七略)』에서 육서의 명칭, 즉 '상형(象形), 상사(象事), 상의(象意), 상성(象声), 전주(转注), 가차(假借)'를 명시하였다.❸ 그 후 동한시대 때 허신(许慎)이 집필한 『설문해자』에서 육서를 설명하면서 현재 우리가 알고 있는 육서의 명칭을 사용하였다. 『설문해자』에서는 수록자 9,353자의 상형, 지사, 회의, 형성의 숫자를 각각 364자, 125자, 1,167자, 7,687자로 나누었다.❹

설문해자(중국문자박물관)

허신(许慎)이 만든 『설문해자』는 중국 최초로 한자 자형(字形)과 자원(字源)을 분석한 사전이다. 한나라 때인 121년에 초판이 발행되었으나 유실되었고, 송대 태종(939~997) 때 다시 체계를 갖추어 간행했으며 이후 청대에도 여러 판본이 출간되었다.

1. 상형

象形者, 画成其物, 随体诘诎, 日月是也。 -『설문해자』

해당 사물을 그려내어 그 모양에 따라 구불구불하게 한 것이다. '日'자나 '月'자가 여기에 해당한다.

---

❸ 상사는 지사, 상의는 회의, 상성은 형성을 지칭한다.
❹ 이 네 가지는 한자의 조자(造字) 원리에 해당하며 상형과 지사는 독체조자법, 회의와 형성은 합체조자법, 전주와 가차는 한자 활용법에 해당한다.

상형은 사물의 형상을 본떠 글자를 만드는 방법으로 사물의 객관적 특징을 잘 나타냈다. 상형자는 인체, 자연, 동물, 식물 등에 관한 글자가 많고 갑골문, 금문에 쓰인 글자 대부분이 상형문자이다. '날 일(日)'자는 해의 형상(⊙)을 나타냈고, '달 월(月)'자는 둥근 보름달이 아닌 달의 특징이 잘 나타나는 초승달 모습(☽)을 본떠 만들었다.

2. 지사

指事者，視而可识，察而见意，上下是也。 -『설문해자』

보아서 알 수 있고 살펴서 뜻을 파악할 수 있는 것이다. '上', '下'자가 여기에 해당한다.

지사는 점과 선을 이용하여 상징적인 기호를 만들거나 상형자에 부호를 첨가해 글자를 만드는 방법이다. 순수하게 부호만 사용하여 글자를 만드는 것과 상형자에 부호를 첨가하여 글자(末, 本, 刃 등)를 만드는 것으로 나눌 수 있는데, 후자의 개수가 더 많다. '위 상(上)'자의 갑골문은 '⌣'이고, '아래 하(下)'의 갑골문은 '⌢'이다. 각각 곡선 상하에 부호 '一'이 첨가되어 위 혹은 아래에 무엇인가가 있거나 위 혹은 아래를 향해 나아가는 모습을 형상화하였다.

3. 회의

会意者，比类合谊，以见指撝，武信是也。 -『설문해자』

비슷한 부류를 나란히 놓아 뜻을 합하여 그것으로 가리키는 바를 드러내는 것이다. '武'자나 '信'자가 여기에 해당한다.

회의는 둘 혹은 다수의 독체자(상형과 지사문자)를 조합하여 새로운 의미를 지닌 글자를 만드는 방법이다. '굳셀 무(武)'는 '발 지(止)'자와 '창 과(戈)'자가 결합하여 '무기를 메고 가는 씩씩한 모습'을 형상화하였다. '믿을 신(信)'자는 '사람 인(人)'과 '말씀 언(言)'자가 결합하여 '사람의 말에는 믿음이 있어야 한다'는 뜻이 되었다.

4. 형성

形声者, 以事为名, 取譬相成, 江河是也。 －『설문해자』

가리키는 사물을 이름으로 삼고 비유를 취하여 서로 한데 이룬 것이다. '江', '河' 자가 여기에 해당한다.

형성은 뜻을 나타내는 형부(形符)와 음을 나타내는 성부(声符)를 조합하여 새로운 글자를 만들어내는 방법이다. 형성자의 성부가 같다고 한자의 음이 모두 같지는 않은데, 이는 완전히 '같은' 음이 아니더라도 '비슷한' 음을 내는 성부를 사용하기도 하며, 시간이 흐르면서 한자의 음이 변화하기도 했기 때문이다. 형성은 한자를 만드는 가장 효율적인 방법으로, 형성자를 쓰면서 한자의 표현력과 조자능력이 크게 향상되었다. 『설문해자』에서는 형성자가 약 82%를 차지한다. '강 강(江)'자와 '강 하(河)'자는 '삼수변(氵)'이 뜻을, 나머지 부분이 음을 나타낸다.

▮ 형성자 조합방식

좌형우성 **(左形右声)**	왼쪽이 뜻을, 오른쪽이 소리를 나타낸다. 예 惊 jīng 놀라다 河 hé 강 松 sōng 소나무
우형좌성 **(右形左声)**	오른쪽이 뜻을, 왼쪽이 소리를 나타낸다. 예 刚 gāng 단단하다 期 qī 시기 救 jiù 구하다
상형하성 **(上形下声)**	위쪽이 뜻을, 아래쪽이 소리를 나타낸다. 예 花 huā 꽃 晨 chén 새벽 管 guǎn 관악기
하형상성 **(下形上声)**	아래쪽이 뜻을, 위쪽이 소리를 나타낸다. 예 姿 zī 용모 基 jī 기초, 토대 梨 lí 배
외형내성 **(外形内声)**	바깥쪽이 뜻을, 안쪽이 소리를 나타낸다. 예 固 gù 튼튼하다 病 bìng 병 圆 yuán 둥글다
내형외성 **(内形外声)**	안쪽이 뜻을, 바깥쪽이 소리를 나타낸다. 예 闷 mēn 답답하다 辩 biàn 변론하다 闻 wén 듣다

5. 전주

부류를 세워 하나의 부수로 하고 같은 뜻으로 서로 받는 것이다. '考', '老'자가 여기에 해당한다.

전주의 의미가 무엇인지 지금까지도 정확한 결론을 내리지 못했지만 대체로 기존에 있는 글자의 의미를 변화시켜 활용하는 방법으로, 이미 있는 글자의 본래 뜻에서 유추하여 다른 음, 다른 뜻으로 굴리고(转), 끌어대어(注) 만든 글자라고 해석한다. 본래 한 가지 뜻으로 쓰이던 글자가 전혀 다른 뜻으로 쓰이는 것을 가리키는데, '늙을 로(老)'자와 '생각할 고(考)'자는 원래 둘다 '늙다'라는 뜻으로, 『설문해자』에서 '考，老也，老，考也(考는 老의 뜻이고, 老는 考의 뜻이다)'로 풀이하였다. 두 글자가 호훈**5**관계이고 두 글자 모두 부수가 '耂'여서 허신이 두 글자를 전주의 예로 들었다.

6. 가차

본래 해당 글자가 없어 소리에 의존하여 나타내려는 사물을 의탁하는 것이다. '令', '长'자가 여기에 해당한다.

기존 글자의 뜻과 관계없이 글자의 음만 차용해서 사용하는 글자의 운용 방식이다. '올 래(来)'자는 원래 보리를 가리키는 상형자였지만 '오다'라는 뜻으로 쓰이고, '그 기(其)'자는 키를 가리키는 상형자였지만 '그것'이라는 뜻이 되었다. '일만 만(万)'자는 전갈을 나타내는 글자였지만 지금은 숫자 '일만'을 나타내는 글자가 되었다.

---

5 '호훈'은 두 글자가 서로 의미를 풀이하는 것을 가리킨다.
6 '令'자는 원래 '명령하다'라는 의미로 그 뜻이 확대되어 '시키다'라는 의미로 쓰이고 더 나아가 명령을 담당하는 관직을 가리키는 말로도 쓰이게 되었다. '长'자는 노인이 긴 지팡이를 짚고 선 모양 혹은 머리를 길게 늘어뜨리고 춤추는 모양으로 '나이가 많다', '길다' 등의 의미였지만 연장자의 의미에서 더 나아가 관직을 가리키는 말로도 쓰이게 되었다. 이 두 글자는 인신(引申)의 예로 보고 가차로 보지 않는 견해도 있다.

16 주음부호(注音符号)와 한어병음(汉语拼音)

현재 중국어 발음은 주음부호와 한어병음으로 표기하는데, 전자는 타이완, 후자는 중국에서 사용한다. 한어병음은 알파벳으로 발음을 표기하고, 주음부호는 한자의 부수에서 고안하여 만들어진 기호로 표기한다.

❶ 주음부호

　주음부호는 1913년 중국독음통일회에서 제정하여 1918년 북양 정부❼ 교육부가 정식으로 반포하였다. 제정 당시 명칭은 '주음자모(注音字母)'였지만 1930년 중화민국 정부가 '주음부호'로 명칭을 바꾸었고, 정식 명칭은 '국어 주음부호제일식(国语注音符号第一式)'으로 정했다. 제정 당시에는 39개의 부호였지만 현재는 37개(성모 21개, 운모 13개, 개음 3개)를 사용한다.

　주음부호의 시작 부호인 'ㄅ, ㄆ, ㄇ, ㄈ'의 발음은 현재 우리가 중국어를 처음 시작할 때 배우는 발음인 'bo, po, mo, fo'이다. 중화민국 시기에 초등교육에서 주음부호를 사용했으나 중화인민공화국이 건국된 후에는 한어병음방안으로 대체되어 현재 중국 대륙에서는 사용하지 않고 타이완에서만 사용한다.

---

❼ 위안스카이(袁世凯)가 수립한 청나라 말기 공화정체제의 중앙정부를 칭한다. 수도는 베이징이고, 1912~1928년까지 존재하였다. 군벌세력을 중심으로 형성되었으며, 위안스카이 사후(1916) 군대(북양신군)가 파벌로 나뉘면서 정권을 쟁탈하기 위해 군벌들이 대립하기 시작했고, 국민당의 북벌로 해체되거나 국민당에 흡수되었다.

주음부호

성모 **(24개)**	ㄅ(b)	ㄆ(p)	ㄇ(m)	ㄈ(f)	万(v)
	ㄉ(d)	ㄊ(t)	ㄋ(n)	ㄌ(l)	
	巜(g)	ㄎ(k)	兀(ng)	ㄏ(h)	
	ㄐ(j)	ㄑ(q)	广(gn)	ㄒ(x)	
	ㄓ(zh)	ㄔ(ch)	广(sh)	ㄖ(r)	
	ㄗ(z)	ㄘ(c)	ㄙ(s)		
운모 **(38개)**	ㄧ(i)	ㄨ(u)	ㄩ(ü)	ㄦ(er)	
	ㄚ(a)	ㄧㄚ(ia)	ㄨㄚ(ua)		
	ㄛ(o)	ㄧㄛ(io)	ㄨㄛ(uo)		
	ㄜ(e)				
	ㄝ(ê)	ㄧㄝ(iê)	ㄩㄝ(üê)		
	ㄞ(ai)	ㄧㄞ(iai)	ㄨㄞ(uai)		
	ㄟ(ei)		ㄨㄟ(uei)		
	ㄠ(ao)	ㄧㄠ(iao)			
	ㄡ(ou)	ㄧㄡ(iou)			
	ㄢ(an)	ㄧㄢ(ian)	ㄨㄢ(uan)	ㄩㄢ(üan)	
	ㄣ(en)	ㄧㄣ(in)	ㄨㄣ(uen)	ㄩㄣ(üen)	
	ㄤ(ang)	ㄧㄤ(iang)	ㄨㄤ(uang)		
	ㄥ(eng)	ㄧㄥ(ing)	ㄨㄥ(ong)	ㄩㄥ(iong)	

❷ 한어병음

1955~1957년에 중국문자개혁위원회(현 국가언어문자공작위원회) 주도로 연구하여 제정된 중국어 표기법으로 라틴자모로 이루어져 있다. 1958년부터 '한어병음방안'이 소학교 필수과정으로 지정되어 보급되었고, 1982년에 국제적으로 중문로마자모표기법(국제표준, ISO7098)이 되었다. 현재 화교들이 많이 사는 지역에서는 중국어가 보편적으로 쓰이며 싱가포르 같은 경우 중국어 교육에 한어병음을 채용하였다.

한어병음은 총 26개 자모로 이루어져 있고 크게 성모, 운모, 성조 세 가지 요소로 나뉜다. 성모는 중국어 음절에서 첫머리에 오는 자음을 가리키고 나머지 부분이 운모이다. 성모와 운모는 각각 21개, 36개로 이루어져 있고 음의 높낮이를 나타내는 성조는 제1성, 제2성, 제3성, 제4성, 경성으로 구분한다.

한어병음 성모와 운모의 조합

	a	o	e	-i	er	ai	ei	ao	ou	an	en	ang	eng	ong	i	ia	iao	ie	
b	ba	bo				bai	bei	bao		ban	ben	bang	beng		bi		biao	bie	
p	pa	po				pai	pei	pao	pou	pan	pen	pang	peng		pi		piao	pie	
m	ma	mo	me			mai	mei	mao	mou	man	men	mang	meng		mi		miao	mie	
f	fa	fo					fei		fou	fan	fen	fang	feng						
d	da		de			dai	dei	dao	dou	dan	den	dang	deng	dong	di		diao	die	
t	ta		te			tai		tao	tou	tan		tang	teng	tong	ti		tiao	tie	
n	na		ne			nai	nei	nao	nou	nan	nen	nang	neng	nong	ni		niao	nie	
l	la		le			lai	lei	lao	lou	lan		lang	leng	long	li	lia	liao	lie	
g	ga		ge			gai	gei	gao	gou	gan	gen	gang	geng	gong					
k	ka		ke			kai	kei	kao	kou	kan	ken	kang	keng	kong					
h	ha		he			hai	hei	hao	hou	han	hen	hang	heng	hong					
j															ji	jia	jiao	jie	
q															qi	qia	qiao	qie	
x															xi	xia	xiao	xie	
zh	zha		zhe	zhi		zhai	zhei	zhao	zhou	zhan	zhen	zhang	zheng	zhong					
ch	cha		che	chi		chai		chao	chou	chan	chen	chang	cheng	chong					
sh	sha		she	shi		shai	shei	shao	shou	shan	shen	shang	sheng						
r			re	ri				rao	rou	ran	ren	rang	reng	rong					
z	za		ze	zi		zai	zei	zao	zou	zan	zen	zang	zeng	zong					
c	ca		ce	ci		cai		cao	cou	can	cen	cang	ceng	cong					
s	sa		se	si		sai		sao	sou	san	sen	sang	seng	song					
	a	o	e		er	ai	ei	ao	ou	an	en	ang	eng		yi	ya	yao	ye	

iou	ian	in	iang	ing	iong	u	ua	uo	uai	uei	uan	uen	uang	ueng	ü	üe	üan	ün
	bian	bin		bing		bu												
	pian	pin		ping		pu												
miu	mian	min		ming		mu												
						fu												
diu	dian			ding		du		duo		dui	duan	dun						
	tian			ting		tu		tuo		tui	tuan	tun						
niu	nian	nin	niang	ning		nu		nuo			nuan				nü	nüe		
liu	lian	lin	liang	ling		lu		luo			luan	lun			lü	lüe		
						gu	gua	guo	guai	gui	guan	gun	guang					
						ku	kua	kuo	kuai	kui	kuan	kun	kuang					
						hu	hua	huo	huai	hui	huan	hun	huang					
jiu	jian	jin	jiang	jing	jiong										ju	jue	juan	jun
qiu	qian	qin	qiang	qing	qiong										qu	que	quan	qun
xiu	xian	xin	xiang	xing	xiong										xu	xue	xuan	xun
						zhu	zhua	zhuo	zhuai	zhui	zhuan	zhun	zhuang					
						chu	chua	chuo	chuai	chui	chuan	chun	chuang					
						shu	shua	shuo	shuai	shui	shuan	shun	shuang					
						ru		ruo		rui	ruan	run						
						zu		zuo		zui	zuan	zun						
						cu		cuo		cui	cuan	cun						
						su		suo		sui	suan	sun						
you	yan	yin	yang	ying	yong	wu	wa	wo	wai	wei	wan	wen	wang	weng	yu	yue	yuan	yun

국립국어원 중국어표기법

한어병음	한글	한어병음	한글
b	ㅂ	j	ㅈ
p	ㅍ	q	ㅊ
m	ㅁ	x	ㅅ
f	ㅍ	zh[zhi]	ㅈ[즈]
d	ㄷ	ch[chi]	ㅊ[츠]
t	ㅌ	sh[shi]	ㅅ[스]
n	ㄴ	r[ri]	ㄹ[르]
l	ㄹ	z[zi]	ㅉ[쯔]
g	ㄱ	c[ci]	ㅊ[츠]
k	ㅋ	s[si]	ㅆ[쓰]
h	ㅎ		
a	아	yai	야이
o	오	yao(iao)	야오
e	어	you(ou, iu)	유
ě	에	yan(ian)	옌
yi(i)	이	yin(in)	인
wu(u)	우	yang(iang)	양
yu(u)	위	ying(ing)	잉
ai	아이	wa(ua)	와
ei	에이	wo(uo)	워
ao	아오	wai(uai)	와이

ou	어우	wei(ui)	웨이(우이)
an	안	wan(uan)	완
en	언	wen(un)	원(운)
ang	앙	wang(uang)	왕
eng	엉	weng(ong)	웡(웅)
er(r)	얼	yue(ue)	웨
ya(ia)	야	yuan(uan)	위안
yo	요	yun(un)	윈
ye(ie)	예	yong(iong)	융

* [ ]는 단독 발음될 경우이고, ( )는 자음이 선행할 경우의 표기이다. 성조는 구별하여 적지 않는데 ㅈ, ㅉ, ㅊ으로 표기되는 자음 뒤의 ㅑ, ㅖ, ㅛ, ㅠ 음은 ㅏ, ㅔ, ㅗ, ㅜ로 적는다.
예 쟈→자, 계→제(제3장 표기세칙 제7절 중국어 표기)

* 국립국어원은 국어 발전을 위한 어문 정책을 수립·시행하기 위해 설립된 우리나라 문화체육관광부 소속 기관이다. 중국어, 영어, 일어 등 21개 외래어의 한글 표기법을 규정하고 있다.

17 보통화(普通话)와 방언

중국어의 표준어를 보통화라고 한다. 표준어가 널리 보급되었지만 중국은 영토가 넓고 민족이 다양해 여러 가지 방언이 존재한다. 방언은 지역을 기준으로 7대 방언으로 나뉜다.

❶ 보통화 제정

중국어는 범위가 포괄적이고 광범위하지만 우리가 흔히 중국어라고 하는 대상은 '보통화'를 일컫는다. 중국 인구의 약 92%를 차지하는 한족이 사용하는 언어를 '한어(汉语)'라고 하며 한어의 표준어를 '보통화'라고 한다. 중화인민공화국 성립 이후 의사소통 문제를 해결하기 위해서 1955년 현대한어 규범학술회의에서 현대한어 보통화의 기준을 정하고 1956년부터 본격적으로 보통화 보급에 착수하였다.[8] 보통화의 기준은 다음과 같이 정하였다.

> "베이징어를 표준음으로 하며 북방어를 기초방언으로 하고 모범적인 현대백화문 저작을 어법규범으로 삼는다."

베이징어를 표준음으로 삼은 이유는 이렇다. 첫째, 다른 방언에 비해 자모의 종류(성모 21개, 운모 38개)가 적다. 둘째, 베이징은 900여 년간 역대 왕조와 중화인민공화국의 정치, 경제, 문화의 중심지였기 때문에 많은 사람이 베이징을 왕래하면서 베이징어를 배웠다. 셋째, 다른 방언에 비해 사용범위가 넓다. 넷째, 명·청 이래 많은 백화소설이 베이징어에 가까운 어투로 쓰여 일반 대중에게 많은 영향을 미쳤다.

---

[8] 1956년 2월 6일 국무원은 〈보통화 보급에 관한 지시(关于推广普通话的指示)〉를 공포하였다.

❷ 7대 방언

중국은 2000년 10월 31일 '중화인민공화국국가통용어음문자법(中华人民
共和国国家通用语言文字法)'을 공포하여 국가 통용 언어를 한어 보통화로 확
정하였지만, 영토가 광활한 만큼 방언의 종류도 매우 다양하다. 소농사회의
형성, 인구 이동의 제한, 사회 분리, 산천의 장애, 지역 간 언어 발전의 불균
형, 언어 상호 간의 저항과 영향 등의 이유로 지역 간 언어는 어음, 어휘, 어
법 등 다양한 방면에서 차이가 나서 방언이 발생하게 된다. 중국에서는 일
반적으로 방언을 7개로 나눈다.

관화(官话)	오(吴)	감(赣)	상(湘)	민(闽)	월(粤)	객가(客家)

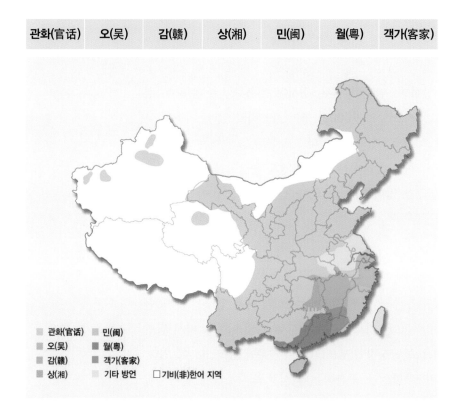

관화(官话)　민(闽)
오(吴)　월(粤)
감(赣)　객가(客家)
상(湘)　기타 방언　기비(非)한어 지역

1. 관화(官话)

관화는 가장 많은 인구가 사용하고 분포 지역이 제일 넓은 방언이다. 한족 인구의 약 75%가 이 방언을 사용한다. 관화 분포 지역은 북방 지역을 포함해 보통화와 어음, 어휘, 어법 등이 아주 비슷하다. 분포지역이 워낙 광범위하여 관화 내에서도 다시 4개 방언 지역(次方言)으로 나뉜다.

① 북방방언(北方方言): 베이징, 텐진, 동북3성, 허난, 허베이, 산둥, 네이멍구 지역
② 서북방언(西北方言): 산시, 샨시, 간쑤, 칭하이, 닝샤, 신장 지역
③ 서남방언(西南方言): 창장 중상류 지역과 쓰촨, 윈난, 구이저우, 광시 지역
④ 강회방언(江淮方言): 안후이와 장쑤 일부 등 창장 하류와 화이수이 일대

2. 오(吴)

저장성, 장쑤 남부, 상하이, 안후이 남부, 장시(江西) 남부, 푸젠 북부 일부 지역에서 사용하는 방언으로 약 9,000만 명이 사용하고 있다. 이곳이 춘추전국시대 오(吴)나라 지역이어서 오방언이라고 부른다. 과거에는 소주방언(苏州话)이 중심이었지만, 현재 상하이가 중국의 경제 중심지가 되면서 상하이방언(上海话) 사용 인구가 많아졌다. 그 결과 상하이방언이 이 오방언의 대표 방언이 되었다.

3. 감(赣)

장시성과 푸젠 서부 지역, 후난 일부 지역에서 쓰고, 사용 인구는 5,000만 명이 넘는다. 장시성을 남북으로 가로지르는 감강(赣江)의 이름을 따서 감방언이라고 한다. 대표적으로 난창방언(南昌话)과 푸저우방언(抚州话)이 있다. 감방언 안에서도 지역별로 방언을 구분하는데 서로 의사소통이 불가능할 정도로 차이가 크다.

4. 상(湘)

창사방언(长沙话)이 대표 방언으로 후난 대부분 지역에서 사용한다. 2,500만 명이 넘는 인구가 이 방언을 사용한다. 후난을 남북으로 가로지르는 강의 이름을 따서 상방언이라고 한다.

5. 민(闽)

민방언은 푸젠, 광둥 연해 평원 지역, 하이난, 타이완, 저장 남부, 장시, 광시, 장쑤 일부 지역에서 사용하는 방언으로 사용 인구는 약 8,000만 명이다. 푸젠성 출신 화교들의 주요 해외 이민지인 싱가포르, 말레이시아, 필리핀 등에서도 사용된다. 민방언은 7대 방언 중 언어 현상이 가장 복잡하고 내부 분화가 가장 심한 방언으로, 보통 민남방언(闽南方言)과 민북방언(闽北方言)으로 나눈다. 민(闽)은 푸젠을 나타내는 약칭이기도 하다.

6. 월(粤)

주장삼각주 지역을 중심으로 하여 광둥과 광시, 하이난, 홍콩, 마카오 및 북미와 유럽, 싱가포르, 오스트레일리아, 동남아 일부 국가의 화교들도 사용한다. 우리가 흔히 이야기하는 광둥어가 바로 이 방언으로 9개의 성조를 가지고 있어 성조 변화가 가장 복잡한 방언이다. 사용 인구가 1억 명이 넘고, 대다수는 광둥과 광시 지역에 분포한다. 월(粤)은 광둥성을 나타내는 약칭이기도 하다.

7. 객가(客家)

광둥, 푸젠, 타이완, 장시, 광시, 후난, 쓰촨, 저장 지역에서 사용하는데, 그중 광둥 동부와 북부, 푸젠 서부, 장시 남부와 광시 동남부 지역이 주사용 지역이다. 동남아 일대와 미주 지역의 화교들도 이 방언을 많이 사용한다. 사용 인구는 3,500만 명 정도이다. 원래는 중원 지역에 거주하던 객가족(客家族)들이 몇 차례 전란을 피해 대이동을 하여 광둥, 푸젠, 장시 세 성의 경계 지역에 많이 거주하면서 중원과 교류 없이 독자적인 문화와 방언이 형성되었다.

18 간체자(简体字)와 번체자(繁体字)

중국은 문자개혁을 통해 본래의 복잡한 한자 점획을 간단하게 변형시켜 간체자를 만들었다. 본래의 복잡한 한자를 번체자라고 한다. 중국 본토에서는 간체자가 일반화되었으며, 홍콩과 타이완 등지에서는 번체자가 쓰이고 있다.

❶ 한자 간화의 시작

한자의 가장 큰 단점은 인식하기가 어렵고 필획이 많아 쓰기가 어려우며 쓰는 속도가 더디다는 것이다. 그런 이유로 역사적으로 한자를 간화(简化, 간략화)하려는 노력이 계속되어왔지만 큰 변화는 없었다. 간화가 본격적으로 진행된 시점은 1949년 중화인민공화국이 성립된 이후이다. 중국의 문맹률이 당시 80% 정도나 되었기 때문에 마오쩌둥은 신중국 성립 후 문맹퇴치 방안의 하나로 한자의 간화를 시행하였다.

1952년 중국문자개혁연구위원회가 구성되어 문자개혁 작업을 시작하였고, 1956년 '한자간화방안(汉字简化方案)'이 국무원에서 정식으로 통과되면서 대량의 상용한자가 간화되었다. 1964년에 「간화자총표(简化字总表)」가 공개되었고, 1968년에는 간화자 사용의 혼란을 막기 위해 「간화자총표」를 좀 더 명확하고 통일된 규범으로 표준화하여 개정하였는데, 이것이 현행 「간화자 총표」이다. 2010년 기준 중국의 문맹률은 4.08%(15세 이상 인구)로 조사되었는데, 한어병음의 사용과 더불어 한자 간화가 큰 역할을 했다고 볼 수 있다.

1964년에 간행된 「간화자총표(简化字总表)」 표지

❷ 간화자총표의 내용

「간화자총표」에 수록된 간화자는 총 2,235개이다. 이 중 350개 글자는 편방으로 쓰이지 않거나 쓰이더라도 간화하지 않은 글자이다. 예를 들어 '兒'

자는 '儿'로 간화하지만 '倪'자와 같이 편방으로 쓰일 때는 간화하지 않는다.

여기에는 또한 간화편방으로 쓰일 수 있는 132개 간체자와 14개 간화편방을 수록하고 있다. 현행「간화자총표」는 B와 C에 해당하는 간화글자 중 자주 쓰이는 글자만 모아서 1,753자를 제시하고 있다.

	단독으로 쓰일 때	편방으로 쓰일 때	개수
A	간화	간화하지 않음	350
B	간화	간화	132
C	간화하지 않음	간화	14

❸ 한자의 간화 방법

한자의 간화 방법은 부분 삭제, 부분 대체, 전체 대체 세 가지로 분류된다.

1. 부분 삭제

한자 일부만 제거하여 간화하는 방법이다.

開 → 开　　氣 → 气　　總 → 总　　電 → 电

2. 부분 대체

글자 일부를 다른 글자나 기호로 대체하여 간화하는 방법으로, 대부분 초서체를 활용하여 변화시켰다.

見 → 见　　車 → 车　　馬 → 马　　門 → 门

3. 전체 대체

글자 전체를 다른 글자로 대체하여 간화하는 방법이다. 같은 음 혹은 비슷한 음의 글자로 대체한다.

穀 → 谷
(稻谷와 山谷의 '谷'는 원래 다른 글자였지만 '谷'로 통일)

鬱 → 郁
(馥郁와 忧郁의 '郁'는 원래 다른 글자였지만 '郁'로 통일)

❹ 타이완의 번체자 사용

번체자는 이전 한자에 어떠한 가감 없이 전통적인 방식 그대로 쓴 글자를 가리키는 말로 정체자(正体字)라고도 한다. 번체자를 사용하는 지역은 타이완, 한국, 북한, 홍콩, 마카오와 싱가포르, 말레이시아 등 화교들이 거주하는 곳이다. 홍콩과 마카오는 각각 1997년과 1999년에 중국으로 반환되었지만 반환 시기가 대륙에서 간체자가 시행되고 보편화된 이후라 간체자 보급과 사용에 어려움이 있어 번체자를 그대로 사용하고 있고, 화교는 중국 정부의 통제에서 벗어난 집단이므로 지금껏 사용해오던 번체자를 그대로 사용하고 있다. 타이완의 경우 국민당이 타이완으로 건너간 이후에 대륙에서 간체자 규범을 만들어 시행했기 때문에 타이완에서도 번체자를 그대로 사용하고 있다.

공산당과의 관계 역시 타이완이 번체자를 사용하는 이유 중 하나이다. 역사적으로 국민당과 공산당은 서로 대립관계였고, 특히 국민당 총수였던 장제스는 항일전쟁보다는 반공전쟁을 우선시했을 정도로 철저한 반공주의자였다. 결국 국공내전에서 패해 타이완으로 밀려난 장제스의 국민당이 대륙에서 만든 간체자를 그대로 사용할 리 없었다. 중국 정통성의 계승과 유지도 타이완이 번체자를 계속 고집하는 이유로 볼 수 있다. 타이완에서는 번체자가 한자 본연의 뜻과 서체의 아름다움을 그대로 담고 있다고 주장한다.

Keyword

19 해음(谐音)현상

해음이란 언어 운용과정 중 동음 혹은 음이 비슷한 문자를 이용하여 다른 의미를 나타내는 언어 표현방식이다. 중국어에서 해음현상은 숫자나 지명, 풍습, 상품명 등 일상생활에서 두루 사용되는 일종의 '문화현상'이라고 할 수 있다.

중국에서는 생활 속에서 많은 해음현상이 나타나는데 가장 쉽게 접할 수 있는 것은 숫자로 된 해음현상이다.

8

중국인들은 숫자 8을 가장 좋아한다. 자동차 번호, 휴대전화 번호, 방 번호, 신용카드 번호 등 번호가 들어가는 모든 것에 숫자 8이 들어가면 좋아한다. 8은 'bā'라고 발음하는데 중국어로 '부자가 되다'라는 뜻의 '发财(fācái 파차이)'에서 '发'와 발음이 비슷하기 때문이다. 고대부터 중국 사람들은 숫자 8을 상서로운 숫자로 여겨서 복희가 만들었다는 '팔괘'나 '팔신선', '팔주', '팔경', '팔방미인' 등 좋은 의미나 특별한 의미가 담긴 단어에 숫자 8을 많이 사용하였다. 베이징올림픽도 2008년 8월 8일 오후 8시 8분 8초에 개최하였으며, 8이 들어간 자동차 번호, 휴대전화 번호가 몇십 억에 거래되기도 한다.

9

숫자 9의 발음은 'jiǔ'로 '길다, 오래다, 장수하다'의 뜻을 지닌 '久(jiǔ)'와 같다. 이런 의미로 중국인들은 행복한 결혼생활이 오랫동안 지속되기를 원하는 뜻에서 결혼을 숫자 9가 들어간 날에 하는 경우가 많다.

숫자 9 역시 고대부터 길(吉)한 의미로 내려오던 숫자로, 황제는 천자를 상징하는 용 9마리가 그려진 구룡포(九龙袍)를 입었다. 자금성 내 계단의 수도

9개이거나 9의 배수이고, 자금성 안의 방 개수는 모두 9,999개이다. 장수하여 오랫동안 나라를 다스리고 싶은 황제의 염원이 숫자 9에 녹아 있다.

6

숫자 6(liù)은 '순조롭다, 일이 잘 풀린다'의 뜻인 '流(liú)'와 발음이 같아서 일이 순조롭게 잘 풀리기를 기원하는 마음으로 많이 사용한다. 만사형통을 뜻하는 사자성어인 '六六大順'을 대표적인 예로 들 수 있다. 이처럼 숫자 6을 길한 숫자로 생각하는 중국인들은 홍빠오(红包, 세뱃돈이나 축의금)도 666위안을 넣어서 주기도 한다. 중국인들은 짝수를 선호(4는 예외)하여 선물을 할 때나 홍빠오를 줄 때 짝수로 맞춰서 준다. 반면에 '祸不单行(화는 홀로 오지 않는다)'이란 말처럼 짝수는 연이어 이어지는 불행을 상기할 수 있어서 중국에서는 안 좋은 일에는 홀수로 된 조화나 조의금을 주는 것이 일반적이다.

4

숫자 4(四, sì)는 중국인들이 가장 싫어하는 숫자이다. '죽을 사(死, sǐ)'와 발음이 같아서 건물에 4층을 표기하지 않거나 홍빠오에도 4가 들어가는 액수는 넣지 않는다. 숫자 4와 조합한 514(wǔ yāo sì 우 야오 스 / wǔ yī sì 우 이 스)는 '나는 죽을 거야'라는 '我要死(wǒ yào sǐ 워 야오 스)', '나는 이미 죽었다'라는 '我已死(wǒ yǐ sǐ 워 이 스)'와 발음이 비슷하여 메시지, 인터넷 통신상에서 많이 사용된다.

3과 7

숫자 3(三, sān)은 '흩어지다, 헤어지다'의 뜻인 '散(sàn)'과 발음이 같고, 숫자 7(qī)은 '화내다'의 뜻인 '生气(shēngqì)'와 발음이 같아서 기피하는 숫자들이다.

❚ 해음현상의 다른 예

중국어	발음	해음현상
苹果	píngguǒ	'평안하다'의 '平安(píng'ān)'과 앞 글자가 같아서 사과를 선물하는 것은 안녕을 기원하는 의미이다.
雨伞	yǔsǎn	'伞'은 '헤어지다'의 '散'과 발음이 같아서 선물로 주지 않는다.
钟表	zhōngbiǎo	'送钟'은 '시계를 주다'라는 의미인데, 같은 발음인 '送终'은 '장례를 치르다'라는 의미로 시계를 선물로 주지 않는다.
梨	lí	'이별하다'의 '离(lí)'와 발음이 같다. '배를 나누다'는 뜻의 '分梨'는 '헤어지다'의 '分离'와 발음이 같아서 배를 선물하지도 않고, 배를 반으로 나누어 먹지도 않는다.
橘子	júzi	'길하다'의 뜻인 '吉利(jílì)'의 앞 글자와 '橘子'의 앞 글자 발음이 비슷해서 중국인들은 행운이 깃들길 기원하는 마음으로 귤을 선물한다.
福倒了	fú dào le	'도착하다'라는 뜻의 '到'와 '거꾸로 되다'라는 뜻의 '倒'의 발음이 같기 때문에 중국에서는 복이 오길 기원하는 마음에서 문 앞에 '복 복(福)'자를 거꾸로 붙여 놓는다. '복자가 거꾸로 됐어(福倒了)'가 '복이 온다(福到了)'의 의미가 되는 것이다.
年年有余	nián nián yǒu yú	중국은 새해에 연화(年画)를 집 안 곳곳에 붙이는 풍습이 있는데, 연꽃과 잉어 그림이 빠지지 않는다. 이는 새해에 풍요를 기원하는 말인 '年年有余'에서 '年'은 '莲(연꽃)', '余'는 '鱼(물고기)'와 발음이 비슷하기 때문이다.

숫자 '6'으로 조합한 중국의 자동차 번호판

춘절에 거꾸로 세워진 '복(福)'자 앞에서 사진을 찍는 중국인

20 외래어 표기

중국은 우리나라와 달리 모든 외래어를 중국식으로 바꿔서 표기하므로 중국에 처음 가거나
중국어를 처음 접하는 외국인에게는 중국어의 외래어표기법이 생소하게 다가올 수 있다.

중국에서 길거리를 걷다보면 한국에서 보던 익숙한 것들을 많이
볼 수 있다. 그중 하나가 패스트푸드점이다. 한국 사람 못지않게
중국인들도 패스트푸드를 즐겨 먹는다. 중국 패스트푸드 프랜차이
즈 시장을 장악하고 있는 KFC와 맥도날드 매장의 빨간 간판에는
영어 표기가 아닌 중국어로 '肯德基', '麦当劳'라고 쓰여 있는 것
을 볼 수 있다. 비단 이 두 곳만이 아니라 중국에서는 대부분 외국
브랜드 명칭, 상품, 사람 이름까지도 중문으로 표기한다.

❶ 외래어의 정의

외래어는 외국에서 들어와 자국 언어에 동화되어 자국 언어로 사용되는
말로, 차용어라고도 한다. 다른 민족 간의 경제, 문화, 정치적 교류는 상호
언어에도 많은 영향을 미칠 수밖에 없다.

❷ 외래어 도입 과정

중국이 외래어를 대량으로 수용한 시기는 첫 번째로는 한나라와 당나라
(汉唐) 시기, 두 번째로는 청(清) 말기부터 5·4운동에 이르는 100여 년에 걸
친 시기, 세 번째로는 개혁개방 이후부터 현재까지 크게 세 시기로 나눌 수
있다. 한당 시기는 정치적 안정, 문화 융성, 강성한 국력 등으로 외국과 교

류가 활발하였다. 이 시기에 역사적으로 큰 영향을 미친 사건이 두 가지 발생하는데, 하나는 서역과의 교류이고, 다른 하나는 불교의 전래이다. 이 두 사건으로 이 시기에 외래어가 대량 유입되었다.

청나라 말기는 서구열강이 중국을 침략했던 시기로, 이 시기에 서구 문화와 서적들이 대량 들어오면서 많은 외래어가 유입되었다. 폐쇄적이었던 중국이 1980년대 개혁개방 이후 외국 기업의 중국 진출, 외국 문화 유입 그리고 인터넷 발달에 따라 실시간으로 외국과 소통이 가능해지면서 유례없는 속도로 외래어가 유입되고 있다.

❸ 외래어표기법 형식

외래어를 받아들이는 방법은 나라별로 다르지만 일반적으로 '형(形), 음(音), 의(意)' 세 가지 언어구성 요소를 기반으로 외래어를 표기한다. 표음문자인 한글과 달리 중국어는 표의문자이기 때문에 외래어 발음을 발음 그대로 표기하기가 불가능하다. 그래서 중국어 외래어표기법은 비슷한 소리를 만들거나 단어에 의미를 부여하여 만드는 것이 일반적인데 크게 음역, 의역, 음의역 표기 세 가지 형식으로 나뉜다.

1. 음역

음역은 외래어 원음과 발음이 비슷한 한자를 사용하여 표기하는 방식이다. 단지 '음(音)'만 차용하여 사용하기 때문에 글자 하나하나의 뜻을 해석하여 의미를 부여할 필요가 없다. 음역에 속하는 외래어는 대부분 일상생활에서 흔히 사용하는 용어이거나 고유명사, 외국 상표들이다.

음역 단어

원문명	중국어 표기	병음
coffee	咖啡	kāfēi
Louis Vuitton	路易威登	Lùyì Wēidēng
Norway	挪威	Nuówēi
golf	高尔夫	gāo'ěrfū
pudding	布丁	bùdīng

2. 의역

의역은 음역과 달리 외래어 발음과 상관없이 오로지 외래어의 뜻만 한자로 옮겨 표기하는 방식이다. 서구 문화 수용 초기 음역을 중심으로 외래어를 수용했지만 표의문자인 한자로 영어 발음을 그대로 구현하는 데 한계가 있었다. 그래서 후에 많은 외래어가 의역으로 대체되었다.

의역 단어

원문명	중국어 표기	병음	의미
Microsoft	微软	Wēiruǎn	작고 부드럽다는 의미를 중국어 그대로 번역
Apple(기업명)	苹果	Píngguǒ	중국어로 사과를 뜻하는 '苹果'를 그대로 사용
hotdog	热狗	règǒu	원문 단어를 그대로 해석하여 '뜨거운 개'로 번역
computer	电脑	diànnǎo	'전자두뇌'로 번역

3. 음의역

음의역은 음역과 의역을 혼용하거나 외래어 원음과 비슷한 소리를 내면서 의미도 함께 담고 있는 한자를 사용하여 표기하는 것으로 외국 상표나 제품에서 쉽게 접할 수 있다. 중국인들에게 깊은 인상을 심어주고, 기업 혹은 제품 이미지와 잘 어울리는 이름을 짓는 것은 중국 내에서 비즈니스 성패를 좌우할 수 있는 중요한 요소 중 하나이다.

▌음의역 단어

원문명	중국어 표기	병음	의미
Emart	易买得	Yìmǎidé	쉽고 싸게 살 수 있는 곳
Coca-Cola	可口可乐	Kěkǒukělè	입을 즐겁게 하는 음료
Carrefour	家乐福	Jiālèfú	가정이 즐겁고 행복해지는 곳
Tous Les Jours	多乐之日	Duōlèzhīrì	즐거움이 많은 날
Starbucks	星巴克	Xīngbākè	'star'는 의역, 'bucks'는 음역으로 표기

베이커리숍 뚜레쥬르-多乐之日

한식당 비비고-必品阁

패스트푸드점 롯데리아-乐天利

21 신조어

신조어는 시대 변화에 따라 생겨나는 새로운 것, 새로운 현상들을 표현하기 위해 만들어진 새로운 단어와 용어 중 표준으로 지정되지 않은 것들을 가리킨다. 의사소통을 빠르게 하기 위해 그 뜻이 함축적이고 단어와 용어가 축약되어 있다.

전 세계인이 실시간으로 교류하고 소통하면서 신조어도 갈수록 빨리, 많이 생산되고 있다. 보통 은어나 속어, 인터넷 용어와 외래어 등이 신조어가 되고 사회현상이나 풍조를 반영하거나 유명인이 한 말이 유행하면서 신조어가 되기도 한다.

중국어의 신조어는 이전에는 경제체제 변화, 정치적 사건 혹은 정치 현실과 관련해서 많이 등장했지만 최근 들어서는 사회 풍조 변화에 따른 신조어가 주류를 이루고 있다.

▌경제체제와 정치 관련 신조어

	중국어	발음	뜻
경제체제	承包制	chéngbāozhì	공유제를 기초로 한 책임경영제
	个体户	gètǐhù	7인 미만의 개인 사업장을 지칭
	西电东输	xī diàn dōng shū	서쪽의 전기를 동쪽으로 보냄. 서부대개발 사업 중 하나
	南水北调	nán shuǐ běi diào	남쪽 물을 북쪽으로 조달한다는 의미로 화베이 지역(베이징, 톈진 등)의 물 부족 문제를 해결하기 위해 장쑤, 산둥, 화베이 지역의 창장과 황허를 잇는 대수로 공사를 지칭 (2002년 착공)

정치	一国两制	yì guó liǎng zhì	한 나라 안에 사회주의와 자본주의가 공존하는 것으로 1997년에 중국으로 반환된 홍콩의 현재 정치·경제 체제
	红卫兵	hóngwèibīng	문화대혁명 시기 학생들을 중심으로 이루어진 준군사조직
	上山下乡	shàng shān xià xiāng	문화대혁명 시기 학생과 지식인들을 농촌으로 보내 농촌 문화를 경험하게 한 운동
	四个现代化	sì gè xiàndàihuà	1950년대와 1960년대 중국의 국가전략목표로 공업, 농업, 국방, 과학기술의 현대화를 목표로 정함

❶ 사회 풍조를 나타내는 신조어

'○○얼다이(○○二代)'는 '~2세', '~아랫세대'를 의미하는데 중국 사회의 빈부격차를 나타내는 용어에 많이 사용된다. '푸얼다이(富二代)', '핀얼다이 (贫二代)'가 가장 대표적인 용어인데 우리나라의 '금수저'와 '흙수저'가 바로 이에 해당한다. 이밖에 고위관료의 자제는 '관얼다이(官二代)', 연예인 2세는 '싱얼다이(星二代)'라고 한다.

'○○누(○○奴)'는 능력(경제력)이 되지 않지만 목적을 이루기 위해 고생한 다는 뜻으로 '~에 구속된 노예'라는 말이다. 주로 부정적인 의미로 쓰이며, 대표적인 예로 무리하게 자동차를 구입한 사람을 '처누(车奴)', 무리하게 주택을 구입한 사람을 '팡누(房奴)'라고 한다.

'○○쭈(○○族)'는 공통의 특성을 지닌 부류의 사람들을 가리켜 '~족'이라고 일컫는 말로 새로운 세대의 출현과 새로운 생활양식을 반영한 단어이다. '위에광쭈(月光族)'는 월급을 받으면 바로 다 써버리는 젊은 층의 소비 행태를 비판하는 신조어인데 이와 반대되는 개념으로 '커우커우쭈(抠抠族)'가 있다. '커우커우쭈'는 계획적으로 소비하고 절약하는 사람들을 지칭하는데, 인터넷 모바일 등에서 다운받은 쿠폰 혹은 적립금 등으로 물건을 싸게 구입하는 젊은 세대들이 이에 포함된다.

'라마(辣妈)'는 인터넷 용어로 일반적으로 늘씬하고 개성이 강한 신세대 엄마를 일컫는 말이다. '바링허우(80后)'와 '지우링허우(90后)' 세대로 이들이 결혼과 출산을 하면서 육아용품 시장의 주력소비군을 형성하고 있다.

휴대전화가 보급되면서 이것을 많이 사용하는 사람들을 '즈무쭈(拇指族)'라고 한다. 최근 들어서 스마트폰이 보편화되면서 '디터우쭈(低头族)'란 단어를 더 많이 볼 수 있는데, '고개를 숙이고 다니는 사람들'이란 뜻으로, 스마트폰을 보느라 항상 고개를 숙이고 있는 사람들을 가리킨다.

❷ 한류 속의 신조어

1997년부터 한국 대중문화가 중국에 진출하였고, 특히 2005년 〈대장금〉이 중국에서 방영되면서 한류 붐이 더욱 세졌다. 그 후 한국 문화 콘텐츠의 중국 진출이 더욱 활발해짐에 따라 한류 열풍으로 생긴 신조어들도 많아졌다.

▌ 한류와 관련된 신조어

중국어	발음	뜻
欧巴	ōubā	'오빠'라는 뜻으로 한국 남자들을 지칭하는 말 '长腿欧巴'는 키 크고 잘생긴 남자를 일컫는 말
欧尼	ōuní	'언니'라는 뜻으로 여자 연예인을 동경하면서 부르는 말로도 쓰임
国民	guómín	국민들에게 사랑받는 대상을 표현하는 단어 예 国民老公, 国民女神
暖男	nuǎnnán	훈남을 지칭
亲故	qīngù	'친구'의 뜻으로 발음이 비슷한 단어를 사용
活久见	huójiǔjiàn	오래 살고 볼 일이라는 뜻으로 시트콤 〈지붕 뚫고 하이킥(搞笑一家人)〉에 나온 대사
思密达	sīmìdá	'~습니다'란 의미로 한국 드라마 속 배우들이 하는 말이 인터넷상에서 사용되면서 유행이 된 사례

22 공자학원

Keyword

공자학원(孔子学院)은 중국국가한반이 세계 각국의 고등교육기관과 연계하여 중국 문화와 중국어를 보급하기 위해 설립한 비영리 교육기관이다. 공자학원의 설립 목적은 세계 각지의 중국어 학습자들에게 규범화되고 권위 있는 현대 중국어 교재를 제공하고, 가장 정규적이고 핵심적인 중국어 교수 방법을 제공하는 것이다.

❶ 공자학원과 공자학당의 역할과 분포

2004년 11월 최초로 해외에 설립된 공자학원이 우리나라의 서울공자학원이다. 그 이후 현재(2017년 기준)까지 138개국에 총 525개 공자학원이 설립되었다.

공자학당(孔子课堂)은 2014년 5월 중국국가한반과 지린성 대외한어교학양성센터 그리고 한국의 ㈜대교가 공자학당 설립협약을 체결하여 같은 해 9월 23일 한국에서 정식으로 '차이홍 공자학당(전 세계 최초 영리법인으로 설립)'을 설립한 것이다. 공자학당의 주 교육 대상자는 초·중·고등학생으로 해외 초·중·고등학교에 중국어와 중국 문화 보급에 목적을 두고 있다. 또 중국어 교육, 중국어교사 양성, 한어수평고사(HSK), 중국어 교재 편집 출판, 중국 유학 자문 등의 업무를 한다. 현재(2017년 기준) 79개국에 총 1,113개 공자학당이 설립되었다. 한국에는 공자학원과 공자학당이 각각 23개와 13개가 설립되어 있다.❾

---

❾ 인터넷 홈페이지(www.hanban.edu.cn)에서 한국에 설립된 공자학원(23개)과 공자학당(13개) 현황을 확인할 수 있다. 공자학원은 한국외대, 경희대, 연세대, 동서대, 대진대, 원광대, 계명대 등에 설립되어 있고, 공자학당은 태성중고, 화산중, 인천국제고 등에 설립되어 있다.

▌**공자학원과 공자학당 설립 분포**(2018년 기준)   자료: 한반(汉办)

	공자학원		공자학당	
아시아	33개국	118개	21개국	101개
아프리카	39개국	54개	15개국	30개
유럽	41개국	173개	30개국	307개
미주	21개국	161개	9개국	574개
태평양	4개국	19개	4개국	101개

❷ 공자학원의 성과

공자학원의 성과는 크게 두 가지로 볼 수 있다. 첫 번째는 중국어와 중국 문화의 보급이다. 외국어를 학습한다는 것은 해당 국가의 정치, 경제, 문화 등은 물론 가치관까지도 자연스럽게 배우게 된다는 것이다. 현재 전 세계에서 중국어를 배우는 인구는 급속도로 늘어나고 있고, 공자학원은 체계적인 프로그램으로 중국어 교육뿐만 아니라 중국 문화도 전파하고 있다. 이것은 반중 정서를 완화하고 중국이 국제사회에서 좀 더 안정적이고 확고한 국제적 지위를 다지는 계기가 될 수도 있다.

▌**중국어 교육기관 수와 중국어 학습자**(2017년 기준)   자료: 인민망(人民网)

대륙	중국어 교육기관		중국어 학습 인원	
	기관수(개)	비중(%)	인원수(만 명)	비중(%)
아시아	58,483	81.4	1,734	84.8
아프리카	6,483	9.0	103	5
유럽	4,957	6.9	135	6.6
미주	1,235	1.7	49	2.4
태평양	703	1.0	24	1.2
총계	71,861	100	2,045	100

두 번째는 국제교류이다. 공자학원은 설립 후 지속적으로 외국 교육기관과 교류 협약을 체결하면서 중국과 외국의 우호 관계 증진에 힘쓰고 있다. 또 중국어 대회 개최와 장학생 선발로 교류의 폭을 더욱 넓히고 있다. 공자학원과 한반이 각국 학생들에게 좀 더 적극적으로 중국어 학습에 흥미를 유발하고자 2002년부터 중국어 대회인 '한어교(汉语桥)'를 개최해왔다. 공자학원에서는 해마다 다양한 형태의 장학생도 선발하는데, 석·박사생을 비롯하여 어학연수, 방학 단기 연수 등 다양한 형태의 장학생 프로그램으로 매년 많은 외국인 학생을 중국으로 초청한다. 공자학원은 이러한 교류로 중국어와 중국 문화 보급을 더욱 확대하고 있다.

❸ 일부 국가의 반발

최근에는 공자학원이 일부 국가에서 퇴출되는 일도 일어나고 있다. 2014년 미국에서는 시카고대학교가 처음으로 공자학원 운영을 중단하였다. 공자학원이 중국 정부의 선전 수단으로 활용되면서 학문적 자유를 간섭한다며 시카고대학교 교수들이 학교 측에 공자학원 폐쇄를 청원해 벌어진 일이다. 캐나다 맥마스터대학교도 2013년에 공자학원을 폐쇄하였다. 중국 정부가 자국을 비판하는 인사의 공자학원 채용을 금지하는 것은 캐나다 인권규정에 어긋난다는 이유였다.

일부 국가가 공자학원에 부정적 시선을 보내는 이유는 중국 정부가 개입했기 때문이다. 공자학원은 중국 정부에서 관리하므로 공자학원 내부에서는 소수민족과 인권문제 등 중국 정부가 민감하게 다루는 사안들은 언급할 수 없다. 그래서 공자학원이 순수한 중국어 보급과 중국 문화 전파에 힘쓰기보다 중국 정부의 자금 지원으로 외국 대학 내 학문의 자유와 독립성을 해친다는 반발과 충돌하는 것이다.

Chapter

3

역사

중국의 역사는 유구하다. 기원전 2070년 첫 번째 왕조 하(夏)에서 1912년 중화민국이 건립되기까지의 역사를 빠르게 훑어보자.

황허 유역의 비옥한 토지는 중국의 가장 오랜 왕조인 하(夏)왕조를 탄생시켰으며, 기원전 1559년 안양(安阳) 근교에 도읍한 상(商)나라는 청동기와 갑골문자 등 찬란한 유물을 많이 만들었다. 기원전 11세기 주(周)나라(서주)는 왕족과 공신이 각 지방을 다스리고 납세와 군사의 의무를 하는 등 봉건제도를 실시했다. 그러나 서주의 몰락으로 수도를 낙양으로 옮기면서 동주시대가 열렸지만 영향력이 크게 줄었고, 각 지역 제후들이 패권을 다투는 시기인 춘추전국시대가 시작되었다.

후모무정(后母戊鼎)
상대 유물(기원전 14세기~기원전 11세기)로 무게 832kg의 중국 최대 청동기이다. 정(鼎)은 상대(商代) 음식 보관 용기였다.

기원전 221년 진(秦)나라는 법가사상의 힘을 빌려 중국 최초의 통일 왕조를 이룩하였다. 진시황은 문자와 도량형, 수레바퀴의 크기 등을 통일하고 분서갱유(焚书坑儒)로 사상을 통제하였으며, 중앙에서 관리를 파견하여 다스리는 군현제를 실시하였다. 진나라는 유럽에 중국의 존재를 알린 왕조이며 오늘날 중국 영문 표기 'China'도 진나라에서 유래하였다.

진나라의 위엄은 15년밖에 지속되지 못하였고, 유방이 다시 통일해 한(汉)나라가 세워졌다. 한나라는 진나라 왕조의 잔혹한 착취 방식을 개선하여 백성의 부담을 줄이고 백성에게 혜택이 돌아갈 수 있도록 하였다. 특히 '문경지치(文景之治)', 즉 문제(文帝)와 경제(景帝) 시절 선정을 베풀어 민심을 안정시키면서 한나라의 기틀을 마련하였으며, 한무제(武帝) 시기 전성기를 이루었다. 하지만 이후 외척의 전횡, 환관의 권력 찬탈 등 부패가 심해지고 농민

착취가 증가하면서 '황건적의 난'이 일어났고, 곧 위·촉·오 삼국으로 분열되었다.

위(魏)의 조조(曹操), 촉(蜀)의 유비(刘备), 오(吴)의 손권(孙权)으로 대표되는 이른바 중국의 삼국시대가 열렸다. 조조는 천하통일을 꿈꾸며 지금의 후베이성(湖北省) 쟝링(江陵)과 한커우(汉口) 사이에 위치한 창장 연안에서 손문과 유비의 연합군과 결전을 벌였는데 이것이 바로 '적벽대전'이다. 조조가 크게 패한 후 삼국이 병립하는 국면이었고, 서진이 잠깐 중국을 통일하였지만 수나라가 중국을 통일하기 전까지 약 300년 동안 중국은 남북조시대로 대치하며 군웅이 할거하는 혼란한 시기를 맞이하게 된다.

남북조를 통일한 수(隋)나라는 중앙집권적 체제를 정비하였으며, 남북 문화를 융합·보완하기 시작하여 중국 문화의 번영기가 도래하는 기반을 다졌다. 또 양제 때 건설된 경항대운하(京杭大运河)는 1,794km에 이르며 고대 중국의 남북을 이어주는 교통의 대동맥이었다고 할 수 있다. 하지만 고구려와 수차례 진행된 전쟁으로 수나라는 결국 멸망하고 당나라가 건국되었다.

당(唐)나라는 중국 역사상 가장 개방적인 나라였다고 볼 수 있다. 종족과 신앙이 다른 사람을 모두 차별 없이 대하였으며, 이러한 사회 풍조가 당나라의 태평성대를 여는 데 결정적 영향을 미쳤다. 이렇게 개방적이면서도 재능이 있으면 출신 성분에 상관없이 관리로 등용하거나 간언을 스스럼없이 받아들인 태종의 정치를 '정관지치(贞观之治, 626~649)'라고 한다. 이 기간에 정치적으로 깨끗한 풍조가 형성되었고 경제가 발전하였으며 사회가 안정되어 최고의 태평성대를 맞이하였다.

당대 채색토기(618~907)

번성하던 당나라가 멸망하고 오대십국의 시대가 열렸다. 봉건 군벌들의 할거국면이 지속되었고, 거란이 세운 요(辽)나라와 여진이 세운 금(金)나라는 지금의 동북 지방을 근거지로 삼았으며, 송(宋)나라는 남방의 경제와 자원을 바탕으로 건국하였다. 특히 송나라 때는 인쇄술, 나침반 등의 발명품이 만들어졌다.

1206년 칸(汗)으로 즉위한 테무친(칭기즈칸)은 대몽골제국을 성립하고 남송을 멸하였다. 이후 쿠빌라이가 즉위하면서 수도를 지금의 베이징으로 옮겼고, 나라 이름을 원으로 바꾸었다. 이민족이 세운 나라 원(元)은 통치를 위해 민족차별정책을 시행하였지만, 이것이 오히려 농민 반란의 빌미가 되었으며 90년 만에 멸망하게 되었다.

명 태조 주원장(朱元璋, 1368~1398)은 몽골족의 나라 원을 물리치고 한족의 명(明)나라를 세웠다. 태조는 즉위 후 왕권을 강화하기 위해 공신을 제거하고 승상제를 폐지하는 정책을 펼쳤다. 중앙집권을 강화한 후 비교적 안정된 명나라는 정화(鄭和, 1371~1433)가 이끄는 함대를 동남아시아에서 아프리카 케냐에까지 파견하였다. 중기에 접어들어 정치가 나날이 부패해지고 변방 경계도 허술해지면서 만주족이 청나라를 세우게 되었다.

청(淸)나라는 중국의 마지막 왕조이며 만주족이 세운 나라이다. 강희·옹정·건륭 3대에 걸쳐 130년간 청나라는 정치, 경제, 사회, 문화 방면에서 눈부신 발전을 이룩하였으며, 접경국가와 국제조약을 맺어 국경분계선을 정확히 하였다. 하지만 청 말기 백성 봉기와 관료 부패, 무역 불균형 등의 문제를 해결하지 못함으로써 멸망했고 1912년 중화민국이 건립되면서 중국의 봉건 왕조 시기도 마침표를 찍게 된다.

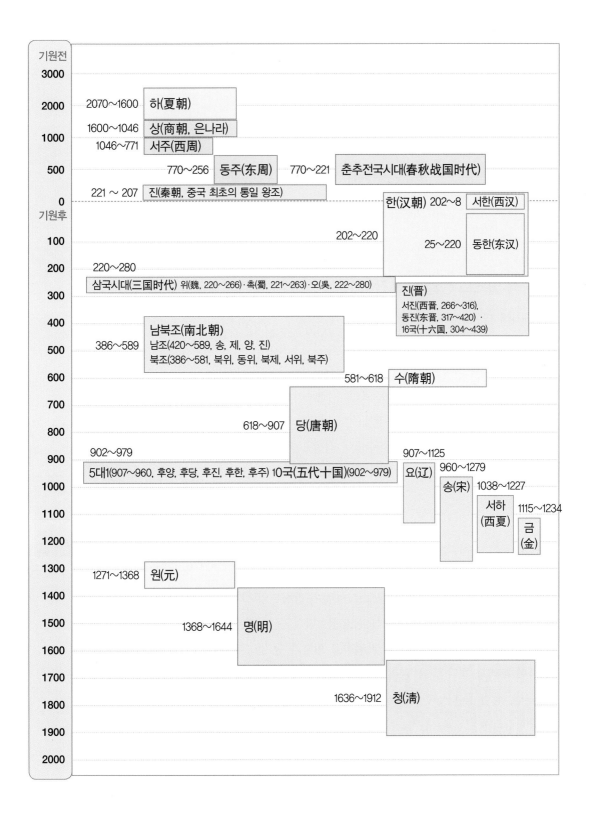

24 진시황(秦始皇)

중국 최초의 통일 왕조를 세우고 스스로를 황제라고 칭한 진시황은 강력한 왕권을 확립하고 제도정비, 만리장성 축조 등의 업적을 남겼으나 폭정과 분서갱유, 아방궁 건설 등은 부정적으로 평가되고 있다.

❶ 중국 최초의 통일 왕조 진(秦)

전국시대 말기 진나라는 중국 전역을 통일하며 중국 최초의 통일 왕조를 세웠다. 스스로 황제라 칭한 진시황(기원전 259~기원전 210)은 13세에 왕위를 계승하여 37년간 중국을 통치하였다. 기원전 230년부터 한(韓), 위(魏), 초(楚), 연(燕), 조(趙), 제(齊) 6국을 멸하고 전국을 통일하여 전제주의 중앙집권의 왕조를 수립한 것이다. 진시황은 절대왕권 수립에 심혈을 기울였으며, 자신의 무한한 권력을 유지하기 위해 여러 제도를 마련하였다. 스스로 '짐(朕)'이라고 하고 인장은 '새(璽)'라고 하여 일반 백성이 이 두 글자를 사용하지 못하도록 하였고, 의복과 관련한 제도도 마련하였다. 또 잔존하는 전국시대 제후들을 강제 이주시켜 감시·감독하기 수월하게 함으로써 할거세력을 견제하였다.

산시성 시안에 있는 진시황 석상

진시황은 지방 행정구역을 36군으로 나눠 중앙정부의 관할 아래 통치하기 용이하도록 하였다. 관제도 정비하여 승상, 태위 등이 정무를 논하면 황제가 비준토록 하였다. 호적제도를 마련하고 연령과 농지 보유 여부를 기록하게 하여 부역과 병역 등을 관리하였다. 특히 법가사상을 받아들여 형법, 민법, 군법, 상법 등 다양한 법이 제정되었으며, 죄에 비해 형벌이 비교적 무거운 '중형경죄(重刑轻罪)' 원칙을 고수하며 나라를 다스렸다.

진시황은 제도를 표준화해 전국의 정치, 경제, 문화 방면의 제도를 정비함으로써 장기간 분열 점거로 초래된 지역 간 차이를 없애고 통일에 유리하도록 하였다. 6국에서 사용한 문자의 경우 쓰기도 어렵고 알아보기도 힘들어 소통에 장애가 되자 소전(小篆)을 제정하고 표준교본을 작성해 전국에 보급했다. 또 전국 시기 사용하던 화폐는 지역마다 형태와 크기, 무게가 모두 달랐는데 진시황은 전역에서 통용될 수 있는 통일된 화폐를 제정하여 사용하도록 하였다. 도량형도 전국시대 진나라 규정을 바탕으로 통일시켜 각 지방 관아에서 제작한 도량형기에 관련 내용을 새겨 넣어 보급하였다.

❷ 분서갱유(焚书坑儒)

진시황은 다양한 사상과 정치 경향을 인정하지 않았다. 진나라 이전에는 전국의 제후들이 각 지역을 나눠 지배했으므로 진시황이 이들 세력을 허용하거나 제거하지 못한다면 정국은 다시 혼란에 빠질 것이 분명했다. 일부 지역에서 다시 봉건귀족의 분할 점거 형세가 나타나자 진시황은 진의 사서(史书)를 제외한 모든 사서와 『시경』, 『서경』 그리고 제자백가의 학설을 담은 서적들을 태워버렸고 이러한 책을 소장한 자들을 사형에 처하거나 얼굴에 글자를 새기는 경형(黥刑)에 처했다. 분서 명령이 하달된 곳마다 서적을 태우는 연기가 피어올랐으며, 진나라 왕조 이전의 모든 고전 문헌은 잿더미로 변하였다.

불로장생의 꿈을 꾸던 진시황은 방사(方士, 신선의 술법을 닦는 사람)들을 전국 각지로 보내 약초를 구하고 단약을 만들도록 하였다. 하지만 이는 실현될 수 없었으며, 두려워진 방사들은 달아나기도 하였다. 진시황은 달아난 방사들과 분서 후에도 여전히 서적과 관련된 내용을 알고있는 유생을 잡아들였다. 이렇게 잡힌 유생과 방사 460여 명에게 사형을 판결한 뒤 함양(咸阳)에 생매장하였다. 이후 유학자를 매장하는 갱유사건은 2차, 3차에 걸쳐 지속적으로 발생하였다.

진시황이 단행한 분서갱유는 춘추전국시대에 형성된 가치를 훼손하였다. 분서갱유사건으로 유가학파를 비롯한 지식층에 심각한 타격을 가하게 되었고, 법가학설의 논리만 주장하여 기타 학파의 문화적·사상적 번영을 억제하였다.

❸ 도로건설과 만리장성

전국시대에 각 나라들은 서로를 견제하기 위해 수많은 성벽과 군사적 요새를 만들었는데, 각 지역의 도로 여건과 규모가 모두 다르고 성벽과 요새로 오히려 교통의 불편을 초래하였다. 이에 진시황은 진나라 수도 함양으로 드나드는 '치도(馳道)'를 건설하였다. 또 함양에서 북신까지 관통하는 '직도(直道)'를 건설하였다. 그밖에 서남 변경 지역에 도로를 건설하였는데, 지금의 후난(湖南), 광둥(广东)에도 다다를 수 있도록 도로를 정비하였다. 함양을 중심으로 한 방사형 도로망은 후에 너비를 통일하여 교통 발달과 편리를 도모하였으며, 지방을 용이하게 관리하고 분열 조짐을 원천봉쇄하여 중앙집권을 강화하기 위한 수단이 되었다.

만리장성은 춘추전국시대부터 성벽과 봉화대를 쌓고 변경 지역을 중심으로 북방 유목민족의 침공을 방어하기 위해 성벽과 성루를 연결하면서 시작되었다. 진시황은 통일 후 동서로 길게 이어진 성벽을 쌓기 시작하였는데, 이는 북방 흉노귀족들의 중국 내륙지방 남침을 막기 위한 것이었다.

당시 흉노족은 황허 주변 일부 토지를 점령했으며, 백성들은 극심한 고통에 시달렸다. 이에 기원전 215년 진시황은 흉노족을 정벌하려고 군대를 파견하였지만 완전히 제압하지 못하면서 새로운 장성 축조의 필요성을 절감하였다. 진나라 왕조는 민간에서 대거 인력을 징발하고 병사들을 장성 건축에 동원하였다. 기록에 따르면 장성 공사에 동원된 인력은 병력 30만에서 50만 명 외에도 백성 40만에서 50만 명이 징발되었다. 또한 축조된 진나라의 장성은 지금의 간쑤성에서 시작하여 산시성을 지나 랴오닝성까지 총길이가 5,000km에 이른다.

장성 축조에 필요한 재원을 마련하려는 세금 부담이 오히려 백성의 생활을 피폐하게 만들었으며, 이는 농민 봉기로 이어져 중국 최초의 통일 왕조 진나라(기원전 221~기원전 206)는 멸망하게 된다.

❹ 강력한 왕권의 표시 병마용과 아방궁

1. 병마용(兵馬俑)

중국 시안에 위치한 병마용은 진시황의 무덤 부장품으로 동쪽으로 1.5km 떨어진 진시황릉을 호위하고 있다. 도제 병마 약 1만 구로 1974년 3월 발견되었으며 1987년 진시황릉과 함께 유네스코 세계문화유산에 등재되었다. 부장품인 병사, 말, 기마병, 전차병, 궁노병 등은 각기 다른 표정과 자세를 취했으며, 병용의 키는 184cm 이상으로 대체로 장군이 병사들보다 크게 만들어져 있다. 지금까지 발굴된 4개 갱도 중 3곳에서 병사 1만여 점과 전차 130개, 말 520여 점이 복원되었으며 아직도 상당수 유물이 흙속에 묻혀 있다.

병마용(兵馬俑)

2. 아방궁(阿房宮)

진시황이 기원전 212년에 건립하기 시작한 황궁으로 사마천이 지은 『사기(史记)』에 따르면 동서로 500보(약 690m), 남북으로 50장(약 115m)에 이르는 규모이다. 건설 당시 죄수 70만 명이 동원되었으며 진시황 생전에 완성되지 못하고 2세 황제 기간에 나머지 공사가 계속되었다. 그러다 기원전 207년 항우(项羽)가 진나라를 멸망시키면서 아방궁을 포함한 주위 궁전군을 불태웠으며, 현재는 궁전 기초 부분과 전궁(前宫)의 흔적만 남아 있다.

Plus Info

법가사상
춘추전국시대에 부국강병과 왕권강화를 위해서는 유가사상의 예치(礼治)가 아니라 강력한 법과 형벌로 다스리는 것이 최적이라고 여긴 사상이다. 형법을 철저하게 집행하여 신상필벌(信赏必罚)함이 나라를 다스리는 가장 기본이며 우선이라고 여긴다. 대표적 사상가로는 한비자, 상앙 등이 있다. 이런 통치이념을 바탕으로 중국 최초의 통일 왕조 '진(秦)'이 탄생했다.

25 중국의 4대 발명품

고대 중국의 4대 발명품인 종이, 인쇄술, 화약, 나침반은 중국뿐 아니라 세계문명에 크나큰 영향을 미친 과학적 성과이다.

❶ 종이

인류가 기록을 한 역사는 상당히 오래되었다. 이집트인은 파피루스를 이용하여 역사를 기록하였고, 고대 유럽에서는 동물 가죽에 문자를 기록하였다. 중국은 상나라(기원전 1559) 시기 거북이 등껍질이나 동물의 어깨뼈에 문자를 새겨 기록하였다. 이후 죽간, 견백(비단이나 무명) 등을 사용하여 기록하였지만 보관하거나 사용하기에 불편하였다. 그리고 견백은 가격이 비싸 상용화하기에는 한계가 있었다.

기록에 따르면 당나라 751년 탈라스전투 이후 일부 중국의 제지기술공이 포로로 잡혀 중앙아시아와 서아시아 지역으로 이동하였고, 이후 아랍과 유럽에 제지술이 전파되어 사회변화에 큰 영향을 미쳤다고 전해진다. 그렇다면 중국은 언제부터 종이를 만들었을까?

후한 시기 제지술을 담당하던 소부(少府) 소속 환관 채륜(蔡伦)은 당시 기존 제지 방법과는 다른 획기적인 방법을 고안하여 종이를 만들었다. 『관기동한(观记东汉)』 「권이(卷二)」에 따르면 원흥(元兴) 105년 나무껍질과 낡은 천, 어망 등으로 종이를 만들기 시작한 것을 황제에게 보고하니 황제가 매우 기뻐하였고, 이후 그 종이를 사용하지 않은 곳이 없었으며, 모두들 그를 채후지(蔡侯纸)라 불렀다고 기록되어 있다.

채륜(蔡伦, ?~121)

사실 채륜의 종이가 나오기 전에도 종이는 존재하였다. 1993년 신장웨이우얼자치구에서 전한시대에 사용한 것으로 추정되는 종이가 발견되기도 하였지만 표면이 거칠고 정교함이 떨어졌다. 또 원료가 제한적이어서 널리 사용할 수 없었다. 그렇지만 채륜이 발명한 종이의 자재는 나무껍질, 낡은 천과 어망 등 이미 폐품이 되었거나 저렴한 원료였기 때문에 값싸고 대량생산이 가능한 종이를 만들 수 있었다. 그로써 문자 기록이 용이해지고 서적의 수량이 증가함으로써 교육과 문화 발전을 촉진했다.

고대 종이 제작 방법

❷ 인쇄술

중국의 4대 발명품 중 하나인 인쇄술은 바로 활자 인쇄술이다. 조판 인쇄술은 활자 인쇄술에 비해 앞서 나타났으며, 당나라 때 크게 성행하여 송나라 때 보편화되었다. 하지만 조판 인쇄술은 쪽마다 판각을 새겨야 했으며, 오탈자가 생기면 고치기 어려운 문제점이 있었다. 그뿐만 아니라 판각을 보관하려면 넓은 장소가 필요했으므로 새로운 형태의 인쇄 방법이 필요했다.

Plus Info

조판 인쇄술
목판에 좌우가 뒤바뀐 문자를 양각하여 그 위에 먹을 바르고 종이를 덮어 탁본하는 방식이다. 중국에 현존하는 가장 오래된 조판 인쇄물은 『금강반야바라밀경』(868)이다. 우리나라의 『무구정광대다라니경』(706~751년경)은 이보다 100년 앞선 것으로 보인다.

중국의 목판 활자

중국의 활자 인쇄술은 11세기 송나라 경력(庆历) 연간(1041~1048)에 필승(毕升)이 발명하였다. 같은 시기 나무를 활용한 활자 인쇄술이 고안되었지만 나무는 습도에 민감하여 효과적이지 못하였다. 필승은 점토 위에 글자를 반대로 새겨 불에 구운 후 사용하였다. 이렇게 여러 활자를 만들어 각기 다른 내용을 인쇄할 때 활자판에서 활자를 떼어내 재배치만 하면 되었다. 이런 인쇄 방법은 조판 인쇄술에 비해 장점이 많았다. 일단 오탈자가 있을 경우 다시 새겨야 하는 번거로움 없이 즉시 수정이 가능하였으며, 출판에 걸리는

필승(毕升, 970~1051)

시간과 비용이 훨씬 줄어들어 경제적이었다. 또 점토를 활용하였기에 충해(虫害)에 강하고 보관에도 용이하였다.

활자 인쇄술의 발명으로 중국은 앞선 시대보다 배 이상의 서적을 출판했으며, 각종 문화가 빠르게 전파되어 교육 발전을 이끌었다.

❸ 나침반

중국에서 나침반이 발명된 시기는 춘추전국시대 말기이다. 『한비자(韓非子)』 「유도편(流度篇)」에는 "선왕이 사남(司南)으로…"라는 기록이 있다. 사남이란 나침반을 가리키는 것으로 점을 치거나 풍수지형을 볼 때 사용하였다. 그러나 사남은 편평한 곳에서만 사용할 수 있는 한계가 있었으며, 부피가 커서 휴대하고 이동하기에 불편했다.

이후 중국인들은 나침반을 개선하려고 끊임없이 노력하였다. 북송시대 병서에 따르면 지남어(指南鱼)도 발명했는데, 지남어는 자성이 약해 그 효과가 기대에 미치지 못하였다. 그로써 지남어를 대신하여 자성이 비교적 강력한 침을 발명하게 되었고 이 침이 남쪽을 향하게끔 설계된 지남침이 새로이 발명되었다. 송나라 과학자 심괄(沈括)은 자신의 과학서 『몽계필담(梦溪笔谈)』에서 지남침의 원리를 설명하고 '수부법', '누현법' 등 몇 가지 사용법을 제시하였다. 이로써 중국의 고대 과학기술에서 괄목할 만한 성과를 거두었다. 그뿐만 아니라 그는 남극과 북극의 방향과 자기극의 방향이 일치하지 않음을 뜻하는 '편각'을 최초로 발견하였는데, 이를 보면 중국에서는 나침반을 정확하게 활용했을 것으로 추측할 수 있다.

나침반의 발명은 중국의 사회 발전에 중요한 역할을 하였다. 중국은 최초로 나침반을 항해에 활용하였다. 각 국가와 무역과 문화교류를 촉진할 수 있었으며, 명나라 때 정화(郑和)의 원양항해를 가능하게 하였다.

중국 고대 나침반 모형

❹ 화약

화약은 우연히 발명했다. 불로장생을 꿈꾸던 중국 고대 통치계급의 욕망에 기인하여 방사(方士)들이 관련된 단약을 만들었다. 그러던 중 단약이 연소하면서 폭발하는 것을 목격하게 되었고, 단약의 원료와 배합에 대해 연구하게 되었다. 특히 당나라 중기 『진원묘도요략(眞元妙道要略)』에는 "유황, 웅황과 초석을 결합하여 불을 가하면 화염이 손과 얼굴에까지 번지고 전신을 태우기도 하였다"라고 기록되어 있다. 당나라 후기에는 단약을 화약으로 변모시켜 군사적 목적으로 사용하였고, 제작 방법과 사용법이 널리 퍼져 사용된 시기는 바로 송나라 때였다.

화약을 활용하여 만든 무기 중 가장 대표적인 것이 화전(火箭)이다. 화살에 도화선을 달아 화약이 연소하면서 발생하는 기체의 힘을 이용한 것인데, 송나라는 화전 등의 화약을 활용한 무기로 승전보를 울렸다. 13세기에 철제 용기가 출현하자 통 모양 용기에 넣고 정확히 조준 발사하는 장치가 발명되어 명중률이 더욱 높아졌다. 명나라 때는 다발식 화전이 고안되는 등 화약의 발명으로 군사력 또한 증강하는 계기가 되었다.

산시성 핑야오 고성(山西平遙古城)에 전시된 청대 화포들

26 당(唐)나라

당나라(618~907)는 중국 역사에서 가장 개방적인 나라였다. 조정도 상당히 안정적으로 운영되었고 종교에 대해서도 배타적이지 않았다. 당나라와 교류한 나라는 모두 48개에 이르렀다.

❶ 당나라의 태평성대

당나라 태종 이세민(599~649)은 초기부터 정치를 안정적으로 이끌었다. 그는 모든 민족을 차별 없이 대하였고 이런 풍조가 당나라 전체에 영향을 미쳐 종족과 신앙이 다른 사람들이 모여 모두 평화롭게 공존할 수 있었다. 또 조정 대신들의 말을 귀담아듣고 과감하게 수용하였으며 재능을 중시하

여 관직에 등용하였다. 균전제와 조용조제도를 실시하여 요역과 부역을 경감시켜 백성들의 부담을 줄여주었다. 이렇듯 당태종이 집권한 정관(贞观) 연간(627~649)에는 경제가 발전되고 사회가 안정되어 최고의 태평성대를 맞이하였는데 이를 두고 '정관지치(贞观之治)'라고 한다.

그 후 당나라는 측천무후(624~705)를 시작으로 끊이지 않고 궁중정변이 일어났다. 하지만 현종(玄宗)이 재위하면서 다시 한번 당나라에 안정기가 도래한다. 그는 44년 동안 재위하였는데 전기 집권기를 개원(开元, 713~741)이라고 한다. 개원 연간에 당나라 국력이 최고 전성기를 구가하였다.

현종은 공적이 뛰어난 인물을 중앙관리로 등용하고 기강을 바로잡는 동시에 중앙집권을 강화하였다. 또 측천무후 시절의 과도한 사치 풍조를 일소

당태종 이세민 초상

하기 위해 근검절약을 강조하고 국가 재정을 안정적으로 유지하였다. 대규모 수리사업을 전개해 농업 생산량이 늘어났으며 비단, 도자기 등 수공업 분야에서도 화려하고 정교한 정제과정을 도입하여 생산함으로써 다른 민족과 다른 나라 사람들이 당나라 수도 장안으로 몰려들어 장안은 국제화된 대도시로 발전하였다.

❷ 당나라의 시가, 이백과 두보

당나라 때 약 300년 동안이 '시가(诗歌)의 황금시대'라고 평가할 수 있다. 시인 2,200여 명과 약 5만 수에 달하는 시가가 탄생했으며, 내용이 풍부할 뿐더러 당대 발전의 면모와 생활 양상을 잘 반영하고 있다. 이렇듯 시가가 발전할 수 있었던 요인은 경제 번영과 교통 발달로 경제문화의 교류가 빈번하여 새로운 소재를 제공하기가 용이하였고, 이를 대하는 예술에 대한 개방적인 태도와 문예인들의 넓은 시야 덕이라고 할 수 있다.

특히 이백(李白, 701~762)과 두보(杜甫, 712~770)는 시가 예술을 최고 위치로 끌어올렸으며, 오늘날까지도 중국을 대표하는 시인으로 사랑받고 있다. '시선(诗仙)'이라 불리는 이백은 당나라 현종에게 특별한 예우를 받았지만 오랜 기간 유랑생활을 하며 중국 산천의 호방한 기세와 아름다운 자연을 찬미하였다. 이백은 도가사상의 영향을 받아 자유로운 삶을 추구하였으며 이를 반영하듯 그의 시가 중 일부는 인생의 덧없음이나 향락을 즐기는 모습을 표현하곤 했다.

두보는 '시성(诗圣)'이라고도 한다. 그렇지만 두보는 비교적 현실주의적 표현을 많이 사용하였으며, 진지하고 사회 비판적인 내용이 많아 '시로 쓴 역사'라는 의미의 '시사(诗史)'라고도 불린다. 특히 안사의 난 전후 어지러운 사회상을 반영한 시가인 〈비진도(悲陈陶)〉, 〈춘망(春望)〉, 〈삼별(三别)〉 등을 남겼다.

蜀道难 – 李白

噫吁嚱，危乎高哉！蜀道之难，难于上青天！
蚕丛及鱼凫，开国何茫然！
尔来四万八千岁，不与秦塞通人烟。
西当太白有鸟道，可以横绝峨眉巅。
地崩山摧壮士死，然后天梯石栈相钩连。
上有六龙回日之高标，下有冲波逆折之回川。
黄鹤之飞尚不得过，猿猱欲度愁攀援。
青泥何盘盘，百步九折萦岩峦。

촉도난 –이백

아, 높고도 높도다!
촉으로 가는 길 험난함이 푸른 하늘 오름보다 더 어려워라!
잠총(蚕丛)과 어부(鱼凫) 같은 촉나라 왕들이 개국한 지 얼마나 아득한가!
그 이래로 사만팔천 년, 진(秦)나라 변방과도 사람 왕래 없었네.
서쪽으로 태백산으로 오도(鸟道)가 있어 아미산 봉우리를 가로질러 건널 수 있었네.
땅이 무너지고 산이 무너져 장사들이 죽어서야 공중사다리와 돌 잔도(栈道)가 서로 이어졌다네.
위에는 육룡이 해를 끌고 되돌아가는 높은 봉우리, 아래로는 부딪치는 물결 거꾸로 꺾여 소용돌이치는 강.
황학이 날아서도 넘어가지 못하고 원숭이가 건너려 해도 기어올라 매달릴 것 걱정하네.
청니(青泥)고개는 얼마나 꼬불꼬불한지 백 걸음에 아홉 번을 꺾여 바위 봉우리를 휘감았구나.

春望 -杜甫

国破山河在，城春草木深。
感时花溅泪，恨别鸟惊心。
烽火连三月，家书抵万金。
白头搔更短，浑欲不胜簪。

춘망 -두보

나라가 망하였으나 산천은 그대로며
도성의 봄에는 초목만 무성하네.
시절을 슬퍼하니 꽃을 보고도 눈물 흘리고
이별이 한스러워 새소리에도 마음 놀라네.
봉화불은 석 달째 피어오르니
가족의 편지는 만금보다 소중하다!
백발 머리 긁으니 짧아지고
다 모아도 비녀조차 꽂지 못하는구나.

❸ 당나라와 각국의 문화 교류

당나라 때 아시아 각국의 경제문화 교류는 전에 없이 빈번했다. 아시아 각국의 상인, 승려와 학자들이 끊임없이 중국으로 몰려들었고, 중국은 당시 경제문화 교류의 중심지였다. 대종(大宗) 시기 매년 광저우로 들어오는 각국 선박이 4,000여 척에 이르렀으며, 당 말기 취안저우(泉州)는 중요 대외 항구가 되었다.

당나라의 문화 교류는 종교 부분에서도 활발했다. 수많은 승려가 니파라(尼婆罗, 네팔), 천축(天竺, 인도), 표국(骠国, 미얀마) 등과 관계를 맺고 경전을 구하거나 예불을 위해 떠나기도 했다. 그중 현장법사(玄奘法师)는 645년 인도에서 불경 657부를 가지고 돌아왔으며, 불경을 번역하기 위한 전문기구를 창설하여 75부 1,330권을 번역하였다. 그리고 자신의 여행기를 바탕으로 한 『대당서역기(大唐西域记)』를 저술하였다.

9세기 중엽 산둥과 장쑤 지역에는 신라방이 자리 잡아 해운업이나 무역업에 종사하였고 신라 귀족의 자제들이 당으로 유학을 오기도 하였다. 또 천문과 역법, 의서와 예술 등도 중국의 영향을 받았으며 관련 서적들도 들여와 신라에 많은 영향을 미쳤다. 당나라는 멀리 유럽과 아프리카와 교류하였는데, 불름(拂菻, 동로마제국) 사신도 여러 차례 당나라를 방문하였고 페르시아, 아랍, 중앙아시아 상인들이 중국에 머물며 주옥이나 약재를 판매하고 비단을 매입하는 등의 교역을 하였다. 당대는 동서양 문물이 교류했던 실크로드의 번영기였다.

당대 페르시아인 모습의 인물과 낙타 도자기(호복도용, 胡服骆驼陶俑)

청(清)나라

청나라(1616~1912)는 만주족이 지배계층이었던 중국의 마지막 왕조이다. 말기에 제국주의 열강의 침략과 애국운동·개혁운동이 일어났고, 1911년 신해혁명이 일어나면서 멸망했다.

1616년 누르하치(努尔哈赤)가 만주를 통일하고 예전 만주족의 다른 이름인 여진족이 세웠던 금나라를 잇는다는 뜻에서 후금(后金)을 세웠으며, 1636년 태종 때 대청으로 국호를 개칭하였다. 1662년 강희제(康熙帝)가 8세에 즉위하여 15세 때부터 친정을 하였다.

강희제 이후 옹정제 역시 청나라 역사상 중요한 황제로 청 왕조 재위기간 중 또 한 번 빠르게 발전했다. 건륭제(1711~1799)는 청의 영토를 파미르고원까지 확장하였다. 특히 이 시기에는 경제가 눈에 띄게 발전했고, 소수민족과 연맹해 대외적으로도 비교적 안정적인 통치를 하였다. 강희, 옹정, 건륭 3대 황제가 통치했던 100년 동안이 청나라 전성기였다.

청은 통치정책으로 만주족의 풍습인 변발(辫发)과 호복(胡服)을 강압적으로 시행하였는데, 변발은 남자의 경우 앞머리와 옆머리를 깎고 남은 머리를 뒤로 땋아 늘인 모양으로 옛 몽골의 풍습이다. 호복은 서방과 북방의 각종 호인들이 입는 복장에 대한 총칭으로 중국의 전통적 한복(汉服)과 달리 위에는 짧은 겹옷을 입고, 아래에는 바지를 입었으며 가죽신발을 신었다. 한편 청나라는 원나라의 한족 억압정책 실패를 거울삼아 회유와 억압을 적절히 구사하는 정책을 펼쳤다. 만주족의 풍속인 변발과 호복을 강요하면서도 한족 사대부들의 학술을 인정하며 이민족과 한족이 부단히 융합했다.

건륭황제를 기점으로 청나라 정치가 부패하면서 민란이 일어났고, 이후 서구열강의 침략으로 점차 쇠퇴하기 시작했다. 대

변발을 다듬는 모습

청나라 6대 황제 건륭제(乾隆帝)

표적인 사건으로 아편전쟁(1840~1842)에서 영국에 패한 청나라는 난징조약(1842년 8월)이라는 최초의 불평등조약을 맺고 홍콩을 영국에 할양하게 되었다. 청 정부가 아편전쟁 패배에 따른 거액의 배상금을 지불하기 위해 농민들을 착취하기 시작하자 농민들은 홍수전을 중심으로 하는 가장 큰 농민혁명운동인 태평천국운동을 일으켰다. 태평천국(1851~1864)의 대두로 청나라가 통치력을 상실하자 영국은 제2차 아편전쟁(1856~1860)을 일으켰고, 이후 중국의 봉건통치계급은 서구열강들에 큰 타격을 받았다.

청나라 관리 모습

1894년 중일갑오전쟁이 일어난 이후 부청멸양(扶淸滅洋)을 내세우며 중국인민들이 서구열강을 중국에서 배척하려는 강한 항거 의지를 표출한 의화단운동이 1900년 발생했다. 의화단운동은 비록 실패로 끝났지만 중국인의 민족저항정신과 애국민족운동으로 역사에 기록되었다. 1911년 쑨원(손중산)이 주도한 신해혁명이 성공함으로써 300여 년 동안 중국을 통치해왔던 청나라가 막을 내리게 된다. 1912년 중화민국의 임시정부가 난징에 설립되었고, 쑨원은 임시대통령으로 취임했다.

Plus Info

중국의 전족 이야기

전족(纏足) 문화는 송나라 때 시작하여 명·청시대에 유행했다. 여성의 발을 천으로 동여매어 발이 더 자라지 못하도록 했던 풍습으로 무려 1,000년 이상 이어져왔다. 이르게는 세 살에서 다섯 살 사이에 전족을 시작했으며, 약 10cm의 발 길이를 가장 이상적으로 여겼다. 그러나 "작은 발을 가지려면 항아리 하나를 채울 만큼의 눈물을 쏟아야 한다"라는 말이 있을 정도로 어린아이가 감당하기엔 끔찍한 고통을 겪어야 했다. 청나라 말기인 1894년

서태후가 금지령을 내리면서 쇠퇴하였으나 일부 소수민족이나 변방 지역의 민족에서는 전통으로 행하는 곳이 남아 있었다. 신해혁명(1911) 이후 여성운동이 전개되면서 전족은 거의 사라졌다.

28 아편전쟁과 난징조약

아편전쟁은 1840~1842년에 영국과 청나라 사이에서 일어난 전쟁이다. 아편수입으로 인한 피해와 은의 유출을 막기 위하여 청은 아편무역 금지령을 내려 영국 상인의 아편을 불태우고 밀수업자를 처형했다. 이에 영국은 해군을 파견해 전쟁을 일으켰고, 결국 청나라가 패하여 난징조약이 맺어졌다.

1997년 7월 1일 중국은 홍콩의 주권을 영국으로부터 되찾았다. 당시 장쩌민 국가주석은 홍콩의 주권을 회복하고 홍콩특별행정구 설립을 선포하였다. 그렇다면 어떠한 연유로 홍콩의 주권이 100년간 영국에 있었을까?

청나라 말기 영국은 동인도회사를 거점으로 삼아 아시아로 세력을 확대했다. 특히 청나라와 교역도 활발히 하였다. 영국은 주로 청나라의 차, 도자기, 비단 등을 수입하였고 모, 면직물 등을 수출하였다. 하지만 시간이 지날수록 청나라 상품에 대한 수요가 급증하였으며, 영국의 대중국 무역수지 적자폭은 갈수록 심화되었다. 이에 영국은 청나라에 대한 무역수지 적자를 타개할 계책이 필요하였다. 바로 아편이었다.

영국은 인도에서 재배한 아편을 중국에 수출하여 은을 벌어들였고, 이로써 대중국 무역적자를 해소하였다. 청나라는 이전까지만 해도 은의 유입이 왕성했지만 아편의 유행으로 은 유출이 점점 심화되었다. 또 은밀하게 중국으로 들여온 아편은 여러 부작용을 초래하였다.

중국 전역으로 퍼진 아편은 중국 백성과 관료, 병사들 사이에 급속히 퍼져나가 급기야 국가 기능을 마비시켰다. 1820년대에 중국으로 유입된 아편은 약 100만 명의 중독자를 충족시키기에 충분한 양이었다.

청대 아편 흡연 도구

영국의 대중국 아편 판매량

연도	1790	1800	1820	1823	1825	1830	1835	1839	연평균 증가율
상자 수	4,054	4,570	7,889	7,082	12,579	20,331	35,445	40,200	4.8%

1820년대에는 은이 매년 대략 200만 냥이, 1830년대에는 연간 900만 냥이 중국 밖으로 흘러나갔다. 심각한 은 유출로 재정이 바닥난 청나라 조정은 은으로 조세를 납부하도록 하였지만, 농촌 지역에까지 퍼진 아편으로 농민들의 경제활동은 미미하였고 재정은 더욱 악화되었다. 또 관료와 병사들의 아편중독으로 행정적 업무의 효율성이 떨어졌으며, 군의 기강이 무너져 치안의 불안을 야기하였다.

청나라 조정은 지위, 신분을 막론하고 아편을 흡입하는 자들을 엄하게 처벌하기로 하였으며, 임칙서(林則徐)를 흠차대신(欽差大臣)으로 임명하여 광둥성 광저우로 파견하였다. 그는 아편 밀매와 관련된 사람들을 처벌하고 아편을 몰수하는 등 엄금령을 시행하였다. 또한 영국 상인들이 보유하고 있던 아편 2만 상자를 몰수하고, 그들을 마카오로 추방하였다. 영국 상인들은 청나라의 조치가 무역의 자유를 침해하고 사유재산을 몰수한다고 항의하였지만 청 조정은 개의치 않았다.

아편전쟁 모습을 묘사한 전시

그 무렵 주룽 지역에서 청나라 농민이 영국군에게 살해당하는 사건이 일어났고 임칙서는 범인을 인도하라고 요구하였으나 영국군은 이를 묵살하였다. 이에 임칙서는 영국 상선과 영국인 거주지를 봉쇄하여 식량 등의 물자 공급을 차단하였다. 영국군은 봉쇄 해제 협상을 벌였으나 실패하였고, 청나라 해군과 충돌하여 포격을 가하였다. 그러자 임칙서는 영국과 통상을 전면 정지한다고 선포하였다.

영국 의회는 아편 몰수와 청 조정의 영국 상인과 영국인에 대한 봉쇄정책 그리고 통상 정지를 이유로 1839년 10월 원정

아편전쟁 당시 영국군 진출 경로

군을 파병하였다. 또 인도 등지에 주둔해 있던 영국군을 남중국해로 집결시켜 전쟁을 준비하였으며, 이로써 '아편전쟁'이 시작되었다.

1840년 6월 중국 남중국해 일대에 도착한 영국군은 곧바로 북상하여 톈진(天津)까지 도달하였고 청나라 조정은 기선(琦善)으로 하여금 교섭을 진행하게 하였다. 하지만 영국의 일방적인 조약 요구를 받아들일 수 없었던 청 조정은 다시 전쟁에 돌입하였다. 영국군이 1842년 6월 상하이를 점령하고 난징까지 점령할 수 있는 상황에 이르자 청나라 도광제는 1842년 8월 29일 영국과 '난징조약'을 체결하였다.

'난징조약'은 전체 13조이며 주요 내용은 다음과 같다. 첫째, 홍콩을 영국에 할양하고 영국의 법률에 따라 통치한다. 둘째, 광저우(广州), 샤먼(厦门), 푸저우(福州), 닝보(宁波), 상하이(上海) 5개 항구를 개항한다. 셋째, 개항장에 영사를 설치한다. 넷째, 전쟁배상금 1,200만 달러와 아편 보상금 600만 달러, 공행 채무금 300만 달러를 영국에 지불한다. 다섯째, 공행(公行) 등 독점상인제를 폐지한다. 여섯째, 수출입 상품에 대한 관세를 제한한다. 일곱째, 청나라와 영국 간의 대등한 교섭을 진행한다.

난징조약을 체결한 이후 청나라는 지속적으로 서구열강의 침입을 받았고 이에 따라 불평등조약을 맺게 되었다. 1860년 영국은 청나라와 베이징조약을 체결하면서 주룽반도를 할양받았고, 1898년에는 신계 지역을 조차하였는데 그 기간이 99년으로 1997년까지였다.

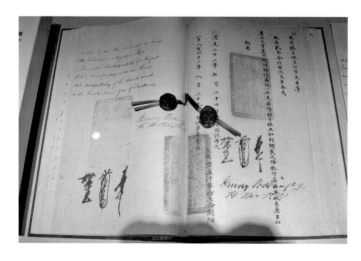

난징조약 영인본

Keyword

29 쑨원(孫文)

정치가이자 혁명가로서 신해혁명을 이끌어 청대를 끝내고 아시아 최초의 공화국인 중화민국을 세웠다. 민족·민권(국민의 권리)·민생(국민의 생활)의 삼민주의를 주장했다.

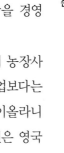

쑨원(孫文, 1866~1925)

1949년 이후 지금까지 '사회주의'와 '민주주의'로 대립하고 있는 중국과 타이완에서 공통으로 국부(国父)로 칭송받는 이가 바로 쑨원(孫文)이다. 중산(中山)은 그의 호다. 쑨원은 1866년 광둥성 샹산현(현재 중산시)의 한 농민 가정에서 태어났다. 쑨원은 열두 살 위인 손메이(孫眉)의 영향으로 일찍이 서양교육을 받게 된다. 손메이는 17세 때(1871) 미국 하와이 호놀룰루에 계약 노동자로 이주하게 된다. 그는 마우이섬에서 개간사업을 벌여 농장을 경영하게 되었고, 오래지 않아 지역 유지로 큰돈을 벌게 된다.

1879년 그는 고향에 편지를 보내 14세 소년 쑨원을 하와이로 불러 농장사업을 같이 영위하고자 했다. 하지만 호놀룰루에 도착한 쑨원은 사업보다는 공부를 하고 싶어 했고, 동생의 뜻을 존중한 손메이는 기숙학교인 이올라니스쿨(Iolani School)에 입학시켜 영어를 배우게 했다. 1879년 9월 쑨원은 영국성공회가 설립한 오아후칼리지(Oahu College, 현재 푸나후스쿨 Punahou School)에서 고교 과정을 이수하고 1882년 가을 졸업했다.

1883년 7월 고향으로 돌아온 쑨원은 이후 3년간 지속된 중국-프랑스전쟁에서 청조의 부정부패와 봉건 왕조의 무력함을 목격하고 공화국이라는 새로운 국가체제를 건설하려는 혁명가의 길에 들어서게 된다. 고향을 거쳐 홍콩으로 이주해 광저우와 홍콩의 서의서원(西医书院, 의학교)을 졸업(1892)한 뒤 마카오·광저우에서 개업하였다. 홍콩의학교 때부터 반청(反清)운동에 가담했으며 1894년 11월 24일 미국 하와이 호놀룰루에서 중국 역사상 최초의 민주혁명단체라 할 수 있는 흥중회(兴中会)를 설립했다. 1895년 10월 광저우에서 거병(광주봉기)하였으나 실패하고 일본으로 망명했다.

쑨원은 1896년 하와이를 거쳐 런던으로 갔으며, 이 시기에 민족(民族), 민권(民权), 민생(民生)의 삼민주의를 구상하였다. 쑨원은 1905년 러일전쟁이 일어나자 도쿄에서 중국혁명동맹회를 결성하고 반청 무장봉기를 다시 시도하였다. 1911년 10월 미국에서 군자금을 모금하던 중 신해혁명이 일어나자 귀국하였다.

귀국 후 임시 대총통(大总统)에 추대된 쑨원은 1912년 1월 중화민국을 성립한 후 청나라(베이징)를 정복할 북벌군을 조직하여 스스로 황제라 칭하던 위안스카이에게 대항하였다. 1919년 5·4운동이 일어나자 중화혁명당을 국민당으로 개조한 뒤 공산당과 제휴(국공합작)해 노동자·농민과 결속을 꾀하였다. 그러나 뜻을 이루지 못한 채 1925년 3월 12일 베이징에서 간암으로 사망하였다. 1929년 그의 유해는 장쑤성 난징 중산릉(中山陵)에 묻혔다.

광저우 중산기념당 내 쑨원 동상
중산기념당 현판에 걸린 '천하위공(天下为公)'은 『예기』에 나온 성어로 '천하가 한 집의 사사로운 소유물이 아니라는 뜻'이며, 손중산의 좌우명으로 유명하다.

30 신해혁명(辛亥革命)

신해혁명은 1911년(辛亥年)에 일어난 중국의 민주주의 혁명으로 그해 말 쑨원이 임시 대총통으로 선임되었고, 난징(南京) 정부가 수립되어 삼민주의(三民主义)를 지도이념으로 삼은 중화민국이 발족되었다.

❶ 신해혁명 이전 상황

청나라 말기 외국의 제국주의가 팽배하고 청 조정의 무능력함이 날로 심해지자 중국인들의 불만은 극에 달했다. 특히 아편전쟁(1840. 6~1842. 8) 이후 중국은 식민지 사회로 전락하여 주권이 상실되었으며, 태평천국운동(1851~1864)과 같은 민중봉기가 일어났지만 실패로 돌아갔다.

청 말기 상황에 새로운 변화가 필요하다고 생각한 지식인 계층과 해외 유학파들은 각기 모여 혁명단체를 구성하였다. 쑨원의 흥중회(興中会)를 비롯해 화흥회(华兴会), 광복회(光复会) 등은 1905년 8월 일본 도쿄에 모여 동맹회(同盟会)를 창립하였다.

동맹회에서 쑨원은 총리로 추대되어 '청나라 축출, 중화회복, 민국창립, 토지균등배분' 등을 강령으로 정하였으며, 동맹회 기관지 〈민보(民报)〉에 '민족, 민권, 민생' 등을 제창하여 삼민주의(三民主义)의 기초를 다졌다. 동맹회는 무장투쟁을 혁명의 우선순위에 놓고 수차례 무장봉기를 일으켰다. 동맹회에서는 사람을 보내 군자금과 무기 등을 원조하였지만 군력이 약해 실패로 끝나는 경우가 부지기수였다.

청 정부와 제국주의의 결탁은 더욱 심화되었으며, 1911년 우전부 대신 성선회(盛宣怀)는 제국주의자들과 대규모 차관협상에 들어갔다. 민간에서도 철도 건설 자금 모금이 한창이었지만 청 정부는 '국유화'를 앞세우며 자금을 몰수하고 보상도 하지 않았다. 이로써 수많은 대중이 자발적으로 철도보호운동을 일으켰으며, 이는 전국 각지로 확산되었다. 그중 쓰촨 지역에서는 140여 현에서 동시 다발적으로 철도보호운동이 일어났고 무장투쟁에 들어 갔다.

❷ 우창봉기

철도보호운동은 청 조정에 반감을 드러내는 운동으로 중국 전역에 혁명 적 분위기가 고조되어 있음을 반증하는 것이었다. 이에 혁명군은 1911년 10 월 봉기 일정에 맞춰 준비하였고 청나라 병력 중 혁명당에 가담한 인원도 5,000여 명에 달하였다. 쓰촨 지역에서 보로운동(保路运动)이 일어나 후베 이(湖北) 우한(武汉) 군대가 쓰촨 지역으로 차출되자 우한 주둔 통치 병력이 크게 줄어들었다.

드디어 10월 10일 저녁 혁명당원들은 무장봉기를 감행하였다. 군수창고 를 장악하고 자정쯤 독서(督署)와 사령부 등을 점령하였다. 10월 11일 새벽 혁명군은 우창성 내의 각 관청과 성문을 모두 장악하고 우창봉기의 성공을 알렸다. 한양(汉阳), 한커우(汉口) 지역도 혁명당원이 장악해 우한의 3대 진 (镇) 모두 봉기군 통제 아래 놓이게 되었다.

보로운동(保路运动)

국가 재정이 어려워지면서 청나라 조정이 민간이 주 도하여 부설한 철도를 국 유화해 이를 담보로 외국 으로부터 차관을 도입하려 하자 쓰촨 지역을 중심으 로 철도를 지키기 위해 전 개된 운동이다.

인민영웅기념비에 새겨진 우창봉기 장면

천안문광장에 있는 인민영 웅기념비 받침대 4면에는 근대 100년간 혁명역사를 조각한 부조(浮雕)가 8개 있는데 이 중 하나가 우창 봉기이다. 이외에도 5·4운 동, 아편전쟁, 태평천국운 동, 난창봉기, 홍군 장강도 하 등이 있다.

❸ 신해혁명-중화민국 탄생

우창봉기가 성공하자 중국의 기타 성과 주요 도시가 신속히 잇따라 독립을 선포하였다. 창사, 윈난, 상하이, 저장, 푸젠, 광둥 등 약 2개월 사이에 중국의 3분의 2에 해당하는 지역이 청 조정으로부터 독립을 선언하였다. 1911년 12월 4일 난징도 혁명당원 수중에 떨어졌고 임시혁명

정부가 수립되었다. 쑨원은 유럽 지역을 돌며 새로운 정부를 수립하기 위한 외교적 문제를 해결하였고, 12월 25일 상하이로 돌아와 12월 29일 중화민국 임시 대총통에 선임되었다.

중화민국 건국 기념 달력

1912년 1월 1일 중화민국이 탄생하면서 2,000여 년간에 걸친 왕조시대가 종말을 고했다. 새로운 공화정의 탄생은 중국인들에게 제국주의 식민지화, 청 조정의 무능력함에서 벗어나 새로운 시대가 왔음을 의미하였다. 그렇지만 중화민국 지도자들은 쑨원의 삼민주의 중 만주족의 통치를 반대하는 민족주의에만 열을 올릴 뿐 민권주의와 민생주의에는 관심을 두지 않았다. 여전히 제국주의가 지배하고 있는 상황을 직시하고 이와 결탁한 세력을 제거해야 하는데도 오히려 지속적으로 관계를 유지하는 등 이후 나타나는 군벌 할거와 식민지화 등에 실마리를 제공하였다.

결국 쑨원은 임시 대총통 자리에서 물러났고 1912년 3월, 북양군벌 지도자였던 북양대신 위안스카이(袁世凱)가 대총통에 당선되었다. 그는 중국을 공화제가 아닌 군주제로 지배하려고 하였으며, 중국 전역 군벌들이 할거하는 봉건적 성격이 여전히 지속되었다.

31 5·4운동

1919년 5월 4일 베이징 천안문광장에서 일어난 학생시위대의 반제국주의·반봉건주의 운동이다. 이 운동은 중국 전역으로 확산되었으며, 약 2개월에 걸쳐 지속된 끝에 중국 정부가 일본과 조약 체결을 거부하는 성과를 거두었다.

❶ 파리강화회의

　　1898년 독일은 청 왕조로부터 산둥성 자오저우만을 해군기지로 99년 동안 조차하였다. 제1차 세계대전이 일어나자 일본이 산둥 지역을 점령하였으며, 점령을 합법화하기 위해 21개 조항을 만들어 여러 열강의 인정을 받았다. 그중 1918년 9월 중국 군벌정권은 2,000만 엔의 차관을 제공받고 비밀리에 21개 조항에 동의하였다.

　　1918년 제1차 세계대전이 끝나고 이듬해 전승국들이 파리에서 전후 문제를 처리하기 위해 모였다. 중국도 연합국의 일원으로 승전하여 참석하였다. 당시 중국은 전쟁 기간에 일본이 독일로부터 빼앗은 산둥에 대한 권리를 다시 중국에 돌려달라고 요구하였지만, 일본 대표단이 1918년 베이징과 비밀협정을 맺은 사실을 공개하면서 중국 대표단의 요구는 묵살되었다.

　　파리강화회의에서 발생한 상황을 전해들은 중국인들은 불공정한 결정에 항의하기로 하였으며, 외국 공사에게 청원서를 작성하여 파리에 전달하였다. 그리고 중국 대표단에게 전문을 보내 산둥 지역과 관련된 내용이 수정되지 않으면 조약을 거절하도록 촉구하였다. 또 국내에서는 일본의 제국주의와 북양군벌 정권에 분개하며 천안문광장에 집결하였다.

② 5·4운동 발발

1919년 5월 4일 베이징 천안문광장에 13개 대학교와 전문대학에서 온 학생 5,000여 명이 제국주의 침략과 매국행위에 대해 항거하였다. 그들은 "죽을힘을 다해서 칭다오를 쟁취하기로 결의하자"와 "매국노 조여림(曹汝霖)을 처형하라"라는 현수막을 손에 들고 광장으로 나왔다. 시위대 행렬은 조여림 집에 불을 질렀으며, 1918년 비밀협정에 동의한 중국 주일공사 장종상(章宗祥)을 구타하였다.

일부 시위대는 군벌정부에 진압되어 체포되었지만 시위대와 중국의 여론이 심각한 것을 인지한 군벌은 이들을 석방하였다. 그러나 여전히 북양군벌 정권은 조여림을 유임시키고 학생운동금지령을 내린 뒤 파리강화회의의 결정을 승인하려고 하였다. 한편 베이징 소식이 중국 전역에 퍼져나가자 주요 도시 학생들과 지식계층은 반제국주의 애국운동에 동참하였다.

학생들의 수업 거부와 시위, 상인과 노동자들의 파업과 시위 가담 그리고 일제 상품 거부 운동 등 연합투쟁이 이뤄졌다. 그 가운데 상하이에서는 학생들의 수업 거부, 상인 철시, 노동자 파업을 뜻하는 삼파투쟁(三罷斗争: 罷课, 罷市, 罷工)이 대규모로 일어났다. 그 양상이 전역으로 확산될 조짐이 보이자 북양군벌 정권은 체포한 학생들을 석방하고 관련자 조여림, 육종여(陆宗輿), 장종상 세 사람을 파면하였다. 또 파리의 중국 대표단은 6월 28일 강화회의의 조인을 거부하였고 5·4운동은 승리하였다.

❸ 5·4운동의 의의

5·4운동은 반제국주의·반봉건주의 혁명이며 중국 현대사의 시발점으로 여겨진다. 신해혁명으로 청나라가 무너지고 서구열강의 지배에서 벗어나 자주적인 국가가 건국될 것이라고 생각하였지만, 당시 중국은 여전히 일본과 서구열강의 간섭 그리고 무능한 군벌정부 때문에 고통받고 있었다. 그러던 중 파리강화회의로 중국인들이 분개하고 자발적 시위 참여로 힘을 모아 서구열강과 일본 제국주의에 맞서며 불평등한 조약 체결을 무산시켰다는 의의가 있다. 즉 민중이 주체가 되어 정부에 조약 체결 거부를 요구하고 그것을 투쟁으로 얻어냈으며, 국민의식이 형성되어 근대적 국민국가 형성의 시발점이 되었다는 점을 주목해야 한다. 또 학생과 지식인 계층만이 아니라 노동자들의 사회정치적 참여가 향후 중국의 공산당 창당에 많은 영향을 주었다고 할 수 있다.

인민영웅기념비에 새겨진 5·4운동 기념 부조
천안문광장에 세워진 인민영웅기념비(人民英雄紀念碑)는 1958년에 완성되었는데, 높이 38m, 무게 1만 톤에 달하는 석조 비석이다. 기념비 정면의 '인민영웅들은 영생불멸하라(人民英雄永垂不朽)'라는 글자는 마오쩌둥의 친필이다.

32 제1·2차 국공합작

두 차례에 걸친 중국 국민당과 중국 공산당의 협력 관계를 가리킨다. 제1차(1924~1927)는 북방 군벌과 제국주의 열강에 대항하기 위하여 조직되었고, 제2차(1937~1945)는 항일 전쟁 시기에 일본 제국주의에 대항하기 위하여 조직되었다.

❶ 제1차 국공합작

중화민국 초대 대통령 위안스카이(1859~1916)가 독재적 군주제로 중국 통치를 강화하려 하였지만 1916년 사망하면서 중국은 군벌시대가 시작되었다. 당시 군벌들은 자기 세력을 유지하려 농민과 상인들에게 세금을 징수하였고, 제국주의 열강의 원조로 영역을 지켰으며, 그 대가로 이권을 넘겨주는 등 매국적인 행동도 하였다.

쑨원은 1917년과 1920년에 각각 제1차 광동군 정부, 제2차 광동군 정부를 세우지만 호법운동과 북벌운동 등의 뜻을 펼치지 못하고 있었다. 소련과 코민테른(공산주의 국제연합)의 적극적인 동방정책은 1921년 중국공산당 창당과 쑨원의 국민당 세력에 대한 지원으로 이어졌다. 쑨원은 소련과 코민테른의 지원을 받는 일은 국가 독립을 위한 것이며, 중국에서는 공산주의를 실현할 수 없다는 점을 명시하면서 국민당 당세를 확장하는 개진 작업을 시작하였다. 그리고 공산당원이 개인적으로 국민당에 입당하는 것도 허용하였다. 이후 광동에 근거지를 세운 쑨원은 제3차 광동군 정부를 설립하고 소련과 협력관계를 유지하며 국공합작(국민당과 공산당의 합작)을 준비했다. 1924년 1월 20일 광저우에서 국민당 제1차 전국대표대회가 열렸다. 공산당은 국민당 안에서 조직적 기반을 확대하고 대중조직에 대한 영향력을 키웠다. 소련이 군사·정치고문을 파견하고 혁명군을 양성하기 위한 군관학교 건설에 필요한 재정적 지원을 함으로써 국민당은 비로소 자신만의 군대를 가지게 되는 등 '연소용공(联苏容共)'정책을 펼쳤다.

❷ 제1차 국공 결렬과 내전

국민당과 공산당의 협력 그리고 국민혁명군의 북벌 전개가 이어지다가 1925년 쑨원이 사망하면서 새로운 양상이 나타났다. 쑨원의 사망으로 당과 군은 구심점을 잃었지만 장제스(蔣介石)가 실질적 지도자 반열에 올라 북벌을 지속적으로 펼치는 듯하였다. 사실 장제스가 펼친 북벌은 군벌과 전쟁과 타협을 진행하는 것이었다. 이는 군벌이 국민혁명군으로 편입되는 것이지만 점령 지역의 지배권을 둘러싼 문제가 계속 대두되어 당내 쟁점이 되었다.

장제스(蔣介石, 1887~1975)

한편 상하이 지역 노동자들이 공산당 지도하에 무장봉기를 일으켜 군벌을 몰아내는 사건이 일어났다. 북벌 과정에서 공산당이 주도하는 대중 운동이 일어나면서 이런 긴장감이 결국 국민당의 공산당 배척으로 이어졌다.

장제스가 1927년 4월 12일 무력을 동원해 진압과 공격을 실시했을 때 노동자와 공산당원이 다수 죽었으며, 이후에도 공산당의 무장혁명에 대한 숙청이 이뤄졌다. 이에 일부는 국민당으로 전향하였고, 일부는 비밀리에 공산당에 입당해 공산혁명 시위를 지지하였다. 이 사건으로 1927년 7월 공산당은 제1차 국공합작의 종료를 선언하고 수차례 봉기하면서 무장혁명운동을 감행하였으나 번번이 실패하였다.

공산당의 무장혁명을 통한 정권 장악은 홍군(紅軍)을 조직해 농촌 지역과 오지로 잠입하여 세력을 도모하는 방법으로 전개되었다. 가장 대표적인 근거지가 마오쩌둥(毛澤東, 1893~1976)과 주더(朱德, 1886~1976)의 장쑤성 징강산(井冈山)이다. 이들은 현지 농민과 마찰을 최소화하고 군의 기율을 엄격하게 하였으며 전군을 통일적으로 개편하였다. 공산당은 근거지를 지속적으로 확대하였다. 1931년 11월에는 장시성(江西省) 루이진(瑞金)을 수도로 하는 임시중앙정부의 성립을 선포하였다. 그러자 국민당 정부는 공산당 토벌작전을 더욱 강화하였다.

이로써 국민당과 공산당은 전면적인 내전 상태에 들어가게 되었고, 혼란을 틈타 만주 지역에서는 일본군이 만주사변(1931)을 일으켰다. 하지만 국민당 정부는 일본과 정전협정을 맺고 안내양외(安內攘外)정책을 고수하며 내전을 지속했다. 열세에 놓인 공산당은 훗날 장정(長征)이라 불리는 대이동을 하게 된다.

장정(長征)
중국의 홍군이 장시성 루이진에서 샨시성 북부까지 국민당군과 전투하며 이동한 행군

❸ 제2차 국공합작과 항일전쟁

장제스의 국민당은 북벌을 어느 정도 완수하면서 중국 전역을 장악하였다. 하지만 여전히 일본의 침략은 자행되었고 공산당 세력도 큰 위협이 되었다. 1931년 9월 18일 일본군은 만주 지역을 침략해 5개월 만에 동북 지역을 점령한 뒤 1932년 3월 청나라 마지막 황제 선통제(宣統帝) 푸이(溥仪)를 내세워 '만주국'을 탄생시켰다.

지린성 창춘시에 있는 위만황궁박물관
위만황궁박물관(伪满皇宫博物院)은 마지막 황제 푸이가 머물던 황궁이다. 1932년 일본 관동군은 청조의 폐위된 황제 푸이를 허수아비 황제로 앉힌 후 만주국(1932~1945) 수립을 일방적으로 선언했다.

이후 일본의 식민지 지배는 확대되었고, 학생들과 지식인들은 공산당과 국민당 간의 내전 중지와 항일을 주장하는 시위를 벌였다. 하지만 국민당은 여전히 공산당에 대한 포위 공격을 고집하였으며, 구국연합회 지도자들을 체포하였다.

Plus Info

중일전쟁
1937년 7월 7일, 베이징 남서쪽 루거우차오(卢沟桥) 부근에서 주둔 중인 일본군에 날아든 총격으로 일본이 중국 제29군을 공격하며 충돌이 일어났다. 이 사건으로 8년에 걸친 중일전쟁이 시작되었다.

1936년 12월 장제스는 공산당 근거지를 포위한 군벌 출신 장쉐량(张学良, 1901~2001)에게 토벌을 명하지만 오히려 그는 장제스를 구금하는 시안사변을 일으킨다. 결국 장제스는 내전 중지와 항일을 약속하게 된다. 1937년 7월 중일전쟁이 일어나자 국민당과 공산당은 같은 해 9월 제2차 국공합작을 선언하고 전면적 항일전쟁을 시작하였다. 제2차 국공합작이 성립되었지만 일본군의 공세는 지속되었다. 그러던 중 1937년 12월에는 수도 난징이 일본에 함락되어 일반 시민을 대상으로 대규모 학살·강간이 자행되었다.

난징대학살

중국을 속전속결로 점령하고자 했던 일본군은 점령 지역마다 항전의지를 꺾기
위해 민간인들에 대한 만행을 자행하였다. 이는 1937년 12월 중화민국의 수도 난
징을 점령했을 때 절정에 달했다. 남녀노소 할 것 없이 민간인들을 강간·폭행·
학살하였는데 난징에서는 약 30만 명이 희생되었다.

공산당은 일본군의 전선이 넓어 일본군 지배력이 다소 약해진 지역 후방
에서 유격전으로 대응하였고, 광범위한 농촌 지역에 항일 근거지를 세워 세
력을 확대하였다. 하지만 국민당은 일본과 전쟁에 나서기보다는 공산당과
결전할 것에 대비해 군사력을 보존하면서 미·영연합군의 지원을 받으며 이
들의 승리를 기다리는 전략을 택하였다. 소극적인 항전과 징병, 수탈 등으로
이 시기 국민당에 대한 중국인들의 불만은 극에 달하였다.

④ 제2차 국공 결렬과 내전

1945년 일본 본토에 대한 폭격과 히로시마와 나가
사키 지역의 원폭 투하(8월 6일, 8월 9일) 그리고 포츠
담선언(1945. 7. 26)으로 항일전쟁이 끝났다. 장제스와
마오쩌둥은 1945년 8월 충칭회담에서 쌍십협정(双十
協定)에 합의하고 내전 중지와 통일정권 수립을 위해
노력하였다.

하지만 1946년 6월 장제스가 정규군 160만 명을
동원해 공산당 지배 지역을 공격하면서 중국 본토에
서는 또다시 전쟁이 시작되었다. 초기에는 국민당이
우세했지만 1947년 이후 공산당이 대규모 반격을 시
작하였고, 국민당 거점을 고립시키며 승기를 잡았다.
1949년 공산당은 전군에 남하하여 국민당 점령 지역
을 함락하라고 명령하였고, 1949년 12월 타이완을
제외한 중국 대륙은 공산당 지배하에 들어갔다.

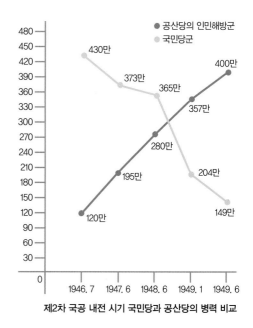

제2차 국공 내전 시기 국민당과 공산당의 병력 비교

당시 국민당의 군사력은 미국의 지원을 받아 장비와 보급품이 여유로웠고, 항일전쟁이 끝날 당시 국민 정부군 병력은 430만여 명이었다. 이에 비해 공산당은 정규군 90만 명에 농민 출신 민병들로 구성되어 국민당 규모와 비교할 수 없었다. 그런데도 공산당이 중국 전역을 지배할 수 있었던 원인은 감조감식(減租減息, 소작료와 이자감액)정책이나 '경작자가 토지를 소유해야 한다'는 원칙에 입각한 토지혁명 등 농민의 지원에 있었지만 국민당이 내부 문제로 민심을 잃은 것도 한몫했다.

국민당은 항일운동에서 소극적이었고 지속적으로 공산당을 궤멸하려고 신사군사건 등을 일으켜 중국인의 지지를 얻지 못하였다. 국민당 지도부는 일본군과 결탁하거나 부패한 관리들의 축재를 방임하고 세금과 징발을 가중했다. 즉 국민당의 경제적 실책과 무능함이 중국인의 불만을 높였고, 결국 국민당 정부의 패전을 초래했다.

33 대장정(大长征)

대장정이란 중국 공산군(홍군 红军)이 장제스가 이끄는 국민당 군과 싸우면서 1만 5,000km 를 행군(1934~1935)한 것을 가리킨다. 이때 마오쩌둥은 탁월한 리더십으로 공산군의 지도자 로 부상할 수 있었다.

제1차 국공합작은 1927년 장제스의 공산당에 대한 쿠데타(상하이에서 발생 한 4·12쿠데타)로 결렬되었고, 이후 공산당에 대한 숙청이 심화되자 살아남 은 공산당원 중 일부는 국민당원으로 전향하고, 일부는 공산혁명을 꿈꾸며 국민당 본거지에서 떨어진 농촌에 근거지를 구축하였다. 당시 마오쩌둥은 3,000여 명을 이끌고 후난(湖南)과 장시(江西) 접경 지역인 징강산으로 들어 가 노동자·농민혁명군을 조직하였다.

일부 공산당 지도부는 도시 노동자의 총파업에 편승하여 무장투쟁을 주 장하였지만 마오쩌둥은 농촌과 농민이 주축이 되어야 혁명이 성공할 수 있 다고 생각하였다. 노동자·농민혁명군은 징강산에 도착한 후 가장 먼저 군대 와 지방에 공산당위원회를 구성하였다.

Plus Info

대장정 시기 공산당의 3대기율과 8항주의(三大纪律八项注意)

1. 모든 행동은 반드시 지휘에 따른다.
2. 인민으로부터 바늘 하나, 실오라기 하나 얻지 않는다.
3. 지주로부터 몰수한 것은 반드시 모두의 것으로 한다.

① 매매는 공정하게, ② 말은 온순하게, ③ 부녀자를 희롱하지 않고, ④ 농작물에 피해를 주지 않는다. ⑤ 빌린 물건은 반드시 돌려주고, ⑥ 손해를 입히면 변상하 고, ⑦ 구타나 욕을 하지 않고, ⑧ 포로를 학대하지 않는다.

코민테른(공산주의 국제연합)의 지시로 무장봉기를 지휘한 주더(朱德) 등의 병력이 마오쩌둥과 합류하면서 노동자·농민혁명군이 새로이 재편되었으며, 1928년 12월에는 펑더화이(彭德怀)가 이끌던 군대도 합류하면서 중국공산당의 농촌 근거지가 건설되었다. 이들은 혁명을 지속적으로 추진하는 동시에 토지를 재분배하고 '3대기율, 8항주의'를 시행하였다. 전체 소비에트 지역은 15개소로 늘어났으며, 농민들이 지지하는 중화소비에트공화국 임시 중앙 정부가 1931년 11월 성립되었다.

공산당의 세력 확장에 위협을 느낀 국민당은 공산당 토벌작전을 더욱 강화하였다. 1930년 말부터 공산당 근거지에 대한 포위공격을 시도하였고 이후 4차에 걸친 국민당의 포위공격은 실패하거나 중단되었다. 하지만 1933년 시작된 공격은 이전의 것과 규모에서부터 달랐다. 장제스는 1933년 10월, 50만 병력과 비행기 200여 대를 동원하여 5차 포격을 가하였고 경제적 봉쇄까지 이뤄져 중국공산당은 1934년 7월 장시 소비에트를 포기하고 탈주를 강구해야 했다.

홍군의 주력군은 1934년 10월 국민당의 포위를 뚫고 탈출하였으며 후난·광시·구이저우·윈난·쓰촨 등을 거치는 기나긴 패퇴의 길을 걸어야 했다. 특히 싱안(兴安)에서 샹강(湘江) 봉쇄선을 뚫고 나오면서 전력이 크게 손실되어 8만 6,000여 명이던 홍군이 3만 명까지 급격히 줄어들었다. 샹강전투에서 막대한 손실을 입은 공산당은 이후에도 계속 퇴각하면서 전투해야 했으며, 약 1년에 걸친 퇴각은 중국 남부와 남서부를 가로질러 샨시성 북부 옌안(延安)에 도착하면서 끝을 맺었다. 이때 생존자는 8,000여 명에 불과하였다. 이것이 바로 '대장정'이다.

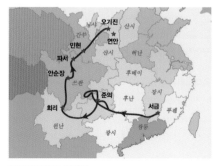
중국공산당의 대장정

대장정을 묘사한 부조 만수천산(万水千山)

하지만 이 과정에서 중국공산당 지도부에 커다란 변화가 생겼다. 바로 5차 국민당 공격의 대응 실패에 책임을 물어 1935년 1월 15일 중앙정치국 확대회의(준의회의)에서 천사오위(陈绍禹, 일명 왕밍) 등 지도부가 실권하고 마오쩌둥이 정치국 위원이자 중앙군사위원회 주석으로 당 지도권을 장악하게 된 것이다.

준의회의(遵义会议, 1935) 참가자 사진
(윗줄 왼쪽부터) 마오쩌둥, 주더, 천윈, 저우언라이 등 주요 참가자들의 사진을 전시해놓았다.

일본 제국주의의 침략이 격화되었지만 장제스는 여전히 항일보다는 공산당 토벌을 중시하는 안내양외(安内攘外)정책을 고수하며 공산당 근거지를 포격(제6차 포위공격)하도록 지시하였다. 중국공산당은 1935년 8월 폭넓은 세력과 연합하여 일본에 대항하자고 호소하였지만, 장제스는 이를 받아들이지 않았다.

구이저우성 준의회의 유적지
1935년 1월 구이저우성 준의(遵义)에서 공산당 정치국 확대회의가 열렸다.

이런 국면을 전환시킨 사건이 발생하였다. 1936년 12월 12일, 6차 포위공격 지시를 받은 장쉐량이 시안(西安)을 방문한 장제스를 구금한 뒤 내전 중지, 구국회의(救国会议) 개최, 정치범 석방 등을 요구한 것(시안사건, 시안사변)이다. 이러한 장쉐량의 요청에 따라 공산당 저우언라이(周恩来, 1898~1976)가 협상에 참여하였으며, 장제스를 석방하고 공산당과 국민당 간 협의로 내전 중지와 항일을 도모할 수 있었다.

34 대약진운동

1958년부터 1960년 초까지 마오쩌둥(毛澤東) 주도로 노동력 집중화 산업을 추진해 경제성장을 도모한 운동이다. 그러나 이 운동은 실패로 끝났고, 마오쩌둥의 권력 약화를 초래했다.

❶ 대약진운동의 배경

중국은 1949년 건국 후 다시금 경제사회를 재건하기 위해 소비에트연방(이후 소련으로 약칭)의 원조를 받아 경제, 정치, 사회, 교육 등 소련식 개발 모델을 채택하였으며, 1953년부터 1957년까지 '제1차 경제개발 5개년 계획'을 진행하여 연평균 11%의 경제발전을 이룩하였다. 건국 후 약 7년간 중국의 사회·정치·경제·교육 등에 소련의 영향력과 지배력은 상당하였다. 하지만 마오쩌둥은 1956년 소련의 서방국가와의 평화공존전략과 탈스탈린정책을 비판하였고, 소련은 중국 정부의 원조 요청에 냉담하게 반응하였다. 이에 중국공산당은 독자적인 노선을 추구하며 사회주의 건설을 위한 토대를 닦아야 했다.

중국공산당과 마오쩌둥은 중국의 사회와 경제발전을 위해서라도 지식인과 전문가의 도움이 필요하였으므로 이들의 의견을 청취함으로써 중국 내 불만과 오류를 개선하고자 하였다. 하지만 과도한 비판에 체제 전복의 위협을 느낀 중국공산당은 이를 핑계로 '반우파투쟁'을 진행해 지식인·전문가·민주당파·무당파 등의 인사와 가족 100만 명을 우파분자로 간주하여 숙청하였다. 중국공산당에 억압을 받은 지식인, 전문가들은 중국의 정치·사회·경제발전 참여에서 철저히 배제되었으며 마오쩌둥은 다시 한번 대중운동을 통한 사회주의 개조와 사회 발전을 강조하게 되었다.

❷ 대약진운동과 인민공사운동의 전개

1958년 5월 공산당 제8기 3중전회에서 '농업발전강령 40조(农业发展纲要四十条)'가 채택되면서 중국 전역에서 본격적으로 대약진운동(1958~1961)이 전개되었다. 중국공산당은 8차 당대회에서 '사회주의 건설 총노선'을 통과시켜 급진적이고 좌경화적인 사회운동을 시작하였다. 마오쩌둥이 설계한 대약진운동은 농민들의 혁명적 열의와 잠재력을 동원해 경제발전을 비약적으로 추진한다는 계획이었다. 농촌 지역 농민들의 자발적인 참여와 대중운동을 바탕으로 시작된 제2차 5개년 경제계획은 '많이, 빨리, 훌륭하게 절약하여 사회주의를 건설하자(多快好省地建设社会主义)'는 구호와 함께 시작되었다.

말하자면 대약진운동은 농민대중의 혁명적 역량에 기초하여 중국이 당면한 경제적 과제를 해결하고, 자력갱생에 의한 농업과 공업의 동시 발전을 추진하여 선진국을 따라잡으며, 집단화와 협동화로 공산주의 사회로 이행하는 것이었다.

농촌경제를 비약적으로 발전시키려면 기존의 농업생산 합작사 형태로 조직된 것보다 훨씬 대규모로 포괄적인 기능을 하는 형태가 필요하며, 이렇게 함으로써만 대규모 수리건설, 철강제련 사업 등이 추진될 수 있다고 판단하였다. 이에 1958년 8월 '농촌에서 인민공사를 설립하는 문제에 관한 결의문'에서 대규모 협력, 조직의 군사화, 행동의 전투화, 생활의 집단화를 행동지침으로 한 공업, 농업, 상업, 교육문화, 군사를 결부한 인민공사 수립이 추진되었다.

인민공사 선전 포스터(1958)

1958년 말 시짱 지역을 제외한 농촌 농가의 99%가 인민공사에 가입하였다. 규모가 크고 공유화 정도가 높은 조직체에서 농촌의 노동력과 자원을 최대한 동원한다는 것이며, 구체적 목표로 곡물은 전년 대비 1.9배 증가한 3억 5,000만 톤, 철강은 전년 대비 2배 증가한 1,070만 톤을 생산하는 목표가 제시되었다.

하지만 농업과 공업의 생산량을 증대하려는 방책은 극히 비과학적이고 비전문적이었다. 농

대약진운동 선전 포스터

업 부문의 생산량을 증대하기 위해 벼를 과도하게 촘촘히 심어 중간에 썩거나 채 자라지 못한 경우도 빈번하였으며, 4해(참새, 쥐, 모기, 파리)를 제거하는 운동을 벌였는데 해충을 잡아먹는 참새를 무분별하게 사냥해 오히려 생태계가 무너지고 병충해로 피해가 극심해졌다.

대약진운동 시기 농촌 지역에 대규모로 건설되었던 토로(土爐)

농민들이 농사를 미루고 철강생산에 대거 투입되면서 농업 생산량이 감소하는 결과를 초래하였다. 철강생산을 증대하기 위해 농촌 마을 곳곳에는 규모가 작은 용광로가 우후죽순 세워졌고, 자재를 수급하기 위해 가정용 식기와 농기구 등이 고로에 들어가야만 했다. 이렇게 제련된 철강재는 순도가 낮아 제품으로 생산하기에는 한계가 있었으며, 철을 녹일 때 필요한 땔감을 공급하기 위해 무분별하게 벌목이 자행되어 산림이 황폐해졌다.

자료: 『중국통계연감』

연도	곡물 생산 (만 톤)	농업 총생산지수 (1952년=100)	철강재 생산 (만 톤)	공업 생산지수 (1952년=100)
1957	19,505	124.8	415	228.6
1958	20,000	127.8	591	353.8
1959	17,000	110.4	897	481.8
1960	14,350	96.4	1,111	535.7
1961	14,750	94.1	613	333.7
1962	16,000	99.9	455	275.9
1963	17,000	111.6	533	299.4

❸ 대약진의 결과

15년 안에 미국과 영국을 넘어선다고 자신한 마오쩌둥의 대약진운동은 결국 실패하였다. 1959년 이후 약 3년 동안 기후가 비정상적이었다 하더라도 대약진운동이 실패한 근본 원인은 농촌 노동력을 철강생산에 투입하였으며 과학적이지 못하고 근시안적인 농업정책으로 농업 생산량이 감소한데다 관리자의 부정과 중앙정부의 과도한 곡물 징발 등을 들 수 있다.

농촌 경제가 와해되어 심각한 식량난을 초래하였으며, 전국적으로 영양 실조와 기아로 사망하는 사람들이 급증하였다. 정확한 숫자는 연구자에 따라 다르지만 대약진운동에 따른 피해와 대기근에 따라 비정상적으로 사망한 인구가 약 4년 동안 4,000만 명을 넘는다고 추정한다. 특히 경제적 효율성과 전문성을 무시한 정책을 추진해 중국 경제는 한동안 침체기를 맞이하였으며, 1962년이 되어서야 차츰 회복하였다.

대약진운동의 실패로 마오쩌둥의 권위에도 위기가 찾아왔다. 그는 실패를 인정하고 정치 일선에서 물러나 국가 주석 자리를 류샤오치(刘少奇, 1898~1969)에게 넘겨주었다.

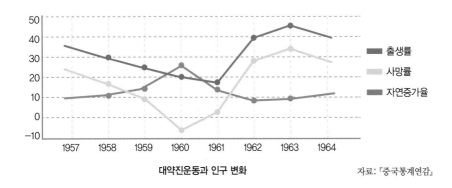

대약진운동과 인구 변화　　　　　　　　　　자료: 『중국통계연감』

35 문화대혁명

1966년부터 1976년까지 10년간 마오쩌둥이 주도한 사회주의운동으로 전근대적인 문화와 자본주의 타파를 제창했다. 중국인들은 문화대혁명이 진행된 10년을 '동란의 10년', '잃어버린 10년' 등 비극적인 세월로 기억한다.

❶ 문화대혁명의 도화선

1965년 11월 〈문회보〉에 게재된 '신편역사극 해서파관을 평하다'는 중국에 닥칠 대란의 도화선이 되었다. 야오원위안(姚文元)은 이 글에서 역사가 우한(吳晗)이 1959년 루산회의에서 펑더화이가 대약진운동이 실패한 것이 마오쩌둥 책임이라고 질책하는 과정에서 실각된 점을 '해서파관'에 빗대었다고 비판하였다. 즉 명나라 시기 가정제(嘉靖帝)는 해서 관직을 파면했고, 마오쩌둥도 역시 펑더화이의 관직을 파면했다는 점을 동일시하여 강력한 정치적 색채를 띠도록 만들었다.

그로써 1966년 초 이와 관련된 비판 글들이 지속적으로 게시되었고, 우한을 비롯한 학자를 비판하는 글이 발표되면서 전국적인 범위의 정치적 비판 물결이 일어났다. 같은 해 5월 공산당 중앙위원회 명의로 반사회주의 부르주아계급과 이를 추종하는 당권파를 비판하는 '5·16 통지문'이 발표되었으며, 사회주의 국가를 전복하려는 세력을 축출해야 한다는 여론이 퍼지기 시작하였다.

❷ 문화대혁명의 전개

마오쩌둥으로 향한 여론은 '프롤레타리아 문화대혁명의 결정'으로 나타났으며, 혁명의 계승자를 자처한 홍위병이 마오쩌둥의 열렬한 지지세력으로 등장하였다. 이들 문화대혁명의 주축인 홍위병은 1966년 5월 칭화대학교 부속중학에서 맨 처음 결성되었다. 이후 베이징에서 중국 각 지역 중·고교로 번져나갔으며, 대학으로까지 확대되었다. 이들은 마오쩌둥 어록에서 '조반유리(造反有理, 모반에는 이유가 있다)'라는 단어를 찾아 관련된 글을 작성하여 게재하였으며, 차후 '조반유리'는 문화대혁명의 핵심 구호로 자리 잡았다.

문화대혁명 시기에 사용된 홍위병증(1966년 인쇄)
'마르크스주의 수천만 가지 이론은 결국 조반유리 한 마디로 귀결된다'가 최고지시(마오쩌둥 지시)로 명기되어 있다.

　　1966년 8월 전국 각지에서 온 홍위병들이 천안문광장에 모여 각자의 손에 '마오쩌둥 어록'을 들고 '조반유리'를 외치며 시위를 벌였고, 마오쩌둥을 접견하였다. 마오쩌둥은 이들을 접견하며 홍위병 운동에 대한 결연한 지지를 표명했다. 마오쩌둥과 린뱌오는 자본주의 길로 가는 실권파와 주자파 일체의 부르주아계급을 타도하자고 호소하였다. 그 후 홍위병 운동은 전국의 도시와 농촌 각지에서 신속하게 퍼져 걷잡을 수 없는 형세가 되었다.

　　홍위병 운동의 내용은 처음에는 주로 '사구(四旧: 구사상, 구문화, 구풍속, 구습관)'를 타파하는 것이었다. 하지만 마오쩌둥을 접견한 후 홍위병의 과열행위가 나타나기 시작하였다. 이들은 '계급의 적'을 적발하여 비판하고 처벌했으며 재산을 몰수하였다. 특히 당시 교육계, 학술계, 문예계, 출판계 등의 전문가들이 '흑방', '주자파', '반혁명 수정주의자'로 간주되어 공개비판을 받고 처벌되는 등 수모를 당했다. 또 홍위병 조직은 각국 대사관 앞에서 시위를 벌였고, 영국대사관에 불

문화대혁명 시기 베이징 대자보 활동

을 질렀으며, 류사오치(刘少奇, 1898~1969), 덩샤오핑(邓小平, 1904~1997) 등의 퇴진은 물론 그들과 관련된 많은 공직자를 비판하는 목소리가 커졌다.

　　이뿐만 아니라 중국과 외국의 고전명저와 진귀한 문물과 서화 등을 불태우고 파괴하였으며, 공자묘와 같은 역사적 가치가 높은 건축과 문화유산을 파괴하였다. 베이징시의 경우 1958년 보호하기로 확정한 문물고적 6,843곳 중에서 4,922곳이 파괴되었으며, 극소수의 특수한 보

문화대혁명 시기인 1967년 상하이 면직9공장 군중대회

호를 받은 지역을 제외한 중국 전역이 이런 혼란에 빠져 있었다.

초기 홍위병 운동에 참여한 대다수는 마오쩌둥과 공산당에 대한 무한한 신뢰에서 출발하였지만 정치적 미숙과 사회 경험의 부족으로 올바른 판단이 서지 못한 채 열광적이고 맹목적인 행동을 할 뿐이었다.

마오쩌둥은 과열되고 혼탁한 국면을 안정시키기 위해 1967년 9월 군대를 동원하여 홍위병을 진압했으며, 이들의 힘을 분산하려고 여러 조치를 취하였다. 학생들을 진정시켜야만 정세가 안정되었기에 1967년 10월 통지문에서 '일률적으로 모든 수업을 진행한다'고 지시하였다. 하지만 상당수 학생은 여전히 사회에 남아 있었으며, 학교의 간부와 교사들도 대부분 비판과 조사를 받았기 때문에 정상적으로 회복되기까지는 상당한 시간이 필요했다.

1968년 가을 이후 도심에 표류하고 있는 기관의 간부나 청년지식인들을 지방으로 보내 노동자·농민과 함께 생활함으로써 사상성을 높이고자 상산하향(上山下乡)운동을 전개하였다. '지식청년들이 농촌으로 내려가 농촌 대중과 함께 생활하면서 그들에게서 배워야 한다'고 지시하였는데, 문화대혁명 기간에 지방으로 내려간 청년지식인은 1,600만여 명에 달했다. 1968년 가을과 겨울 이후 전면내란 형태였던 중국 사회는 홍위병들의 농촌 하방으로 힘이 분산되면서 조금씩 긴장이 완화되기 시작하였다.

❸ 문화대혁명의 결말

맹목적이며 폭동과도 같던 문화대혁명의 열기는 사그라졌지만 중국공산당 내부에서는 여전히 장칭(江青)을 중심으로 한 사인방(四人帮)이 권력의 핵심에 있었다. 그들은 당내 주자파를 척결하기 위한 비판을 멈추지 않았고, 1976년 1월 사망한 저우언라이 총리를 추도하는 자리에서도 냉담한 반응을 보였다. 이를 두고 중국 인민들은 사인방 타도를 외치며 천안문광장에 모여 저우언라이를 추모하였지만, 이들은 오히려 덩샤오핑이 이를 조정했다고 덮어씌워 덩샤오핑을 다시 한번 하방시켰다. 이미 여론은 문화대혁명을 일으킨 사인방에게 더는 지지를 표하지 않았으며, 1976년 9월 9일 마오쩌둥이 사망하자 장칭 등 문혁 4인방은 체포되었다.

이는 문화대혁명이 종결되었음을 뜻하였다. 문화대혁명은 중국의 경제 후퇴, 문화 파괴, 교육 황폐화 등 사회 전반에 걸쳐 후유증을 남겼다. 특히 정치적 상황에 따라 주변인을 지목하여 공격하도록 강요당하고 상호 비판하는 상황은 인간성 파괴, 심지어 가족 간의 신뢰 관계도 무너지게 하였으며, 이로 인한 직접적 피해자가 80만 명에 달하였다. 이후 중국의 공식 역사는 문화대혁명을 '잃어버린 10년 대란의 시기'로 규정하였으며, 비정상적인 정치적 소용돌이 시기에 청년기를 보낸 세대를 '잃어버린 세대'라고 칭한다.

36 천안문사건

1989년 6월 4일, 베이징의 천안문(天安门, 톈안먼)광장에서 학생과 시민들이 민주화를 요구하는 시위를 벌였다. 이에 중국 정부는 무력으로 진압하여 수많은 사상자가 나왔다.

암흑과도 같았던 문화대혁명이 지나고 개혁개방이 시작되면서 중국에서는 과거사 재정립과 함께 정치개혁 논의도 활발하게 진행되었다. 새로운 시대에 대한 열망으로 대중운동이나 여러 연합이 형성되었고, 실질적으로 제도화되지는 못했지만 여러 차례에 걸쳐 정치제도 개혁에 대한 요구안이 제시되기도 하였다.

중국 정부는 정치민주화 요구에는 단호한 태도를 보였다. 다만 1987년 10월 자오쯔양(赵紫阳, 1919~2005) 총서기의 '중국적 특색을 지닌 사회주의의 노선을 따라 전진하자'는 보고에서 장기와 단기로 나눠 정치제도의 개혁 구상안이 제시되었으며, 일부 제도를 개편해 개선했지만 일반 시민이나 개혁파들이 원하는 정도의 수준은 아니었다.

1986년부터 경제의 시장화가 진전되고 지식인과 학생들이 언론의 자유와 민주화를 강하게 요구하였다. 당시 중국 사회에서는 도시개혁이 본격적으로 추진되면서 물가상승과 빈부격차 심화, 범죄율 급증과 같은 사회경제적 문제가 대두되었다. 그뿐만 아니라 관료들과 특권층의 부정부패로 중국인들의 불만이 쌓여갔다. 허페이중국과학기술대학의 학생운동을 시작으로 베이징, 상하이 등 주요 도시로 학생운동이 확산되었고, 학생운동에 동정적 태도를 보인 후야오방(胡耀邦, 1915~1989) 총서기가 문책을 받아 실각하면서 정세는 다시금 안정되는 듯 보였다.

그러나 중국 당 지도부의 노선 갈등은 심화되었고, 개혁개방의 부정적 요소가 대두되면서 중국 사회의 갈등과 모순은 해소되지 않았다. 1987년 1인당 GDP가 평균 872위안일 때 상하이는 3,816위안, 톈진은 2,264위안이었지만 구이저우성은 465위안에 불과한 것만 보더라도 지역별 격차가 극심하다는 점을 알 수 있다.

그러던 중 1989년 4월 15일 후야오방 전임 총서기가 사망하자 그를 추도하는 학생과 지식인들의 집회가 곳곳에서 일어났다. 후야오방 전 총서기의 죽음을 애도하기 위한 베이징대학교 학생들의 추모활동이 이어졌으며, 그를 추모하는 좌담회에서 후야오방 사임이 정당한 절차를 거치지 않은 비정상적 경질이라는 지적이 나왔다. 연일 이어진 후야오방 추모행사와 중국 정부를 향해 쏟아지는 비판의 목소리가 사회주의 체제 유지에 심각한 위기라고 느낀 중국 정부는 1989년 4월 26일 〈인민일보〉 사설에서 다음과 같이 규정했다.

"일부 소수 사람들이 민주의 깃발을 내세우며 민주와 법제를 파괴했다. (중략) 이것은 계획적인 음모이며, 동란이다. 그 실질은 중국공산당의 지도와 사회주의 제도를 근본으로부터 부정하는 것이다."

당내 보수파였던 리펑(李鵬) 총리 등을 중심으로 학생운동이 '동란'이며 이를 강경하게 저지해야 한다는 주장이 강하게 펼쳐졌다. 사설 발표와 당내 의견에 대해 학생 시위대의 반발이 확대되고 사태는 악화되었다. 북한 방문 일정을 마치고 돌아온 온건파 자오쯔양은 이를 해결하려고 노력하였으나 당과 학생들의 견해차는 좁혀지지 않았다.

정부가 천안문사건 종료 후 당시 계엄군에게 지급한 시계
시계 문자판에는 '89.6.동란진압기념'이라고 적혀 있다.

1989년 5월 17일 천안문광장에는 시위대 약 100만 명이 운집하여 '민주와 자유'를 외치며 당 원로들의 퇴진을 요구하였다. 이는 곧 전국적 민주화운동으로 확산되어 학생과 노동자, 시민들이 파업과 수업거부 등의 활동을 벌였다.

결국 중국의 주요 지도부는 계엄령 선포와 무력 진압 방침을 결정하였고, 5월 19일 자오쯔양은 건강상 이유로 총서기직을 사퇴하였다. 6월 3일 밤 중국공산당이 군대를 동원해 시위 군중을 진압하였고 천안문광장과 주변 지역에서는 유혈충돌이 발생하였다. 탱크, 장갑차와 총기가 동원된 진압에서 무차별적 발포로 시위대를 강제 해산하였으며, 6월 4일 새벽 시위대 대부분이 해산되었지만 수많은 사상자가 나왔다.

아직까지도 사상자에 대한 정확한 집계가 없으며 1990년 7월 10일 제5차 국무원 보고에 따르면, 민간인 사망자가 875명, 민간인 부상자가 약 1만 4,550명이고 군인은 56명이 사망하고 7,525명이 부상당했다고 발표되었다.

CHAPTER

4

정치와 외교

37 마오쩌둥(毛澤東)과 1세대 지도부

1세대 지도부(1949~1976)는 1949년 중화인민공화국 건국과 함께 마오쩌둥을 중심으로 마르크스-레닌주의를 표방하며 사회주의 체제를 확립했다.

❶ 1세대 지도부 특징

중국의 1세대 지도부는 대장정, 항일운동 등 여러 정치적 사건을 경험한 세대이다. 좀 더 구체적으로 말하면, 대장정을 거치면서 부상한 마오쩌둥(毛澤東)이 중심이 되는 정치 엘리트 지도자라고 할 수 있다. 대표 인물로는 마오쩌둥 외에 저우언라이(周恩来), 류샤오치(刘少奇), 린뱌오(林彪) 등을 들 수 있으며, 이들은 문화대혁명 시기까지 중국에 큰 영향력을 미쳤다.

이들은 국민당의 공산당 토벌작전으로 약 1년 동안의 퇴각작전(대장정)을 감행하였으며, 그 과정에서 농촌 지역의 토지개혁, 사회주의 이론 보급 등을 펼치면서 중국 국민들의 지지를 얻어냈다. 또 마오쩌둥은 당권을 완전히 장악하였으며, 중국공산당을 지도하는 코민테른(공산주의 국제연합)으로부터 독립적인 위치를 확보하였다.

이들은 1949년 10월 1일 천안문광장에서 중화인민공화국 건국을 선포하며 통일 중국의 1세대 지도부로서 문화대혁명 시기(1976)까지 활약하였다. 건국 후 경제발전을 위해 소련의 차관과 기술 원조를 받아 경제개발 5개년 계획을 실시하여 농업과 공업 분야에서 괄목할 만한 성과를 나타냈다. 하지만 연이어 나타난 사회적 사건에 대립적 구조의 정치이념으로 접근하여 '반우파 운동', '사회주의 총노선' 등 급진적이며 극단적인 계급투쟁을 전개함으로써 자산계급에 대한 정치·사회적 통제가 가능하도록 하였다.

1세대 지도부는 1900년 전후 태어난 인물들로 빈농이나 노동자 계급, 군인 등이 대다수이다. 이들은 제국주의의 침략, 내전 등을 겪으면서 자란 세대로 전문적 기술이나 학식을 갖춘 사람들은 아니었다. 즉 혁명성은 높았으나 사회경제를 발전시킬 수 있는 능력은 한계가 있었으며, 정치적 이념투쟁을 핑계 삼아 전문 지식인들의 정부 기여도를 무시하거나 탄압하였다.

❷ 마오쩌둥(毛泽东)

1893년 중국 후난성 샹탄(湘潭)에서 태어난 마오쩌둥은 그의 개인사가 곧 중국의 역사일 만큼 당대사에 가장 큰 영향을 준 인물이다. 마오쩌둥은 1918년 후난에서 학교를 졸업한 후 베이징대학교 사서로 근무하면서 급진적인 사상을 받아들였다. 이후 중국공산당 창시자 중 한 명인 천두슈(陈独秀, 1879~1942)를 만나 공산주의 사상을 받아들였다. 1927년 '중국공농혁명군'을 조직하였으며, 쟝시성 징강산에 농촌혁명 근거지를 설립하였다.

그는 농촌에서 도시를 포위하는 혁명전략으로 대중과 더불어 생활하고 대중의 이익을 대변하는 대중노선을 주요 사상과 전략 구상으로 발표하였다. 국민당의 대대적인 공산당 토벌작전으로 약 1년간 계속된 대장정 과정에서 마오쩌둥은 강력한 리더십을 발휘해 공산당 안에 자신의 지위를 공고히 하였다.

그는 1942년부터 대대적인 정풍운동❿을 시작하면서 당내의 전권을 장악하고 항일운동과 국공내전을 지휘하였다. 1949년 중화인민공화국을 수립한 후 본격적인 사회주의 건설 사업을 위해 대약진운동과 인민공사운동을 전개하면서 중국의 대약진을 실현하고자 하였다.

하지만 비합리적인 중공업 개발 정책, 과도한 생산목표 설정, 농업 발전 전략 부재 등 여러 문제로 대약진운동은 실패하였으며 마오쩌둥은 이를 인정하고 정치 일선에서 물러났다. 이후 덩샤오핑과 같은 후임 지도자들이 자본주의적 노선으로 선회하려 한다고 비판하였다.

마오쩌둥(毛泽东) 동상
문화대혁명 시기 마오 동상 건립 붐이 일어 1967~1969년 대학·기업·군대 내에 2,000개 이상이 만들어졌다. 문화대혁명이 끝난 뒤 개인숭배 금지 방침에 따라 칭화대학교(1987) 등에서는 동상을 해체하였다.

---

❿ 중국공산당의 당원을 교육하고, 조직의 체계를 잡으며, 당의 기풍을 쇄신하는 운동으로 공산당 내의 투쟁을 효과적으로 전개하기 위한 활동이다.

그는 다시 사회주의 사회의 계급투쟁 필요성을 강조하며 문화대혁명을 일으켰다. 그는 문화대혁명으로 수정주의식 경제체제의 모순을 극복하려고 하였지만 오히려 사회가 균열되고 갈등이 증폭되어 무분별한 폭동이 일어나는 등 중국 사회와 정치 발전에 좌절과 후퇴를 초래했다. 하지만 이미 노쇠한 마오쩌둥은 사인방의 전횡과 흐려진 판단력으로 중국 상황을 정확하게 파악하지 못한 채 1976년 사망했다.

마오쩌둥은 중국 혁명과 건국의 아버지이다. 일본의 제국주의적 침략에 적극적으로 대항하였으며, 중국 영토를 통일하여 중화인민공화국을 건국하였고, 공산당이 중국 인민들에게 지지를 받을 수 있도록 한 인물이다. 1981년 중국공산당 제11기 6중전회에서는 1957년 반우파운동, 1958년 대약진운동, 1966년 문화대혁명이 당과 인민에 커다란 손실을 초래하였으므로 이에 대해 마오쩌둥이 책임을 피할 수 없다고 평가하였다.

텐진 고문화거리에 진열된 마오쩌둥의 크고 작은 동상들

그럼에도 여전히 중국에서는 자신의 모든 것을 중국 인민을 위해 헌신한 인물로 평가받으며, 대중의 지지도 광범위하다.

마오쩌둥의 고향 후난성 창사 귤자주에 있는 청년 마오의 석상

38 덩샤오핑(邓小平)과 2세대 지도부

2세대 지도부(1977~1992)는 덩샤오핑을 중심으로 실용주의 노선 중심의 사회주의를 주장하며 대내외 개혁개방정책을 추진했다.

❶ 2세대 지도부 특징

2세대 지도부는 1937년 시작된 항일전쟁에 참가하였으며 이후 국공내전에 공산당의 일원으로 주도적으로 참여한 세대이다. 1세대와 10세 정도 차이가 나며 중국혁명에 직접 참여하기는 하였지만 한때 '주자파(走资派)'라고 분류되어 일선에서 물러나 있다가 문화대혁명이 끝나고 덩샤오핑(邓小平)이 복권되면서 그에게 발탁된 인물들이다. 핵심인물로는 덩샤오핑, 후야오방(胡耀邦), 자오쯔양(赵紫阳) 등이 있다.

문화대혁명 말기 화궈펑이 당 중앙위원회 주석 자리에 올랐지만 1982년 모든 자리에서 축출됨으로써 덩샤오핑이 중국의 실질적 지도자로 등장하였다. 그리고 자오쯔양이 총리로, 후야오방이 중국공산당 총서기로 취임하며 덩샤오핑-후야오방-자오쯔양 체제가 탄생해 개혁정책이 추진될 수 있는 확고한 권력기반이 마련되었다.

❷ 덩샤오핑(邓小平)

1904년 중국 쓰촨성 광안(广安) 출신인 덩샤오핑은 부모님 덕으로 어려서부터 근대적인 교육을 받았다. 1920년 프랑스로 유학을 떠나 5년여 동안 근공검학(勤工俭学, 학업과 근로를 병행)하며 노동자의 생활을 뼈저리게 실감하고 사회에 대한 급진적인 생각을 하게 되면서 공산주의자가 되었다. 유학 당시 그는 평생의 동지인 저우언

라이를 만났으며, 그가 중심이던 공산주의청년단에 참가하였다. 덩샤오핑은 귀국한 뒤 중국공산당에 가입하여 1세대 지도부와 함께 대장정, 항일전쟁을 겪으며 성과를 드러냈다. 대약진운동과 인민공사의 실패로 피폐한 경제를 부흥하려고 류샤오치와 함께 경공업과 농업에 역점을 둔 정책과 일부 잉여 생산물에 대한 개인소유제를 허용하는 정책을 펼쳤다.

하지만 문화대혁명을 겪으면서 다시 한번 정치 일선에서 물러났다가 문혁 말기 복권되어 중앙정계에 진출하였다. 그러나 저우언라이 사후 추도식에서 발생한 사건의 배후로 지목되어 다시 실각했다. 1976년 1월 저우언라이가 사망한 데 이어 9월 마오쩌둥도 사망하였다. 이는 덩샤오핑에게는 복권 기회였으며, 중국의 사회 안정과 경제발전을 염원하는 인민들과 당내 지지로 1978년 덩샤오핑은 실권을 장악하였다.

이후 그는 철저히 실용주의적 관점에서 중국 상황을 진단하고 개혁개방 정책을 펼쳤다. '대중적 계급투쟁'의 종결을 선언하면서 '4개 현대화'를 통한 경제발전을 제시하였다. 이것이 정통 사회주의에 대한 실용적이며 탄력적인 접근 방법이며 '중국적 특색을 지닌 사회주의 건설'이라고 주장하였다.

❸ 개혁개방정책의 전개

덩샤오핑과 그의 측근들은 중국 사회주의의 가장 시급하고 중요한 과제로 '4개 현대화(농업, 공업, 국방, 과학기술)'를 통한 경제발전을 제시하였다. 또 대외적으로 중국의 문호개방을 선언하고 교류와 협력을 확대하여 경제발전을 이룩한다고 하였다. 즉, 대내적인 개혁과 대외적인 개방정책을 공식적으로 선언한 것이다.

중국의 경제개혁은 농업 부문에서 시작되었으며 '농가 생산량 청부책임제'를 시행하여 토지 소유권 자체는 국가 혹은 조합이 소유하지만 경작권을 일정 기간 개별 농가에 임대하여 정부와 계약한 양만 납부하고 나머지는 농민이 자유로이 처분할 수 있도록 하였다. 이 제도로 중국의 식량 생산은 증대되었고, 경제개혁의 중심을 도시의 상공업 분야로 옮길 힘을 얻게 되었다.

또한 국유기업에 대한 소유권과 경영권이 분리되는 기업의 경영청부제를 시행했다. 기업의 소유권은 국유로 유지하고 생산·경영 활동은 경영자에게 위임하여 국가에 대한 납입금을 제외한 이윤은 기업에서 사용할 수 있게 하였다. 그 결과 기업의 생산성이 크게 향상되고 민간경제의 활성화가 두드러졌다.

대외적으로는 문호를 개방해 외자·기술·설비 도입과 수출입 확대를 꾀하였으며 관련법을 제정하여 편리한 투자 환경을 조성하였다. 수출자유지역과 같은 경제특구를 설치하여 각종 우대조치로 외국 자본의 투자와 기술 도입을 추진하였다. 이후 경제특구는 1980년대 중반부터 상하이, 다롄, 톈진 등 14개 연해 지역으로 확대되어 외국 기업과 자본의 투자와 기술 도입이 더욱 심화되었다.

또한 점-선-면 전략에 따라 도시와 연해 지역을 먼저 발전시켜 부를 농촌과 내륙 지역으로 파급하려는 선부론(先富论)을 주장하였다. 중국의 개혁개방정책은 중국 경제를 비약적으로 발전시켰으며, 지금의 경제대국으로 성장하는 기반이 되었다.

❹ 덩샤오핑 이론

덩샤오핑은 1978년 12월 중국공산당 제11기 3중전회에서 '실사구시(实事求是)'라는 실용주의 노선에 바탕을 둔 '중국적 특색을 지닌 사회주의 건설'을 주장하며 대내 개혁과 대외 개방정책을 강력하게 추진하였다. 덩샤오핑의 개혁개방은 당시 보수적 견해를 지닌 정치 원로들에게 사회주의의 와해를 불러일으킬 수 있는 위험한 정책이라고 비판받았다. 그렇기에 덩샤오핑과 개혁파들에게는 자신들의 정책을 합리화하는 이론적 체계가 필요하였다.

좀 더 살펴보면, 경제적으로는 대내외 개방을 통한 발전을 꾀하지만 사회주의 국가로서 정체성은 견지하는 '사회주의 초급 단계론', '사회주의 시장경제체제론'을 포함한 중국 특색 사회주의 건설을 목표로 한 이론을 만들었다. 사회주의 초급 단계론은 정치적으로 사회주의 사회로 진입하였지만 생산의 현대화에서는 미흡하기에 완전한 사회주의를 건설하기 위한 물적 토대를 마련해야 하며, 이를 위해 덩샤오핑 시대의 개혁개방정책의 필요성을 역설하는 이론이다.

사회주의 시장경제체제론은 사회주의는 곧 계획경제라는 등식을 부정하고 사회주의의 틀 안에서 시장경제를 적극적으로 발전시켜야 한다는 이론이다.

특히 사회주의 초급단계론의 기본 노선으로 제시된 '1개 중심과 2개 기본점'은 경제건설 1개 사항을 중심으로 이를 실현하기 위한 2개 방법론을 제시한 것이다. 2개 방법론 중 하나는 경제의 개혁개방이고 또 다른 하나는 정치적으로 마르크스 이론과 마오쩌둥 사상, 사회주의 노선, 인민민주주의 독재, 공산당 영도를 견지하고 영위하는 것이다. 즉 경제발전을 위한 경제체제 개혁에는 적극적이면서도 당·국가체제와 사회주의 이념에 도전하는 자유화·민주화 요구는 수용할 수 없다는 의지를 나타낸 것이다.

광둥성 선전시에 있는 덩샤오핑 입간판
선전시 리즈(荔枝)공원 출구에 있는 덩샤오핑 간판(높이 10m, 길이 30m)은 1992년 1월 덩의 선전 방문을 기념하여 세워졌다. 간판에는 '당의 기본노선은 100년간 변함없다'라는 문구가 쓰여 있다.

39 장쩌민(江澤民)과 3세대 지도부

3세대 지도부(1992~2002)는 장쩌민을 중심으로 한 '상하이방(上海幇)' 인사들로 이들이 권좌에 올라 중국 정계를 이끌었다. 주요 인물은 장쩌민, 주룽지 등이며 삼개대표론을 내세웠다.

❶ 3세대 지도부 특징

정쩌민이 이끈 3세대 지도부는 중국 경제를 발전시키기 위해서는 정치적 안정을 도모해야 한다는 덩샤오핑의 유훈을 충실히 이행한 덩샤오핑의 '중국식 사회주의'를 대표하는 지도부이다. 특히 주룽지 총리는 약 10년간 경제 실무의 1인자로서 경제개혁과 시장화를 지휘하며 장쩌민 정권의 밑받침 역할을 하였다.

1989년 천안문사건 직후 정권을 이양받은 3세대 지도부는 경제의 고도성장, 대외무역, 외자도입 등 모두 호조세를 보여 비약적인 경제발전을 이뤄냈다. 또 홍콩(1997)과 마카오(1999)의 반환도 성공적으로 해결함으로써 외교적 능력도 검증받아 국민적 지지를 얻을 수 있었다. 반면에 중국의 민주화를 배제하고 파룬궁을 사교(邪敎)조직으로 규정하여 탄압하는 등 체제에 위협이 될 수 있는 존재는 강력히 제재하였다.

주룽지 전 총리, 국제여성활동가 궈젠, 장쩌민 전 총서기(우)

❷ 장쩌민(江澤民)

1926년 장쑤성 출신으로 1946년 중국공산당에 입당하였다. 상하이교통대학 전기과 출신으로 중국의 대표적 기술관료(테크노크라트technocrat)이다. 1947년 대학 졸업 후 상하이에 있는 식품·비누 등의 제조기업에 재직하였

으며 1980년대 이후 국가수출입관리위원회·국가외국투자관리위원회 부주
임과 당위원회 비서장·당조 조원을 지냈다.

1982년 이후 상하이로 돌아와 시장, 당위원회 부서기와 서기 등으로 재직
했다. 중국은 당시 개혁개방 초기였으므로 인플레이션과 같은 부작용이 나
타나는 시기였다. 장쩌민은 이에 불만을 토로하는 학생들과 시민들의 시위
등을 잘 통제해 중앙정계의 눈에 띄기 시작하였다.

1987년 11월 제13기 1중전회 중국공산당 중앙위원회 전체회의에서 중앙
정치국 위원으로 선출되었으며, 1989년 11월 중국공산당 제13기 제4차 중
앙위원회 전체회의에서 중앙위원회 정치국 상무위원, 중앙위원회 총서기에
선출되었다. 같은 해 제5차 회의에서 중앙군사위원회 주석에 선출되었고,
1993년 3월 제8기 전인대 1차 회의에서 중화인민공화국 주석에 정식으로
취임하여 3세대 지도부로 자리를 굳혔다. 이후 덩샤오핑 계승자로서 정통성
을 확보하였으며 2004년까지 중국 최고 지도자로서 직위를 유지하였다.

❸ 삼개대표론(三个代表论)

장쩌민과 3세대 지도부는 중국공산당의 지도이념으로 '삼개대표' 사상을
확립하였다. 전통적으로 중국공산당 권력의 기초는 노동자, 농민 등 무산계
급이었으나 중국의 경제발전으로 새로운 계층이 생성되었고 사회의식의 변
화로 이들을 체제 속으로 받아들여야 했다. 이러한 목적을 담고 있는 삼개
대표론은 중국공산당의 계급속성에 구조적 변화가 생겼다는 뜻이며, 모든
집단과 계층을 초월하는 집권당으로서 역할을 지속할 수 있게 해주었다.

삼개대표는 '중국공산당의 선진생산력 발전요구, 중국의 선진문화 전진방
향, 중국의 광대한 인민의 근본이익을 대표한다'는 것이다. 중국의 심화된
개혁개방은 중국 사회에 커다란 변화를 가져다주었다. 특히 계층이 다양해
지면서 '붉은 자본가'가 탄생하였는데, 사영기업주를 중심으로 한 자본가와
중간계층을 '선진생산력을 대표'하는 계층으로 간주하였다. 이는 중국공산
당에 우호적인 사영기업주를 체제 속으로 받아들여 안정적 성장과 발전을
도모하고자 하는 것이다.

'선진문화 발전'은 중국의 유구한 역사와 문화를 활용해 경쟁력을 갖춘 문화산업을 발전시키는 것으로 지식인 계층의 당내 포섭이라고 할 수 있다.

마지막으로 '광대한 인민의 근본이익'은 다양한 계층과 광범위한 대중을 말함으로써 물질적인 생활수준의 향상을 뜻하는 것이다.

이 세 가지 '대표'는 서로 연계되어 있어 선진생산력 발전은 선진문화를 발전시키고 인민의 근본적 이익을 실현하는 기초적 조건이며, 선진생산력과 선진문화를 발전시키는 것은 궁극적으로 날로 증가하는 인민대중의 물질문화 수요를 만족시키는 것이고, 인민의 근본적 이익을 실현하는 것이다.

40 후진타오(胡錦濤)와 4세대 지도부

4세대 지도부(2002~2012)는 후진타오와 원자바오를 중심으로 균형발전의 정책노선을 내세우며 과학발전관과 조화사회론을 제기했다.

❶ 4세대 지도부 특징

2002년 11월 제16차 당대회에서 장쩌민 총서기와 3세대 지도부가 퇴진하고 후진타오를 중심으로 한 4세대 지도부가 전면에 등장했다. 1998년부터 국가 부수석직을 맡고 있던 후진타오가 공산당 총서기와 국가주석으로 선출되었으며, 원자바오 신임 총리가 주룽지 총리를 이어 4세대 국무원을 꾸려가게 되었다.

후진타오(胡錦濤) 전 총서기

하지만 상하이방 중심의 장쩌민 계열 인물들이 상당수 포진했고, 당과 국가의 중앙군사위원회 주석직은 여전히 장쩌민이 유지하였기에 후진타오 시대가 본격적으로 시작되었다고 할 수 없었다. 2004년 11월 당과 국가의 중앙군사위원회 주석직이 후진타오에게 이양되면서 당과 국가, 군을 장악한 그의 시대가 시작되었다.

원자바오(溫家寶) 전 총리

4세대 지도부는 문화대혁명 시기에 성장기를 보내고 정치활동을 시작한 특징이 있다. 당시 홍위병으로 활동하기도 하였으나 문화대혁명의 폐해를 경험한 후 개혁개방노선에 적극적으로 찬성한다는 공통의 견해도 가지고 있다. 대다수는 대학에서 전문교육을 받은 기술관료들로 경제·경영·행정·법률·교육 등 다양한 분야의 지식을 갖춘 지도자들이다. 또한 지방 정부와 지방 출신 간부들이 중앙정계에 진출함으로써 발전된 지역과 낙후된 지역의 정치적 균형이 유지되어 정책노선에서도 균형적 발전에 힘을 실었다.

덩샤오핑과 장쩌민 시대의 유례없는 경제발전으로 중국 사회는 깊은 불평등과 양극화 현상, 계층 간 분열과 갈등이 산출되었다. 그로써 후진타오와

4세대 지도부는 집권 초기부터 친대중적 정책을 강조하면서 서민 대중을 위하는 균형발전 정책노선을 견지하였다. 내륙의 낙후 지역과 소수민족자치구의 경제발전을 추진하고 2006년 대대적으로 시작한 '신농촌 건설'을 계기로 다 함께 잘살아야 한다는 '공부론(共富论)'으로 성장방식을 전환하였다.

❷ 후진타오(胡锦涛)

1942년 안후이성에서 태어난 후진타오는 1964년 중국공산당에 입당하였다. 칭화대학교에서 수리공정학을 전공한 엔지니어로, 1969년까지 중국 주택건설대에서 노동에 참여하였다. 그 후 간쑤성에서 약 10년 동안 근무하면서 중국 내륙의 사정을 이해하고 살필 수 있는 능력을 키웠다. 1982년부터 1985년까지 공산주의청년단(이하 공청단) 중앙서기처 서기와 제1서기를 맡으면서 공청단 출신 인맥들과 유대관계를 강화하여 세력을 형성하였다.

후진타오는 1985년부터 1992년까지는 구이저우성과 시짱자치구의 당위원회 서기, 군구당위원회 서기로 재직하였다. 1992년 이후 중앙정계로 복귀하면서 중앙당교 교장, 중앙서기처 서기, 중앙군사위원회 부주석 등 요직을 거쳐 2003년 공산당 총서기, 국가주석을 맡아 중국의 새로운 정치지도자가 되었다.

중국은 도시와 농촌, 연해 지역과 내륙 지역, 한족 지역과 소수민족 지역 등의 지역격차와 한 지역 내의 빈부격차가 이미 위험한 수준에 도달한 상태였다. 이에 그가 집권한 10년 동안 가장 근본적 원인인 3농(三农: 농민·농업·농촌)문제 해결을 제1과제로 삼았다. 중부 지역 개발(중부굴기)과 동북3성(东北三省) 진흥정책을 추진하였으며, 단계적으로 호구제도 개혁을 확대하였다. 또한 구시대적인 인치(人治), 관료주의 등의 통치방식에서 벗어나 사회주의 조화사회를 건설하기 위해 민주주의와 법제를 완비하고 합리적인 수익 분배 구축에 힘썼으며, 사회보장제도를 보완하는 데 노력을 기울였다.

❸ 과학적 발전관

2007년 중국공산당 17차 전국대표대회에서 후진타오가 주장해온 '과학적 발전관'과 '조화로운 사회주의 사회'가 공산당 당장에 삽입되었다. 당시 중국이 도달한 샤오캉(小康)사회는 낮은 수준의(低水平), 전면적이지 못한(非全面), 발전이 매우 불균등한(不平等) 상태라고 인지하였다. 그렇기에 중국의 경제 수준을 전면적이며 균형적으로 발전시키고 사회·정치·문화 등의 방면에서도 균형적이며 조화로워야 한다고 강조하였다.

이에 후진타오 지도부는 '전면적 샤오캉 사회' 실현과 '조화로운 사회 건설'을 국정 목표로 삼았으며 실천 방법으로 '과학적 발전관'을 제시하였다. 즉 인간이 중심이 되는 발전, 경제·사회·문화 등 각 분야의 균등한 발전, 장기간의 지속가능한 발전으로 '조화사회'를 실현하는 발전 전략이다.

41 시진핑(习近平)과 5세대 지도부

시진핑이 이끄는 5세대 지도부(2012~)는 좀 더 적극적인 외교전략과 함께 중화민국의 부흥을 이루자는 중국몽을 목표로 내세웠다.

❶ 5세대 지도부 특징

2008년 중국 부주석에 임명된 시진핑(习近平)은 후진타오를 비롯한 4세대 지도부를 이을 차세대 국가주석으로 낙점되었다. 2012년 11월 공산당 제18기 1중전회에서 공산당 총서기에 선출되었으며 2013년 3월 12차 전국인민대표대회에서 중국 국가주석으로, 리커창(李克强)은 총리직에 임명되었다.

2018년 현재 시진핑과 5세대 지도부는 집권 2기를 맞이하고 있다. 2017년 10월 공산당 제19기 1중전회에서 중앙정치국 신임 상무위원에 리잔수(栗战书), 왕양(汪洋), 왕후닝(王沪宁), 자오러지(赵乐际), 한정(韩正)이 선임되었으며, 이들은 시진핑 측근으로 반부패·개혁적 인사라는 특징이 있다. 특히 2018년 3월 열린 전국인민대표대회에서 국가주석의 임기제한 규정 삭제가 통과됨으로써 시진핑 1인 체제를 공고히 하여 강력한 개혁 추진과 일관된 정책 운용이 가능할 것으로 보인다.

시진핑(习近平)
당 총서기
국가주석
중앙군사위 주석

리커창(李克强)
국무원 총리

리잔수(栗战书)
중앙판공청 주임

왕양(汪洋)
부총리

왕후닝(王沪宁)
중앙정책연구실 주임

자오러지(赵乐际)
중앙조직부장

한정(韩正)
상하이시 서기

중국공산당 19대 중앙정치국 상무위원(시진핑 2기 지도부)(2017년 10월 기준)

❷ 시진핑(习近平)

시진핑은 1953년 출생으로 그의 아버지는 중국의 정치 원로인 시중쉰(习仲勋, 1913~2002) 부총리이다. 흔히 정치 원로의 자제인 정치인을 태자당(太子党)이라고 하는데, 이들은 대부분 부모의 후광으로 어린 시절을 평탄하게 보냈지만 시진핑의 경우는 조금 달랐다. 아버지 시중쉰이 반당 집단으로 몰려 해임되고 문화대혁명 시기까지 겹쳐 중국의 농촌 지역을 돌아다니며 생활(하방下放)하였다.

시중쉰(习仲勋) 전기
2008년에 출간된 시진핑의 부친 시중쉰 전기 (상·하권) 표지다. 국무원 부총리(1959~1962), 광둥성 성장(1979), 전인대 상무위원회 부위원장(1980) 등을 지냈다.

그는 하방 7년 동안 중국의 근간인 농촌과 농민을 알고 서민의 고충을 이해할 수 있었으며, 과거의 고난을 현명하게 이겨내 지금의 자신을 만들었다고 했다.

시진핑의 연임 여부를 정하는 2017년 3월, 중국의 관영방송 CCTV는 시진핑의 7년간 하방생활을 다룬 다큐멘터리 3부작 〈초심(初心)〉을 방영하였는데, 친서민적이고 역경을 이겨낸 강력한 지도자의 모습을 그려냈다.

Plus Info

태자당

태자(太子)는 왕조시대 차기 왕위 계승권자를 뜻하고, 당(党)은 정당을 의미한다. 즉 태자당은 좁은 의미로는 1949년 중국을 건국한 1세대 공산당 주역들의 자손들, 넓은 의미로는 중국 당·정·군 등 고위층 인사들의 자녀를 뜻하는 시사용어 (신조어)이다. 이들은 혈연으로 끈끈한 '관계(关系)'를 맺어 권력을 유지하고 부모의 후광을 등에 업고 각종 이권사업에 개입하여 부를 축적하였다. 또 사회적 물의를 일으켜도 부모의 권력을 이용해 무마하는 등 부정한 행실로 비리의 온상이라는 부정적 인식이 '태자당'에 함유되어 있다.

1974년 중국공산당에 입당한 시진핑은 1978년 아버지 시중쉰이 상무위원으로 복권되면서 공직생활에 탄력을 받는 듯했다. 1979년 칭화대학교 화공과를 졸업하고 국무원 판공청과 중앙군사위원회 판공청 비서로 재직하였지만, 중국 기층민의 실상을 알고자 지방 근무를 자처하여 허베이성 정딩현 (正定县) 부서기로 1985년까지 근무하였다.

1985년 푸젠성 샤먼시(厦门市) 부시장으로 부임하여 2002년까지 17년 동안 근무했고, 2000년 푸젠성 성장 재직 시 라이창싱(賴昌星)의 부패사건을 해결하며 능력을 발휘하였다. 2007년 7개월간 상하이 서기로 재직할 때도 사회보장기금 유용사건에 연루된 정치인들을 엄벌하는 등 상하이 정무의 공로를 인정받았다. 그 후 중앙정계에 진출하여 제19대 중국공산당 중앙당교 교장, 2008년 중화인민공화국 부주석, 2010년 중앙군사위원회 부주석에 임명되면서 차세대 지도자로 자리매김하였다.

2013년 시진핑은 국가주석으로 발탁된 후 이어진 연설에서 중국 특색의 사회주의 사업 추진과 중화민족의 위대한 부흥, 즉 중국의 꿈(中国梦)을 실현하기 위한 청사진을 제시하였으며, 오늘날까지 사회·경제 등의 방면에서 개혁을 심화하고 있다.

시진핑이 국가주석으로 취임하고 얼마 후 보시라이(薄熙来), 저우융캉(周永康) 등 정치지도자들의 부정부패 사건이 밝혀지면서 시진핑은 '호랑이든 파리든 모두 잡겠다'며 부정부패한 정치인과 관료들을 엄벌하고 공직기강 확립에 주력했다.

이로써 시진핑 숙적 세력이 거의 붕괴되었고, 시진핑 중심의 세력(习家军)이 형성되어 1인 체제가 더욱 공고해졌다. 한편으로는 영부인의 공개적 활동을 자제했던 관례에서 벗어나 시진핑의 부인 펑리위안(彭丽媛)은 적극적으로 사회활동을 함으로써 시진핑의 부드러운 이미지를 구축하였다.

2017년 집권 2기를 맞은 시진핑 지도부는 10월 열린 제19차 공산당 전국대표대회에서 '시진핑 신시대 중국 특색 사회주의 사상'을 공산당 당장에 삽입하였다. 시진핑 사상의 구체적 목표는 사회주의 현대화와 중화민족 대부흥을 실현하는 것으로, 전면적 샤오캉(小康)사회 건설을 기반으로 부강하고 민주 문명적이며 조화롭고 아름다운 사회주의 현대화 강국을 이룩하는 것이다.

42 중국공산당

1921년에 상하이에서 마오쩌둥을 비롯한 13인이 모여 공산당을 창당했다. 제1·2차 국공합작과 대장정, 국공내전 등을 겪으면서 세력과 영향력을 키웠으며, 1949년 10월 1일 중화인민공화국을 선포하며 정권을 수립했다.

❶ 중국공산당의 역사

1921년 7월 23일 중국 상하이에서 창당한 중국공산당은 제1차 국공합작과 결렬, 대장정, 항일전쟁을 위한 제2차 국공합작, 국공내전 등 여러 정치 역정을 겪으면서 성장하였다. 공산당은 농민의 수가 압도적으로 많았던 중국의 상황을 파악하고 이들을 위한 토지법 개혁, 당원의 도덕성 교육, 대중 교육 등 당내 쇄신을 거듭하면서 규합하여 세력을 키워나갔다. 제2차 국공내전 후 패퇴한 국민당은 타이완으로 건너갔고 1949년 10월 1일 중국공산당의 마오쩌둥은 천안문에서 중화인민공화국 성립을 선포하였다.

건국 후 중국공산당은 약 3년 만에 모든 국가기구를 장악하고 사회 깊숙이 침투하여 통제할 수 있는 조직력을 키웠으며 전쟁으로 피폐해진 중국의 경제발전 전략을 추진하였다. 그렇지만 대약진운동은 실패하였고 문화대혁명, 천안문사건 등 여러 정치적 사건을 겪기도 했다. 여러 차례 당장과 헌법 개정을 거쳐 중국의 당국가제도를 완성하였다. 현재 중국은 각 계층에서 공산당의 지배원칙이 관철되고 있으며 중앙과 지방 단위에서 당이 중심이 되어 공산당 조직을 통해 군부와 국가기관이 통제되고 있다.

중국공산당기
공산당기의 두 상징 중 망치는 노동자계급을, 낫은 농민계급을 의미한다. 즉 공산혁명의 주역인 노동자(공인)와 농민을 상징한다.

1921년 7월 23일 중국공산당 제1차 전국대표대회 상하이 유적지
당시 이곳은 프랑스가 관할권을 가지고 있던 조계(租界)였다.

❷ 중국공산당의 구조와 규모

현재 중국공산당원은 약 9,000만 명이며 피라미드 형태의 계층구조이다. 중앙 당 기관과 지역별 공산당 대표대회에서 간선된 2,300여 명의 엘리트 당원으로 구성된 전국대표대회가 공산당의 최고 지도기관이다. 전국대표대회는 5년에 한 번 개최되어 200여 명의 중앙위원을 선출하며, 중앙위원회 내에는 중국 최상위 권력기관이라고 할 수 있는 중앙정치국이 있다. 이들 25명의 중앙정치국 위원 안에는 집단영도체제의 핵심인 중앙정치국 상무위원이 포함되어 있으며, 중앙정치국 상무위원은 2018년 현재 7명으로 구성되어 있다.

2017년 통계에 따르면 중국공산당 당원 수는 8,956.4만 명으로 2016년보다 11.7만 명 증가하였고, 기층조직은 약 457.2만 개로 2016년보다 5.3만 개 증가하였다.

▌중국공산당 당원 수

연도	당원 수	연도	당원 수
2010	8,026.9만 명	2014	8,779.3만 명
2011	8,260.2만 명	2015	8,875.8만 명
2012	8,512.7만 명	2016	8,944.7만 명
2013	8,668.6만 명	2017	8,956.4만 명

▌2017년 당원 분포

26.7%

여성 당원
2,399.8만 명

7.3%

소수민족 당원
651.4만 명

48.3%

전문대 학력 이상 당원
4,328.6만 명

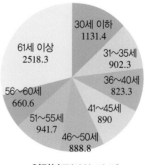

연령분포(단위: 만 명)

공산당 가입 절차

당장 제1조에 따르면 만 18세 이상의 노동자·농민·군인·지식인과 기타 혁명가 등이 가입을 신청할 수 있다. 신청하려면 입당지원서와 정식 당원 2인의 추천이 필요하다. 지부 대회와 상급 당조직의 비준과 1년의 예비 당원기간 동안의 평가에서 통과되면 정식 당원이 된다. 그 외에도 특수한 경우 당중앙과 성·자치구·직할시 위원회의 요청에 따라 즉시 당원이 되기도 한다.

❸ 중국공산당의 중앙조직

1. 전국대표대회

전국대표대회는 중국공산당의 최고의사결정기관이며 권력기관으로 5년마다 중앙위원회가 소집한다. 당장에 따르면 전국대표대회는 당의 주요 기관의 보고를 청취하며 중앙위원회를 비롯한 당 기구에 대한 선거를 한다고 한다. 하지만 대표 수와 대표 선출 방식은 공개하지 않는다. 1921년 창당 이래 지금까지 19회 소집되었지만 중요한 결정 사항에 대해 토의하고 의결하기엔 규모가 크고 대회기간이 10일 내외로 짧아서 보통 중앙위원회의 결정사항을 추인하는 형식적 회합에 지나지 않는다. 하지만 전국대표대회는 향후 5년간 중국을 통치할 집단지도체제를 선출하고 주요 정책을 결정하는 등 중국 국사(国事) 전반을 결정한다.

역대 당 전국대표대회 개최 현황

회의명	시기	개최지	대표 수	주요 사항
제1차 전국대표대회	1921. 7. 23~31	상하이	12	중국공산당 결성 선언
제2차 전국대표대회	1922. 7. 16~23	상하이	12	민주혁명에서 공산혁명으로 2단계 강령 채택
제3차 전국대표대회	1923. 6. 12~20	광저우	30	국공합작 채택, 공산당원이 개인적으로 국민당 가입
제4차 전국대표대회	1925. 1. 11~22	상하이	20	민족혁명운동에 대한 결의 채택
제5차 전국대표대회	1927. 4. 27~5. 9	우한	82	총서기 천두슈의 우경 기회주의화
제6차 전국대표대회	1928. 6. 18~7. 11	모스크바	142	중국혁명의 현 단계는 '부르주아 민주주의 혁명'이라고 규정하고 10대 강령 제정
제7차 전국대표대회	1945. 4. 23~6. 11	옌안	547	마오쩌둥 '연합정부론' 보고
제8차 전국대표대회	1956. 9. 15~27	베이징	1,026	사회주의 개조가 기본적으로 완료되었으며, 주요 모순의 변화 지적
제9차 전국대표대회	1969. 4. 1~24	베이징	1,512	린뱌오를 '후계자'로 규정한 당규약 채택
제10차 전국대표대회	1973. 8. 24~28	베이징	1,249	린뱌오의 쿠데타사건 및 추락사 공표
제11차 전국대표대회	1977. 8. 12~18	베이징	1,510	문화대혁명 종결 선언
제12차 전국대표대회	1982. 9. 1~11	베이징	1,545	당규약 채택, 중공중앙고문위 신설
제13차 전국대표대회	1987. 10. 25~11. 1	베이징	1,936	사회주의 초급 단계론 공표
제14차 전국대표대회	1992. 10. 12~18	베이징	1,989	사회주의 시장경제 확립 제기
제15차 전국대표대회	1997. 9. 12~18	베이징	2,048	'덩샤오핑 이론'을 지도사상으로 규정
제16차 전국대표대회	2002. 11. 8~14	베이징	2,120	'삼개 대표론'을 지도사상으로 규정
제17차 전국대표대회	2007. 10. 15~21	베이징	2,237	과학적 발전관과 조화사회 건설 방침 공표
제18차 전국대표대회	2012. 11. 8~14	베이징	2,270	과학적 발전관의 지도사상화, 생태환경 건설을 포함한 5위1체의 발전 전략 제시
제19차 전국대표대회	2017. 10. 18~24	베이징	2,287	'시진핑의 신시대 중국 특색의 사회주의 사상'을 지도사상으로 규정

2. 중앙위원회, 중앙정치국과 정치국 상무위원회

중앙위원회는 중국공산당의 최고 정책심의기구로 임기는 5년이며 전국대표대회 휴회 기간 중 대회 결의를 집행하고 당의 모든 활동을 지도한다. 중앙위원회는 매년 1회 이상 중앙정치국에서 소집한다. 따라서 당의 주요 정책과 국가정책은 중앙위원회 전체회의에서 결정된다.

중앙정치국과 정치국 상무위원회는 중앙위원회 휴회기간 중 중앙위원회의 권한을 행사하며, 국가와 당에 관계되는 모든 정책을 최종 결정할 뿐만 아니라 당·정·군을 움직이는 간부의 인사권을 장악하는 권력의 핵심기구다. 중앙정치국은 한 달에 한 번 내외로 전체회의를 개최하고 주요 정책노선을 토론 결정하며, 정치국 상무위원은 수시로 정책 협의를 한다.

3. 중앙기율검사위원회

당 중앙기율검사위원회는 당 중앙위원회 지도하에 업무를 수행한다. 중앙기율검사위원회 위원의 임기는 5년으로 전국대표대회에서 선출된다. 임무는 당내 감독 전담기관이며, 전면적으로 엄격한 당 관리(종엄치당从严治党)를 추진하고 당 기풍 건설을 강화하며 부패척결 사업을 조직하는 것이다.

> **Plus Info**
>
> ### 8개 민주당파
> 많은 사람이 중국을 일당독재로 생각하지만 형식적으로는 공산당 외에도 8개 당이 더 존재한다. 이 8개 당을 '민주당파'라고 칭하며, 중국국민당혁명위원회, 중국민주동맹, 중국민주건국회, 중국치공당, 9·3학사, 타이완민주자치동맹, 중국민주촉진회, 중국농공민주당이 그들이다. 8개 민주당파는 공산당 영도하의 사회주의 건설에 협력하는 우당(友党)적 성격을 띠며, 사회 각 분야 저명 지식인이 포함된 중국의 특유한 조직이다.

43 양회(两会)

양회(两会)는 중국에서 매년 3월 연례행사로 개최되는 전국인민대표대회(全国人民代表大会, 약칭 전인대)와 중국인민정치협상회의(中国人民政治协商会议, 약칭 정협)를 통칭하는 용어이다. 양회에서 중국 정부의 운영방침이 정해지기 때문에 중국 최대 정치행사로 주목을 받는다.

❶ 최고국가권력기관 – 전국인민대표대회

중국 최고 국가권력기관이자 입법 권한을 가진 전국인민대표대회(이하 전인대)는 여러 차례 개헌을 거치면서 성격과 지위에 미묘한 변화가 있었지만 1982년 헌법 개정으로 다음의 특징을 지닌다. 헌법 제2조에 따라 '중화인민공화국의 모든 권력은 인민에게 속하고, 인민이 국가권력을 행사하는 기관은 전국인민대표대회와 지방 각급 인민대표대회'이다. 헌법 제57조에 따라 전국인민대표대회는 '최고국가권력기관'이며, 국가의 입법권을 행사하는 것은 전인대 및 상무위원으로 규정하고 있다(제58조).

중국 베이징에 있는 인민대회당

전인대 규모는 당초 1,200명이었는데 제3기 이후 약 3,000명으로 대폭 증가했으며, 각 성·자치구·직할시·특별행정구 및 군대에서 선출된다. 임기는 5년이며 헌법 수정과 법률 제정·개정 등 입법권, 중화인민공화국 주석과 부주석을 비롯한 국가기구 대표자를 선출하는 인사 임면권 및 국가예산·결산의 심의 승인과 헌법과 법률의 실행에서 감찰권을 행사할 수 있다.

전국인민대표대회

전인대 회의는 규정에 따르면 1년에 한 차례 열리며 회의 기간도 2~3주로 짧다. 또한 3,000명에 달하는 인원이 참석하는 대규모 행사로 국가의 중대사와 법률을 충분히 심의하기에는 제약이 따르기에 정책토론보다는 상징적 의미로서 역할이 크다.

따라서 전인대 대표 중 100~200명 규모로 선출된 상무위원회가 상설기관으로서 국가의 구체적이고 실무적인 사무를 수행한다. 상무위원회는 전인대가 소집되지 않는 동안 전인대 권한을 행사할 뿐만 아니라 헌법의 해석과 헌법 준수의 감독, 법률과 명령을 해석할 수 있는 권한을 비롯해 광범위한 독자적 권한을 보유하고 있다. 전인대 상무위원회는 위원장 1명과 부위원장 약간 명 그리고 비서장과 상무위원들로 구성되며, 2개월에 한 차례 일주일 동안 정례회의를 한다. 상무위원 임기는 5년이며, 1회에 한하여 연임할 수 있다. 제13기 전인대 상무위원 수는 175명이다.

전인대	임기	대의원 수	위원장	주요 결정 사항
1기	1954. 9~1959. 4	1,226	류사오치 (刘少奇)	헌법과 전인대 및 각급 정부 조직법 제정, 마오쩌둥 주석 선출
2기	1959. 4~1965. 1	1,226	주더 (朱德)	1959년 경제계획 승인 티베트(시짱) 문제 결의안, 류사오치 주석 선출
3기	1965. 1~1975. 1	3,040	주더	1965년 경제계획 승인 국민경제 조정 작업 계속
4기	1975. 1~1978. 3	2,885	주더	헌법 개정, 4개 현대화 제안, 저우언라이 총리 선출

5기	1978. 3~1983. 6	3,497	예젠잉 (叶劍英)	헌법 개정, 신국가 가사 채택, 국민경제 10개년 계획 초안 통과, 화궈펑 총리 선출
6기	1983. 6~1988. 4	2,978	펑전 (彭真)	1983년 경제사회발전계획 승인 리셴녠 주석·자오쯔양 총리 선출
7기	1988. 4~1993. 3	2,970	완리 (万里)	헌법 개정, 국무원 기구 개혁, 1988년 경제계 획 승인, 마카오 특별법 기초위 설치, 하이난성 설치, 양상쿤 주석·리펑 총리 선출
8기	1993. 3~1998. 3	2,978	차오스 (乔石)	헌법 개정, 국무원 기구 개혁, 마카오 관련 특 별법 승인, 장쩌민 주석·리펑 총리 선출
9기	1998. 3~2003. 3	2,979	리펑 (李鹏)	국무원 기구 개혁안, 마카오 특별행정구 기본 법 및 부속 문건 승인, 장쩌민 주석·주룽지 총 리 선출
10기	2003. 3~2008. 3	2,985	우방궈 (吴邦国)	후진타오 주석·원자바오 총리 선출
11기	2008. 3~2013. 3	2,987	우방궈	2008 국민경제·사회발전계획, 2008년 중앙예 산, 전인대 상무위 업무보고, 최고인민법원 업 무보고 및 최고인민검찰원 업무보고 승인
12기	2013. 3~2018. 3	2,987	장더장 (张德江)	국무원 조직 개편(27개 부처→25개 부처 등), 시진핑 주석·리커창 총리 선출
13기	2018. 3~현재	2,980	리잔수 (栗战书)	21건의 헌법 개정: '시진핑 사상' 삽입과 '국가 주석 2연임 제한 조항' 삭제 통과

❷ 정책자문기구-중국인민정치협상회의

　　1949년 9월 창립한 인민정치협상회의(이하 정협)는 몇 차례 변모 과정을 거쳐 현재의 정책자문기구 성격을 지니게 되었다. 전국인민대표대회가 성립할 때까지 정협은 당파, 지역, 군대, 대중단체 등을 대표하는 인사들이 모여 잠정적 국가권력을 행사하였다. 하지만 전인대가 성립된 이후 정협은 여러 정치 사건으로 기능이 축소되었다. 현재는 국가와 지방의 정책 결정 이전에 다양한 의견을 조정하고 합의하거나 자문하는 역할을 한다.

아울러 헌법 등의 법률과 규정에 위배되는 사안에 대한 감독·보고·제안 등의 방법으로 중국공산당과 국가기관에 정책적 제의를 할 수 있다. 특히 개혁개방 이전에는 계급주의적 관점에서 정치 협의가 이뤄졌지만, 이후에는 각종 이익단체들과 대중단체들의 정책적 쟁점을 협의하고 조정하는 역할을 한다.

중국인민정치협상회의

이런 점은 기타 사회주의 국가의 정치체계와 차별화된 점으로 공산당이 아닌 정치집단들이 존재하며, 공산당이 그들과 통일전선 및 협의제도를 취해왔다는 점에서 정치적 의사소통을 다소라도 좋게 하는 효과가 있었다고 평가한다.

1982년 12월 통과된 '중국인민정치협상회의장정(中国人民政治协商会议章程)'에 따르면 정협은 중국공산당, 8개 민주당파, 무당파 애국인사, 인민단체, 소수민족과 각 지역 그리고 타이완·홍콩·마카오 및 해외 화교 등의 대표 인사로 구성된다. 정협 상무위원회의 임기는 5년이며 통상 연 1회 전체회의를 개최하고 주석 1명, 부주석 약간 명과 비서장으로 구성되어 있다. 제13기 정협 전국위원회 위원은 모두 2,158명이다.

정협	임기	주석
1기	1949. 10~1954. 12	마오쩌둥(毛泽东)
2~4기	1954. 12~1976. 1	저우언라이(周恩来)
5기	1978. 3~1983. 6	덩샤오핑(邓小平)
6기	1983. 6~1988. 4	덩잉차오(邓颖超)
7기	1988. 4~1993. 3	리셴녠(李先念)
8~9기	1993. 3~2003. 3	리루이환(李瑞环)
10~11기	2003. 3~2013. 3	자칭린(贾庆林)
12기	2013. 3~2018. 3	위정성(俞正声)
13기	2018. 3~현재	왕양(汪洋)

Keyword

44 국무원

1954년 9월 중화인민공화국 제1차 전국인민대표대회에서 '중화인민공화국국무원조직법'이 통과되면서 국무원이 성립되었다. 국무원의 전신은 1949년 10월 1일에 성립된 중앙인민정부정무원(中央人民政府政务院)이다. 정무원은 국무원이 설립된 1954년 9월 15일까지 중국 최고행정기구로 존재했다.

국무원은 중국공산당의 노선·방침·정책 등을 집행하고 전국인민대표대회와 상무위원회가 제정한 헌법과 법률 등을 관철해 집행하며 행정법규를 제정하고 행정명령을 공포하는 역할을 한다. 국무원은 중앙인민정부로서 하급 지방인민정부를 관리하는 중국의 최고집행기관이자 행정기관이다. 총리, 부총리, 국무상무위원, 각부 부장, 각 위원회 주임, 회계감사장, 비서장으로 구성되며 국무원 운영에서 총리가 포괄적 권한을 가지고 책임을 지는 총리책임제를 시행하고 있다. 총리, 부총리, 국무위원의 임기는 각각 5년이며 1회에 한해 연임할 수 있다.

최고행정기관으로서 국무원은 전인대에 완전히 종속되어 있다고 할 수 있다. 국무원 총리는 전인대에서 국가주석의 제청을 거쳐 선출 임명되고, 부총리와 국무위원 및 각부 부장은 총리의 지명과 전인대의 인준을 받아 임명된다. 실질적으로는 공산당에서 안배해 후보자가 결정되고 표결을 진행하기 때문에 중국공산당과 정부조직이 합일화된 체계(당정일체)라고 할 수 있다. 국무원의 조직규모와 기능은 시대에 따라 몇 차례 증감을 거듭하였다.

문화대혁명 기간에는 국무원 조직의 기능이 거의 유명무실하였지만 개혁개방을 단행한 1980년대 이후부터는 국무원의 기능과 역할이 강조되었다. 이후에도 조직을 간소화하거나 확대하면서 개편 작업을 지속적으로 진행하였다. 2018년 제13차 전인대에서도 국무원 개혁 방안을 통과시키며 국무원 정부급 기구는 8개, 부(副)부급 기구는 7개가 줄어들어 국무원은 판공청 외에 부서가 26개로 개편되었다.

구체적으로는 외교부, 국방부, 국가발전개혁위원회, 교육부, 과학기술부, 공업정보화부, 국가민족사무위원회, 공안부, 국가안전부, 민정부, 사법부, 재정부, 인사부, 자연자원부, 생태환경부, 주택도농건설부, 교통운수부, 수리부, 농업농촌부, 상무부, 문화관광부, 국가위생건강위원회, 퇴역군인사무부, 응급관리부, 중국인민은행, 감사처 등 총 26개 부처다.

국무원 총리	임기
제1대 저우언라이(周恩来)	1949. 10~1976. 1
제2대 화궈펑(华国锋)	1976. 2~1980. 9
제3대 자오쯔양(赵紫阳)	1980. 9~1987. 11
제4대 리펑(李鹏)	1987. 11~1998. 3
제5대 주룽지(朱镕基)	1998. 3~2003. 3
제6대 원자바오(温家宝)	2003. 3~2013. 3
제7대 리커창(李克强)	2013. 3~현재

Keyword

45 국방

중국 군대의 정식 명칭은 중국인민해방군이다. 중국의 최고군사지휘 및 의사결정기구는 중앙군사위원회이며, 인민해방군과 인민무장경찰 등 중국 내 무장세력을 총지휘한다.

❶ 중국인민해방군(中国人民解放军)

1. 유래

중국 군대의 정식 명칭은 중국인민해방군(이하 '인민해방군'으로 통칭)으로, 그 전신은 1927년 8월 1일의 난창봉기 이후 잔존 병력이었던 중국공농홍군(中国工农红军)이다. 이후 항일전쟁을 거치면서 팔로군(八路军)과 신4군(新四军)으로 나뉘었다가 1949년 부대를 합병하면서 인민해방군으로 통합하였다. 인민해방군 창설기념일은 난창봉기가 일어났던 8월 1일이고, 군기와 휘장에 '八一' 두 글자가 새겨져 있다.

중국인민해방군 휘장

군가는 1988년 덩샤오핑이 〈중국인민해방군행진곡(中国人民解放军进行曲)〉으로 지정하였다. 이 곡은 〈팔로군대합창〉 중 한 곡인 〈팔로군행진곡〉이 원곡으로, 〈인민해방군행진곡〉에서 〈인민해방군국가〉 그리고 다시 〈인민해방군행진곡〉으로 변경되었다가 1965년에 최종적으로 〈중국인민해방군행진곡〉으로 곡 제목을 변경하였다.

2. 중앙군사위원회

중국 헌법상 중국 군대는 중국공산당이 창립한 인민군대이므로 정식 명칭은 '중국군'이 아닌 '인민해방군'이다. 중국의 최고군사지휘 및 의사결정기구는 중앙군사위원회로 인민해방군과 인민무장경찰 등 중국 내 무장세력을 총지휘한다. 중앙군사위원회는 공산당중앙군사위원회와 국가중앙군사위원회(1983년 창설)로 나뉘고, 국가주석이 국가중앙위원회 주석을 겸임한다.

실질적으로 통수권을 장악한 곳은 당중앙군사위원회로 1927년 창설되었다. 군 통수권을 가지고 있기 때문에 당중앙군사위원회 주석이 실질적인 국가 최고 수장이라고 볼 수 있고, 역대 주석들이 당중앙군사위원회 주석 직책을 수행한다. 그리고 중앙군사위원회가 당과 중앙 두 개로 나뉘어 있지만 위원회 구성원은 동일하다.

3. 조직체계

현재 인민해방군 지도관리체계는 2015년 11월 베이징에서 개최된 중앙군사위원회 개혁공작회의에서 군지휘편제 전면개혁을 결정하여 새롭게 개편되었다. 기존 중앙군사위원회 산하에 있던 4개 총부(참모부, 정치부, 후방지원부, 장비부)와 3개 군종(해군, 공군, 제2포병)을 세분화하였고, 7개 작전지역(청두, 광저우, 난징, 지난, 란저우, 베이징, 선양)은 5개 작전지역으로 통합하는 등 개편을 단행하였다.

▌ **인민해방군 조직체계**

중앙군사위원회		
7대 부서(청)	**3대 위원회**	**5대 직속기관**
사무부서 연합참모부서 정치공작부서 후방병참부서 장비발전부서 훈련관리부서 국방동원부서	기율검사위원회 정법위원회 과학기술위원회	전략규획사무실 개혁편제사무실 국제군사합작사무실 심계서 기관사무관리총곡

군종	작전구역
주요 담당건설관리	**주요 담당작전지휘**
육군 해군 공군 미사일부대 전략지원부대	동북작전구역 남부작전구역 서부작전구역 북부작전구역 중부작전구역

부대

❷ 군사강국의 꿈(强军梦)

시진핑은 '위대한 중화민족의 부흥', 즉 '중국몽'의 실현을 통치이념으로 삼았다. '중국몽'의 실현은 '강군몽'의 실현을 전제로 하며, 이것은 '시진핑 신시대 중국 특색의 사회주의사상'에도 나타나 있다. 2015년 전승절 70주년 기념 열병식, 2017년 건군절 열병식, 2018년 해상 열병식 등에서 군사력을 전 세계에 과시한 것 역시 군사강국 건설의 목표를 표명한 것이다.

중국은 '강군몽'을 실현하기 위해 2013년 11월 제18차 공산당 3중전회에서 국방 및 군대 개혁 심화를 결정하였고, 군의 개혁 방향은 군 규모와 구조개혁을 위주로 진행하였다. 2015년 9월 3일 전승절 70주년 기념 열병식에서 시진핑이 2017년까지 30만 감군 계획을 발표하였고, 같은 해 11월 중앙군사위원회 개혁 공작회의에서 군구개혁 및 군종개편을 단행하고 두 번째 항공모함 건조도 공식적으로 발표하였다.

중국군사박물관에 진열된 항공기와 탱크

▌중국 군사력 보유 현황(2017년 기준)

글로벌 군사력 순위	3위
병력	2,693,000명
국방예산	151억 달러(9,672억 위안)
전차	탱크 7,716대, 전투차량 9,000대
주요 함정	714척(항공모함 1대 포함)
항공기	3,035기(전투기 1,125대 포함)

1967년에 개발된 중국산 지대공미사일 훙치2호

중국은 1990년대 말까지 인접한 14개 국가와 국경선 확정 문제를 거의 완료하여 실질적으로 육군의 필요성이 크게 감소하였다.**⑪** 반면 일본과 댜오위댜오(센카쿠열도) 분쟁과 베트남, 필리핀과 남중국해 분쟁, 미국과 대립 등 주변국과 국지적 분쟁이 발생해 해군과 공군 전력이 중요해졌다.**⑫**

이번 중국군 개혁은 육군의 규모와 구조를 최적화하는 데 있다. 아울러 각 군종과 병종 간의 조정과 균형, 즉 육군과 해군, 공군의 지위를 동등하게 만들고, 해양 우선 정책을 표방하는 현재 해군과 공군, 미사일부대의 전투력 확충에 초점을 두고 진행되었다.

이미 일대일로로 아시아, 아프리카, 중앙아시아, 유럽을 아우르는 경제공동체 구축에 앞장서고 있는 중국은 중국 주도의 글로벌 공동체 구축을 넘어 글로벌 패권경쟁에서 우위를 지키기 위해 군사강국 건설이라는 목표를 향해 나아가고 있다는 평가이다.

---

⑪ 2013년 기준 군종 비율은 육군 156.7만(68%), 해군 23.5만(10%), 공군 39.8만(17%), 제2포병 10만(4%)이다.

⑫ 2006년 12월에 개최된 중국 해군 제10차 당대표대회에서 당시 주석 후진타오가 '해양대국, 해군강국' 건설을 선언하고 해군 육성에 주력하면서 해양에서 주변국과 분쟁이 잦아졌다.

46 외교정책

중국의 외교정책은 시대와 지도부에 따라 변화했다. 덩샤오핑의 도광양회, 장쩌민의 유소작위, 후진타오의 화평굴기, 그리고 시진핑의 능동적인 행동을 강조하는 신형대국관계의 전략 등이 그것이다.

❶ 도광양회(韜光养晦)

도광양회의 사전적 정의는 자신의 재능이나 명성을 드러내지 않고 참고 기다린다는 뜻으로 나관중(罗贯中)의 소설 『삼국지연의(三国志演义)』에 나오는 사자성어이다. 그러나 역사적 사건에 비추어보면 도광양회는 1980년대 시작된 중국의 외교정책이라고 할 수 있다.

덩샤오핑은 중국의 경제발전에 유리한 국제환경 조성을 우선으로 삼아 국제기구와 다자주의에 긍정적으로 참여했으며, 이는 실용적이면서도 고립주의 성격을 지녔다고 평가되었다. 그러나 1989년 중국의 천안문사건으로 미국을 비롯한 서방국가들이 중국에 제재를 가하였다. 당시 동유럽의 공산정권 붕괴와 중국의 개혁개방정책이 정치적 변화를 이끌 것이라 판단되었지만 오히려 천안문사건으로 중국 지도부는 대내적으로 더욱 보수화되었다.

그럼에도 덩샤오핑 지도부는 지속적으로 모든 국가와 교류를 지속할 필요성을 강조하며 "(사태를) 냉정하게 관찰하고 태도를 확고히 하여 침착하게 대응하고, 능력을 노출하지 않고 때를 기다리며, 자세를 낮추고 나서지 말되 할 일은 한다(冷静观察, 稳住阵脚, 沉着应付, 韬光养晦, 善于守拙, 决不当头, 有所作为)"라며 사태를 진정시켰다. 즉 미국, 유럽 그리고 일본과 충돌이나 대결을 피하고 개혁개방정책을 심화·발전시켜 중국의 경제발전에 역량을 집중해야 한다고 강조했다.

도광양회는 결국 외교적으로는 온건함을 추구하여 유연성을 확보하고 국제체제에 안정적으로 편입하고자 하는 뜻을 내비친 정책이다.

CHAPTER 4 정치와 외교 ● 189

❷ 유소작위(有所作为)

중국 선진(先秦)시대의 경전 『맹자(孟子)』「이루하(离娄下)」에 나오는 "인유불위야, 이후가이유위(人有不为也，而后可以有为)"에서 유래한 말로, '해야할 일은 적극적으로 나서 이뤄낸다'는 뜻이다. 베를린장벽 붕괴(1989. 11), 구소련 해체(1991. 12) 등 국제사회의 변화에 중국은 정치안정과 경제발전, 대외적 안보 위협 최소화를 위해 '도광양회'로 대표되는 대외정책을 실행하였다.

그렇지만 비약적인 경제성장과 국력의 증강은 외교정책에서도 변화가 필요하다는 주장에 힘이 실렸다. 특히 장쩌민 시기 국제사회의 우려를 최소화하면서 강대국으로서 영향력을 확대하려는 시도와 함께 초보적 수준의 유소작위로 변신을 시도하기 시작하였다. 하지만 여전히 미국과 직접적 충돌을 피하며 중국의 부상을 현실화하기 위해 노력하였다.

중국이 세계무역기구(WTO)에 가입(2001)한 이후 2008년 미국발 금융위기로 미국의 세력이 약화되고 2008년 베이징올림픽 개최에 성공하면서 국제체제의 무조건적 수용이나 일방적 통합보다 중국의 주장을 강화할 필요성이 국내에서 제기되었다. 국제사회에서도 위기를 극복하기 위한 중국의 협력과 역할을 강조하는 등 국제적 이슈에서 중국의 적극적 역할이 제기되면서 기존의 도광양회에 대한 비판적 시각이 나타났다.

이에 중국은 '유소작위'의 외교정책을 취함으로써 현재의 국제질서를 타파하거나 패권국으로 지위를 남용하는 것이 아니라 국제적 상황에 적극적으로 참여하고 주동적 국제질서를 수립해 책임 있는 대국의 역할을 수행하겠다는 의지를 표명하고 있다.

❸ 화평굴기(和平崛起)

'평화적 부상'이라는 의미를 나타내는 화평굴기는 2003년 11월 보아오아시아포럼(博鳌亚洲论坛, Boao Forum for Asia)에서 처음 제시된 중국의 외교전략이다. 평화적인 방법으로 개방된 체제 아래서 세계 각국과 협력하고 세계평화를 수호한다는 뜻이다. 쉽게 풀이하면 중국은 패권을 추구하지 않으며, 중국의 부상(浮上)은 오히려 주변 국가에는 기회이고, 이것이 세계평화와 발전에 공헌한다는 뜻이 담겨 있다.

1990년대 중후반부터 중국 경제가 비약적으로 발전하고 전 세계에 미치는 중국의 영향력이 확대되자 주변국의 견제가 심해졌다. 특히 미국의 견제가 심화되면서 중국의 부상이 세계평화에 위협이 될 수밖에 없다는 '중국위협론'이 대두되었다. 이에 대해 후진타오 4세대 지도부는 서방과 주변국의 '중국위협론'에 대응하는 한편, 자국이 평화적으로 부상하고 국제적 책임을 다할 것이라는 점을 강조해야 했다. 그리고 외교정책으로 '화평굴기'를 공표하였다. 이후 중국 정부는 부상(浮上)이나 부흥(复兴)의 뜻이 들어 있는 '굴기'가 중립적이지 않아서 오해를 불러일으킬 수 있자 '발전'이라는 용어를 사용하여 '화평발전'으로 대체하였다.

❹ 신형대국관계(新型大国关系)

2000년대 이후 국력의 증대에 따른 세계 사회의 견제, 국가 이익과 세계 사회의 충돌 등으로 중국 정부의 외교정책에도 변화가 나타나기 시작했다. 시진핑 5세대 지도부 체제가 들어서면서 중국의 외교정책 방향은 기존의 여러 외교정책을 고수하면서 '대국의 역할'도 강조하는 기조로 변모하였다. 적극적이고 주동적으로 필요한 역할을 하며(주동작위主动作为) 평화발전과 핵심이익을 동시에 강조하는 것이다. 특히 주목할 점은 미국에 주동적으로 '신형대국관계'를 주창한다는 점이다.

중국 외교부장관(부장) 왕이(王毅)

'신형대국관계'는 G2의 위상에 걸맞은 국제적 책임과 역할을 이행함으로써 미국을 비롯한 국제사회의 인정을 받아 새로운 국제질서를 재편하겠다는 의지를 담고 있다. 그뿐만 아니라 2013년 중국공산당 중앙정치국 회의에서 "중국은 평화 발전의 길을 걸어야 하지만 그렇다고 '정당한 권익'을 포기하거나 국가의 '핵심이익'을 희생해선 안 된다"라고 한 점에 비춰볼 때, 높아진 위상과 복잡해진 국가 이익을 위해 좀 더 공격적인 외교를 펼치겠다는 의지를 천명한 것이라고도 볼 수 있다.

실제로 현재 주권·영토와 관련된 사항을 국가 '핵심이익'으로 간주하여 분쟁상대국에 공세적 압박을 취하고 있으며, 한국과 사드배치 문제에도 적극적으로 대응하면서 정치문제를 경제 압박으로 해결하고자 하는 움직임을 보인 바 있다.

▌중국의 외교관계 구분

관계	설명	해당 국가(체결 연도)
전천후 전략협력 동반자 관계	국내외 정세에 관계없이 절대 변화하지 않는 동맹관계	파키스탄(2005)
전면적 전략협업 동반자 관계	일반적 협력뿐만 아니라 군사 등 핵심영역에서 협력을 포함. 국제 문제에서 동일한 입장을 표명, 중국의 대외 동반자 관계 중 최고단계	러시아(2011)
전면적 전략협력 동반자 관계	중국 주변 동북아 국가로 안보, 외교영역에서 긴밀하게 연결됨. 정치·외교뿐만 아니라 경제 등 비핵심적 영역에서 전면적 협력	베트남(2008), 라오스(2009), 캄보디아(2010), 미얀마(2011), 태국(2012)
전면적 전략 동반자 관계	전략적 면에서나 정치·외교에서 이들 국가들과 입장차가 존재하나 전략적 면에서 협력의 가치가 있는 국가	영국·프랑스·이탈리아(2004), 스페인·포르투갈·하자크스탄(2005), 그리스(2006), 덴마크(2008), 남아공(2010), 브라질(2012), 페루·멕시코·말레이시아·인도네시아·벨라루스(2013), 아르헨티나·베네수엘라·오스트레일리아·뉴질랜드·몽골·알제리(2014), 폴란드·우즈베키스탄·세르비아·사우디아라비아·이란·칠레(2016), 키르키스탄·타지키스탄(2017)
전방위 전략 동반자 관계/ 전략적 협력 동반자 관계	전방위는 타 국가보다 더 많은 우호협력 동반자 관계라는 의미. 전면적 관계 및 전면적 영역에서 협력을 의미. 중국 주변 대국 및 일대일로 연선 국가들 포함	인도(2005), 한국(2008), 터키(2010), 아프가니스탄(2012), 스리랑카(2013), 독일(2014),

전략적 동반자 관계	'중점영역'의 전략 동반자 관계. 중앙아시아 지역은 석유 자원국가이며, 파이프라인이 지나는 주변 지역. 자원의 안전한 제공 및 이동을 보장하기 위한 지역	아세안(2003), 아프리카연합(2004), 캐나다(2005), 나이지리아(2006), 앙골라(2010), 아일랜드·투르크메니스탄·우크라이나(2013), 카타르(2014), 에콰도르·코스타리카·요르단·수단(2015)
전방위 협력 동반자 관계	벨기에는 EU본부가 있는 특수성으로 중국 국제외교의 중심지	벨기에(2014), 싱가포르(2015)
전면적 협력 동반자 관계	경제협력이 강조된 관계. 경제회랑 및 해상실크로드 연선 국가들로 중요한 통로	에티오피아(2003), 크로아티아(2005), 네팔(2009), 방글라데시(2010), 탄자니아·콩고(2013), 네덜란드·동티모르·루마니아·불가리아·몰디브(2014)
우호적 협력 동반자 관계/ 중요 협력 동반자 관계/ 신형 협력 동반자 관계	우호협력 관계이지만 전면적이지 않음. 작은 국가들로 협력 영역이 제한적	헝가리·자메이카·피지(2006), 알바니아(2009), 트리나다 토바코·안티가바부다·핀란드(2013)
건설적 협력 동반자 관계/ 전략 호혜 관계	기본적으로 협력관계 아님	일본(2006), 미국(2013)

47 하나의 중국(一个中国)

'하나의 중국'이란 중화인민공화국(中华人民共和国, 현재의 중국)이 중국을 대표하는 유일한 합법정부라는 정책이다.

'하나의 중국' 원칙에 대해 타이완해협을 가운데 둔 중국과 타이완은 각각 해석을 달리하고 있다. 타이완은 중국의 일부이며 타이완의 주권은 중국에 있다는 것이 중국의 주장이고, 중화민국은 일종의 망명정부로 중국 대륙에 대한 주권은 중화민국에 있다는 것이 타이완의 주장이다.

'하나의 중국' 원칙이 국제사회의 이슈가 되는 과정에는 미국의 정책이 상당 부분 기인한다. 1960년대 말까지만 해도 국제사회는 중화민국(타이완)이 중국을 대표하는 유일한 합법정부라고 인정하였지만, 미국의 정책이 바뀌면서 결정적 변화가 일어났다. 1971년 10월 제6차 유엔총회에서 제2758호 결의안이 통과되었는데, 이 결의안에는 중화인민공화국 정부가 유엔에서 합법적 권리를 회복한다고 명시하였다. 이와 동시에 중국이 유엔 대표권을 획득하였고 타이완은 유엔을 탈퇴하였다.

1972년 중국과 미국은 '상하이 공동성명'에서 주권을 가지고 있는 유일한 합법정부는 중화인민공화국이라는 점을 천명하였으며, 서방세계에서는 중화인민공화국이 주장하는 '하나의 중국' 원칙이 보편적으로 인정받게 되었다. 이후 국제 외교무대에서 세계 여러 나라는 타이완과 단교, 중국과 수교를 진행하였다. 중국은 수교국에 대해 중화인민공화국을 유일한 합법정부로 승인할 것, 양안관계는 중국 국내 문제임을 인정할 것 그리고 타이완과 단교할 것을 요구하고 있다. 우리나라도 1992년 8월 중국과 수교를 맺으면서 타이완과 단교하였으며 노무현 전 대통령은 후진타오 주석과 정상회담에서 중국의 '하나의 중국' 통일원칙을 인식하고 있으며, 중화인민공화국이 중국을 대표하는 유일한 합법정부라는 것을 인정한 바 있다.

중국이 타이완을 외교적으로 고립시키려는 노력은 지금도 지속되고 있다. 2018년 상반기 도미니카공화국과 부르키나파소는 타이완과 단교를 선언하고 중국과 수교를 맺었다. 2018년 7월 현재 타이완과 수교한 나라는 18개에 불과하며, 향후 이들 국가가 중국과 수교하기 위해 타이완과 단교할 가능성이 크다.

'하나의 중국' 통일원칙은 비단 타이완에 국한되는 것은 아니다. 중국에서 소수민족 분리·독립 문제가 발생하였을 때도 이 원칙은 적용된다. 2010년 전후 신장웨이우얼 지역과 시짱티베트 지역의 소수민족 분리·독립을 위한 소요사태가 발생했을 때도 중국 정부는 어떠한 예외도 인정하지 않고 강경한 자세를 고수하였다. 당시 국제사회의 비판이 있었지만 중국 정부는 내정 불간섭과 '하나의 중국' 통일원칙을 견지하였다.

티베트 독립요구 시위

일국양제(一国两制)

일국양제는 '하나의 국가, 두 개의 제도(1국가 2체제)'의 약칭이다. 중국 정부가 1980년대 이후 타이완과 통일하기 위한 방안으로 제시한 통일방침이 그 효시이다. 즉 통일된 하나의 중국이라는 전제 아래 국가의 주체는 사회주의 제도를 견지하고, 홍콩·마카오·타이완은 기존의 자본주의 제도를 유지하면서 공존한다는 것이다.

1981년 중국은 전국인민대표대회(전인대) 상무위원장 예젠잉(叶剑英) 명의로 '타이완과의 평화적 통일 관련 9개항 방침정책'을 공포하였다. 비록 '일국양제'를 직접 언급하지는 않았지만 최초로 '특별행정구'라는 용어를 사용하고, 기존의 제도를 용인한다는 방침을 구체적으로 제안하는 내용을 담고 있다. 예를 들면 이 '방침' 3항에서는 "통일 후 타이완은 특별행정구로서 고도의 자치권을 누리게 되며 독자적인 군대를 보유할 수 있다. 중앙정부는 타이완의 지방업무에 간여하지 않을 것이다"라고 명시하고 있다. 이러한 예젠잉의 제안은 사실상 하나의 국가, 두 개의 제도라는 개념으로 요약할 수 있다.

1982년 덩샤오핑은 이 방침을 평가하면서 "양제란 두 개의 제도를 허용하는 것으로 대륙의 사회주의와 홍콩과 타이완의 자본주의가 공존하는 것을 말한다"라고 처음으로 일국양제개념을 명확하게 언급하였다. 이 방침은 1982년 말 헌법 개정에서 법제화되었다. 1982년 12월 제5차 전인대 제8차 회의에서 개정 통과된 헌법 제31조에서는 "국가는 필요할 경우 특별행정구를 설치하며, 이 지역 내에서 시행되는 제도는 전국인민대표대회에서 구체적인 법률로 정한다"라고 규정하였다. 이에 따라 '일국양제'에 의해 탄생된 '특별행정구'는 외교와 국방 업무를 제외한 고도의 자치권을 갖게 되었다. 또 행정관리권, 입법권, 독립적인 사법권과 종심권(终审权)을 행사할 수 있게 되었다.

덩샤오핑은 1983년 발표한 '6개 항의 평화통일 주장'에서 일국양제 구상을 좀 더 구체화하였다. 이 '주장' 제6항에서는 "통일 후 타이완 특별행정구는 자신의 독립성을 가질 수 있으며, 대륙과 다른 제도를 시행할 수 있고, 다른 성·시·자치구가 갖지 못한 자신만의 독자적인 모종의 권력을 가질 수 있다"라고 했다. 또 사법권 독립을 위해 종심권(최종 사법판결권)이 베이징에 귀속될 필요가 없다고 천명하였다. 아울러 중국 대륙에 위협을 가하지 않는 경우 타이완은 자기 군대를 유지할 수 있으며 당·정·군 등의 시스템은 모두 타이완 스스로 관리하게 한다는 점을 분명히 했다.

이러한 일국양제에 대한 법률적 정의와 중국 최고지도자의 유권해석은 추후 홍콩과 마카오 반환에 따라 설치된 '특별행정구'에서 그대로 적용되어 법률적 근거를 가지고 실제로 운영되게 된다.

1982년 9월 22일부터 9월 24일까지 중국을 방문한 영국 대처 수상은 자오쯔양 총리, 덩샤오핑 등과 홍콩 반환 문제에 대한 회담을 개최하였다. 회담 직후 중국 정부는 중국이 홍콩의 주권을 회복한 후 '홍콩특별행정구'를 설치하고 홍콩 지역의 중국인에 의한 홍콩 관리, 현행 사회·경제제도와 생활방식의 불변 등을 포함한 특수한 정책을 시행할 것을 처음으로 천명했다. 중국의 '일국양제' 구상이 처음으로 실현되는 순간이었다.

선전 디왕빌딩에 있는 덩샤오핑과 영국 대처 수상 밀랍 인형
1982년 9월 22일에 있었던 덩샤오핑과 대처 간 회담을 기념하여 제작했다.

이후 2년간 협상 과정을 거쳐 양국은 1984년 12월 19일, 홍콩 반환에 따른 중영 공동성명을 조인하였다. 이 공동성명에서 중영 양국은 홍콩 반환 이후 50년간 '일국양제'를 견지하기로 합의했다. 이에 따라 홍콩은 중국에 반환되더라도 정치적으로 민주주의 체제, 경제적으로 자본주의 체제를 50년 동안 유지할 수 있게 되었다. 이 합의의 핵심은 홍콩인이 홍콩을 다스린다는 뜻의 '항인치항(港人治港)', 즉 홍콩에 자치권을 부여하는 것이다.

전국인민대표대회는 1990년 4월에 '홍콩특별행정구 기본법'을 제정하여 일국양제를 위한 최고 법률 근거를 통과시켰다. 이 '기본법' 제5조에도 '일국양제'는 향후 50년간 변하지 않는다고 명시되어 있다.

1국 2체제를 명시한 '홍콩특별행정구 기본법'

49 특별행정구 – 홍콩과 마카오

Keyword

중국의 일국양제 원칙에 따라 특별행정구로 지정된 홍콩과 마카오는 중국의 행정단위에서 성급에 해당하며, 자치권을 부여받아 자본주의 경제체제를 유지하고 있다.

❶ 중국의 특별행정구

중국의 특별행정구(special administrative region, SAR)는 일국양제 원칙에 따라 사회주의 체제가 적용되지 않는 지역을 뜻한다. 청말 서구열강의 침략과 전쟁으로 지금의 홍콩과 마카오가 각각 영국과 포르투갈에 예속된 채 수십 년이 지났다. 중국 본토와 분리되어 다른 체제로 살아왔기 때문에 사회주의 체제의 통치방식을 그대로 적용하기에는 무리가 있었으며, 여기에 해당하는 지역이 바로 홍콩과 마카오다.

전국인민대표대회에서 1990년과 1993년 각각 '홍콩특별행정구기본법'과 '마카오특별행정구기본법'이 통과되었다. 두 기본법에 따르면 특별행정구인 홍콩과 마카오는 중화인민공화국과 분리되지 않으며, 고도의 자치권을 부여한 지방행정구역으로 주권, 외교권, 국방권은 제외된다.

중국의 헌법과 특별행정구의 기본법에서 규정하는 일국양제(一國兩制)의 원칙에 따라 일정 기간 자본주의 경제체제와 생활방식을 유지하고, 사회주의 제도와 정책을 따르지 않는다. 법률에 근거하여 입법권, 행정관리권, 독립적 사법권과 최종결정권을 가지며, 고유의 화폐제도를 가지고 재정에도 독립적 권한을 가진다고 명시되어 있다.

홍콩
마카오

❷ 홍콩특별행정구

홍콩의 정식 명칭은 중화인민공화국 홍콩특별행정구(中华人民共和国香港特别行政区, The Government of the Hong Kong Special Administrative Region of the People's Republic of China)이다. 주장(珠江) 동쪽 선전시 남쪽에 위치한 홍콩은 서울의 약 1.8배이며 아시아·태평양 지역의 무역, 해상운송, 국제금융의 중심도시이다.

홍콩의 깃발

홍콩섬, 주룽반도, 신계 등 3개 지역으로 구성되며 홍콩특별행정구 정부 최고책임자인 행정장관은 800명으로 이루어진 추천 선거인단의 간접선거로 선출되고 중국 정부에서 임명한다. 임기는 5년이며, 한 번만 연임할 수 있다. 1997년 7월 1일 중국으로 반환함과 동시에 홍콩특별행정구가 성립되었으며, 초대행정장관으로 둥젠화(董建华)가 취임했다. 2017년 7월 1일 5대 행정장관 캐리 람(林郑月娥, Carrie Lam Cheng Yuet-ngor)이 선출되었다.

홍콩이 중국에 반환된 이후 중앙정부와 특별행정구 사이에는 행정장관 선출을 둘러싼 갈등이 끊이지 않았다. 특별행정구 내에서는 '홍콩기본법'에 따라 50년간 고도의 자치제를 부여했는데도 추천 선거인단의 간접선거로 행정장관을 선출해 홍콩 주민의 의견과 괴리를 보이고 있다. 친중국 인사가 계속 선출되자 일각에서는 특별행정구 주민들이 직접선거로 선출해야 한다고 주장한다. 이에 중국 중앙정부는 2004년 4월 열린 전국인민대표대회에서 '홍콩기본법'을 재해석해 행정장관의 직선제 개헌안은 전국인민대표대회의 승인을 받아야 한다고 결정한 바 있다.

홍콩은 18세기 중반 이후 영국 상인의 아편 밀매와 이를 빌미로 일어난 아편전쟁을 시작으로 영국과 1842년 난징조약(南京条约), 1860년 베이징조약(北京条约), 1898년 홍콩경계확장특별조항(展拓香港界址专条)을 차례대로 체결하면서 홍콩섬과 주룽반도 할양 그리고 신계 지역을 1997년까지 99년간 조차(租借)하는 것에 서명하게 된다.

청나라가 무너진 뒤 불평등 조약의 위법성을 주장하며 홍콩 지역 반환을 위해 지속적으로 노력하였지만 완수하지 못하였다. 덩샤오핑이 집권한 후 홍콩 문제를 해결하기 위한 노력을 지속했으며, 1982년 9월 마거릿 대처 영국 수상의 방중 기간에 홍콩 문제와 관련한 회담을 시작했다.

1983년 3월 영국 의회에서는 홍콩 전체 주권을 반환하는 문제를 논의하였고, 같은 해 7월 '중영공동연락기구(中英联合联络小组)'를 설립하여 반환과 관련된 구체적 논의를 시작하였다. 1984년 12월 중국과 영국은 공동성명을 발표하고 1997년 7월 1일 중국이 홍콩에 대한 주권을 회복하며 중화인민공화국 홍콩특별행정구를 설치하기로 합의하기에 이른다.

❸ 마카오특별행정구

마카오의 정식 명칭은 중화인민공화국 마카오특별행정구(中华人民共和国澳门特别行政区, The Government of the Macao Special Administrative Region Government of the People's Republic of China)이다. 중국의 남부 해안 주장(珠江)삼각주와 시장(西江)삼각주의 남단에 위치하며, 홍콩과 선전을 마주하고 있다. 마카오특별행정구는 행정장관이 수장이며, 1999년 12월 20일 정식으로 성립되었다.

마카오의 깃발

마카오 중국 반환기념 일국양제 우표
(1999. 12. 20 발행)

포르투갈인이 마카오에 들어와 무역활동을 전개한 것은 1550년 이후다. 포르투갈은 1840년 아편전쟁이 끝난 후 청 조정의 무능력함을 기회 삼아 마카오를 자유항구로 선포하였고, 1887년 청나라 조정과 '중푸회의초안(中葡会议草约)', '중푸베이징조약(中葡北京条约)'을 잇달아 체결하면서 마카오를 점령하였다.

1974년 포르투갈의 살라자르 독재정권이 무너진 뒤 마카오의 중국 반환을 논의했으며 1979년 양국의 외교관계가 수립되었다. 1987년 4월 13일 '중푸공동성명(中葡联合声明)'을 발표하면서 마카오 지역의 중국 반환에 관한 협정을 체결하였고, 1988년 4월 제7차 전국인민대표대회에서 '마카오특별행정구기본법'에 관한 논의가 진행되었다. '마카오기본법'은 1993년 3월 통과되었다.

1999년 5월 마카오특별행정구 행정장관 선거에서 허허우화(何厚鏵)가 당선되었고, 1999년 12월 20일 마카오 주권 반환식이 거행되었다. 현재 페르난도 추이(Fernando Chui Sai-on, 崔世安)가 2014년 재당선되어 행정장관을 맡고 있다.

마카오의 랜드마크 성 바울 성당

양안(兩岸)관계

양안관계는 타이완해협(Taiwan Strait)을 사이에 둔 중국 대륙과 타이완 간의 관계를 나타내며, 서로 국가로 인정하지 않기 때문에 중국–타이완 관계가 아닌 '양안관계'로 민관에서 부르기 시작한 것에 기인한다.

❶ 양안(兩岸)관계의 의미

1949년 국민당의 장제스는 공산당과 격전에서 패한 뒤, 같은 해 12월 타이완으로 중화민국 정부를 완전히 이전하였다. 이후 타이완 지역을 통치하면서 1971년 10월 제26차 유엔총회 제2758호 결의안이 통과되기 전까지 중화민국(타이완)은 중국을 대표하는 유일한 합법정부였다. 하지만 제2758호 결의안으로 중국을 대표하는 합법정부가 중화인민공화국으로 바뀌었다. 이후 중국의 '하나의 중국' 정책에 따라 중국과 수교하는 국가들은 타이완과 단교하게 되었으며, 여러 국제적 행사에서 타이완 퇴출이 확대되었다.

합법적 대표권을 획득한 중국과 주권국으로서 지위를 상실한 타이완의 정치·군사적 갈등과 긴장은 지속적으로 발생하였다. 이뿐만 아니라 이와 관련된 미국·일본 등 주요 이해당사국의 '전략적 모호성'으로 문제가 더욱 복잡해지고 있다. 또 타이완 민주화 이후 젊은 세대의 정체성 변화와 이를 반영하는 타이완 정치권 내의 문제 등으로 양안관계는 단순히 중국과 타이완의 관계 외에도 복잡하고 다면적인 문제점을 내포하고 있다. 기존 연구문헌에 따르면 양안관계는 다음과 같이 네 종류로 설명할 수 있다.

① 중화인민공화국과 타이완의 관계
② 중국 대륙과 타이완 정부의 통치 지역인 타이완, 진먼, 펑후, 마주의 관계
③ 국제사회에서 중국을 대표하는 유일한 합법정부로서 중화인민공화국과 그러한 중국의 불가분한 일부분으로 규정된 타이완의 관계
④ '하나의 중국' 원칙에도 불구하고 현실적으로 하나라고 할 수 없는 중국과 타이완의 모호한 정치적 관계

❷ 양안관계의 변화

 1949년 중국 수립부터 1979년 중국의 개혁개방노선 채택까지 양안관계는 갈등과 대립의 관계였다. 타이완은 '삼민주의(三民主义) 통일중국(统一中国)'을 내세우고 본토의 공산당 정부에 대해 '3불(三不, 불접촉·불담판·불타협)정책'을 견지하면서 공산주의와 무력사용 포기를 요구하였고, 중국은 무력에 의한 타이완 통일을 주장했다. 1979년 중국의 개혁개방 이후 중국과 타이완은 상호 교류와 협력을 모색하면서 '3통(통상·통항·통우)과 4류(경제·문화·체육·과학기술 교류)'를 제의했다.

 이후 중국은 1982년 타이완에 고도의 자치권을 보장하는 형식의 일국양제(一国两制) 통일방식을 제안하였다. 그리고 중국과 간접무역, 인적 교류를 시작으로 '양안경제무역교류 촉진 5원칙'을 제시하여 직접무역과 투자, 상호혜택과 이익, 교류 형식의 다양화와 장기적 안정 유지, 이행 준수 등에 합의하였다.

 1988년 리덩후이(李登辉, 1988~2000년 타이완 총통)가 취임하면서 양안관계는 변하기 시작했다. 그는 타이완의 주인의식과 국가정체성을 강조하며 양안관계를 특수한 국가 대 국가의 관계로 보는 '양국론(两国论)'을 제기하였고, 민진당의 천수이볜(陈水扁, 2000~2008년 타이완 총통) 역시 "타이완해협을 사이에 두고 한쪽에 각기 한 나라씩 존재한다"라는 내용의 '일변일국론(一边一国论)'을 주장하면서 긴장이 고조되었다.

 그럼에도 경제 분야를 중심으로 한 교류는 오히려 심화되었으며, 2008년 국민당 마잉주(马英九, 2008~2016년 타이완 총통) 총통이 집권하면서 양안관계는 크게 개선되기 시작한다. 친중국 성향의 마잉주는 총통 취임 후 불독립, 불통일, 무력불사용의 3불정책을 제시하였으며, 실질적인 FTA(자유무역협정)인 양안경제협력기본협정(Economic Cooperation Framwork Agreement, ECFA)을 중국과 체결하는 등 경제적 협력은 더욱 긴밀해졌다. 2013년 양안은 교류사무처를 설립해 공무원을 파견했으며 2014년에는 장관급 회담이, 2015년 11월에는 최초의 양안 정상회담이 열렸다.

2015년 11월 7일 싱가포르에서 만난 시진핑 국가주석과 마잉주 총통
현직 양안 정상이 1949년 중국 성립 이후 처음 만났다.

그러나 2016년 민진당이 정권을 탈환하면서 양안관계의 정세는 악화되고 있다. 중국은 다시 타이완의 외교적 고립을 추진하고 있으며, 양안관계에 대한 외부의 정치적 이슈화에도 내정불간섭을 천명하고 있다. 또 차이잉원(2016년 5월 타이완 14대 총통 당선) 정부의 '탈중국화' 정책에도 우려를 표명하며 양안 간 경제교류와 인적 교류, 특히 중국인의 타이완 관광을 통제하며 타이완을 압박하고 있다.

Plus Info

타이완인의 정체성

1992년부터 2015년까지 개인 정체성과 관련해 벌인 설문조사 결과 자신을 '타이완인'으로 생각한다는 응답자가 17.6%에서 59.5%로 증가한 반면, 자신을 '중국인'으로 생각한다는 응답자는 25.2%에서 4%로 감소했다. 또 2015년 말에 실시한 여론조사에서는 본토와 타이완의 관계를 '타이완해협을 사이에 둔 두 국가'로 보는 사람이 69.3%였고, '양안 모두 중국에 속한 하나의 국가'라는 주장을 지지하는 사람은 16.2%에 불과했다.

양안관계 추이

시기	주요 내용
대립 시기 (1949~1987)	– 상호 무력에 의한 통일 주장 – 타이완: 삼민주의 중국 통일 주장, 　　　　　정치적으로 대륙과 '3불정책(不接触, 不协商, 不谈判)' 견지 – 중국: 1979년 개방정책 후 평화공세, 13통 및 4교류 제의 　　　　1982. 12 개정 헌법에서 '특별행정구' 설치 조항 신설 및 '1국 2체제' 방식에 의한 통일방식 제의
민간 교류 협력 확대 시기 및 제도화 시기 (1987~1993)	– 중국: 1987년 친척 방문 등 인적 교류를 통한 양안 간 교류·협력 모색 – 타이완: 1988년 국민당의 신대륙정책 채택(先민심쟁취, 后대륙통일) – 양안: 타이완해협교류기금회(1991. 2), 중국해협양안관계협회(1991. 12) 설립 　　　　(양안 교류·협력 확대 및 제도화 목적)
양안 간 공식적 접촉 모색 시기 (1993~1999)	– 두 협회 간 회담 개시: 汪-辜회담(두 협회장 간 회담)에서 '하나의 중국' 문제에 대해 각자 구두방식으로 표현한다고 합의(1992년 공통인식, 九二共识) – 양안 지도자 간 움직임: 1996. 3 리덩후이 타이완 총통 재선(대중국 평화공세 및 실용외교 지속), 1996. 6 리 총통 미국 방문(장쩌민 주석의 대타이완 강경 선회), 1998. 10 타이완협회장 방중 및 장 주석 예방, 1999. 7 리 총통의 양국론(两国论) 발언으로 긴장과 이완 반복
'타이완 독립'의 긴장국면 과 실질적 교류 확대 시기 (2000~2008)	– 2000년 민진당 천수이볜이 타이완 총통으로 취임하면서 四不一没有(무력 침공 없으면 독립선언도 없다 외) 천명 – 2002년 一边一国论(양안 각 측은 각각의 국가) 발표 후 긴장 국면 – 2005년 타이완 독립 감행 시 무력사용을 법제화한 '반국가분열법' 중국 전인대 통과 – 2007. 3 4要1没有(국호 변경 외) 독립노선 발표
양안관계의 경제·사회적 통합 강화 시기 (2008~2015)	– 2008년 국민당 마잉주(马英九)가 타이완 총통으로 취임하면서 3不과 3通 정책으로 대중국 관계 개선 피력 – 양안: '先화해협력·后통일논의'에 공감, 2008년부터 고위급 회담 개최와 경제협력 심화·확대, 2015. 11 분단 66년 만에 시진핑 주석과 마 총통 간 양안 정상회담(1992년 공통인식 재확인 및 양안 간 핫라인 개설)
양안관계 진전의 속도 조절 시기 (2016~현재)	– 2016년 민진당 차이잉원(蔡英文)이 타이완 총통으로 취임하면서 1992년 양안회담은 역사적 사실이며 중화민국헌법, 양안인민관례조례 및 관련 법률을 근거로 양안사무를 처리하기로 함

Keyword

51 영토분쟁

중국은 육로 국경으로는 14개국과 마주하며 해안 국경으로는 6개 국가와 접경한다. 중국과 인접국가 간의 국경 획정 문제는 1949년 건국 이후 지금까지 지속적으로 발생하고 있다.

청의 몰락으로 봉건 왕조가 끝났으나 근대에도 중국은 서구열강과 일본제국주의의 영향으로 주권국으로서 역할을 다하지 못하였다. 당시 체결된 불평등조약으로 중국 정부는 인접 국가와 국경을 획정하기 위한 협의를 1949년 중화인민공화국이 성립된 이후 진행하였다.

다만 건국 초기 국내외의 불안정한 요소들로 '현상유지' 기조를 내세우며 국경획정에 적극적이지는 않았으며, 인접국가와 국경 마찰이 발생하면 협상을 문제해결 방식으로 선택하였다. 중국은 현실적·실리적 태도를 취하며 미얀마, 네팔, 북한, 몽골, 라오스, 카자흐스탄, 키르기스스탄 등 대다수 내륙 국경 문제를 해결하였다.

❶ 남중국해 분쟁

중국, 타이완, 베트남, 필리핀, 말레이시아, 브루나이 6개국(지역)이 남중국해상의 해양 지형물에 대한 영유권과 해양관할권을 주장하는 다국가 간 해양 영토분쟁이다. 남중국해는 스프래틀리군도(Spratly, 난사군도), 파라셀군도(Paracel, 시사군도), 프라타스군도(Pratas, 둥사군도) 세 군도와 맥클리스필드뱅크(Macclesfield Bank, 중사), 스카보로숄(Scarborough Shoal, 황옌다오) 두 지형물로 구성되어 있다. 중국은 역사적 연고권을 근거로 고토 회복주의적 태도를 취하고 있으며 '남해 9단선'을 근거로 삼아 남중국해의 배타적 권리를 주장하고 있다. 중국이 주장하는 남해 9단선은 U자형으로 말레이시아, 브루나

206

이, 필리핀, 베트남의 영해 주장선과 중첩되며 남중국해 해역의 90%를 차지한다.

그렇다면 남중국해의 가치는 얼마나 될까? 1980년대에는 이 해역의 중요성이 크지 않았다. 그러나 현재 남중국해를 지나가는 해상운송은 중국 전체 운송의 3분의 1을 차지하며, 중국 원유 수송량의 85%가 남중국해를 지나야 한다. 또 1968년 유엔에 따르면 남중국해에 석유와 천연가스 등 천연자원이 매장되어 있다고 한다.

과거에도 지속적으로 해당 해역에 대해 중국과 베트남, 필리핀 등의 국가와 분쟁이 일어났다. 당시에는 기존의 힘으로 점령하는 방식이 아니라 대화와 협상으로 분쟁을 해결하자고 주창하였고, 양자 간·다자간 협상 틀을 만들기도 하였다.

그러다가 2011년 중국의 베트남 국영석유회사 석유탐사 케이블 절단 사건, 2012년 스카보로 환초를 사이에 두고 중국과 필리핀 간 군사적 대치 등 물리적 충돌이 일어났다. 2014년 중국은 파라셀군도, 스프래틀리군도 내 암초 7곳을 매립해 인공섬을 조성하였다. 이에 필리핀과 베트남은 중국을 견제하기 위한 결속을 강화하고 국제사회에 문제를 해결하기 위해 노력해달라고 촉구했다.

2013년 필리핀은 헤이그 국제상설중재재판소(Permanent Court of Arbitration, PCA)에 중국과의 해양 주권 문제를 제소하였다. PCA는 2016년 남중국해 대부분을 자치한다는 근거로 제시한 중국의 남해 9단선은 법적 효력이 없고, 중국의 인공섬 건설 또한 '도서'로서 불인정한다고 판결을 내렸다. 그러나 중국은 PCA의 판결이 법적 구속력이 없다며 수용을 거부하였고, 영유권을 수호하겠다는 정책에는 변함이 없을 것이라고 밝혔다. 중국은 지금도 인공섬 구축을 이어가고 있으며, 이 지역을 군사적 기지로 활용하고 있다.

남중국해 분쟁

❷ 댜오위댜오(센카쿠열도) 분쟁

센카쿠열도는 일본 오키나와에서 서남쪽으로 약 410km, 중국 대륙에서 동쪽으로 약 330km, 타이완에서 북동쪽으로 약 170km 떨어진 동중국해상에 위치한 8개 무인도로 현재 일본이 실효지배하고 있다. 이곳은 석유매장 가능성, 배타적 경제수역과 대륙붕 경계선 미획정, 중동과 동북아를 잇는 해상교통로이자 전략요충지로 현재 중국과 타이완 그리고 일본 사이에 분쟁이 일고 있다.

중국은 명나라 시기인 1403년 이미 댜오위댜오를 실효지배하였으며, 제2차 세계대전 패배 후 일본이 강점한 영토의 반환을 근거로 삼아 타이완의 부속섬인 댜오위댜오의 영유권을 주장하고 있다. 일본은 1879년 센카쿠열도가 무인도임을 확인한 후 오키나와현으로 편입했으므로 제2차 세계대전 패배 여부와 상관없이 일본 영토라고 주장하고 있다.

1990년대 이전까지 중국과 일본은 센카쿠열도 쟁점에 대해 인식했으나 현재의 평화우호를 유지할 필요성에 동감하고 '미해결보류' 원칙을 유지하였다. 하지만 중국이 1992년 이 지역을 포함하는 영해법(中华人民共和国领海及毗连区法)을 발표하면서 일본과 외교적 마찰이 일어났다. 2010년 9월 일본 순시선이 센카쿠 인근 해상에서 조업 중이던 중국 어선의 선장을 구금하였고, 중국은 이에 희토류의 대일수출 금지로 응수했다.

센카쿠열도 분쟁에서 중국 정부는 해양감시선과 어업지도선을 파견해 상시적인 감시활동을 전개하고 있다. 이는 중국의 핵심 이익으로, 일본의 실효지배를 무력화하는 동시에 자국의 영유권 주장을 강화하려는 제도적·군사적 조치를 강구하겠다는 뜻이다. 일본 정부도 마찬가지로 일본 영토를 수호하기 위해 방위를 강화하고, 힘에 의한 현상변경 시도를 용납하지 않으며 군사적 옵션도 고려한다고 천명하였다.

댜오위다오(센카쿠열도) 분쟁

중국-인도 국경분쟁

중국과 인도 간 국경선도 아직 확정되지 않은 상태이며, 1962년 두 나라가 국경에서 군사적으로 충돌한 이후 긴장관계가 지금까지 지속되고 있다.

Keyword

52 중국몽(中国梦)

중국몽은 세계의 중심 역할을 했던 과거 중국의 영광을 21세기에 되살리겠다는 위대한 '중화민족의 부흥'을 의미한다.

❶ 시진핑의 중국몽(中国梦)

2012년 11월 29일, 중국공산당 총서기 시진핑이 국가박물관에서 '부흥의 길(复兴之路)' 전시회를 참관하면서 "중화민족의 위대한 부흥을 실현하는 것은 중화민족의 근대 이래 최고의 위대한 꿈"이라며 최초로 '중국몽(中国梦)'을 언급하였다. 중화민족의 부흥은 국가부강, 민족의 진흥, 인민의 행복을 실현하는 것이며, 이로써 중국 특색 사회주의를 완성하는 것이 목표이다.

❷ 중국몽의 배경

중국몽의 역사적 배경은 먼저 당나라에서 찾을 수 있다. 중국 역사상 가장 번성했던 나라가 바로 당나라이다. 전 세계 각지에 퍼진 차이나타운을 중국어로 '당인가(唐人街)'라고 하는 것은 바로 당대의 번성함을 닮고 싶어서였다. 경제사학자들은 618년 건국한 당나라가 전 세계 GDP의 30~40%를 차지했을 것으로 추정한다. 당시 세계 5대 도시 안에 장안(长安, 현재 시안)과 양저우(扬州) 두 곳이 포함되었다.

당나라 번성의 원인은 개방과 포용성이었다. 당나라는 불교뿐만 아니라 이슬람교도 받아들였다. 외국과 상품 교역과 인적 교류가 활발했는데 당의 수도 장안은 인구 100만 명을 웃도는 국제도시였다. 서역이라 불린 중동 지역에서 건너온 외국인도 많았다. 외국 유학생과 기술자들을 위한 학교를 세우고 빈공과라는 과거를 실시해 외국인도 관리가 될 수 있었다. 당에서 관리를 하던 신라 최치원이 그 증거이다. 중국몽은 세계의 중심이었던 당대(唐代)의 부흥을 다시 한번 구현하는 것이다.

개혁개방 이후 값싼 노동력을 바탕으로 한 제조업을 기반으로 성장한 중국은 현재 미국과 함께 G2라 불리지만 시진핑은 '중국몽'이라는 국가 지도이념이자 인민의 염원을 앞세워 중국이 이제는 미국을 넘어 다시 '세계의 중심'이 되어 과거의 영광을 되찾겠다는 강력한 의지를 표출하였다. 2013년 3월 17일 전국인민대표대회 폐막연설에서 시진핑은 '중국몽'을 9차례, '인민'을 44차례나 언급하면서 중국의 위대한 부흥을 실현하는 것이 중국 인민의 꿈이라고 강조하였다.

시진핑 주석과 중국몽을 디자인한 컵

▌ **중국몽의 구체적 내용**

	주요 내용
강군몽	엄격한 근무기풍과 기율로 단련된 군대 양성, 확고한 안보태세 구축
강국몽	국가 번영과 부강을 추구하여 종합국력 향상
발전몽	국가발전 추구와 소강사회의 전면적 건설
행복몽	인민의 좀 더 나은 행복과 존엄한 생활 보장
조화몽	전체 민족의 협력발전, 조화발전, 공동발전, 공동번영
평화몽	착취와 침략이 없고 오직 평화공존, 상호 공동발전으로 평화적 굴기
문화몽	중화문화의 국제 영향력 확대, 중화문화의 발전 구현
녹색몽	민중의 녹색환경, 생태환경, 환경보호 요구 만족
법치몽	헌법과 법률 범위 내의 활동 견지, 지도간부의 솔선수범, 준법의식 고양

❸ '두 개의 100년'과 시진핑의 '신시대 중국 특색 사회주의'

중국은 현재 '두 개의 100년(两个一百年)'을 앞두고 있다. 하나는 1921년 7월 23일에 창당한 중국공산당 창당 100주년인 2021년이고, 또 하나는 중화인민공화국 건국 100주년인 2049년이다. 중국은 2021년까지 소강사회를 건설하고 2049년까지 '부강, 민주, 문명, 조화'가 어우러진 사회주의 현대화 국가의 건설을 목표로 세웠다.

'신시대 중국 특색 사회주의'는 시진핑 주석이 2017년 제19차 공산당 전국대표대회에서 제시한 통치이념으로, 전면적인 소강사회를 건설해 중화민족의 부흥과 사회주의 현대화 국가의 건설을 제시한 것이다.

두 이념에서 공통적으로 언급하는 사회주의 현대화 국가, 즉 강국 건설과 소강사회 건설은 중국몽의 실현에 없어서는 안 될 중요한 기반으로 보고 있다. 결국 두 이념은 중국몽을 실현하기 위한 국가 통치이념으로, 시진핑의 공산당이 주체가 되어(신시대 중국 특색 사회주의) 2050년까지 중국을 세계 1위의 강대국으로 우뚝 세우겠다는 목표(두 개의 100년)를 달성하겠다는 것이다.

중국몽의 단계별 목표

2021년: 소강사회 건설
2035년: 국민의 평등한 권리 보장, 도농 간 격차 축소
2050년: 문화 등 소프트파워와 함께 부강하고 아름다운 사회주의 강국 건설
최종 목표: 종합적 국력과 영향력이 선두를 차지하는 국가로 부상

중국몽 실현의 세 가지 필수 경로

1. 중국적 방식: 중국 특색 사회주의의 길 선택
2. 중국 정신 선양: 애국주의 핵심의 민족정신, 개혁과 혁신(创新) 핵심의 시대정신을 중심으로 중국몽 목표 실현
3. 중국 역량 응집: 56개 민족을 하나의 중화민족으로 단결시켜 이탈과 분열 방지

신장웨이우얼자치구 우루무치 도심에 있는 중국몽 홍보 간판

베이징 도심에 있는 중국몽 홍보 간판

Chapter

5

경제와 산업

53 선전(深圳)경제특구

'선전'이라는 도시명은 1979년 3월 중국 중앙정부와 광둥성 정부가 보안현(宝安县)을 선전시로 개명하면서 역사에 등장했다. 같은 해 11월 선전시는 광둥성 1급 직할시로 승격되었고, 1980년 '경제특구'로 지정되었다.

❶ 홍콩과 함께 시작된 선전의 역사

선전의 역사 역시 홍콩의 역사와 맞물려 있다. 청나라는 영국과 난징조약, 베이징조약을 체결한 후 홍콩섬을 비롯한 주룽반도 일부를 영국에 할양하게 되는데, 원래 청나라 신안현(新安县)에 속해 있던 3,076km²의 토지 중 34.3%를 영국 관할 홍콩에 할양하고, 나머지가 지금의 선전시가 되었기 때문이다.

1979년 중국이 개혁개방정책을 결정하기 전 선전시는 선전강(深圳河)이 흐르는 조그만 어촌에 불과했다.

선전시 위치

문화혁명의 종료와 함께 복권된 덩샤오핑은 1977년 11월 광둥 지역을 돌아보게 된다. 당시 광둥성 정부는 농민들이 홍콩으로 탈출하는 경우가 빈번하다고 보고했는데, 덩샤오핑은 이를 단순한 불법출국 문제가 아닌 근원적 고민을 하기 시작했다. 이에 덩샤오핑은 1978년 4~5월간 국가계획위원회, 대외경제무역부 등 중앙부처 공무원으로 조직된 시찰단을 홍콩과 마카오에 파견했다.

이들은 복귀 후 「홍콩·마카오 경제시찰 보고서」를 제출했는데, 요지는 '홍콩과 마카오의 경험을 거울삼아 광둥성 바오안, 주하이를 수출기지로 획정하고 3~5년간 시험 삼아 운영한 후 이를 토대로 내륙 지역에 상당한 수준과 규모의 대외생산기지, 가공기지, 홍콩 및 마카오 동포를 위한 관광구를 건설함'이었다. 이 보고서야말로 선전경제특구의 첫 구상인 셈이었다. 이후 이 보고서는 빠르게 실행에 옮겨지게 된다. 1979년 3월 5일, 국무원은 바오안현을 광둥성 직할 선전시로, 주하이현도 성 직할 주하이시로 개편한다.

1980년 8월 26일, 우리 국회에 해당하는 전국인민대표대회는 '광둥성경제특구조례'를 통과시키고 선전시에 '경제특구'를 설치했다. 이후 선전은 부성급 도시(1981. 3), 계획단열시(1988. 11)로 승격되어 외자를 자유롭게 유치할 수 있는 권한을 받았으며, 증권거래소를 설치(1990. 12)해 사회주의 국가인 중국에서 '자본주의' 실험장이 되었고, 중국 최초 농민이 없는 도시(2004) 등으로 경제적인 부를 구가하게 된다.

인구 1,190만 명으로 성장한 지금의 부자 도시 선전을 설명하는 수식어는 수도 없이 많지만, 중국 최초 1인당 GDP 1만 달러 초과 도시(2007)와 중국 내 임금이 가장 비싼 도시라는 '자랑'이 대표적이다. 2017년 선전시 최저임금은 월 2,030위안(약 35만 원)으로 중국에서 가장 가난한 구이저우성 구이양시(1,600위안)보다 27%나 높다.

❷ 선전경제특구에 부여된 역할

1978년 12월에 열린 중국공산당 제11기 3차 중앙위원회 전체회의(제11기 3중전회)는 '사회주의 현대화'를 실현하기 위해 개혁개방정책에 착수하기로 결정했다. 이후 당시 3,000만 명으로 추산되는 동남아, 홍콩, 마카오 등의 화교 자본 투자를 유치할 목적으로 이들과 가장 가까운 장소인 광둥성에 '수출가공구'를 설치하기로 구상하였으며, 1979년 6월에는 그 대상을 광둥성 선전, 주하이, 산터우, 샤먼(푸젠성) 4곳으로 압축하고 그 성격을 '수출특구'로 한정했다. 1980년 5월 16일, 국무원은 광둥성 건의를 수용하여 기존 '수출특구'라는 명칭을 의미가 좀 더 광범위한 '경제특구'로 변경하기로 결정했다. 석 달 후인 1980년 8월 26일, 드디어 선전경제특구가 탄생하게 되었다.

중국이 당초 구상했던 수출가공구(Export Processing Zone)는 단순히 임가공 해외업체를 유치하기 위한 것으로 이미 세계 많은 나라가 설치하고 있었다. 반면, 중국이 설치한 경제특구에서는 개혁개방의 실험을 진행할 제한적 권한과 외자 유치를 위한 우대정책을 실시할 수 있는 자율성이 주어졌다. 이에 따라 경제특구에서는 사회주의 시장경제체제로 전환하기 위한 다양한 개혁적 실험이 진행되었으며, 해외 자본을 유치하기 위한 각종 우대정책이 가능했다. 선전경제특구는 설치 후 1983년까지는 선진기술 전수, 외화획득, 고용기회 창출 같은 '수출가공구'적 성격이 강했다. 하지만 1984년 1월 24일부터 2월 10일까지 선전, 주하이, 샤먼 등 경제특구를 둘러본 덩샤오핑은 '경제특구'에 좀 더 거시적이고 정치적인 목적까지 부여하게 되는데, 이는 다음 두 가지로 정리된다.

첫째, 대외개방의 '창구' 역할 부여이다. 즉 해외의 자본과 우수한 인력, 선진기술, 관리경험을 특구를 통해 도입하고, 내륙의 자원과 노동력을 경제특구 내에서 결합하는 창구 역할을 명시했다. 둘째, 개혁개방정책의 '실험장' 역할이다. 당시 덩샤오핑이 추진했던 여러 개혁 조치를 선전경제특구에서 실험하고, 이에 성공할 경우 중국 전역에 확대하고자 한 것이다.

▌중국의 경제특구 현황

승인일시	지역	특구 명칭	주요 투자유치 대상 지역
1980. 8. 26	광둥성	선전경제특구	홍콩
1980. 8. 26	광둥성	주하이경제특구	홍콩
1980. 10. 7	푸젠성	샤먼경제특구	타이완
1981. 10. 16	광둥성	산터우경제특구	홍콩, 타이완
1988. 4. 13	하이난성	하이난경제특구	홍콩, 마카오, 동남아
2010. 5	신장위구르자치구	카스경제특구	중앙아시아 국가

선전은 덩샤오핑이 만든 4개 경제특구 중 하나였다. 당연히 그 목적은 선전과 마주한 홍콩의 자본, 즉 화교 자본을 유치하여 그가 추진하던 개혁개방정책에 필요한 해외 자금을 흡수하는 데 있었다.

선전시 통계국에 따르면 2015년 한 해 선전시가 유치한 외자는 총 255.9억 달러인데, 이 중 89.3%가 홍콩·마카오로부터 투자되었고, 2.65억 달러(1.04%)는 타이완에서 왔다. 홍콩은 투자목적회사(SPC)를 세워 중국 내에

투자하려는 전 세계 화교 자본의 통로 역할을 하고 있다. 선전이 개혁개방의 첨병으로 등장한 1980년 이후 지금까지 홍콩에서 투자된 것이 90% 내외로 압도적이고 이들 중 거의 대부분이 화교 자본이다.

선전은 중국 내 도시 간 경제규모(GRDP) 순위에서 상하이, 베이징, 광저우에 이어 4위에 머물고 있으나 사회과학원, 국가발전연구중심 등에서 매년 공포하는 중국 도시경쟁력 순위에서는 상하이와 1, 2위를 다툰다. 결국 지금의 선전이 있기까지 화교들의 공헌이 최우선인 셈이다.

이를 확인할 수 있는 현장 중 하나는 아직도 원래 자리에 남아 있는 중국 제1호 맥도날드 지점이다. 맥도날드는 미국 자본주의의 상징이다. 1954년 미국에서 탄생한 맥도날드는 1975년 홍콩에 첫 지점을 냈고, 중국 선전에도 등장하게 된다. 비록 개혁개방을 시작했지만 아직도 정부주도의 계획경제에 놓여 있던 당시 중국 상황을 고려할 때 이는 중국 경제사에 획을 긋는 이정표였다.

선전시에 있는 맥도날드 중국 1호점(1990년 10월 개점)

1990년 10월 8일 오전, 선전시 해방로 광화루 서화궁에 500석 규모의 중국 최초 맥도날드 지점이 문을 열었다. 맥도날드(홍콩)유한공사가 4,000만 홍콩달러를 전액 투자했으며, 카운터에서는 홍콩달러와 위안화를 동시에 받았다. 당시 개업식에서 맥도날드는 선전시에 15만 위안의 사회복리기금을 기부했다. 28년이 지난 지금(2018)도 그 자리에 있는 맥도날드 중국 1호점 매장은 최첨단으로 바뀌어 카운터가 사라지고 고객들은 무인주문시스템 키오스크(kiosk)에서 스크린을 터치하며 모바일 결제를 한다. 맥도날드 지점은 이제 2,400개로 늘어났다.

커우안은 항만(Port)이며 국경 혹은 무역지점의 통상항구이다. 나라 간 국경은 아니므로 변경(边境)이라 하지 않는다. 홍콩-선전 커우안은 8개로, 이 중 개인이 통행하는 대표적인 세 곳은 로후·푸톈·황강이다. 중국인들이 홍콩을 가려면 홍콩·마카오왕래통행증(往来港澳通行证)이 필요하다.

선전과 홍콩의 경계인 푸톈 커우안(口岸, 강 위쪽이 홍콩)

54 사회주의 시장경제

사회주의 시장경제는 1994년부터 중국이 도입한 경제체제이다. 정치는 사회주의, 경제는 시장경제라는 중국 특유의 개념과 방식으로 운용되고 있다.

❶ 사회주의와 시장경제, 기본적으로는 공존할 수 없는 개념

1917년 러시아에서 일어난 공산주의혁명은 많은 나라에 영향을 미쳤다. 대표적인 나라가 바로 중국이다. 당시 중국에서는 1911년 신해혁명으로 마지막 봉건 왕조인 청나라가 멸망하고 1912년 '중화민국'이라는 공화정 국가가 탄생했다. 하지만 여전히 노동자와 농민들의 삶은 개선되지 않았고, 군벌(軍閥)들의 투쟁과 일본의 침략으로 혼란에 빠져 있었다.

이런 상황에서 1921년 7월 23일, 중국공산당이 상하이 프랑스 조계의 한 사립학교 기숙사에서 창당되었다. 이후 '중화민국'의 국민당과 치열한 내전을 거친 중국공산당은 1949년 10월 1일 중화인민공화국(지금의 중국)이라는 사회주의 국가를 세웠다.

중국공산당의 헌법이라 할 수 있는 '당장(党章)' 첫머리(총강)를 보면 행동지침으로 마르크스레닌주의, 마오쩌둥사상, 덩샤오핑이론 등을 제시하였다. 즉 소비에트연방의 사회주의 정치노선이 현 중국에 영향을 주었음을 알 수 있다. 현행 중국 '헌법' 서문에도 지도사상 중 하나로 마르크스레닌주의를 명시하였다.

이처럼 중국은 소비에트연방의 정치체계에서 큰 영향을 받았고, 경제체제 역시 자연스럽게 소비에트연방이 추구하던 '계획경제'를 채용하게 된다. '계획'은 '시장'과 반대되는 개념이고, 국가가 나서서 모든 경제활동을 '계획'한다는 의미다.

한편, 시장경제는 개인이나 민간이 생산수단을 소유하면서 무엇을, 어떻게, 누구를 위해 생산할지를 결정한다. 이는 '상인(商人)'이라는 말이 유래한 기원전 16세기의 상(商) 왕조부터 있었을 것으로 추정된다. 사마천(司馬迁, 기원전 145(?)~기원전 86(?))이 기원전 91년에 쓴 역사서 『사기』의 「화식열전」에서도 이미 시장경제의 원리를 설명하고 있다. 시장경제는 수요와 공급에 따라 적정한 가격이 매겨지며, 국가는 관여하지 않는다. 사유재산이 안전하게 보장되므로 개인과 기업은 더 나은 경제활동을 하려고 노력한다. 시장이 경제활동을 어떻게 조절하는지에 대한 체계적 분석은 1776년에 이르러 애덤 스미스(Adam Smith, 1729~1790)의 『국부론』에서 밝혀졌다.

② 덩샤오핑의 개혁개방으로 사회주의 중국에 도입된 시장경제

10년간 중국을 피폐시킨 문화대혁명(1966~1976)이 끝난 뒤 중국의 2세대 지도자 덩샤오핑은 1977~1979년 네 차례에 걸쳐 일본, 태국, 말레이시아, 싱가포르 등 8개국을 방문했다. 그는 이곳에서 직접 '시장경제'를 영위하는 나라의 풍요로움을 각종 상품으로 가득 찬 슈퍼마켓 선반에서 목격했고, 개혁과 개방을 결심하게 된다.

선전박물관 개혁개방 전시실의 자료

당시 중국은 여전히 강력한 '계획경제'를 실시해서 국영 치약공장에서 만든 단 한 가지 브랜드의 치약을 정부가 정한 가격에 전 국민이 지정된 유통상점에서 구매해야 했다. 텔레비전, 라디오 같은 가전제품도 규모가 있는 국유기업 근로자에게만 발급되는 별도 구매권(쿠폰)이 있어야 살 수 있었다.

'개혁'은 계획경제에서 시장경제로 변화를, '개방'은 그동안의 자급자족·고립경제에서 탈피해 해외투자를 받아들이고 무역을 확대하는 변화를 의미했다. 1979년 시작된 덩샤오핑의 개혁개방정책은 15년간 지속되었고, 이 기간 수많은 해외 기업이 중국에 투자해 '시

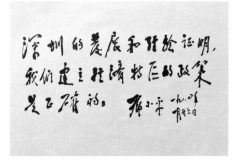

1984년 선전경제특구를 시찰하고 덩샤오핑이 남긴 메시지
'선전의 발전과 경험은 우리가 경제특구를 설립하는 정책이 정확함을 증명한다'는 내용이 적혀있다.

장경제' 시스템을 간접적으로 가르쳤다. 또 국유기업 일변도에서 외국투자기업(외자기업), 사영기업(사유기업) 등 시장 참여자를 다변화해 중국의 '계획경제'는 점점 '시장화'되었다.

덩샤오핑은 1990년 초 정치체제는 '사회주의'를 견지하더라도 경제체제는 인민들이 잘살기만 하면 '계획'이든 '시장'이든 중요하지 않다고 주장했다.

1990년 12월 1일 상하이에 이어 중국에서 두 번째로 개설된 선전증권거래소

개혁개방 선언 이후 중국 정부는 상하이와 선전에 주식시장을 만들었으며, 기업에 대한 정부와 공산당의 간섭을 배제할 현대 기업제도를 확립했다. 또 '인민은행법', '상업은행법', '회사법', '기업파산법' 등 수많은 경제법을 제정해 법제에 따른 시장경제의 틀을 조성했다.

중간에 '계획 속에 제한된 시장의 허용'이라고 볼 수 있는 '상품경제'라는 과도기를 거쳤으며, 제3세대 지도자 장쩌민 시기에 이른 1994년 '사회주의 시장경제'를 영위한다고 대외적으로 공개 선언했다.

❸ 1992년 사회주의 시장경제 이론 등장, 사회주의와 시장경제가 결합된 체제

그렇다면 현재 중국의 경제체제는 어떤 유형인가? 정답은 '사회주의 시장경제'다. '사회주의'와 '시장경제'라는 전혀 다른 두 개념을 합쳐놓은 '사회주의 시장경제' 이론은 1992년 10월 중국공산당 제14차 대표대회에서 처음 제기되었다. 이어 1993년 3월 거행된 제9차 전국인민대표대회(한국의 국회에 해당)에서 이 이론을 추인했다.

'사회주의 시장경제'에 대한 중국의 정의를 살펴보자. 중국 정부의 해석에 따르면, 사회주의 시장경제체제는 사회주의의 기본 제도를 기초로 정부의 거시적인 조절 아래 시장 메커니즘이 사회자원 배분에서 기초 작용을 하는 경제체제이다. 또 사회주의와 시장경제가 상호 결합된 체제이다. 이와 같은 해석에서 알

'사회주의 시장경제체제 수립의 문제에 관한 중공중앙의 결정'을 통과시킨 중국공산당 제14기 3중전회(1993)

수 있듯이, 사회주의 시장경제체제는 태생적으로 대립 요소인 시장경제의 속성과 사회주의의 제도적 특징을 공유하고 있다.

1992년 10월, 중국공산당 제14차 대표대회 보고서가 '시장'이라는 단어를 공식적으로 처음 사용했다고 해서 '시장경제'가 이때부터 시작된 것은 아니다. 당시 중국에는 이미 계획경제체제와 시장경제체제가 병존했으며, 개혁개방정책의 시작을 선언한 1978년 중국공산당 제11기 3중전회(중앙위원회 전체회의) 이후 '시장경제'가 싹트기 시작했다는 주장도 있다.

❹ 공유제가 기본, 사영경제와 외자경제가 보충하는 경제체제

1992년과 1993년의 공산당 문건에 근거해 사회주의 시장경제를 둘러싼 구조별 기본원칙과 특징을 살펴보면 다음과 같다.

먼저 소유제를 보면, 전민소유제와 집체소유제를 포함하는 공유제가 주체가 되고 개체경제, 사영경제, 외자경제가 보충 형식이 되어 여러 경제 성분의 장기간에 걸친 공동발전을 도모한다. 각종 경제 성분은 자체적으로 여러 가지 형태의 경영방식을 실행할 수

중국의 토지공유제를 보여주는 국유토지사용증

있다. 국유기업과 집체기업, 기타 기업은 모두 시장에 참여한다. 또 공정한 경쟁으로 국유기업의 장점을 발휘해 각종 소유제를 이끄는 주도적 기능을 한다.

중국은 지금도 토지는 공유제를 견지한다. 즉, 국가가 모든 토지를 소유하며, 개인과 기업은 그 토지에 대한 사용권을 유형별(주택용지 70년, 공업용지 50년, 상업용지 40년)로 구매해 주택이나 공장, 상가를 짓는다. 서구 국가들의 '시장경제'와 중국의 '시장경제'가 다른 점을 하나 꼽으라면 바로 이 토지공유제를 들 수 있다.

거시경제 조정정책에서는 인민들의 단기이익과 장기이익, 국가이익과 전체이익을 상호 결합해 계획경제와 시장경제 두 제도의 장점이 충분히 발휘되게 한다. 국가계획은 중요한 거시적 통제수단의 하나다.

중국의 사회주의 시장경제제도 수립에는 소유제 구조, 현대화된 기업제도, 현대적인 시장시스템과 가격 형성 메커니즘, 분배제도, 사회보장제도, 거시경제와 간접조절 시스템, 국제관례에 부합하는 대외개방 체제, 농촌경제의 시장화, 법률체계, 규범적인 중앙과 지방의 관계, 과학기술 교육과 기타 분야의 유기적 개혁 등이 핵심이 되고 있다.

❺ 2004년 헌법에서 사유재산 보호 규정, 2007년 물권법 제정

2004년 개정된 중국 헌법은 제13조에서 공민의 합법적인 사유재산의 보호를 규정하였다. 또 10년 동안 심의를 거쳐 2007년 3월 제정된 물권법(物权法)은 사유재산을 명문화한 사유재산법 성격을 띠고 있다. 헌법 제1조에서 중국은 '사회주의 국가'임을 천명하였으며, 서언에서는 인민들은 '사회주의 시장경제(the socialist market economy)를 발전시켜야 한다'고 명시하였다.

헌법 제11조에는 법률에서 규정한 범위 내의 개체경제와 사영경제 등 비공유제경제는 사회주의 시장경제의 중요한 구성 부분임을 밝히고, 국가는 비공유제경제의 합법적인 권리와 이익을 보호해야 한다고 명시했다.

헌법 제15조에서는 국가는 '사회주의 시장경제'를 실시한다고 다시금 천명했다. 그리고 국가는 경제입법을 강화해 '거시경제 조정'을 완벽하게 하며, 법에 의거해 어떤 조직이나 개인이 사회경제 질서를 혼란시키는 것을 금지한다고 명시했다.

이처럼 헌법과 기타 관련 법률과 법규를 참조하면, 중국식 특색을 지닌 경제 시스템이 바로 '사회주의 시장경제'임을 대내외에 천명하였음을 알 수 있다.

중국의 사회주의 시장경제 발전 과정

사회주의 계획경제 (1949)	개혁개방의 시작 (1979)	상품경제론 (1984)
• 평균주의 • 계획에 의한 생산·판매·유통	• 외자기업 체계 도입	• 증량개혁 • 주보론

물권법 도입 (2007)	WTO 가입 (2001)	사회주의 시장경제 (1994)
• 사유재산 보호	• 글로벌 스탠더드 편입 • 新국가 자본주의 대두	• 주식제 및 현대기업제도 도입 • 국유자산감독관리위원회 출범(2003)

* '주보론'은 계획경제를 위주로, 시장경제를 보조로 한다는 이론이며, '증량개혁'은 시장화 조치로 양이 증가한 부분에만 개혁을 시험적으로 적용한다는 의미이다.

Plus Info

사업단위(事業單位, Public Institution)

사업단위는 중국에만 있는 독특한 사회조직이다. 탄생 배경은 정부부처 또는 관변단체, 정당기구 등이 수익사업을 하려고 비기업형태의 법인격을 설립한 데서 기인한다. 2009년 말 기준 125만 개 사업단위에 3,035만 명이 종사하며, 이는 당시 공무원 수 4.3배 규모이다. 이들 사업단위(약 80%)의 설립자금은 정부재정에서 조달되었다. 중국 정부는 2012년부터 사업단위를 개혁하고 있다. 행정기능을 수행했던 곳은 '행정기구'로, 출판사 같은 경영단체는 '기업'으로, 학교·병원 같은 공익서비스단체는 '공익사업단위'로 개편 중이다. 그러나 이 개혁이 완성되는 시기는 2020년이다. 따라서 외국 기업의 비즈니스 파트너로 아직도 등장하는 '사업단위'가 정식 사업을 할 수 있는 자격이 있는지 파악하는 것이 중요하다.

55 5개년 계획

'5개년 계획'이란 한 국가의 발전계획, 특히 경제발전계획을 중기(3~5년) 단위로 수립하고, 이에 상응하는 정책과 관련 법률·법규를 마련하며, 그 계획을 집행한 후 분석해 다시 차기 회차 중기계획을 수립하는 것을 말한다.

'5개년 계획'은 1929년 소비에트연방이 처음 시작했다. 1949년 사회주의 정치체계를 수립한 중국은 경제체계에서도 소비에트연방의 영향을 받아 1953년 제1차 5개년 계획을 수립하고 집행했다. 1963~1965년을 제외하고 5년마다 편제되었으며, 11차부터 시장친화적인 '규획'으로 명칭을 바꿔 지금은 제13차 5개년 규획(2016~2020)이 실행되고 있다.

❶ 1929년 소비에트연방에서 시작된 5개년 계획

1917년 11월 7일, 사회민주노동당의 좌파 세력인 볼셰비키가 러시아 왕조를 붕괴시키고 공화국을 탄생시킨 두 번째 혁명인 10월혁명(볼셰비키혁명)이 일어났다. 이후 소비에트연방의 지도자들은 계획경제와 함께 고도의 공업화 사회에 대한 구상을 실현하기 시작했다. 이를 위해 만든 기구가 바로 소비에트연방의 경제를 다스리고 통제한 고스플란(Gosplan)이다. 정식 명칭은 '소비에트연방 각료회의 국가계획위원회'로, 1921년 2월 22일 성립되어 1991년 4월 1일 해체되었다.

고스플란은 국민경제 발전에서 통일된 계획의 수립을 담당했다. 1925년부터 사실상 국가의 연간계획인 '목표 수치'를 매년 공포했는데, 바로 이 시기에 5개년 계획이 출현했다. 고스플란의 초대의장 크르지자놉스키(Gleb Krzhizhanovsky)는 '연간계획은 운영계획이고, 10~15년을 포괄하는 일반계획은 건설의 개념이며, 5개년 계획은 운영계획의 일부분이기도 건설계획의 일

소비에트연방의 경제계획을 담당했던 고스플란의 초대의장 크르지자놉스키

부분이기도 하다'라고 주장했다. 이는 소비에트연방이 시작한 5개년 경제개발계획의 성격을 보여주는 발언이다.

그렇다면 왜 5개년 계획일까? 크르지자놉스키에 따르면 첫째, 5년은 대규모 경제건설에 충분하다. 둘째, 소비에트연방 농업에서 일정한 주기가 관찰되는데, 바로 5년이 장래의 평균 수확량을 계산하는 데 기초가 된다. 셋째, 일반계획을 5년 주기로 분할하는 것은 전체적인 경제과제를 대규모 건설단계로 세분하는 데 편리하다. 이후 5개년 경제발전계획은 '사회주의 계획경제'의 상징이 되었다. 소비에트연방의 5개년 계획은 구소련과 함께 고스플란이 해체되기 직전인 1990년까지 지속되었다(1~12차).

┃ 소비에트연방의 5개년 계획 관련 연대표   자료: 『러시아경제사』를 참조해 저자가 구성

기간	내역
1917. 11. 7	10월혁명으로 소비에트 정권 수립
1917. 12	국민경제최고회의 창설
1918. 2	토지 공유화 법령 제정
1921. 2	러시아 전력화 사업 착수―고스플란(국가계획위원회) 창설
1921. 3	신경제정책(NEP) 착수(10차 당대회)
1925. 12	14차 당대회, 공업화 노선 천명
1927. 12	15차 당대회, 농업 집단화 노선
1929~1933	제1차 국민경제 5개년 발전계획
1933~1942	제2~3차 국민경제 5개년 발전계획
1939. 9~1945. 9	제2차 세계대전
1946~1990	제4~12차 국민경제 5개년 발전계획
1989. 11. 9	독일 베를린장벽 해체
1991. 4. 1	고스플란 해체
1991. 12. 8	소비에트연방 해체―독립국가연합(CIS) 등장

❷ 소비에트연방 경제체계의 영향을 받은 중국

1917년 러시아에서 일어난 공산주의혁명은 많은 나라에 영향을 미쳤다. 그중 대표적인 나라가 바로 중국이다. 중국공산당은 1949년 10월 1일 중화인민공화국(중국)이라는 사회주의 국가를 세웠다. 중국공산당의 헌법이라 할 수 있는 당장(党章) 첫머리(총강)를 보면, 중국공산당의 행동지침으로 공산당의 시조인 마르크스·레닌주의와 아울러 1~4세대 중국 지도자들의 사상인 마오쩌둥사상, 덩샤오핑이론, 삼개대표론(장쩌민 총서기), 과학발전관(후진타오 총서기) 등을 제시하였다. 즉, 소비에트연방의 사회주의 정치노선이 현재의 중국에 영향을 미치고 있음을 알 수 있다. 현행 중국 헌법 서문에도 지도사상 중 하나로 마르크스·레닌주의를 명시하였다.

이처럼 중국은 소비에트연방의 정치체계에서 영향을 받았고, 경제체계 역시 자연스럽게 소비에트연방이 추구하던 '계획경제'를 채용하게 된다.[13] 1949년 10월 3일, 신중국은 성립된 지 3일 만에 소비에트연방과 국교를 수립하게 된다.

이후 1950년 2월 14일 소비에트연방과 '중소우호동맹호조조약(中苏友好同盟互助条约)'을 체결했는데, 모스크바에서 마오쩌둥과 스탈린이 서명했다. 이 조약 제5조는 다음과 같다. "양국은 우호협력 정신을 가지고 소비에트연방과 중국의 경제적·문화적 제휴를 강화하고, 상호 가능한 모든 경제원조를 제공하며, 아울러 경제적으로 필요한 협력을 하기로 약속한다." 이후 중국과 소비에트연방의 지원, 원조, 협력 등은 이 조약에 근거해 진행되었으며, 5개년 계획의 편제와 지원도 이에 따랐다.

---

[13] 계획경제와 시장경제에 대한 상세한 내용은 키워드 54를 참고할 것.

❸ 중국의 첫 번째 5개년 계획(1953~1957)

중국에서도 개국과 동시에 경제개발 5개년 계획을 준비했는데, 공식적으로 제1차 5개년 계획의 편제를 시작한 시점은 1951년 2월이다. 그 초안이 수정에 수정을 거쳐 1955년 7월 30일 제1기 전국인민대표대회 2차회의의 심의를 통과했다. 준비에만 5년이 소요된 것이다. 중국의 첫 번째 5개년 계획인 '국민경제 제1차 5개년 계획'은 1953~1957년을 실행기간으로 했다.

제1차 5개년 계획 기념우표(위)와 기념화책(아래)

중국은 5개년 개발계획을 편제할 때 경제성장 속도는 소비에트연방의 '고성장' 실적을 참고했다. 이를 근거로 달성하기 힘든 목표치들이 제시되었다. 소비에트연방의 5개년 계획에는 다른 국가들이 50~100년을 소요했던 과정을 10년 동안 따라잡겠다는 목표가 제시되었는데, 이런 개념들이 중국의 5개년 계획에도 적용된 것이다.

중국의 공업 및 농업성장률, 건설투자총액 역시 목표치가 과학적 근거 없이 높게 제시되었다. 실제로 중국의 공업성장률은 소비에트연방의 1차 5개년 계획을 참고해 연평균 20%로 초안에 설정되었으나 최종안에서는 14%로 낮아졌다. 중국은 5개년 계획을 수립할 때 1년 차 목표가 2년 차보다 높고, 2년 차 목표가 3년 차보다 높으며, 초안 목표치가 수정안보다 높았던 '선고후저(先高后低)'형 소비에트연방 모델을 그대로 답습했다.

제1차 5개년 계획 당시 소련의 지원으로 건설된 중국제일자동차(지린성 창춘)

제1차 5개년 계획 시기 간쑤성 란저우 화공단지에 파견된 소비에트연방 기술자

❹ 소비에트연방의 지원에서 자력갱생 단계로

중국 5개년 계획의 정식 명칭은 '중국 국민경제와 사회발전 5개년 계획강요(中华人民共和国国民经济和社会发展五年计划纲要)'다. 공업부문 과다 증산 운동이었던 대약진운동이 아사자를 수천만 명 야기한 실패의 영향으로 1963~1965년을 제외하고는 5년마다 편제되어 2016년부터는 제13차 5개년 규획(2016~2020)이 실행되고 있다.

중국의 5개년 계획은 크게 5단계에 걸친 변화를 보이며 진행되어왔다.

1단계는 '소비에트연방 지원' 단계다. 1차와 2차 5개년 계획은 소비에트연방의 전폭적인 지원으로 편제되고 집행되었다. 소비에트연방이 계획의 편제부터 실행에 필요한 인적(전문가)·물적(주요 공장 설비) 지원을 아끼지 않았다. 이에 따라 중국 역시 소비에트연방식 5개년 계획의 설계에 따라 중공업 중심의 발전계획을 수립·집행하게 된다.

2단계는 '자력갱생' 단계다. 1960년 7월 중국과 소비에트연방 간 이념논쟁의 결과, 5개년 계획을 지원하려고 중국에 들어와 있던 소비에트연방 기술진 1,390명 전원이 철수해버렸다. 그 배경은 중국의 타이완과 인도 분쟁에 대한 소비에트연방의 모호한 태도 때문이었다. 1960년 2월 모스크바에서 열린 바르샤바조약기구회의에서 중국은 소비에트연방의 수정주의를, 소비에트연방은 중국의 교조주의를 비판함으로써 갈등이 극대화되었다.

이후 중국의 경제발전에 필요한 소련의 지원은 끊겼고, 중국은 3차 5개년 계획 기간부터 오로지 자국의 힘으로만 경제를 발전시켜야 했다. 설상가상으로 문화대혁명이 일어나면서 4차 5개년 계획 기간에 중국 경제는 발전동력을 상실했다.[14]

---

[14] 문화대혁명에 대한 상세한 내용은 키워드 35를 참고할 것.

중국의 5개년 경제개발계획

구분	기간	주요 내용	비고
1.5계획	1953~1957	소비에트연방 지원으로 프로젝트 건설	공업기지 건설 착수
2.5계획	1958~1962	중공업 중심 발전계획 추진	대약진운동으로 경제부진. 중소 이념분쟁으로 소비에트연방 기술진 철수(1960. 7)
3.5계획	1966~1970	농업·경공업 분야 지원 개시	문화대혁명 기간 (1966~1976)
4.5계획	1971~1975	중공업 분야 중점 지원	
5.5계획	1976~1980	철강·석유화학 중점 발전	개혁개방정책 시작
6.5계획	1981~1985	난개발 정리, 경공업과 중공업 균형 발전 도모	개혁개방 심화
7.5계획	1986~1990	인프라 분야 투자 증대, 과학발전 도모	천안문사건 발발(1989)
8.5계획	1991~1995	사회주의 시장경제체제 수립	남순강화(1992)
9.5계획	1996~2000	샤오캉(중산층) 목표 수립	민생문제 대두
10.5계획	2001~2005	경제발전 모델 전환 착수 (투자 지양, 내수 중심)	WTO 가입(2001) 두 자릿수 고성장 지속
11.5규획	2006~2010	도시화를 통한 경제발전 도모	시장화에 중심을 두고 '계획'을 '규획'으로 변경
12.5규획	2011~2015	뉴노멀 시대 민생경제에 중점	7% 중속성장 시대 진입
13.5규획	2016~2020	중국제조 2025, 일대일로, 인터넷플러스 착수	샤오캉(중산층) 시대 완결, 중국몽 실현

* 11차부터는 정부 간섭 최소화와 시장화를 강조하기 위해 '계획' 대신 '규획'을 사용했다.

❺ 개혁개방과 사회주의 시장경제를 거쳐 WTO 체제로

3단계는 '개혁개방' 단계다. 2세대 지도자인 덩샤오핑은 1979년 개혁개방 정책을 실시하기로 결심했다. 이에 따라 이후 5개년 경제발전계획(5~7차)은 중공업뿐만 아니라 경공업, 농업, 교육, 과학 등 다방면에서 발전을 도모하며 다원화·다양화되었다.

4단계는 '사회주의 시장경제' 단계다. 8차 5개년 계획기간(1991~1995)에 중국은 '사회주의 시장경제'를 선언했다. 따라서 5개년 계획도 GDP 우선 성장에 중점을 둔 이전과 달리 민생 문제, 빈부 및 도시와 농촌 간 격차 해소 등의 문제를 같이 고민하게 된다. 드디어 9차 5개년 계획에 '샤오캉(小康)'이라는 중산층을 육성하기 위한 구체적인 경제사회발전 목표가 포함되었다.

5단계는 'WTO 체제' 단계다. 2001년 중국이 WTO(세계무역기구)에 가입하고 나서 경제사회 체제를 글로벌 스탠더드에 맞게 수정하는 작업이 시작되었다. 그 결과 11차 5개년 규획부터는 이전의 '계획(plan)'을 시장친화적인 '규획(guideline)'으로 바꿔 제시하게 된다. 이와 관련해 5개년 규획 편제를 담당하고 있는 국가발전개혁위원회의 설명을 보면, '정부의 간섭을 줄이고 시장화를 확대하며 WTO 가입 후 달라진 중국 사회주의 시장경제 시스템을 반영하기 위해 계획을 규획으로 바꿔 사용하고 있다.'

이처럼 중국의 5개년 규획은 각 시기에 주어진 경제사회 환경에 적응해가며 그 발전을 위해 최적화된 정량·정성 목표를 제시하고 있다. 나아가 이를 달성하기 위한 중앙정부의 법제화와 지방정부의 액션 플랜 수립을 요구하는 중국 최상위의 정책 지침으로 작동하고 있다.

56 중앙기업과 국유기업

Keyword

신중국 설립 후 중국 경제에서 큰 비중을 차지했던 국유기업은 단계별 개혁과정을 거쳐왔다. 2001년 중국의 WTO 가입 이후 외국 기업과 경쟁하면서 중앙정부가 관리·감독하는 국자위 관할 초대형 국유기업인 중앙기업이 탄생하게 된다.

❶ 국유기업은 중국의 중심

잘 알려진 것처럼 중국은 1949년 성립 후 공유제를 근간으로 기업체계를 시작하였다. 당시 국가가 소유한 기업을 국영기업(国营企业)이라고 했는데, 여기에 소유는 당연히 국가이며 경영도 국가가 한다는 의미가 담겨 있다. 공식 집계가 시작된 1957년 통계치를 보면 전국에 16만 9,500개 공업기업이 있었고, 이 중 29.2%가 국유기업이었으며, 나머지 70.8%도 지방정부가 소유한 또 다른 형태의 국유기업인 집체기업이었다. 다시 말하면 공업기업은 모두 국가 소유였다. 이러한 추세는 중국이 개혁개방정책을 막 시작한 1979년까지 이어졌다.

1980년에 중국의 공업기업은 모두 37.73만 개였는데, 드디어 400개 비국유(외자 및 사영)기업이 등장하게 된다. 0.1%의 비국유화가 시작된 셈이다. 이후 중국은 사회주의 시장경제의 도입(1994), WTO 가입(2001) 등으로 대표되는 체제개혁으로 국유기업 비중을 점차 줄여왔다. 2008년 통계를 보면 42.61만 개 공업기업 중 국유기업은 3.3만 개로 7.7% 수준에 불과하다.

2014년 현재 37.78만 개 공업기업 중 26.3%에 달하는 9만 9,439개가 주식회사이거나 유한책임회사로 이들 중 국가가 절대지분(50% 이상)을 얼마나 보유했는지 파악하기는 쉽지 않다. 『중국통계연감』에 보이는 마지막 수치에 따르면 2010년 전체 공업기업 중 4.4%가 국유기업이었으며, 이들은 공업국유기업 전체 생산의 26.6%, 자산의 41.8%를 보유하고 있었다.

1993년 헌법 개정 때 국영기업 명칭을 '국유기업(国有企业)'으로 바꾸어 '국가가 소유는 하되 경영은 기업이 자주적으로 하는 기업'이라는 의미로 전환하였다. 국유기업은 중국 경제에서 큰 비중을 차지하는 중요한 부문으로 1978년 개혁개방 이후 경제적 위상이 낮아지긴 하였으나 여전히 생산, 고용, 납세는 물론 여러 분야에서 중요한 역할을 담당하고 있다. 2013년 통계에 따르면 한 해 전체 세금의 34%가 국유기업(금융계 제외)에서 나왔으며, 일자리의 20%가 국유기업에서 창출되었다.

반면, 사회주의 국가인 중국 국유기업에 원천적으로 내재되었던 문제점들은 해결되지 못하고 오랜 기간 지속되어왔다. 특히 1980년대 이후 선진경영 기법과 효율성으로 무장한 외국투자기업이 중국에 진출하면서 국유기업과 격차를 더욱 벌리게 된다.

1984년 10월 중국 최초로 공개 발행된 상하이비락음향공사 주식

생산성, 수익성, 효율성이 저하되면서 국유기업 비중은 지속적으로 하락하고, 비국유기업의 비중은 상승해왔다. 국유기업의 당면한 문제점은 기술의 노화와 생산설비의 부실화, 자산유실, 적자경영 등이다. 이후 중국 국유기업은 다음에 소개할 여러 단계 개혁 조치를 경험하게 된다.

❷ 국유기업, 끝없는 변신을 시작하다

국유기업의 문제점을 해결하는 방향은 크게 두 가지 측면으로 시작되었다. 첫째는 소유와 경영을 분리해서 외자기업이나 사영기업과 경쟁하게 만드는 것이며, 둘째는 '현대기업제도'를 도입해 시장경제에서 운영되는 서구 '기업'과 동등한 위치를 국유기업에 부여하려는 것이었다. 과거 국유기업의 사장은 공무원이 겸직했다. 즉 심판과 선수가 한 몸인 꼴이었다. 시장을 감독해야 할 공무원이 기업 사장을 겸하니 기업경영에서 공정성과 효율성이 보장되지 못했다. 1980년 개혁정책이 본격화되면서 소유와 경영의 분리가 시작되었다. 또 새로 채용한 전문 CEO들에게 책임감과 인센티브를 보장하기 위한 개혁 조치(기업청부경영책임제)들이 도입되었다.

이후 국유기업에는 생산과 판매에서 좀 더 많은 자율권(방권양리, 放权让

利)이 주어졌고, 유보이윤을 확보할 수 있게 하였으며, 더 나아가 이윤 납부가 세금 납부로 전환(이개세 利改稅)되는 등 기업의 활력을 높이려는 제도가 수립되었다. 또 기업에서 정부 부처기능을 빼내기 위해 기존 재정투자를 대출로 전환하는(발개대 撥改貸) 개혁도 이루어졌다.

1994년에 이르러 국유기업 개혁의 2.0단계라 할 수 있는 '현대기업제도'를 도입하기로 결정했다. 이 제도의 핵심은 국유기업의 주식회사와 주주총회, 이사회, 감사회 등과 같은 기업 지배구조를 형성하는 데 있었다. 1993년 12월에 통과된 회사법(公司法)이 그 법률적 근거가 되었다. 이로써 국유기업을 움직여왔던 정부의 '보이는 손'은 소멸되기 시작했다.

1986년 12월에 제정된 파산법(잠정)이 폐지되고 2006년 8월에는 정식으로 기업파산법이 제정되어 '불사(不死)'의 특권을 누려오던 국유기업들도 사망선고를 받게 된다. 국유기업의 주인은 국가이다. 따라서 국유기업이 파산한다는 것은 국가의 파산을 의미하는 것과 다름없는 것으로, 정치적으로나 법률적으로도 국유기업은 '정산(생산중지)'은 있지만 '파산'은 없었다. 즉 아무리 부실기업이라 하더라도 장부상으로는 살아 있었다. 하지만 2000년 8월 랴오닝성 선양시에 있는 특대형 국유기업 선양제련창이 파산하면서 국유기업 개혁조치는 새로운 국면을 맞이하게 되었다.

선양제련창
1936년 설립된 금속제련기업. 1980년 중국 69위 대기업이었지만 환경오염으로 정산조치

▌ 중국 국유기업의 단계별 개혁 과정

국유기업 문제점	→	1980년대 중반 부분 개혁	→	1980년대 말 소유제 개혁
• 인원부담 등 비효율성 • 기업손익과 직원이익 무관 • 정부통제에 따른 경직성		• **방권양리**: 경영자율성 부여 • **발개대**: 기업투자 책임강화 • **이개세**: 정부와 기업 분리		기업청부 경영책임제 • 경영자율권 부여 • 정부, 소유자로 간섭 축소

2003년 관리 시스템 개혁	←	1994년 기업제도 시장화
국유자산감독관리위원회 설립 • 중앙과 지방관할 기업분리 • 경영간섭 축소 • 외자도입과 사유화 확대		현대기업제도 도입과 주식회사화 • 〈회사법〉으로 소유와 경영분리 • 자율경영권 확대 • 이사회, 감사회, 주주총회 등 감시가능 부여

❸ 국유자산관리감독위원회와 함께 등장한 중앙기업

2001년 중국의 WTO 가입은 단순히 무역 분야에 글로벌 스탠더드를 도입했을 뿐만 아니라 경제 분야에서도 국제적 수준의 개방도를 높이는 계기로 작용했다. 국유기업 개혁 역시 한 단계 업그레이드되어 시스템(제도와 규정)에 의한 개혁 방향을 확정했으며, 그 결과 탄생한 것이 중앙기업(中央企業)이다. 중앙기업은 중앙정부가 관리·감독하는 초대형 국유기업을 의미한다.

중국 정부는 2003년 중앙기업의 효율적인 관리·감독을 목적으로 국유자산감독관리위원회(State-owned Assets Supervision and Administration Commission of the State Council, '국자위'로 줄여 칭함)를 설립했다. 즉, 국자위가 설립되면서 국유자산 소유자가 명확해지게 되었는데, 이는 이전까지 중앙기업의 투자자가 불명확했을 뿐만 아니라 관리체제에도 폐단이 존재했기 때문이다. 또 중앙기업에서 중앙과 지방, 정부부처 간의 권한과 책임이 불명확했고, 정부부처에서조차 공공관리와 국가소유권 기능을 담당하는 등 폐단이 있었다.

국자위가 설립되면서 중앙기업의 투자자가 명확해지게 되었다. 국자위에서 설립한 기관이 투자 관련 직무를 수행하며 공공관리부서와 분리됨으로써 정경분리의 기반을 마련했다. 이사회와 감사회에 대한 국자위의 관리로 기업에는 합법적으로 경영권이 확보되도록 유도했다. 또 대표적 국유자산 투자자인 국자위를 통해 소유자(주주) 권익을 보호함으로써 국유자산가치 보증과 상승을 실현하고자 하였다.

국자위 도입 후 31개 성, 직할시, 자치구에 지방 국자위를 설치하였으며, 이들은 지방정부 소유의 대형 중점 국유기업을 관리했다. 즉 베이징국자위는 56개 지방 국유기업을 관리하는데 이 중에는 현대자동차의 중국법인(베이징현대) 합작파트너인 베이징자동차그룹이 포함되어 있다. 또 상하이국자위는 44개 지방 국유기업을 관리하는데 여기에는 2004년 쌍용자동차 인수로 우리에게 알려진 상하이자동차그룹이 포함되어 있다.

❹ 글로벌 500대 기업 중 2위는 중앙기업

　2003년에 196개이던 중앙기업은 13년 동안 통폐합 과정을 거쳐 2015년에는 106개, 2016년에는 102개로 축소되었다. 기업 수는 축소되었으나 몸집은 초대형으로 불어나 이제는 글로벌 기업 반열에 오르게 되었다. 2016년 말 102개로 줄어든 중앙기업에는 우리나라 공기업도 영위하는 전력, 철도 외에 항공, 소금, 방직, 의약, 이동통신, 자동차 분야까지 일부 독과점 형태로 장악해서 민간기업으로부터 불공정 거래를 의심받고 있기도 하다.

　미국 잡지 『포춘』은 각 분야에서 세계 500대 기업을 발표하고 있다. 중국 기업이 세계 기업 리스트에 처음 등장한 것은 1989년이다. 이때 『포춘』 세계 500대 기업에 처음 등장한 기업은 중국은행이다. 1995년에도 『포춘』 산업별 500대 기업 리스트에 중국 국유기업 3개가 이름을 올렸다. 이제 글로벌 기업 리스트에 등장하는 중앙기업의 비중은 날로 커지고 있다. 2009년 『포춘』이 선정한 세계 500대 기업에 중국기업이 34개 진입하였는데, 이 중 33개가 중앙기업이다. 2015년에는 500대 기업에 진입한 중국 기업이 99개(홍콩 소재 5개사 포함)사로 늘어났고, 이 중 중앙기업은 47개였다.

　국자위 설립 이전 중앙정부 관할 국유기업 수는 236개에 달했다. 그러나 2000년부터 무려 40개사를 통폐합해 축소하거나 지방정부에 소유 관리권을 이양하게 된다. 이후 2003년에 국자위 첫 번째 중앙기업 명단에 오른 중앙기업은 196개사였다.

　다음 표는 2003년부터 2015년까지 13년간 중앙정부 산하 국유기업의 현황을 보여준다. 기업 수는 196개에서 2015년 말 106개로 46%나 감소하였지만 자산은 410%, 매출은 408%, 세전이익은 198% 증가하였다. 이익률을 보면 2005년 10.1%에 달했으나 최근에는 5.4% 수준까지 떨어졌다. 즉 통폐합 후 남은 중앙기업은 갈수록 거대화되는 반면 수익성은 그렇지 못함을 알 수 있다. 이러한 중앙기업의 대형화 추세는 각급 지방정부에도 반영되어 지방정부가 소유·운영하는 국유기업도 대형화 바람을 타고 있다.

	2003	2004	2005	2006	2007	2008	2009
기업 수	196	186	169	169	151	143	129
자산	–	92,150.7	105,200	106,000	n.a.	180,965	221,229
매출액	–	44,678.1	55,917.8	59,917.7	85,864	107,600	111,000
세전이익	–	41,88.9	5,649.9	5,649.9	5,054	6,830.4	7,109.6
이익률	–	9.37%	10.1%	9.4%	5.9%	6.3%	6.4%
M&A 기업 수	22	10	18	0	18	6	14

	2010	2011	2012	2013	2014	2015
기업 수	117	117	117	113	113	106
자산	239,000	278,000	312,000	350,000	n.a	470,000
매출액	149,000	202,409	225,000	242,000	251,000	227,000
세전이익	8,022.6	9,173	13,000	13,000	14,000	12,500
이익률	5.4%	4.5%	5.8%	5.4%	5.5%	5.5%
M&A 기업 수	12	0	0	4	0	7

　중국 정부의 중앙기업 관리근거는 안정적인 국가경제의 운영이다. 먼저 중국 최대 석유화학 그룹인 시노팩을 보자. 시노팩은 중국 원유생산량의 57%, 국내 천연가스 생산량의 80%를 점유하고 있다. 중국 최대 이동통신회사 차이나모바일이 보유한 고객은 4.6억 명으로 중국 인구의 34%에 달한다. 이외에도 국내 전기생산의 55%, 항공운송 매출액의 82%, 수자원 설비의 75%를 중앙기업이 담당하고 있다.

　2016년 말 기준으로 102개로 줄어든 이들 중앙기업은 핵, 전력, 항공우주, 조선, 천연가스, 원유, 화학, 석탄, 중장비제조, 철강, 알루미늄, 해양·항공운수, 철강판매·연구, 화공, 기초화학소재, 건축재료, 비철금속, R&D,

철도, 철도엔지니어링, 임업, 건축설계, 국부펀드 자산운용, 항공기제조, 황금, 수자원 관리 등 전통적으로 국가가 관리해온 중요 기간산업에 주로 포진해 있다.

그러나 이들 영역 외에도 양곡(곡물), 자동차 제조, 이동통신, 경공업, 제염(소금), 부동산 개발, 방직, 여행, 보험, 인쇄, 전자, 정보통신(IT) 등 서구에서는 이미 민영기업이 시장주도권을 확보하고 있는 영역에서조차 중앙기업이 시장을 좌지우지하고 있다.

2016년 『포춘』의 글로벌 500대 기업 리스트에서 중국 중앙기업은 2위부터 4위(2위 State Grid, 3위 Sinopec Group, 4위 China National Petroleum)를 차지했다. 이제 국가전력망, 중국석유천연가스, 시노팩과 같이 글로벌 톱 10위 진입 중앙기업들이 더 늘어날 전망이다.

57 중국의 WTO 가입

2001년 12월, 중국은 세계무역기구(WTO)에 공식적으로 가입하였다. 이는 중국의 전면적인 시장개방을 의미하면서 세계 무역경제에 변화를 예고했다.

　중국은 이미 1948년에 GATT 가맹국이 되었지만 1950년 타이완으로 옮긴 장제스 국민당 정부가 GATT 탈퇴를 선언함으로써 1949년 공산당혁명 후 성립된 중국은 GATT 회원국 지위를 인정받지 못하게 되었다.

　중국은 1979년부터 개혁개방정책을 실시하였으나 GATT 가맹국이 아니었던 까닭에 수출 상대국의 많은 무역장벽을 회피할 수 없었고, 통상에서 불공정 대우도 빈번했다. 이에 중국 정부는 1982년 11월, GATT 제36차 가맹국 대회에 처음으로 참가한 후 가입 신청을 하게 되었으며, 1985년 11월 GATT 이사회는 중국에 옵서버(Observer) 자격을 부여하게 된다. 이에 중국 정부는 1986년 7월 정식으로 GATT 복귀신청서를 제출하였지만 기존 회원국들의 견제와 받아들이기 힘든 요구 등으로 진전을 보지 못했다.

　1987년 중국의 GATT 가입을 위한 실무 작업반이 발족된 이래 13년간 여러 차례 작업반회의가 열렸다. 그동안 중국은 광범위한 분야에 걸쳐 관세를 인하하고 비관세장벽을 철폐하는 등 무역자유화 조치를 수차례에 걸쳐 실시하였다. 또 GATT에 가입하기 위해 미국, EU, 일본 등 주요 교역국들과 관계를 개선하는 동시에 자국의 무역장벽을 완화하는 일정을 밝히는 등 가입 작업을 신속하게 진행해왔다.

　GATT는 1995년에 WTO 체제로 전환하게 되었으나 중국은 기한 내 GATT 가입을 완결하지 못하고 WTO 체제를 맞이하게 된다. 중국 정부는 새로운 WTO 체제 아래에서 WTO 가입을 위한 협상에 나서게 된다. 1995년 6월, 중국은 다시 WTO 옵서버 자격을 취득하였으며, WTO 가입을 위한 양자협상을 시작하였다. 1997년 8월, 뉴질랜드와 WTO 가입을 위한 첫 번째 양자협상을 타결한 후 1999년 일본과 미국, 2000년 EU와 양자협상을 타결하고 2001년 9월 멕시코와 마지막 양자협상을 끝으로 필요한 다자간 무역협상 절차를 마감하게 된다.

2001년 11월 10일, 카타르 도하에서 열린 제4차 각료회의에서 중국의 WTO 가입이 승인되었고, 한 달 후 승인안이 발효되어 2001년 12월 10일 중국은 WTO 회원국 지위를 획득했다.

Plus Info

GATT와 WTO

WTO(World Trade Organization), 즉 세계무역기구의 전신은 GATT(General Agreement on Tariffs and Trade)이다. GATT는 제2차 세계대전 종료 후 국제 경제 질서를 재정립하는 과정에서 시장경제 원칙에 바탕을 둔 자유무역을 신장하기 위한 '국제무역기구(International Trade Organization, ITO)'의 출범이 실패하면서 관세인하를 통한 자유무역을 우선 실현하기 위하여 채택된 조약이었다. 제2차 세계대전이 끝난 뒤 국제통화기금(IMF)과 개발도상국의 재건을 돕는 국제부흥개발은행(IBRD)이 출범했다. 1948년 3월 24일 ITO 출범을 약속하고 54개국이 ITO 설립조약인 하바나헌장(Havana Charter)에 서명했다. 그러나 미국 상원에서 비준이 거부되면서 ITO는 출범하지 못했다.

그 대신 1947년에 합의한 GATT를 기준으로 세계무역 전반에 대해 질서를 잡기 시작했다. GATT는 1947년 제네바에서 23개국이 관세 철폐와 무역 증대를 위하여 조인한 '관세 및 무역에 관한 일반협정'이다. 1995년 WTO 체제로 대체되기 전까지 전 세계에서 120여 개국이 가입하였으며, 중국은 1948년 4월 21일, 당시 중화민국 국민당 정부가 GATT 창립 멤버로 가입하였으나 1950년 3월 타이완 당국이 다시 탈퇴하였다. 한국은 1967년 4월 1일부터 정회원국이 되었다.

GATT가 국제무역의 확대를 도모하기 위하여 가맹국 간에 체결한 협정 내용은 다음과 같다.

① 회원국 상호 간의 다각적 교섭으로 관세율을 인하하고 회원국끼리는 최혜국대우를 베풀어 관세의 차별대우를 제거한다.
② 기존 특혜관세제도(영연방 특혜)는 인정한다.
③ 수출입 제한은 원칙적으로 폐지한다.
④ 수출입 절차와 대금 지불에 차별대우를 하지 않는다.
⑤ 수출을 늘리기 위한 여하한 보조금 지급도 금지한다.

GATT 체약국들이 GATT를 중심으로 관세인하를 위한 협상과 그들 사이의 무역분쟁을 해결하기 위한 협력관계를 유지하면서 GATT는 사실상 국제기구로서 모양을 갖추게 되었다. 그러나 GATT는 다자조약의 지위를 가졌을 뿐 여전히 국제기구가 아니었기 때문에 IMF 등 다른 국제경제기구와 관계에서 지위와 역할이 불완전했다. 이에 세계 각국은 1990년부터 다자무역기구(Multilateral Trade Organization, MTO) 창설을 주창했고, 다자간 무역협상인 우루과이라운드(1986~1993)부터 가시화되었다. 우루과이라운드를 마지막으로 미국이 MTO 성립에 지지를 표명함에 따라 MTO 창설이 다음 해에 합의되었다. 1993년 12월 MTO는 현재 명칭인 WTO로 개칭되어 창립되었다. 2018년 말 현재 WTO 회원(국)은 164개이다.

▍ 중국의 WTO 가입 과정

자료: 중국상무부

일자	내용
1948. 4. 21	GATT 의정서에 서명하고 동년 5월 21일 GATT 창립 회원국 지위 확보
1950. 3. 6	타이완 국민당 정부, GATT 탈퇴 선언
1982. 11	중국 정부, GATT 제36차 가맹국 대회 참가
1985. 11. 6	GATT 가입 신청 및 GATT 옵서버 자격 취득
1986. 7. 10	GATT 복귀 신청서 정식 제출
1987. 2. 13	'중국 대외무역제도 비망록' 제출 후 가맹국 심사 시작 가입 작업반(working party) 설치(3. 4)
1987. 10. 22	GATT 가입 작업반 1차 회의 개최(스위스 제네바)
1988. 2. 23	GATT 가입 작업반 2차 회의 개최(스위스 제네바)
1992. 10. 21	GATT 가입 작업반 11차 회의 개최(스위스 제네바) – 시장 진입 허용에 대한 실질 협상 단계 진입
1994. 12. 20	GATT 가입 작업반 19차 회의 개최(스위스 제네바) – WTO 창립 회원국 시한까지 협상 미종료
1995. 5. 7	WTO 가입을 위한 협상 개시
1995. 6. 3	WTO 옵서버 자격 취득
1996. 3. 22	WTO 가입 작업반 1차 회의 개최(스위스 제네바)
1997. 8. 4	뉴질랜드와 WTO 시장 진입 허용 협상 타결(첫 번째 양자협상 타결) 한–중 양자협상 타결(1,584개 품목에 대한 관세인하 합의)
1999. 7. 9	일본과 WTO 가입 협상 타결
1999. 11. 10	미국과 WTO 가입 협상 타결, 캐나다와 WTO 가입 협상 타결(11. 26)
2000. 5. 15	EU와 WTO 가입 협상 타결
2001. 9. 13	멕시코와 WTO 가입 협상 타결(마지막 양자협상 타결)
2001. 9. 12	WTO 가입 작업반 18차 회의 개최(스위스 제네바) – 다자간 의정서 작업 완료, 가입에 관한 공식 합의 도달
2001. 11. 10	WTO 제4차 각료회의(카타르 도하)에서 중국 가입 승인
2001. 12. 10	전국인민대표대회 상무위원회에서 중국 WTO 가입안 비준

58 자동차 왕국

세계 자동차 생산에서 중국이 차지하는 비중은 2005년에서 2009년 사이 8.5%에서 22.5%로 뛰어올랐고, 같은 기간 미국은 17.7%에서 9.3%, 일본은 16%에서 12.9%로 축소됐다. 중국은 2009년 이후 줄곧 세계 자동차 생산과 판매에서 1위를 점유하고 있다.

1903년 미국 포드사에서 포드T를 대량 생산한 이후 미국과 유럽은 자동차 강국으로 생산과 판매를 주도해왔다. 중국이 자동차를 생산한 것은 이로부터 53년이 지난 1956년인데, 당시 사회주의의 선구자였던 소비에트연방의 지원으로 4톤 트럭을 생산할 수 있었다. 그로부터 다시 53년이 지난 2009년, 중국은 세계 자동차 생산량 1위 국가로 부상했다. 같은 해 한국은 자동차 351만 3,000대를 생산하여 세계 생산 비중 5.7%로 5위를 기록했고, 중국은 전년보다 48.3% 증가한 1,379만 대를 생산하여 일본을 제치고 세계 시장 점유율 22.5%를 차지하며 1위 자동차 생산대국이 되었다.

❶ 태동기(1949~1978)

마오쩌둥이 소련 방문 시 체결한 '중소우호동맹상호원조조약(1950. 2)'에 따라 소비에트연방(소련)은 156개 프로젝트에 걸친 대중 원조를 결정하였으며, 여기에 자동차 공장 건설이 포함된다. 당시 중국 정부의 방침은 경제회복에 따른 물류의 급증에 대처하고 운송력과 국방 운송의 강화를 목적으로 상용차(트럭) 생산을 우선하는 것이었다. 또 제1자동차 건설입지로 소련 측 의견에 따라 지린성 창춘에 건설하기로 결정하여 1953년 7월 제1자동차공장(현재 中国一汽)이 착공되었다.

중궈이치(中国一汽)는 소련으로부터 생산기술과 설비를 전반적으로 도입하여 착공 3년 후인 1956년 7월 중국 최초로 연산 3만 대의 자동차 생산 공

장이 준공되었다. 드디어 1956년 7월 13일, 중국 최초의
국산차인 제팡(解放, CA10) 4톤 트럭이 탄생하였다. 설립
초기 중궈이치 국산화 비율은 70% 이상으로 소련의 일
괄 생산체제를 계승하였다. 또 동시에 일부 부품 메이커
가 설립되어 이들은 향후 자동차 부품산업의 중견기업
으로 성장하였다.

중국 최초 자동차 제팡(CA10) 도안이 실린 중국 화폐
1分(1953년 발행)

　　1960년대 말부터는 중견 메이커인 상하이자동차, 난징자동차, 지난자동
차, 베이징자동차가 등장했다. 이들은 권역 내 수요를 만족하기 위하여 '자
력갱생(自力更生)' 정책에 기초한 1성(省) 1공장의 지역 분업체제에 기인한다.
이 시기 가장 큰 프로젝트는 1965년 12월에 착공된 제2자동차공장(현 둥펑
자동차)이었다. 문화대혁명 이후 자동차 생산량은 1966년의 5만 6,000대 수
준에서 1967년에는 2만 대 수준으로 감소되었다. 이를 극복하기 위해 당시
삼선건설(三线建设) 기조에 따라 내륙지역인 후베이성 쓰엔시(十堰市)에 수직
통합에 따른 대규모 일괄생산체제를 갖춘 제2자동차공장 건설이 1969년에
완료되었다.

❷ 도약기(1979~1986)

　　1978년 이후 중국의 전면적인 개혁개방정책 실시에 따라 자동차 수요가
급증하였다. 경제개혁에 따라 먼저 부유해진 도시 지역의 사영업자들은 소
형 상용차에 대한 수요를 증가시켰다. 대외개방에 따라 중국 방문 인원이
증가하면서 접대용 승용차 수요도 늘었다. 이런 시장 변화에 대응하여 각
지방정부는 적극적인 지방산업 육성정책을 제출하여 자동차 공업을 발전시
키게 된다.

　　1982년 말에 이르러 서북 지역과 낭샤자치구를 제외한 기타 모든 성, 시,
자치구에 자동차 메이커가 설립되었다. 지역적 분할, 주관부문(부처)의 분할
적 행정 지휘계통 등으로 이 시기 시장은 분절되었다. 그 결과 부품 표준
화·규격화가 어려워졌고 호환성을 무시한 생산이 이루어졌다. 각 메이커는
각자의 시장수요만 충족하는 개발과 생산을 반복하여 양산체제 확립과 기
술 진보는 이루어지지 못했다.

1981년부터 대형 메이커와 중견 메이커를 핵심으로 기업 그룹화가 본격적으로 추진되었으나, 중국 자동차업계 최초의 구조조정은 실패로 돌아간다. 기술격차를 줄이고 산업중점을 기존의 중형트럭에서 대형·소형트럭과 승용차로 전환하기 위하여 중앙정부는 1980년대 중반부터 선진국 기술 도입과 합작을 유도하였다.

❸ 성장기(1987~1997)

1980년대 중반부터 개혁개방이 심화됨에 따라 경제가 급속히 발전하였고 승용차와 버스의 수요가 급증하였으며 수입량이 대폭 증가하여 1985년 승용차 수입량은 10만 6,000대로 국산 승용차 생산량 5,200대의 20배에 달하였다. 이에 중국 정부는 7차 5개년 계획(1986~1990)부터 자동차 산업을 지주산업으로 지정하여 승용차 국산화 정책을 검토하기 시작하였다. 승용차 국산화를 촉진하기 위해 중앙정부는 1986년부터 수입허가증과 쿼터제를 도입하여 승용차 수입을 제한하였고, 대외적으로 200%의 높은 관세를 징수하여 국내 승용차 시장을 보호하였으며, 조립용 부품의 관세 등급화로 승용차 메이커의 국산화를 촉진했다.

1986년 10월, 국무원은 '자동차공업 2000년 발전 계획요강'을 발표하여 2000년 승용차 생산목표를 170만 대로 정하고 승용차 생산비중을 40%로 설정하였다. 이는 중국 자동차 산업의 중심이 승용차로 전환하였다는 것을 의미한다. 1987년 8월 국무원 회의에서는 승용차 3대기지(이치자동차, 둥펑자동차, 상하이자동차) 육성책을, 1988년 12월에는 이미 해외기술을 도입한 3사를 포함한 6대기지(기존 3대+베이징자동차, 광저우자동차, 톈진자동차) 육성책을 발표하였다.

이들은 외국사와 합작사를 설립하였다. 즉 베이징자동차는 미국 크라이슬러, 광저우자동차는 프랑스 푸조, 상하이자동차와 이치는 독일 폭스바겐, 둥펑자동차는 프랑스 시트로엥, 톈진자동차는 일본 다이하츠와 합작사를 만들어 승용차를 생산하였다. 이후 유럽과 미국 기업들이 신흥시장인 중국에 적극적인 진출을 결정하면서 1990년 시트로엥사와 둥펑자동차는 선룽기

차, 1991년 폭스바겐과 이치는 이치VW, 1992년 GM은 진베이통용자동차, 1993년 이스즈(Isuzu)는 장링자동차, 스즈끼(Suzuki)는 창안링무자동차 등 합작사를 추가로 설립하였다.

❹ 성숙기(1998~2005)

1990년대 말부터 세계의 모든 글로벌 메이커가 중국에 진출하여 각종 모델을 생산하기 시작함으로써 중국은 세계 자동차 공장으로 전환되었다. 1997년 철수한 프랑스 푸조에 대응하여 일본 혼다사는 광둥성 광저우시로부터 푸조사의 50% 지분을 인수하여 광저우혼다사를 설립하였다. 한국 기아자동차도 1999년 7월 장쑤위에다그룹과 합자로 장쑤위에다기아유한공사를 설립하여 프라이드(pride) 생산을 시작하였고, 2001년 11월에는 둥펑그룹과 합작을 추진하였다. 일본계 기업의 중국 진출도 본격화되어 닛산이 정저우닛산의 뒤를 이어 둥펑그룹과 합작관계를 형성해 2002년 3월 펑선자동차에서 생산을 시작하였다. 토요타의 본격적 중국 진출은 다른 메이커(혼다, 닛산)보다 늦어서 2002년 8월, 토요타는 이치그룹과 합작한 후 2002년 10월 톈진에서 정식으로 승용차 생산을 시작하였다.

한국 현대자동차도 2002년 10월 베이징자동차와 합자로 베이징현대(北京現代)를 설립, 소나타 모델부터 생산하기 시작하여 승용차, 상용차 등 모든 부문에 대한 전면적 합작을 추진하기 시작하였다. 이외에 피아트, 포드, 마쯔다 등도 중국의 기존 업체와 합작하여 승용차 생산을 진행하게 되었다.

펑선자동차(둥펑-닛산) 모델 전시 모습

그동안 중국 시장을 등한시했던 럭셔리 카 메이커들도 커져가는 내수시장 앞에서 자존심을 접기 시작했다. 첫 주자는 2003년 5월 중국에 진출한 독일의 BMW이다. 랴오닝성 선양을 기반으로 한 화천자동차와 합작하여 2004년에 중국산 BMW 3시리즈를 처음 생산하였고, 이어서 1, 2시리즈까지 확대되었다. 2016

베이징현대 자동차 전시장(닝샤자치구 인촨시)

년 BMW의 중국 내 생산량은 30만 대를 기록했다. 메르세데스벤츠도 2005년 이치그룹과 합작하여 중국산 벤츠를 생산하기 시작했다. 2005년 11월에 E280 모델이 처음으로 중국에서 생산되었으며, 이후 다른 C, E시리즈 모델로 확대되었다. 현재 베이징-벤츠의 생산능력은 10만 대 수준이다.

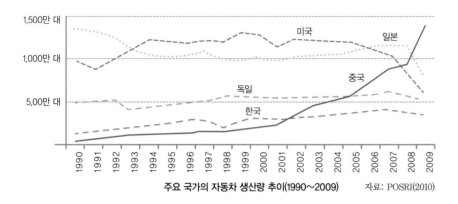

주요 국가의 자동차 생산량 추이(1990~2009)　　자료: POSRI(2010)

2017년 세계 각국 자동차 판매량(단위: 만 대, %)　　자료: 중국자동차공업협회

국가	2017년 판매량	2016년 판매량	증감률(%)
중국	2,887.89	2,802.7	3.04
미국	1,724.59	1,755.34	−1.75
일본	523.42	497.03	5.3
인도	401.88	366.92	9.53
독일	344	334.9	2.7
영국	254	269.35	−5.7
브라질	224	205.07	9.23
프랑스	210	200.57	4.7
이탈리아	197.05	182.59	7.92
러시아	159	141.96	12
한국	156	160	−2.5

중국 내 자동차 판매량 상위 10개사(2016년 기준)(단위: 만 대, %)

자료: 중국자동차공업협회

순위	자동차(그룹)		승용차		상용차(버스, 트럭)	
	기업명	판매량	기업명	판매량	기업명	판매량
1	상하이자동차 (上汽集团)	647.2	상하이VW (上汽大众)	200.0	베이징푸톈 (北京福田)	48.1
2	둥펑자동차 (东风集团)	427.7	상하이GM (上汽通用)	188.0	둥펑자동차 (东风汽车)	44.4
3	이치그룹 (一汽集团)	310.6	상하이GM우링 (上汽通用五菱)	187.8	장화이자동차 (江淮股份)	27.1
4	창안자동차 (中国长安)	306.3	이치VW (一汽大众)	187.2	상하이GM우링 (上汽通用五菱)	26.3
5	베이징자동차 (北汽集团)	284.7	창안자동차 (长安汽车)	122.0	이치그룹 (一汽集团)	24.0
6	광저우자동차 (广汽集团)	164.9	베이징현대 (北京现代)	114.2	장링자동차 (江铃控股)	23.5
7	창청그룹 (长城集团)	107.5	둥펑닛산 (东风日产乘用车)	111.8	중궈중싱 (中国重型)	20.0
8	지리그룹 (吉利控股)	79.9	창청자동차 (长城汽车)	96.9	충칭리판 (重庆力帆)	17.9
9	화천자동차 (华晨汽车)	77.4	창안Ford (长安福特)	94.4	창안자동차 (长安汽车)	16.0
10	치뤄자동차 (奇瑞汽车)	69.9	지리자동차 (吉利控股)	79.9	진베이자동차 (金杯汽车)	12.3
10대사 합계(만 대)		2476.9	1382.2		259.4	
10대사 비중(%)		88.3	56.7		70.2	

59 신창타이(新常态)

중국어에서 '신(新)'은 옛것과는 다른 새롭다는 의미이고 '창타이(常态)'는 정상적인 상태를 뜻한다. 따라서 '신창타이'는 이전의 것과는 다르며, 새롭게 회복된 정상적인 상태를 의미한다.

　신창타이(新常态, New Normal)는 시진핑 중국 국가주석이 2014년 5월 허난성 시찰 도중 언급한 말이다. 중국 경제가 개혁개방 이후 30여 년간의 고도 성장기를 끝내고 새로운 상태로 이행하고 있다는 의미였다.[15]

　중국의 경제성장률은 과거 30년 이상 연평균 10%를 유지했다. 특히 2007년에는 14.2%로 정점에 달했다. 그러나 2008년 미국발 세계금융위기의 영향, 새로운 국내외 환경과 그에 따라 발생한 여러 가지 문제에 직면하면서 과거와 같은 고속성장을 지속하기는 불가능해졌다.

　중국의 경제성장률은 2010년 10.4%를 기록한 후 계속 하락하고 있다. 2012년부터 3년 연속 7%대에 머물렀고, 2015년에는 6.9%로 떨어졌다. 중국 정부는 경제성장률이 2012년부터 7%대로 둔화되자 이를 '새로운 정상 상태'로 인정했다. 중국 경제가 고도성장기를 지나 안정 국면에 접어들었다고 인식한 것이다.

　이에 중국 정부는 개혁개방 이후 지속돼온 경제구조를 전환하고자 했고, 새로운 전환을 위해 기존의 관념이나 개념을 버리고 신창타이(새로운 표준)를 받아들였다. 즉, 신창타이는 경제구조 전환에 정책의 초점을 맞춘 것으로, 시진핑 정부가 제시한 중국 경제와 사회가 직면한 문제를 해결하는 근본적 방법론이다.

---

[15] 시진핑 국가주석은 2014년 5월 중순 허난성을 시찰하면서 "중국의 발전은 지금 중요한 전략적 기회의 시기를 맞이하고 있다. 우리는 더욱 굳건한 믿음을 갖고 현재 우리나라 경제발전의 단계적 특징에서 출발하여 신창타이(新常态, 뉴노멀)에 적응하고 전략상 평상심을 유지해야 한다"라고 언급했다. 시 주석의 발언은 5년 전 서구에서 나왔던 뉴노멀(New Normal)을 최고지도자가 언급한 점 그리고 현실 경제에 대해 말을 아꼈던 시 주석이 한 단계 낮은 성장률이 상당 기간 지속될 것이라는 견해를 명쾌하게 표현한 점 두 가지 이유로 주목을 받았다. 이철용(2014), 1~19쪽.

신창타이는 중국판 뉴노멀(New Normal)이라고 할 수 있다. '뉴노멀'은 시대 변화에 따라 새롭게 부상하는 경제적 기준을 말한다.

이 말은 2003년 미국의 벤처캐피털리스트 로저 맥나미(Roger McNamee)가 처음 사용했다. 미국 자산운용사 '핌코(PIMCO)'의 최고경영자였던 무함마드 엘 에리언(Mohamed A. El-Erian)이 『새로운 부의 탄생』에서 2008년 글로벌 금융위기 이후 미국 경제 상황을 '뉴노멀'로 지칭하면서 널리 퍼졌다.

뉴노멀은 저성장과 저소비, 저수익률 같은 현상이 일반화되고 새로운 표준이 된 상황을 일컫는다. '잘나가던 과거 시절'과 비교되는 새로운 상태를 가리키는 개념이다.

2015년부터 출간된 신창타이 주제 단행본들

이에 비해 중국의 시진핑 지도부가 강조하는 '신창타이'는 새로운 질서와 새로운 표준, 새로운 성장방식 등 긍정적 의미를 담았다. 경제발전이 다소 더디더라도 개혁과 구조 재편으로 낡은 성장방식에서 새로운 패러다임으로 전환해나간다는 전략이다. 이 때문에 중국이 주창하는 '신창타이'는 중국 경제에 새로운 발전 기회를 가져올 것이라는 긍정적 의미로 해석된다.

신창타이는 2014년 11월 베이징에서 열린 아시아·태평양경제협력체(APEC) 최고경영자(CEO) 회의에서 더욱 구체화되었다. 시진핑 주석은 '발전의 지속성을 추구해 아시아·태평양의 꿈을 함께 구축하자'는 주제의 연설에서 '신창타이 시대'를 언급했다. 신창타이가 중국에 새로운 발전 기회를 가져다줄 세 가지 특징과 네 가지 기회도 설명했다.

세 가지 특징으로, 초고속성장에서 중고속성장으로 전환, 경제구조의 고도화, 성장동력의 전환을 제시했다. 네 가지 기회에 대해서는 다음과 같이 예측했다.

첫째, 중국의 경제성장은 둔화되었지만 실제 경제규모 면에서는 여전히 세계에서 선두에 있을 것이다. 둘째, 성장동력이 다원화될 것이다. 셋째, 경제구조의 전환과 업그레이드로 소비의 경제성장률 기여도가 투자 공헌도를 넘어서고 서비스업 비중이 제조업 비중을 초과하는 등 성장의 질이 개선될 것이다. 넷째, 행정기구의 간소화와 정부권력의 간섭 감소 등으로 시장이 활성화될 것이다.

중국의 공산당 기관지 〈인민일보〉에서도 '중국 경제의 신창타이는 무엇인가'라는 기획 시리즈에서 신창타이의 특징을 분석했다.

첫째, 중고속성장으로 전환이다. 경제성장률이 연 10% 내외에 달했던 고속성장 시대에서 연 7~8% 안팎의 중고속성장 시대로 전환한 것이 신창타이의 가장 기본적인 특징이다.

둘째, 경제구조의 변화다. 산업구조 면에서 제조업 중심이 서비스업 중심으로 바뀌는 것이다. 2013년 중국의 GDP 대비 서비스업 산업비중(46.1%)이 처음으로 제조업(43.9%)을 추월한 이후 격차를 유지하고 있다. 수요 구조는 투자 중심에서 소비 중심으로 바뀔 것이라고 본다. 또 소득분배구조에서도 신창타이 시대에는 국민총소득에서 가계소득이 차지하는 비중이 증가하면서 계층 간 소득불평등이 줄어들며 도농 간 소득격차도 축소될 것이라는 예측이다.

셋째, 성장동력의 전환이다. 노동력과 자본 등 생산요소의 투입을 증가해 경제성장을 달성하던 기존 방식에서 벗어나 제도개혁과 기술혁신을 통한 생산성 향상이 새로운 성장동력으로 등장한다는 것이다.

한편 중국은 대외정책에서도 새로운 성장동력을 창출하려고 한다. 대표적인 예가 2014년에 본격화된 '일대일로(一帶一路)' 구상이다. 상대적으로 낙후된 중국 주변 접경국을 연결하는 도로·철도·전력망 등 인프라를 구축해 주변국의 경제성장에 기여함과 동시에 새로운 시장을 확보함으로써 국내의 과잉설비를 해소하려는 것이다.

60 중국인민은행

중국 중앙은행인 인민은행은 최고행정부처인 국무원 관할에 속한다. 이는 미국, EU, 한국 등 다른 시장경제국가 중앙은행이 행정부로부터 독립적인 지위를 확보하고 있는 점과 대비된다.

중국인민은행(中国人民银行)의 전신은 1948년 12월 1일 화베이은행(华北银行), 베이하이은행(北海银行), 시베이농민은행(西北农民银行) 등이 통합하면서 탄생했다. 인민은행은 설립 직후 위안화로 화폐를 일원화하고 모든 현금수수와 교역에서 위안화를 기준통화로 사용할 것을 선언하였다.

1979년 경제개혁이 시작되면서 중국인민은행은 중앙은행 업무만 전담하고, 1998년 대규모 정부기구 개혁을 실시하면서 9개 지점만 남기고 통폐합하였다. 현재는 중앙은행이 하는 발권(发券)은행 업무 이외에 경제계획을 위한 장단기 자금의 공급과 국고의 대행, 일반금융과 신탁업무 등을 담당하고 있다.

2003년 4월 인민은행은 중앙은행 기능에 집중하기 위해 은행업감독관리위원회(은감회)를 설립하여 은행, 자산관리회사, 신탁회사, 예금수취기관에 대한 은행 감독기능을 은감회로 이관하였다. 그러나 실제로 인민은행은 여전히 금융업에 상당한 영향력을 발휘하고 있다. 중국인민은행법 제2조에서도 중앙은행으로서 인민은행의 역할로 '통화정책의 수립 및 집행, 금융위기의 방지 및 해결, 금융안정유지, 금융업 전반에 대한 거시적 조정' 등을 규정하고 있다.

일반적으로 한 국가의 중앙은행은 행정부와 독립적으로 운영되며, 금리를 자율적으로 조절한다. 그러나 인민은행의 경우 중국인민은행법에 따라 최고 행정기구인 국무원의 영도를 받도록 되어 있다. 따라서 "전국인민대표대회 상무위원회는 국무원의 업무를 감독한다"라는 헌법 제67조 제6항 규정에 따라 인민은행은 우리의 국회에 해당하는 전국인민대표대회(전인대) 감독 관할이기도 하다.

인민은행 본부는 베이징에 있으며 주요 부서로는 통화정책국, 금융시장
국, 회계재무국, 발권국, 신용관리국, 금융안정국, 지급결제국, 국고국, 반자
금세탁국, 조사통계국, 국제국 등 19개 본부 부서로 구성되어 있다. 중국인
민은행은 업무 수요에 따라 톈진, 상하이, 선양, 난징, 지난, 우한, 광저우,
청두, 시안 등 9개 지역에 분행(分行)을 설치하여, 구역을 나누어 중앙정부가
직접 관리하고 있다. 이는 지방정부의 대출 개입을 차단하고 지방정부의 영
향력을 감소시켜 중앙정부와 인민은행 본부의 권한을 집중·강화하려는 데
목적이 있다.

중국인민은행 전경

또 베이징과 충칭에 2개 영업관리부, 20개 성 소재지와 5개 도시에 중심
지행(中心支行), 기타 시급, 현급 지방도시에 2,000여 개 지행을 설치해 통일
된 영도와 관리를 실행하고 있다.

경제금융발전의 수요와 관리·감독을 강화하기 위하여 2005년 8월 상하
이본부를 설립하였는데, 이곳에서는 중앙은행 업무의 구체적인 처리업무와
관리업무를 수행한다. 또 중국인민은행은 해외에 7개 사무소(미국, 유럽, 아프
리카, 도쿄, 프랑크푸르트, 오스트레일리아 등)를 설치하여 국제금융문제를 연구
하고, 세계 중앙은행과 연락·협조 업무를 수행하고 있다.

중국인민은행의 주요 업무

- 금융 관련 법령과 규정 제정
- 통화정책 수립과 집행
- 위안화 발행과 유통 관리
- 은행 간 콜시장과 채권시장 감독
- 금시장 감독관리
- 외환거래관리와 은행 간 외환시장 감독

- 외환보유고 관리
- 국고 관리
- 결제시스템의 정상적 운영·유지
- 금융업 자금세탁 관리와 감독
- 중앙은행으로서 국제금융활동 종사
- 기타 국무원이 부여한 업무 수행

중국인민은행 총재 이강(易纲)

1958년 베이징 출신이다. 1978년 베이징대학교 경제학과에 입학하여 1980년 졸업했다. 1986년에 미국 일리노이대학교 경제학 박사를 취득했으며, 1994년부터 모교인 베이징대학교 교수로 있으면서 베이징대학교 중국경제연구센터 부주임을 지냈다. 전 세계은행 부총재 린이푸(林毅夫) 교수가 당시 중국경제연구센터 주임이었다. 1997년부터 2002년까지 인민  은행 화폐정책위원회 위원, 비서장을 맡으면서 중국의 통화정책에 영향을 미쳤다. 2007년 12월부터 2016년 3월까지 인민은행 부행장을 지냈으며 2018년 3월 인민은행 행장(총재)에 임명되었다.

61 위안화 국제화

위안화 국제화는 위안화 표시 금융자산의 해외발행, 대외거래의 결제통화로서 위안화의 사용 비중이 확대되는 것을 의미한다. 최종 목적은 미(美) 달러와 같은 기축통화의 지위를 확보하는 데 있다.

위안화의 국제화는 1997년 아시아 외환위기 이후 중국 주변국을 중심으로 시작되었다. 당시 위안화는 주로 무역 결제수단으로 사용되면서 점차 사용 범위를 확대하였다. 중국은 외환시장이나 자본시장의 규제를 해제하는 방법보다는 실물 무역거래에서 위안화 결제를 확대하는 방식을 채택했다. 하지만 최근에는 외환시장과 자본시장의 규제 완화, 개방정책도 함께 실시하면서 위안화 기능의 다변화도 꾀하고 있다.

위안화 지폐　　　　　　　　위안화 동전

위안화의 국제화는 외환시장 개혁과 관련 법제도 개정으로도 이루어지고 있다. 1996년 12월, 경상계정의 외환거래에 대한 자유태환을 허용하면서 외환통제에 대한 개혁이 시작되었다. 하지만 1997~1998년 아시아 외환위기를 겪으면서 중국 정부는 외환시장 개방에 따른 부작용을 우려하여 일시적으로 해외자본 통제를 강화하기도 하였다. 이후 2001년 WTO 가입을 계기로 환율제도를 점진적으로 개정해 위안화 기준환율의 산정방식에 시장 메커니즘을 반영하였다. 그리고 일정 자격요건을 갖춘 금융회사나 기업들에 대해 외환거래를 허용하기도 했다.

'위안화 국제화'의 실마리는 중앙은행 총재 입에서 나오게 된다. 2009년 3월 24일, 당시 인민은행 저우샤오촨 총재는 달러 대신 IMF의 특별인출권인 SDR(Special Drawing Rights)를 기축통화로 택해야 한다고 주장했다. 하지만 다음 표에서 보이는 중국의 위안화 국제화 관련 정책조치로 저우 총재의 신기축통화론의 주인공은 SDR가 아닌 위안화임이 드러났다.

▌위안화의 국제화 추진 현황

일 시	주요 조치
2009. 4	상하이, 광저우, 선전, 주하이, 둥관(5개 시범도시) 소재 홍콩·마카오 기업에 위안화 무역결제 허용
2009. 7	광시, 윈난 지역 내 중국 기업의 대아세안 10개국 거래 시 결제 허용 – 상하이 등 5개 시범도시 내 중국 기업에도 허용
2009. 10	브라질과 자국통화로 무역결제 착수
2010. 4. 28	한국의 우리은행 위안화 결제은행 자격 취득(2010. 3)
2010. 6	20개 성, 시로 확대, 대상 국가도 전 세계 모든 국가로 개방
2010. 8	홍콩에서 맥도날드사 위안화 채권 발행 성공(2억 위안)
2010. 10	터키와 무역 시 양국통화로 결제(2009년 170억 달러 규모) 러시아와 무역 시 양국통화로 결제(2009년 400억 달러 규모)
2010. 12	수출 분야 위안화 무역결제 시범기업 365개에서 6만 7,359개로 확대 (인민은행) * 수입 분야는 제한 없음

2011. 1	중국 시범기업의 위안화 해외 직접투자 허용
2011. 3	위안화 무역결제 지역을 중국 전역으로 확대(인민은행)
2011. 10	외국인의 위안화 직접투자(FDI) 허용
2012. 3	모든 수출기업에 위안화 결제 허용 - 무역거래 시 위안화 결제 등록제 폐지
2012. 7	아시아개발은행 위안화 결제 허용(Trade Financial Project 분야)
2013. 6	영국과 위안화 통화스왑 체결(2,000억 위안)
2013. 7	상하이, 자유무역지역(Free Trade Zone)으로 선정
2013. 10	유럽중앙은행(ECB)과 위안화 통화스왑 체결
2014. 9	공상은행 룩셈부르크 지점, 중국은행 파리 지점 위안화 청산결제은행 지정
2014. 11	공상은행 서울 지점, 위안화 청산결제은행 지정 후강퉁(상하이·홍콩증권거래소 교차거래) 시행
2014. 12	원화·위안화 직거래시장 출범. 중국 기업에 해외 위안화 채권 발행 허용
2015. 5	예금자 보호제도 도입(한도 50만 위안)
2015. 10	런던에서 첫 국외 위안화 국채 발행. 독일 위안화상품거래소 설립 및 위안화 국제결제시스템 구축·운영
2015. 11. 30	IMF 이사회, SDR 통화바스켓에 위안화 편입 결정(2016년 10월부터 산정)

중국은 중기적으로는 아시아에서 위안화 사용을 확대함으로써 위안화의 국제적 저변 확대를 꾀하고 있다. 중국은 위안화 국제화의 지리적 확대 범위를 세 단계로 구분하여 추진하고 있다. 첫 번째 단계는 홍콩·마카오·타이완을 포함한 중화권 지역, 두 번째 단계는 아세안 지역, 마지막 단계에서는 전 세계에 걸쳐 위안화의 국제화를 추진하려는 계획이다.

이렇게 진행되는 위안화 국제화는 '중화권 지역과의 무역거래와 결제통화 확대를 통한 주변화 → 동남아시아에서 지역통화의 역할 증대를 통한 지역화 → 달러나 유로와 같은 기축통화의 지위 확보를 통한 세계화'로 요약된다. 또 타이완, 홍콩, 마카오를 아우르는 대중화경제권(The Greater China)의 형성은 향후 위안화 국제화를 위한 발판이 될 것으로 예상된다.

중국-타이완 간 ECFA 체결에 따른 차이완(China+Taiwn) 시대 개막 역시 위안화 국제화를 가속화할 전망이다. 2008년 타이완 국민당 정부가 재집권하면서 그동안 소원했던 양안관계를 복원하였다. 그 결과, 2008년 6월 중국인 단체관광객의 타이완 관광을 허용하고 중국-타이완 간 매주 270편에 달하는 직항기 항로가 개설되었다. 2010년 6월 29일 타이완과 중국은 경제 통합을 위한 경제협력기구협정(Economic Cooperation Framework Agreement, ECFA)을 체결했는데, ECFA는 실질적인 FTA(자유무역협정)이다.

> **Plus Info**
>
> **기축통화(基軸通貨, Key Currency)**
> 기축통화는 국제간 결제나 금융거래의 기본이 되는 통화이다. 기축통화가 되기 위한 기본 조건으로는 ① 국제무역결제에 사용되는 통화, ② 환율평가 시 지표가 되는 통화, ③ 대외준비자산으로 보유되는 통화 등이 꼽힌다. 기축통화를 보유한 국가는 상당 규모의 경제력, 통화가치 급락이 없는 환율의 안정성, 자유로운 교환성을 실현할 수 있는 금융시스템, 국제화된 금융시장을 보유해야 한다. 1960년대 기축통화는 미국 달러화와 영국 파운드화였다. 현재는 유로화가 준(准)기축통화 기능을 수행하나, 전 세계 외환보유고 중 달러 비중이 높은 점(2015년 말 현재 64.1%)을 고려하면 미국 달러만이 기축통화 조건을 충분히 유지하고 있다. 중국은 이러한 기축통화 자격을 갖추려 하며, 이것이 바로 '위안화 국제화'이다.

Keyword

62 일대일로(一帶一路)

일대일로는 시진핑 정부가 추진하는 실크로드 경제벨트(丝绸之路经济带)와 21세기 해상 실크로드(21世纪海上丝绸之路) 등 2개 실크로드 프로젝트를 일컫는 표현이다.

    일대일로는 당나라(육상)와 명나라(해상)의 실크로드의 옛 영광을 재현하고 중화민족의 위대한 부흥이라는 '중국의 꿈(中国梦)'을 실현하기 위한 시진핑의 대외정책 통치이념을 포함하는 개념이다. 즉 일대일로 프로젝트는 경제뿐만 아니라 정치, 안보, 외교를 아우르는 장기 비전으로 시진핑 주석이 제창한 '중국의 꿈'과 연결된다.

    물류망을 중심으로 보면, 일대일로는 동아시아와 유럽 경제권을 연결하는 초대형 인프라 건설 프로젝트이다. 육로와 해상 실크로드를 양대 축으로 아시아, 유럽, 아프리카와 주변 해역을 모두 아우르고 동아시아와 유럽 경제권을 연결하는 것을 목표로 한다.

    - 실크로드 경제벨트: 시안 → 우루무치 → 중앙아시아 → 이스탄불 → 뒤스부르크
    - 21세기 해상 실크로드: 취안저우 → 광저우 → 싱가포르 → 방글라데시 → 탄자니아 →
                        홍해 → 지중해

중국 신실크로드(일대일로) 개념도

이로써 아시아, 유럽, 아프리카 지역 26개 국가와 지역의 44억 명(세계 인구의 63%)을 직접 연결할 계획이다. 26개 국가와 지역의 경제규모(GDP)는 21조 달러로 전 세계의 29%를 차지하며, 전 세계 상품과 서비스 수출의 23.9%를 차지한다. 중국 정부는 일대일로 프로젝트의 관련 국가 범위를 고대 실크로드에 한정하지 않는다고 밝힘으로써 관련 국가는 더욱 확대될 것으로 예상된다. 최근 중국 정부가 발표한 일대일로 관련 문건을 보면 일대일로 프로젝트 로드맵은 육상 3개 노선, 해상 2개 노선 등 총 5개 노선으로 추진되고 있다.

❶ 추진 경과

중앙아시아와 동남아 국가 순방 기간인 2013년 9월과 10월, 시진핑 주석이 실크로드 경제벨트와 21세기 해상 실크로드 건설을 제안한 것이 그 효시이다. 2013년 9월, 카자흐스탄 나자르바예브대학 강연에서 시진핑 주석은 인구 30억 명을 포괄하는 실크로드 경제벨트 구축을 제안했다. 이를 위해서 중국과 중앙아시아 간 교통 체계부터 개선하여 태평양에서 발트해까지 연결되는 실크로드 경제권을 구축하자고 제안했다. 2013년 10월, 인도네시아 국회 연설에서도 시진핑 주석은 아세안과 21세기 해상 실크로드의 공동 건설을 제안했다. 시진핑 주석은 아세안과 중국-아세안 FTA로 경제협력을 강화하고 해양협력을 발전하기 위해 공동의 노력이 필요하다고 강조했다.

2013년 10월 중국은 아시아인프라투자은행(AIIB) 설립을 제안했는데, 이는 일대일로 프로젝트를 추진하기 위한 자금 공급 채널을 염두에 둔 것이다. AIIB는 중국 주도로 2016년 1월 16일 중국 베이징에서 출범했으며, 다자개발은행(Multilateral Development Bank, MDB)으로 아시아·태평양 지역 개발도상국의 인프라 구축을 목표로 한다. AIIB는 아시아 지역의 부족한 인프라 투자를 지원하여 지역 내 국가들의 성장·발전을 촉진하려고 설립된 MDB이다.[16]

---

[16] AIIB에 대한 상세한 내용은 키워드 64를 참조할 것.

2013년 12월 시진핑 주석은 실크로드 경제벨트와 21세기 해상 실크로드 건설 추진을 공식적으로 언급했다. 2014년 중앙경제공작회의에서 시진핑 주석은 실크로드 경제벨트 건설과 21세기 해상 실크로드 건설 프로젝트 추진을 강조했다. 2014년 11월 APEC 정상회의에서 시진핑 주석은 일대일로 프로젝트를 추진하고 지지하기 위해 실크로드 기금을 설립해서 400억 달러를 투자하겠다고 발표했다.

2015년 2월, '일대일로 건설공작 영도소조'가 출범하여 중앙정부 차원에서 본격적으로 실행에 옮기게 된다. 공산당 서열 7위인 장가오리(张高丽) 부총리 겸 당정치국 상무위원이 '일대일로 건설공작 영도소조' 조장을 맡아 일대일로 프로젝트 건설을 총괄하기로 했다. 부조장에는 당중앙 정책연구실 왕후닝(王沪宁) 주임, 왕양(汪洋) 부총리, 양징(杨晶) 국무위원, 양제츠(杨洁篪) 외교담당 국무위원이 임명되었다.

▌중국의 일대일로 신로드맵

	일대일로 신로드맵
일대	중국 → 중앙아시아 → 러시아 → 유럽
	중국 → 중앙아시아 → 서아시아 → 페르시아만 → 지중해
	중국 → 동남아시아 → 남아시아 → 인도양
일로	중국 → 남(중국)해 → 인도양 → 유럽
	중국 → 남(중국)해 → 남태평양

❷ 추진 배경과 목적

일대일로의 추진 목적은 첫째, 신흥시장 확보와 과잉산업 문제 해소에 있다. 중앙아시아, 동남아시아 등 신흥시장에 진출해 경제성장의 동력을 확보하고 중국의 과잉생산, 과잉산업 문제를 해소하고자 한다. 육상 실크로드를 구축하기 위한 철도·도로 등 건설공사를 주도해 내수 활성화 효과를 내고, 중국 기업의 해외 진출을 촉진한다. 이들 지역에 철도, 도로 등 사회간접자본(SOC)을 건설함으로써 철강·시멘트 등 중국 전통산업의 공급과잉을 해소하려 한다.

둘째, 자원과 에너지를 확보하려는 것이다. 중국은 세계 최대 에너지 소비국으로서 필요한 자원과 에너지를 안정적으로 공급받기 위해 일대일로를 추진하고 있다. 해상 실크로드를 통해 중동과 아프리카로부터 원유·자원을, 실크로드 경제벨트를 통해 중앙아시아의 풍부한 지하자원을 안정적으로 확보하려는 것이다. 중국이 수입하는 원유의 80% 이상은 미국 해군력이 통제하는 말라카해협을 거쳐 남중국해를 통과해서 들어온다. 따라서 중국은 21세기 해상 실크로드 프로젝트로 중동과 남중국해 해로를 개척하려는 것이다. 중국-중앙아시아 가스관 3개가 이미 완공되어 운송 중이며 현재 건설 중인 제4의 가스관이 완성되면 중국은 가스 수입의 40%를 중앙아시아에 의존하게 된다.

셋째, 지역 불균형 발전 문제를 해소하려는 것이다. 일대일로는 중국의 지역 불균형 발전과 도농격차 해소를 기대하고 있다. 나아가 이를 바탕으로 신장 등 소수민족의 독립 움직임까지 약화시키는 데 도움이 될 것이라고 판단하고 있다. 일대일로 구상의 핵심 지역이 샨시성에서 신장웨이우얼자치구로 이어지는 서북 5개 성으로 확장되는 등 지역 불균형 발전을 해소하기 위해 노력하고 있다.

샨시성은 실크로드의 '출발점', 간쑤성은 '황금구간', 닝샤자치구와 칭하이성은 '전략지대', 신장웨이우얼자치구는 '핵심지역'으로 정해졌다. 또 중앙경제공작회의에서는 징진지(京津冀, 베이징·톈진·허베이) 지역 협력 발전, 창장(长江)경제지대 건설 등과 함께 일대일로 프로젝트를 2015년 지역발전을 위한 3대 프로젝트로 선정한 바 있다.

지역별로 보면 신장과 푸젠을 각각 육상과 해상 실크로드의 핵심구로 변모시킨다는 계획을 세웠다. 신장의 독특한 지리적 이점을 활용하여 서부(중앙아시아와 남·서아시아)육상 실크로드의 허브이자 교통과 물류, 문화, 과학, 교육 등의 중심지로 육성할 계획이다. 시안에서 출발해 카자흐스탄, 우즈베키스탄, 키르기스스탄 등 중앙아시아 5개국을 잇는 장안호를 비롯해 충칭-러시아-폴란드-독일을 잇는 위신어우 열차, 장쑤성 롄윈강-간쑤성 란저우–신장 웨이우얼자치구 우루무치를 잇는 중국횡단철도(TCR) 등 중국의 주요 물류 운송열차 대부분이 시안을 통과하기 때문이다.

푸젠은 창장삼각주(长三角), 주장삼각주(珠三角), 양안(중국과 타이완), 환보하이(环渤海) 등을 보유하여 대외 개방이 활성화되어 있으며 경제력도 강해서 해상 실크로드의 허브로 육성할 계획이다.

넷째, 지역 경제통합의 주도권을 확보하려는 것이다. 중국은 일대일로로 자국의 경제 영토를 중앙아시아와 동남아시아로 확대하고, 나아가 지역경제통합의 주도권을 확보하려고 한다. 중국은 2014년 11월 베이징에서 열린 아시아·태평양경제협력체(APEC) 정상회의에서 아시아·태평양 자유무역지대(FTAAP) 구축 로드맵을 마련해 참가국의 동의를 얻어내는 데 성공했다. 이는 미국 주도의 다자간무역협정인 환태평양경제동반자협정(TPP)을 견제하고 지역 경제통합의 주도권을 확보하기 위한 것으로 해석된다.

▌ **일대일로 사업 대상 지역과 역할**   자료: 국가발전개혁위원회

	지역	역할
서북	네이멍구(内蒙古), 샨시(陕西), 닝샤(宁夏), 간쑤(甘肃), 칭하이(青海), 신장(新疆)	중앙아시아, 남아시아, 서아시아 국가로 뻗어나가는 통로
동북	랴오닝(辽宁), 지린(吉林), 헤이룽장(黑龙江)	러시아, 몽골 등 극동 지역과 육·해상 창구
서남	광시(广西), 윈난(云南), 시짱(西藏)	육상 실크로드와 해상 실크로드를 유기적으로 연결
연해 지역	상하이(上海), 저장(浙江), 푸젠(福建), 광둥(广东), 하이난(海南)	해상 실크로드 건설 중추
내륙 지역	충칭(重庆)	동부와 중부, 서부를 이어주는 운송 통로

* 실제 일대일로 프로젝트는 이들 국가(지역) SOC 인프라 건설(항만, 철도, 고속도로, 댐)과 원유 및 천연가스 파이프라인 건설 등을 통해 진행되고 있다.

63 중국제조 2025

저수익·저임금형 중국 제조업의 고부가가치화는 2008년 말 미국발 경제위기를 경험한 중국 정부의 오랜 숙제였다. 이후 독일의 인더스트리 4.0이 공개되었고, 이를 중국화하기 위한 작업(공업혁명 4.0)이 2014년 시작되었다. 2016년 중국의 13차 5개년 경제발전규획에 포함된 향후 30년간 중국 제조업 발전 전략이 바로 '중국제조 2025'이다.

2015년 5월 18일 중국 국무원이 발표한 '중국제조 2025'에 따르면 향후 30년간 3단계로 구분하여 산업구조를 고도화할 계획이다. 1단계(2015~2025)는 중국 제조업을 독일, 일본 수준으로 제고하여 세계 제조강국에 진입하고자 한다. 2단계(2026~2035)는 중국 제조업을 글로벌 제조강국 중간수준까지 높이는 것이며, 마지막 3단계(2036~2045년)는 주요 산업에서 선진적 경쟁력을 갖춰 세계시장을 혁신적으로 선도하는 제조업 제1강국으로 부상하는 것이다.

▌제조강국을 위한 중국의 '중국제조 2025' 3단계 전략

1단계(2015~2025)	2단계(2026~2035)	3단계(2036~2045)
• 세계 제조업 대국 위상 강화 • 제조업 IT 경쟁력 대폭 향상 • 제조 분야 혁신 능력 및 • 노동생산성 향상 • IT 간 융합을 통한 새로운 도약 추진	• 제조강국 중위 차지 • 핵심 분야에서 큰 성과 취득 • 글로벌 시장에서 경쟁력 향상	• 혁신강국 대열 진입 • 혁신 리딩 능력 강화 • 경쟁우위 보유 • 전 세계적으로 선두에 있는 기술 및 산업 시스템 구축

이를 위해 중국은 향후 성장동력이 될 10대 산업을 선정하여 전략적 산업으로 육성할 계획이다. 10대 산업은 차세대 정보기술, 고정밀 수치제어 및 로봇, 항공우주장비, 해양장비 및 첨단기술 선박, 선진 궤도교통설비, 에너지절약 및 신에너지 자동차, 전력설비, 농업기계장비, 신소재, 바이오의약

및 고성능 의료기기다. 이들 10대 산업 중 많은 부분이 '4차 산업혁명'과 연결되어 있다. 또 '중국제조 2025'에서는 아홉 가지 중점 추진사항을 명시하였는데, 그중 하나인 '스마트 제조(IT와 제조업의 융합 추진)'가 중국판 '4차 산업혁명'과 맥을 같이한다.[17]

▌ 10대 산업의 주요 발전 방향

차세대 정보기술	반도체 설계의 경쟁력을 향상하고 전자제품산업 발전에 필수적인 핵심 칩을 생산하여 국산 칩의 사용 범위 확대
고정밀 수치제어 및 로봇	고정밀·고효율 수치제어, 기초 생산설비 및 통합 생산시스템 개발. 로봇의 표준화와 모듈화 발전을 추진하고 로봇의 응용 범위 확대
항공우주장비	항공장비를 자체 생산할 수 있는 항공산업 사슬 구축. 차세대 탑재로켓, 중형 우주발사체를 개발하는 등 우주항공산업 경쟁력 제고
해양장비 및 첨단기술 선박	해저정거장을 구축하고 해양자원의 개발 및 이용 수준 제고. LNG 선박 등 최첨단 선박의 글로벌 경쟁력 강화
선진 궤도교통설비	친환경, 스마트 등을 갖춘 궤도교통설비 시스템을 구축하여 세계적 수준의 산업으로 발전
에너지절약 및 신에너지 자동차	전기자동차, 연료전지자동차를 지속적으로 발전. 글로벌 시장에서 중국 브랜드의 신에너지 자동차 점유율 확대
전력설비	신재생에너지 설비, 첨단 에너지저장장치(ESS), 스마트그리드 송전·변전 등 발전
농업기계장비	대형 트랙터, 복합 작업기, 대형 수확기 등 첨단 농업기계장비 및 핵심 부품 발전 추진
신소재	특수 금속 기능성소재, 고성능 구조재료, 기능성 고분자소재, 특수 무기질 비금속재료, 첨단복합소재를 중점적으로 발전
바이오의약 및 고성능 의료기기	중증질환을 대상으로 한 화학의약품, 중의약품, 바이오의약품 개발. 영상장비와 의료용 로봇 등 고성능 의료기기의 혁신성 및 상용화 수준 제고

[17] 4차 산업혁명에 대한 상세한 내용은 키워드 90을 참고할 것.

'중국제조 2025'에서 드러난 중국 정부의 IT와 제조업의 융합 추진 방향은 다음과 같다. 스마트화 장비 및 스마트 제품을 중점적으로 발전시키고, 생산공정의 스마트화를 추진하는 등 첨단 생산방식을 육성하여 R&D·생산·관리 및 서비스의 스마트화 수준을 향상한다. 또 스마트 제조 및 스마트화, 디지털화 융합관리 표준 시스템을 구축한다. 공업인터넷, 클라우드 컴퓨팅, 빅데이터가 기업 R&D, 설계, 생산제조, 경영관리, 판매서비스 등 전체 프로세스 및 전체 산업 주기에서 종합적으로 통합·응용되도록 추진한다.

IT와 제조업의 융합을 확대하려면 기본적으로 광대역 인터넷 인프라가 필요하다. 중국 정부는 광대역 인터넷 인프라 시설을 확충하기 위해 2020년까지 광대역 사용자 수를 4억 명, 광대역 보급률을 70%까지 제고할 계획이며 2025년에는 82%까지 향상하려고 한다. 또 스마트 제조로 가기 위한 초보적 단계로 컴퓨터 수치제어 공작기계(CNC) 비중도 적극 높여(2020년 50%)나갈 계획이다.

▌'중국제조 2025'에서 제시된 IT와 제조업 융합 목표   자료: 중국 공업정보화부(2015)

	2013	2015	2020	2025
인터넷 보급률(광대역)	37%	50%	70%	82%
디지털 R&D 설계도구 보급률	52%	58%	70%	84%
핵심공정 CNC 비중	27%	33%	50%	64%

┃ '중국제조 2025' 주요 계획 지표

자료: 중국 공업정보화부(2015)

	지표	2013	2015	2020	2025
혁신 역량	규모 이상 제조업체 매출액 대비 R&D 지출 비중(%)	0.88	0.95	1.26	1.68
	규모 이상 제조업체 매출 1억 위안당 발명특허 수(건)	0.36	0.44	0.7	1.1
질적 성과	제조업 품질경쟁력 지수*	83.1	83.5	84.5	85.5
	제조업 부가가치 증가율 제고	–	–	2015년 대비 2.0%p 증가	2015년 대비 4.0%p 증가
	제조업 노동생산성 증가율(%)	–		7.5*	6.5*
IT 제조업 융합	인터넷 보급률(%)*	37	50	70	82
	디지털 R&D 설계 도구 보급률(%)*	52	58	72	84
	핵심공정 CNC 비중(%)*	27	33	50	64
친환경 성장	규모 이상 기업의 산업생산량 단위당 에너지 소모 감축비율(%)	–	–	2015년 대비 18% 감축	2015년 대비 34% 감축
	산업생산량 단위당 이산화탄소 배출 감축비율(%)	–	–	2015년 대비 22% 감축	2015년 대비 40% 감축
	산업생산량 단위당 수자원 사용 감축 비율(%)	–	–	2015년 대비 23% 감축	2015년 대비 41% 감축
	공업용 고체폐기물 사용률(%)	62	65	73	79

* 중국 제조업의 수준을 평가한 경제·기술 종합지수
* 13차 5개년 계획 기간(2016~2020) 중 연평균 증가율
* 14차 5개년 계획 기간(2021~2025) 중 연평균 증가율
* 인터넷 보급률은 유선 인터넷 보급률을 의미. 유선 인터넷 보급률=유선 인터넷 사용 가구 수/총가구 수
* 디지털 R&D 설계도구 보급률=디지털 R&D 설계도구를 보유한 규모 이상. 기업 수/총규모 이상 기업 수(샘플조사 기업수: 3만 개)
* 핵심공정 CNC 비중은 규모 이상 기업의 핵심공정 CNC 비중의 평균치

64 아시아인프라투자은행
(Asian Infrastructure Investment Bank, AIIB)

AIIB(아시아인프라투자은행)는 미국과 일본이 주도하는 세계은행과 아시아개발은행(ADB) 등에 대항하기 위해 중국 주도로 설립된 다자개발은행(Multilateral Development Bank, MDB)으로 아시아·태평양 지역 개발도상국의 인프라 구축을 목표로 한다.

AIIB는 2016년 1월 16일 중국 베이징에서 출범했으며, 아시아 지역의 부족한 인프라 투자를 지원하여 지역 내 국가들의 성장·발전을 촉진하려고 설립되었다. 기존 MDB인 세계은행이나 ADB 등이 빈곤, 질병 퇴치, 교육 확대, 남녀평등 등 사회개발 이슈에도 관심을 둔 것과 달리 교통, 통신, 물류, 에너지, 전력, 수자원, 도시개발 등 인프라 투자를 통한 경제성장에 주력하는 점이 AIIB의 특징이다.

출범 당시 회원국은 역내 37개국, 역외 20개국을 포함한 57개국으로 중국(지분율 30.34%)이 최대 주주이고 인도(8.52%), 러시아(6.66%), 독일(4.57%), 한국(3.81%), 오스트레일리아(3.76%) 순으로 높은 지분을 보유하고 있다. 자본금 규모는 1,000억 달러로 세계은행의 2,232억 달러, ADB의 1,648억 달러보다 적고 브릭스 신개발은행(BRICS NDB)과 같은 규모이다.

조직구조를 보면 총회, 이사회, 총재, 부총재(1인 이상) 등으로 구성되어 있으며, 총회는 AIIB의 최고의사결정 기구로 각 회원국이 임명한 위원과 대리위원으로 구성되어 있다. 총회는 AIIB를 효율적으로 운영하기 위해 대부분 의사결정을 이사회에 위임하나 협정문에 명시된 몇몇 중요 사항은 직접 의결한다. 투표 의결은 사안의 경중에 따라 단순·특별·최대 다수결로 구분한다. 한국은 지분율 3.81%, 투표율 3.50%로 전체 5위(역내 4위)인데, 한국이 현재까지 가입한 MDB 중에서 가장 높은 순위이다.

이사회는 은행의 실질적 운영권을 행사하며, 지역을 대표하는 이사 12명으로 구성(총회 선출)되어 있다. 이사회는 정책수립, 중요한 운영 및 재무정책

결정, 총재에 대한 권한 위임 결정, 일상적 감시·감독, 연례 계획·예산 승인, 총회 제출용 감사자료 작성 등을 담당한다. AIIB를 대표하는 총재는 총회에서 최대 다수결로 선출하며(임기 5년, 재선 가능), 부총재는 총재 추천과 이사회 의결을 거쳐 임명한다.

자금 조달과 운용 부분을 보면 다른 MDB와 유사하게 자기자본 및 채권 발행, 투자이익 등으로 조달한 자금을 융자·보증·지분투자·기술원조 등의 형태로 운용한다. 운용 한도는 지원 자금 잔액이 자본금, 준비금, 유보이익의 합계를 초과할 수 없으나 총회 의결을 거쳐 250%까지 지원 가능하다. 지원 대상은 회원국 정부, 기관, 기업 등이며, 2018년 이후에는 정부 또는 공공기관이 보증한 공공부문에 70~80%, 민간부문에 20~30%를 지원할 예정이나 향후 민간부문의 비중을 확대할 계획이다. 주요 투자 산업은 철도, 도로, 항만, 공항, 물류, 지속가능 에너지, 전력, 수자원, 농촌 개발 등이며 장기적으로는 스마트시티, 헬스케어, 교육과 환경사업에도 투자할 것으로 예상된다. 이외에도 자금지원 시 적정 수익률 유지, 환경사회 세이프가드 준수, 표준화된 조달절차 등 MDB 일반 운영원칙을 준수하고 있다.

AIIB는 2016년 6월 24~25일간 중국 베이징에서 이사회 및 제1차 연차총회를 개최했다. 진리췬(金立群, 1949년생) 총재를 비롯한 AIIB 지도부와 57개 회원국 대표들이 참석하여 대출 프로젝트 4건을 승인하고, 차기 총회를 제주도(2017. 6)에서 열기로 결정한 바 있다. 2017년 6월 17~18일 양일간 제주도에서는 AIIB 2차 연차총회가 개최되었다. 이 연차총회에서는 3개 국가 가입 승인, 지속가능한 인프라 건설, 2018년 3차 연차총회를 인도에서 개최하는 것이 결정되었다. 이로써 AIIB는 2016년 1월 창설 당시 57개 회원국에서 2차 연차총회 개최 이전까지 77개 회원국, 2차 연차총회에서 3개국 가입 승인으로 총 80개 회원국으로 확장되었다.

AIIB는 출범 후 다수 사업 승인 및 회원국 확대, 타 기관과 협력 강화 등으로 비교적 빠른 발전을 보이고 있으며, 특히 총 26개(융자승인 16개, 융자후보 10개) 사업을 진행하면서 사업을 확대하고 있다. AIIB 회원국이 80개국(2차 총회에서 아르헨티나·통가·마다가스카르 가입 승인)으로 늘어나면서 아시아 대표 MDB인 아시아개발은행(ADB)의 67개국을 추월했다. AIIB는 세계은행,

ADB, 미주개발은행(IDB), 신개발은행(NDB), 국제금융공사(IFC) 등 국제금융기구와 공동사업 추진, 인적 교류, 지식공유 등을 통한 협력을 강화하면서 기존 국제금융체제에 양호하게 융합되고 있다는 평가를 받고 있다.

▌AIIB 회원국 확장

	AIIB Mou 서명국 (2014년 10월)	AIIB 창설 구성원 (2015년 3월)	1차 회원국 확장 (2017년 1~6월)
역내 회원국	네팔, 라오스, 말레이시아, 몽골, 미얀마, 방글라데시, 베트남, 브루나이, 싱가포르, 스리랑카, 오만, 우즈베키스탄, 인도, 중국, 카자흐스탄, 카타르, 캄보디아, 쿠웨이트, 태국, 파키스탄, 필리핀	그루지야, 뉴질랜드, 몰디브, 러시아, 사우디아라비아, 아랍에미리트, 아제르바이잔, 오스트레일리아, 요르단, 이란, 이스라엘, 인도네시아, 키르기스스탄, 타지키스탄, 터키, 한국	동티모르, 바레인, 사모아, 사이프러스, 아르메니아, 아프가니스탄, 통가, 피지, 홍콩
역외 회원국		네덜란드, 노르웨이, 독일, 덴마크, 룩셈부르크, 몰타, 브라질, 스웨덴, 스위스, 스페인, 아이슬란드, 아프리카공화국, 영국, 오스트리아, 이집트, 이탈리아, 포르투갈, 폴란드, 프랑스, 핀란드	그리스, 루마니아, 마다가스카르, 베네수엘라, 벨기에, 볼리비아, 수단, 아르헨티나, 아일랜드, 에티오피아, 칠레, 캐나다, 페루, 헝가리

▌AIIB 투자 프로젝트(단위: 백만 USD)

재정 지원 인가 시기	국가	프로젝트명	주요 대출기관	AIIB의 착수 단계 관여 여부	총 차관금액	AIIB 차관금액
2016. 6	방글라데시	배전 체계 업그레이드	AIIB	관여	262	165
2016. 6	파키스탄	국립 자동차 전용도로(M-4) 업그레이드	ADB	비관여	273	100
2016. 6	인도네시아	빈민가 업그레이드	WB	비관여	1,743	216.5
2016. 6	타지키스탄	두샨베-우즈베키스탄 국경 도로 개선	EBRD	비관여	106	27.5

2016. 9	파키스탄	타르벨라-5 수력 확장	WB	비관여	823	300
2016. 9	미얀마	민잔 CCGT 발전소	IFC, ADB	비관여	137	20
2016. 12	오만	철도 시스템 준비 기획	AIIB	관여	60	36
2016. 12	오만	두큼항 무역터미널	AIIB	관여	353	265
2016. 12	아제르바이잔	TANAP 파이프라인	WB	비관여	8,600	600
2017. 3	인도네시아	지역 인프라 개발 기금	WB	비관여	406	100
2017. 3	인도네시아	댐 운영 개선 및 안전	WB	비관여	300	125
2017. 3	방글라데시	천연가스 인프라 업그레이드	ADB	비관여	453	60
2017. 5	인도	안드라 프라데시 24x7-모두를 위한 전력	WB	비관여	571	160
2017. 6	그루지야	바투미 바이패스도로	ADB	비관여	315.2	114
2017. 6	인도	인도 인프라 기금	AIIB	관여	750	150
2017. 6	타지키스탄	누렉 수력 복원	WB	비관여	350	60
총 계					15,502.2	2,499

65 상방(商帮)과 상관습

상방은 상회(商会)와 같은 개념으로 청 말기에 상인들이 자신들의 이익을 보호하기 위하여 지역별로 조직한 상인들의 단체이다.

영어로 상방(商帮)은 commercial bang, commercial groups, merchant gang 등으로 번역되어 쓰인다. 하지만 놀랍게도 상방은 『현대한어사전(現代 汉语词典)』등 정규 사전에는 등록되어 있지 않다. 즉 표준어가 아닌 상회의 속칭인 셈이다. 단지 사전에는 방회(帮会)라는 단어만 있는데, '구사회의 민 간 비밀조직의 총칭'이라고 서술되어 있다. 따라서 상방은 공개적으로 조직 되고 활동한 단체가 아니라 배타적이고 비밀스러운 상인 조직이었음을 짐작 할 수 있다.

청 말기에 상인들은 같은 고향 상인들끼리 동향회(同乡会)를 조직하였는 데, 이들 조직이 상방으로 불렸다는 기록도 있다. 상방이 문헌에 등장하기 시작한 것은 명·청대이다. 명대는 3대 상인이 유명하였는데, 진상(晋商, 산시 상인), 휘상(徽商, 안후이상인), 조상(潮商, 광둥상인) 등이 그 주인공이다. 조상 (潮商)은 조주(潮州)상인으로 불렸으며, 지금의 차우저우시(潮州)는 광둥성 북단에 있고, 푸젠성 남단과 인접해 있다.

특히 명대에 이르러 일부 지역 상인들에게 정부가 염 전의 독점적 판매권을 주면서 특정 제품을 배타적으 로 경영하는 상인단체가 등장함에 따라 이들을 중심 으로 상방(商帮)이라는 용어가 등장하게 된다.

청대에 이르러서는 10대 상방이 등장하였는데 복건 상방, 광동상방, 섬서상방, 산동상방, 영파상방, 산서 상방, 휘주상방(안후이상인), 용유상방(저장상인), 동정상 방(후난상인), 강우상방(장시상인)이 그들이다.

청대의 10대 상방

이 중 용유상방은 저장성 중서부 지역 상인들 단체로 룽유현(龙游县) 출신 상인이 가장 많아 용유상방으로 불렸다. 동정상방은 후난성에 위치한 담수호인 둥팅호(洞庭湖) 유역 상인의 조직으로 주로 실크 무역에 종사했으며, 나중에 금융업으로까지 발전하였다. 강우상방은 장시 지역 농민들이 결성한 상방으로 사업규모가 크지는 않았다.

용유상방 유적지

실제로 청말 상방 조직을 기록한 문헌에는 후베이성 우쉐시(武穴市)에 1930년대 초까지 실존했던 8대 상방을 다음과 같이 서술하였다.

> 우쉐시는 창장 연안에 위치하며 후베이성, 안후이성, 장시성 교차점에 있는 물산 및 유통 중심지였다. 우쉐시에서 활동했던 휘주방은 안휘성 서현(歙县), 이현(黟县), 시우닝현(休宁县) 지역의 상인으로 조직된 상방으로 700여 명이 가입하고 있으며 주로 소금, 식용유, 비단, 전당포를 경영하고 있고 거래되는 상품은 남부 지역으로 판매하였다. 이들은 당시 우쉐시에 있는 300여 개 점포 중 반수를 점유했다. 매 점포는 10만 원(元, 당시 화폐인 银元)의 자본금을 가지고 있었고, 도매와 소매에 종사하였으며, 그 경영 범위는 인근 12개 현에 달했다.

이 기록을 참조하면, 실존하는 특정 지역의 소규모 상방들은 해당 지역 상인 이익단체로서 꽤 강력한 조직으로 20세기 초까지 독점적이고 배타적인 경영 활동을 영위했음을 알 수 있다. 이들 중 광동상방, 복건상방, 영파상방 등은 해외로 나간 4,000만 명에 달하는 화교(华侨)들의 주요 출신 지역에 위치한 상방이다. 이들은 21세기인 지금까지 그 영향력을 확대하여 중국은 물론 전 세계 비즈니스 영역에서 활발히 활동하고 있다.

66 꽌시(关系)와 인맥

꽌시(关系)는 영어로는 네트워크, 우리말로는 인맥, 관계망 등으로 번역할 수 있다. 중국어로 꽌(关)은 관문을, 시(系)는 연결을 뜻한다. 이는 상호 의무에 따라 생성된 두 사람 사이의 통로가 연결되는 것으로 정의할 수 있다. 혈연관계도 꽌시이고 동문·동창도 꽌시이다.

세계 모든 문화에서는 직간접적으로 비즈니스 네트워킹이 발생하지만 중국은 좀 더 광범위하고 중요한 성격을 지닌다. 서양은 공사(公私) 구분이 엄격하지만 중국은 가족, 친구, 직장의 경계가 모호하다.

중국 비즈니스 업계에서 꽌시는 다음과 같이 작용한다. A가 B와 꽌시를 구축하고 싶다면 A는 B에게 가치가 있는 정보나 선물 등을 제공하게 된다. 물론 B가 그것을 받아야만 다음 단계로 넘어간다. 다음 단계에서 B는 A에게 되갚아야 할 무엇인가를 '채무'로 가지고 있게 된다. 이러한 '주고받음'이 수차례, 수십 차례 누적되면 비즈니스 '꽌시'가 조성되게 된다.

실제 이러한 '꽌시'가 어떻게 작동되는지 살펴보자. 중국 내 한 대학의 최고경영자과정(EMBA)에서 한 기업의 임원을 사귀게 되었고, 그 사람이 당신 업무를 위해 얻기 힘든 정보를 얻는 데 도움을 주었다고 하자. 몇 달 후 당신은 그 임원에게서 자신의 조카가 인턴십을 찾도록 도와달라는 요청을 받을 것이다. 이런 요청이 중국에서는 이상한 일이 아니며, 편의나 도움을 주었으면 돌려받아야 한다는 생각이 훨씬 강하다. 이러한 꽌시는 '편의의 교환'이라고 부를 수도 있고 '사회적 현금'으로 부를 수도 있는데, 모두 적절한 표현이다.

고객에게 선물을 제공하고 함께 식사하는 행동은 중국에서 오랜 비즈니스 관행이다. 연고와 학연, 지연 등 인맥을 활용하는 행동 또한 어느 나라보다 중국에서는 일반적인 관행으로 취급된다. 실제 중국에 진출한 적지 않은 다국적 기업들은 윤리 규정의 범위 내에서 현지 관행을 채택하고 있다. 기업들은 중추절(추석)과 춘절(설)에 선물을 주고받는 중국 관행에 따라 정부 인사나 개인에게 이 시기에 맞춰 감사 표시를 한다. 물론 일부 기업들은 주고받을 수 있는 선물가치의 상한선을 정해놓는 방식으로 내부관리를 동시에 한다.

그렇다면 '꽌시(关系)'라는 말은 언제부터 등장했을까? 『강호중국(江湖中国)』(2006년 발행)의 저자 위양(于阳)에 따르면 청대 말기에 '꽌시'라는 용어가 드물게 사용되긴 했지만 유행하지는 않았다. 이 용어를 일반적으로 사용하게 된 때는 문화대혁명(1966~1976) 시기였다. 공산혁명으로 신중국이 성립된 후 모든 인민은 인사기록카드(档案)를 작성해야 했다. 이때 '주요 사회관계'에는 가까운 친척과 친한 친구 이름을 적어야 했다. 한 사람이 초등학교에 입학해서 취업할 때까지 기입해야 하는 서식은 100여 통이 넘었는데 매번 주요 사회관계를 기입해야 했다.

따라서 중국 인민들은 매번 자신과 '꽌시'가 있는 사람들을 스스로 평가하고, 분류하고, 처리해야 했을 것이다. 서류에 '사회관계인'으로 기입된 사람은 의존관계에 있는 사람들이었고, 여기서 주요 사회관계의 약칭인 '꽌시'는 서로 이익을 보존해주는 대상을 통칭하는 말로 고착되었다.

자급자족형 농촌경제에서는 서로 교환하고 이용할 수 있는 공간이 협소해 얼마간의 친척과 친구면 생활이 충분했다. 그러나 경쟁이 필수가 된 현대 경제사회에서는 '꽌시'가 필요하고, 이를 이용한 인맥을 형성해야만 남들보다 앞설 수 있었다.

위양에 따르면 중국에는 17가지 인맥이 존재한다. 친척, 친구, 동창, 동문, 이웃, 옆집, 동료, 스승, 제자, 전우, 상사, 부하, 동향인, 패거리, 양부모, 의형제, 세교(世交)가 그들이다. '꽌시'를 잘 맺는 사람은 위 17가지를 충분히 활용하지만, 그렇지 못한 경우에는 일부만 사용할 뿐이다. 이들 인간관계는 선천적인 관계, 즉 친척·동향관계와 상사·동료 같은 후천적 관계로 나뉜다.

친(亲)은 부모형제 같은 육친을, 척(戚)은 인척을 가리킨다. 동향인은 지역이 넓을수록 모호해진다. 특히 외지에서 만난 동향인은 이전에는 모르고 지내다가 타지에서 만나 '꽌시'를 맺었기 때문에 서로 돌보아줄 '익숙한 관계'로 발전하기까지는 일정한 조건을 충족해야 한다. 세교(世交)는 선대부터 교분이 있던 사람을 일컫는 말이다. 즉 대대로 맺어온 친분이다. 조부모가 친분이 있었으면, 그 친분은 부모대로 이어지고, 이는 다시 자식대로 전승된다. 세교는 태어남과 동시에 얻는 선천적인 관계이다.

동창은 같은 학교, 같은 반에서 공부하면서 늘 함께 지내온 친구이다. 이들은 훗날 '익숙한 관계'로 발전할 수 있다. 동문은 같은 학교에 다녔지만 같은 반이나 같은 학년이 아닌 선후배인 경우이다. 따라서 친분관계가 동창보다 깊지 못하다. 동창과 동문은 모두 '익숙한 관계'로 발전할 수 있는 1차적 조건을 갖추고 있다.

사제 관계도 중국에서는 중요한 '꽌시' 채널이다. 강의를 할 수 없는 고령의 노교수에게도 수많은 석·박사과정 학생이 몰려든다. 이들은 사제 관계보다는 오랜 기간 인맥을 쌓아온 노교수의 '관계망(network)'에 진입하기 위해서이다. 노교수를 중심에 두고 그 제자들이 선후배로 얽혀 있는 '관계망'을 활용하여 그중 일부를 자신에게 필요한 '익숙한 관계'로 발전시키기 위해서인 것이다.

의형제 관계는 그 역사가 오래되었는데, 명·청대에는 가족을 남겨두고 장사를 하기 위해서 고향을 떠날 때 자신의 가족을 돌보아줄 대상을 고를 목적으로 의형제를 맺고는 하였다. 즉 '가족윤리의 고수'와 '이주(移住)'가 의형제를 만들어낸 것이다. 의형제는 남은 가족을 보살펴야 할 의무가 생겼다. 현대 중국에서 의형제는 현지 세력가를 '형님'으로 모시는 현상으로 나타난다. 이는 '아우'가 '형님'에게 도움을 요청할 수 있는 합법적 이유를 만들어주며, '형님'의 보살핌 역시 사리에 맞는 행동이 된다.

비즈니스 목적의 관계를 사고파는 중국의 '관계망' 사이트 즈커왕(智客网)

한 회원이 식품폐기 문제를 해결하기 위해 상하이 세관관리원을 소개받을 수 있는 꽌시를 구하면서 보수로 1만 위안을 제시하는 게시글을 올렸다.(www.zhike.club)

67 거상 호설암(胡雪岩)

안후이 상인 호설암(胡雪岩)은 중국의 대표적 상인 중 한 사람으로 거상(巨商)으로 칭송받는 인물이다. 근대 중국 상업사에서 최고 상인을 뜻하는 상성(商圣)으로 불리며, 현재 중국에서도 그의 경영전략을 대학 MBA 교재에 도입하는 등 경영전략가로 추앙받고 있다.

1823년 안후이성 후이저우(徽州) 지시현(绩溪县)에서 태어난 호설암은 소년 시절 한 전당포(钱庄)의 점원으로 일하며 장사꾼 수업을 쌓았다. 37세에 이르러 자신의 전당포 부강전장(阜康钱庄)을 개설한 후 26개 주요 상업 지역에 지점망을 두면서 전국을 포괄하는 금융망을 건설했다. 또 금융업에서 얻은 이익을 기반으로 중국에서 가장 영향력이 컸던 호경여당(胡庆余堂)이라는 약국 체인을 1874년부터 전국적으로 운영하면서 거상으로 부상했다. 이후 환전상, 찻집, 견직물 상점 등으로 사업을 다각화했다.

호설암 초상

호설암의 경영전략을 요약하면 다음과 같다.

첫째, 호설암은 무엇보다 인재 중심의 경영을 강조했다. 그는 돈보다 사람을 먼저 얻어야 한다는 신념으로 전당포에서 결손 처리된 500냥을 왕유령이라는 미래의 관리가 될 사람을 위해 썼다. 이 때문에 호설암은 전당포에서 쫓겨나는 신세가 되었지만 후에 관리가 된 왕유령의 도움을 받아 사업 기반을 다질 수 있었다. 호설암은 '상인이 갖춰야 할 가장 중요한 능력은 사람을 제대로 쓸 줄 아는 것이다'라고 했다. 그는 '티 없는 돌보다는 티 있는 옥'을 좋아했다. 그리고 일단 사람을 쓰면 신뢰하고 적재적소에 배치하여 능력을 발휘할 충분한 기회를 주었다. 신뢰경영의 본보기가 된 셈이다.

항저우에 설립된 호경여당중약박물관
(胡庆余堂中药博物馆)

둘째, 호설암은 큰 상인이 되려면 깊은 안목과 넓은 시야를 가져야 한다고 강조했다. 큰 상인은 4덕(智·仁·勇·信)을 갖춰야 한다. 특히 상인으로 성공하려면 용모(勇謀)를 갖춰야 한다. 즉 상인이란 모름지기 남이 보지 못한 것을 보고, 남이 살피지 못한 것을 살피며, 높이 서서 멀리 행동할 줄 알아야 한다는 것이다. 상인은 자기 미래를 예측하고 배부를 때 굶게 될 날을 생각해야 한다고 주문했다. 이는 지금의 '준비 경영'과 일맥상통한다.

셋째, 호설암은 관계중시의 사업경영을 강조했다. 그는 모든 힘은 권력으로 만들어진다고 믿었다. 그래서 유망한 관리들을 지속적으로 지원하고 때로는 관리들에게 지모와 책략을 제공했다. 그는 관리들의 지원을 받아 단단한 울타리를 만들어 그에게 이익을 가져다주도록 이용했다. 또 인간의 감정을 사업에 활용했다. 사업 상대에 대해서는 금전출납부만 쓰는 것이 아니라 '인간관계' 출납부도 함께 써야 한다는 것이 그의 지론이다. '먹고 입는 것이 모두 고객에게서 나온다'라고 말할 만큼 호설암은 고객 중심 경영을 했다. 밀착형 고객관리기법인 CRM(customer relationship management)을 호설암은 이미 19세기에 도입한 셈이다.

넷째, 호설암은 천하의 이익을 얻기 위해서 시장을 키워야 한다고 강조했다. 시장이 커지고 안정되면 사업은 저절로 번창하게 된다. 시장을 개척하려면 우선 고객을 만족시켜야 하고, 사업 부지를 선택할 때 세심하게 고려해야 하며, 상점을 특이한 장식으로 배치해야 한다는 것이다. 사업장을 아름답고 깨끗하게 꾸미는 것은 상인의 기본 정신이다. 특히 간판을 보면 사업의 성패를 알 수 있다. 기업이나 점포의 외관은 사람의 얼굴과 같기 때문이다.

다섯째, 호설암은 상인이라면 모름지기 양명(揚名)의 정신을 가져야 한다고 했다. 명성을 알리려면 좋은 이름과 독특한 브랜드를 창조해야 한다. 상호는 특이해야 하며 그 사업에 적합하고 길상(吉祥)의 문자를 사용해야 한다. 고객에게 신뢰를 주는 브랜드 이미지를 창조하는 것도 중요하다.

반면, 유상(儒商)이라 불린 안후이 상인의 한계도 보여주었다. 호설암은 재력은 정치권력에서 비롯한다고 확신했다. 그는 유망하다고 생각하는 관리들을 지속적으로 지원하고 관리들에게 정보와 책략을 제공했다. 관리들의 지원으로 튼튼한 울타리를 만들고 자기에게 이익을 가져다주도록 이용했다.

호설암은 태평천국 진압군 사령관 좌종당(左宗棠, 1812~1885)에게 반란군 진압 성금 명목으로 군량미 10만 석을 바쳐 좌종당을 자기 배경으로 삼는데 성공했다. 그러나 1882년 이홍장(李鴻章, 1823~1901)과 권력투쟁에서 좌종당이 패배하여 실각하자 호설암의 경제적 기반도 급격히 쇠락하게 된다. 많은 점포가 다른 사람 손에 넘어가고 말았다. 호설암은 관상결탁(官商结托)으로 일어나 관상결탁으로 쓰러졌다는 비난을 받기도 한다.

그러나 호설암이 지금도 진정한 상인으로 추앙받는 것은 상술뿐만 아니라 상인은 상도를 갖춰야 한다고 강조하고 실천했기 때문이다. 상인은 돈을 벌기 위해서라면 무엇이라도 해야 하지만 그렇다고 국법과 규율을 어기면서까지 의롭지 못한 재물을 탐하지 않아야 한다고 주장했다. 그가 주장한 상도는 다음과 같이 요약된다.

가급적 쉬운 방법으로 돈을 벌되 남의 약점을 이용하거나 자기 이익을 위해 남의 밥그릇을 빼앗는 짓은 하지 않는다. 친구들의 힘을 빌려 돈을 벌긴 하지만 이로써 친구들에게 손해를 입히거나 면목 없는 짓은 하지 않는다. 기회를 잘 잡아 활용하되 사람을 배신하지 않는다. 돈 버는 일을 일상의 모든 활동 가운데 가장 중요한 것으로 여기되, 사람들에게 베푸는 데도 항상 넉넉한 마음을 보이고 모아놓은 재물을 지키기 위해 안달하지 않는다.

호설암은 "재물의 가치는 재물 자체에 있는 것이 아니라 이를 유통시키고 소비하는 과정에서 찾게 되는 만족감에 있다"라고 말했다. 그는 이러한 경영철학에 따라 구휼창에서 많은 난민을 구제하고 기금을 모았으며 파괴된 명승고적이나 사찰을 복원했고, 의(义)와 이(利)를 조화시키는 방법을 꾸준히 모색했다.

Chapter

6

사회 문제

Keyword

68 호구(戶口)제도

중국은 현재도 호구 제도로 각기 다른 도시 간 혹은 농촌에서 도시로 자유로운 전출입이 불가능하다. 해당 도시 내 정식 호구가 없는 임시 거주자들은 교육, 공공서비스 등에서 차별을 받는다.

❶ 호구(戶口, 후커우)제도의 발생 배경

1949년 중화인민공화국 건국 후 중국은 항일전쟁과 국공내전으로 피폐해진 경제를 복구하는 데 온 힘을 기울였다. 국민경제 회복 시기를 거쳐 1953년 제1차 5개년 계획(一五計划)이 실시되면서 중공업 분야에 국가 역량이 집중되었고, 많은 성과를 거두었다. 하지만 이 과정에서 농촌 주민들이 좀 더 높은 소득과 일거리를 찾기 위해 도시로 이주하였고, 농촌에서는 농민의 이탈이 심화되면서 노동력이 감소하였다.

이 당시 도시 주민에게는 주택, 식량, 의료, 교육 등 상대적으로 높은 사회보장 서비스가 제공되었는데, 농촌 주민의 대규모 도시 진입은 이러한 사회 기능을 마비시킬 우려가 있었고, 실제로 도시 내의 주택과 상하수도 시설 부족, 사회질서 유지 등 여러 가지 문제점이 발생하였다.

중국 정부는 1950년부터 이미 인구 이동에 대한 여러 가지 제도를 시행했지만 농촌 주민의 도시 진입을 효과적으로 막지 못해 이를 좀 더 강력하게 차단할 필요가 있었다. 이에 1958년 '중화인민공화국호구등기조례(中华人民共和国户口登记条例)'를 발표하고, 농촌 주민의 도시 진입을 통제하였다. 1958년 이전은 '권고' 수준이었고, 1958년부터는 제도를 통한 강력한 '통제'가 실시되었다.

호구 관리 제도는 시기적으로 3단계로 나누어볼 수 있는데, 1단계는 거주 이전 자유 시기로 건국 후부터 1957년까지이고, 2단계는 거주 이전 제한 시기로 1958년부터 1978년까지, 3단계는 거주 이전 반(半) 개방 시기로 1979

년 개혁개방 이후부터 현재까지다. 모든 농촌 주민은 인민공사에 소속되었으며, 인민공사는 개인소유제가 아니라 집단소유제와 전인민소유제를 실시하였다. 모든 도구, 생산물에 대해 호구에 근거한 분배제도가 실시되면서 농촌 주민이 호구가 등록된 지역을 이탈하여 도시로 진입할 가능성을 원천 차단하였다.[18]

❷ 호구제도의 구조적 모순

1976년 문화대혁명이 끝나고 덩샤오핑의 개혁개방정책으로 중국 동부 연해 지역부터 경제발전의 물결이 일기 시작하였다. 대규모 도시 건설 사업이 진행되고 공장이 대거 들어서면서 수많은 일자리가 생겨났고, 개혁개방과 더불어 시장경제체제의 도입, 인민공사의 역할 약화, 농업생산책임제(家庭联产承包责任制) 등으로 농촌에서 도시로 향하는 수많은 농민공이 발생하였다.

계획경제시대에 형성된 호구제도는 중국 정부가 지향하는 대동사회(선진국)로 나아가는 과정에서 장애물로 작용하고 있다. 원바오(溫飽, 기본 의식주 해결)에서 샤오캉(小康, 먹고 살 만한 중산층 수준)사회로 나아가는 과정에서 경제발전의 일등공신인 농민공들이 복지 사각지대에 놓여 있다는 것은 불합리할 뿐만 아니라 사회질서 유지를 위협하는 가장 큰 모순이다. 이러한 점은 현재 중국 사회가 공감하고 있으며, 호구제도에도 조금씩 변화의 바람이 불고 있다.

---

[18] 이 당시 농촌과 도시는 각각 '인민공사'와 '단위(单位)' 체제로 고도로 조직화되었다. '단위' 체제는 '인민공사'와 비슷한 역할을 하였고 취업, 복지, 주택분배, 자녀 입학 등 사회 모든 방면의 기능을 갖추고 있었다.

❸ 호구제도의 변화

2014년 국무원은 '호구제도 개혁 강화에 대한 의견(关于进一步推进户籍制度改革的意见)'을 공포하였다. 중국 정부는 이 호구제도 개혁안을 통해 호구를 비(非)농업인구와 농업인구로 구분하지 않고 '주민호구(居民户口)'로 통일하며 교육, 의료, 취업, 사회보험, 주택, 토지 및 인구통계 등의 제도를 새롭게 정비할 계획이다. 그리고 거주증제도를 실행하여 합법적인 고정 거주지와 거주기간, 직업을 기본 조건으로 하여 실제 거주지에서 상주인구 등록신청이 가능하도록 하였다.

이러한 개혁조치는 기존에 일부 지역에서 실시되었던 '토지와 사회보장 교환(土地换社保)'이나 '토지와 호구 교환(土地换户口)'과 같이 농촌 주민들이 대가를 지불해야 하는 형식이 아닌 가장 현실적인 사회통합으로서 개혁하려는 것이다.

호구제도 개혁은 호구제도의 폐지가 아닌 완화를 선택한 것인데, 이것은 호구제도가 폐지될 경우 발생할 사회적 혼란을 우려했기 때문이다. 중국 정부는 사회적 부작용을 최소화하는 데 역점을 두고 호구제도를 단계적으로 완화해나가고 있다.

중국 주민 후커우

69 농민공(農民工)

도시의 이방인이라 불리는 농민공은 일반적으로 농촌 호구를 가진 농민이 도시로 이주하여 비농업 분야에서 일하는 경우, 이 노동자를 가리킨다.

❶ 농민공이란?

농민공은 호구(戶口)가 농촌으로 되어 있는 농민이 도시로 이주하거나 현지 혹은 타지에서 비농업 분야에 6개월 이상 일하고 있는 경우, 이 노동자를 일컫는 말이다. 호적 소재지에서 일하는 농민공을 현지농민공, 호적 소재지가 아닌 곳에서 일하는 농민공을 외출농민공이라 하는데, 우리가 흔히 말하는 농민공은 외출농민공을 지칭하는 말이다.

2016년 중국 농민공은 총 2억 8,171만 명(현지농민공 1억 1,237만 명, 외출농민공 1억 6,934만 명)으로 집계되고 있고, 그 숫자는 매년 증가하는 추세이다.

농민공이라는 용어는 중국 특유의 제도인 호구제도에서 비롯되었다고 볼 수 있다. 신중국 건립 이후 중국은 중화학공업 위주의 경제정책을 펼쳐나가면서 농촌 인구의 도시 이주를 제한하기 위해서 호구제도를 실시하였다.

❷ 호구제도가 야기한 농민공 계층의 발생

개혁개방 이후 시장경제 도입으로 자율적인 시장경쟁이 이루어지면서 도시에서는 저렴한 노동력에 대한 수요가 늘어났다. 이 수요를 농촌에서 도시로 이주해온 농민들이 채웠고, 이로써 농민공이 출현하게 되었다.[19] 이렇게

---

[19] 중국에서 호구지를 떠나서 다른 지역으로 가는 인구를 '유동인구'라고 하는데 이 유동인구 대부분이 농민공이다.

농민들이 일자리를 찾아 농촌에서 도시로 이동하는 현상을 가리켜 '민공조(民工潮)'라 한다.

농민공이 발생하게 된 배경으로 개혁개방에 따른 경제구조의 변화 역시 원인의 하나로 꼽을 수 있는데, 도시와 농촌 간에 사회, 경제 등 다방면에서 갈수록 격차가 커지면서 농촌 지역에 있던 수많은 잉여노동력이 도시로 이동하게 된 것이다.

도시로 이동하는 농민공

당시 중국은 호구제도로 인해 인구 이동이 극히 제한되었지만, 개혁개방 후 불균형적인 지역발전의 영향으로 소득이 낮은 지역에서 소득이 높은 지역으로 대규모 인구 이동이 발생하였다.

❸ 경제 부흥을 이끈 주역

농민공들은 도시에서 건축업, 제조업을 비롯하여 각종 3D 직종(더럽고, 힘들고, 위험한 분야의 산업)에 종사하였다. 계획경제에서 시장경제체제로 전환하면서 도시에서는 대규모 건설붐이 일어났고 섬유, 신발, 전자제품 등 노동집약적인 경공업 위주의 산업이 발달하였다. 이에 대한 노동자 수요가 증가하면서 도시 노동자들로만 그 수요를 감당할 수 없었고, 때마침 도시로 이주한 농민공들이 그 자리를 채우게 되었다.

개혁개방 후 제조업이 중국 산업을 견인하며 연평균 10% 이상의 성장률을 기록하였는데, 제조업 발전의 원동력이 바로 농민공이었다. 동부 연해 지역을 중심으로 개발 및 발전이 시작되었고, 농민공들은 서부 내륙 지역에서 동부 연해 지역으로 이동하였다. 그중 2000년대 중반까지 '세계의 공장'이라는 수식어를 달았던 광둥성 둥관은 전 세계 최대 제조업 기지로 중국 최대의 농민공 유입 지역이었다.

❙ 농민공 지역별 분포(2016년)(단위: 만 명/외출농민공 기준)　　　　　자료: 농민공 조사보고서

동부 지역	중부 지역	서부 지역	동북지역
4,691	6,290	5,350	603

❹ 불합리한 사회 현실에 직면한 농민공

한편, 농민공의 출현은 여러 가지 사회문제를 일으켰다. 이들은 중국 전체 인구의 10%가 넘는 비율로 하나의 사회계층을 형성하고 있는데, 도시 이주 후 대다수가 도시 빈민층으로 전락하였다. 저학력에 전문기술도 없는 농민공들은 도시 노동자들의 3분의 1 정도의 저임금을 받으며 생활하였고, 농촌 호구를 갖고 있었기 때문에 사회복지 혜택의 사각지대에 놓이게 되었다. 또한 직장에서 임금 체불과 근무시간 초과, 노동계약 미체결 등 열악한 근무 환경이 농민공들의 불만 표출로 이어졌는데, 그 일례로 노동자들이 연이어 자살한 '폭스콘' 사례를 들 수 있다.

Plus Info

폭스콘 연쇄 투신자살 사건

2010년 1월 선전(深圳)에 있는 폭스콘(Foxconn, 홍하이과기그룹, 애플 아이폰 조립) 공장 기숙사에서 19세 근로자 한 명이 투신자살을 하였다. 이후 2010년 한 해에만 폭스콘 근로자 14명, 2016년까지 총 30명이 투신자살을 하였다. 이들의 나이는 19~31세로 일명 '신세대 농민공'이라고 불리는 이들이었다. 이 사건으로 강압적인 노무관리와 비인간적인 노동 강도로 노동력을 착취한 폭스콘은 중국 국내외 언론에서 근로자의 피땀을 빨아먹는 '혈한공장(血汗工厂, sweatshop)'이라는 오명을 쓰게 되었다. 폭스콘 사건은 중국 사회가 농민공 문제를 고찰하는 계기가 되었다. 그러나 2018년 1월에도 정저우(郑州) 폭스콘 공장 직원 1명이 투신자살을 했다는 보도가 이어지고 있다. (연합뉴스, 2018. 1. 10)

농민공들의 사회 불만은 주로 젊은 층을 중심으로 나오고 있다. 1980년대 이후 출생하여 현재 10대 후반에서 30대에 이르는 젊은 농민공들을 일컬어 일명 '신세대 농민공(新生代 农民工)'이라 하는데, 이들은 점점 농민공 계층의 주체세력이 되고 있다. 현재(2016년 기준) 신세대 농민공은 전체 농민공의 약 49.7%를 차지한다. 이들은 부모를 따라 농촌에서 도시로

광둥성 주하이 IT기업 내 신세대 농민공 근로자

이주하거나 도시에서 태어나고 자라 부모 세대보다 학력 수준이 높다. 이전 세대 농민공들이 건축업에 주로 종사했던 것과 달리 공업과 상업, 서비스업에 주로 종사한다.[20] 그리고 자신들의 권리실현, 임금수준 향상, 기술능력 향상, 직장 근무환경과 사회보장 등을 중시하는 경향이 높고, 도시에서 자랐기 때문에 농촌보다는 도시 생활에 더 익숙하다.

▌ 농민공 연령 분포 (2016)(단위: %) 　　　　　　　　　　　　　자료: 농민공 조사보고서

16~20세	21~30세	31~40세	41~50세	50세 이상
4.9	31.9	22.5	25.6	15.1

이들은 신분상 농민이기 때문에 도시 생활을 하면서 많은 어려움에 직면해 있다. 도시 근로자에 비해 여전히 임금이 낮고, 부동산 가격이 높아 주거도 문제가 된다. 집값을 아끼기 위해 몇 평 되지 않는 좁은 달팽이집(蝸居)[21]에 여러 명이 살거나 시 외곽 지역에 형성되어 있는 빈민촌에 농민공들이 집단 거주하면서 도시로 출퇴근(개미족蟻族)한다. 그리고 이전 부모 세대보다 교육을 많이 받았다고는 하지만 전문기술을 갖춘 농민공 비중은 전체 농민공의 약 30%를 조금 넘는 수준(2016년 기준 32.9%)이고, 그나마도 현재 대도시에 있는 기업들이 요구하는 고급 전문인력 요건을 충족하지 못한다.

신세대 농민공들은 자녀교육에 대한 기대가 매우 높지만 호구제도로 자녀교육에 제약을 받고 있고, 도시에서 제공하는 사회보장서비스를 제대로 누

---

[20] 2016년 기준으로 농민공의 1차·2차·3차 산업별 분포는 각각 0.4%, 52.9%, 46.7%이다.
[21] 달팽이집처럼 작은 집(혹은 쪽방)을 지칭한다. 중국의 농민공이나 서민들이 작은 집을 마련하기 위해 겪는 고초를 묘사한 말이다. 2007년 작가 '류류(六六)'가 『워쥐(蝸居)』라는 제목으로 장편소설을 발표하였고, 2008년 드라마로 제작되기도 했다.

리지 못한다. 노동계약서 체결, 임금 체불, 근무환경 등 근로 방면에서 불이익도 여전하다. 농민공들이 겪는 여러 가지 어려움으로 신세대 농민공들의 범죄율이 점점 높아지고 있다. 이러한 현상은 사회 불안정을 야기하고, 도농통합발전에 부정적 영향을 미칠 수 있다.

최근에는 농민공들이 대도시에서 이탈하는 경향이 두드러지는데, 이는 대도시의 구직난으로 2, 3선 도시로 이주하거나 호구가 등록되어 있는 고향으로 귀향을 택하는 농민공들이 많아지고 있기 때문이다.

저장성 웬저우시에 있는 아덕민공자녀학교(雅德民工子弟学校) 음악수업
농민공 자녀들은 후커우 때문에 부모가 일하는 도시에서 정규교육을 받을 수 없다. 최근 각 도시에 민공자녀학교를 세우고 초·중 학업을 허용하고 있으나 학력 인정문제는 여전히 해결하지 못하고 있다.

70 삼농(三農)

'삼농'은 농민, 농업, 농촌을 뜻한다. 일반적으로 '삼농문제(三農问題)'라고도 하며, 농민의 소득증대, 농업발전, 농촌안정 세 가지 문제를 해결하는 것이 중국 정부의 과제이기도 하다.

❶ '삼농'문제의 시작

중국에서 본격적으로 삼농문제가 정치·경제·사회적으로 불거진 것은 개혁개방 이후이다. 중국은 전통적인 농업국가로 건국 당시만 해도 약 90%에 달하는 인구가 농촌에 거주했다. 개혁개방을 표명했던 1978년에도 농촌 인구 비율은 약 82%였고, 1차산업도 30%를 넘는 높은 비중을 차지했다.[22] 하지만 개혁개방 후 농업의 현대화가 늦어지고, 경제발전 혜택을 보지 못하면서 도농 간 격차가 점차 벌어지게 되었다. 중국 정부는 영세적인 영농체계와 전통적 기술체계에 의존하는 농민의 한계, 미비한 사회보장체계, 교육, 의료, 소득, 토지 등 여러 문제에 직면하게 되었다.

❷ 도농 통합정책 추진

삼농문제를 해결하려면 사회보장 체계, 농촌 토지, 취업, 호구제도, 교육 등 사회제도적·구조적 문제 해결이 선행되어야 한다. 중국 정부는 이러한 구조적 문제를 해결하려고 거시적이고 장기적인 관점에서 정책을 시행하고 있다.

삼농문제 해결 구도

[22] 2016년 기준 1차산업 비중은 8.6%.

도농문제를 명시한 중국의 사회보장정책 개혁 내용

주요 시행정책	개혁 내용
사회보장제도	전국 통일 도농 기본 양로보험제도 구축, 사회구제제도 추진, 도농 최저생계보장 수준 제고, 사적연금 가입 장려, 실업보험 및 산재보험 완비 등
호구제도	2014년 주민통합호구 개혁 후 2016년 거주증제도 시행❷❸
토지제도	토지 경영권의 점유, 사용, 수익, 양도 등의 권한을 보장하여 토지 용도 관리, 토지 정비 등 관련 제도 정비
의료제도	2009년 의료개혁으로 도농 기본 의료보험 시행과 서비스 수준 제고, 공공 의료위생 서비스 추진, 의료 보조 시스템 개혁 등을 단행

2003년 후진타오(胡錦濤)는 중국 국가주석으로 추대되면서 '조화사회(和谐社会) 건설'이라는 기치를 내걸고 그동안 경제성장에 초점이 맞춰진 국가정책을 도시와 농촌의 공존을 통한 도농 통합정책으로 전환하여 추진하였다. 대표적인 정책으로 2006년 실시된 '사회주의 신농촌건설(社会主义新农村建设)'을 꼽을 수 있다. 이는 농촌의 경제, 정치, 문화, 사회, 법제건설을 통하여 농촌

신농촌정책으로 새롭게 조성된 헤이룽장성 싱스쓰촌 (兴十四村)

사회의 발전과 도농 간 균형 발전을 도모한다. 더 나아가 최근 중국이 추진하고 있는 도농 통합 발전과 연계하고 농촌 주민과 도시 주민의 경계를 허물어 장기적으로 도농 이원 구조 체제를 해체해 전면적 소강사회를 실현하는 데 그 목적이 있다.

❷❸ 호구지가 아닌 다른 도시에 6개월 이상 거주할 경우 거주증을 발급받을 수 있고, 해당 도시의 교육, 취업, 의료 등 기본적 사회보장서비스를 받을 수 있다.

도농 통합 발전은 삼농문제 해결의 가장 핵심적 내용으로, 도농 지역 발전 규획, 정책 조정, 도농 주민 소득분배 등의 과정을 거쳐 사회 균형 발전을 꾀하고, 도농 경제사회 일체화 발전을 추구하는 것이 최종 목표이다. 현재 진행되고 있는 호구제도 개혁, 도시화 추진, 토지제도 개혁 등은 이러한 도농 통합 발전의 일환으로 볼 수 있다.

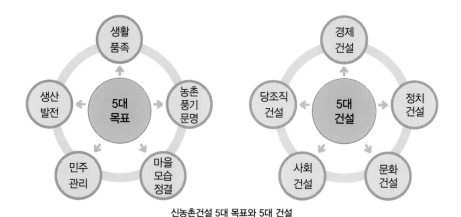

신농촌건설 5대 목표와 5대 건설

Plus Info

중앙 1호 문건과 삼농

중공중앙·국무원 1호 문건(이하 문건)이란 공산당 중앙위원회와 국무원이 해마다 연초에 가장 처음 발표하는 공문으로 그해 중국 정부의 최우선 정책과제가 무엇인지를 나타낸다. 1982년부터 1986년까지 5년간, 이후 2004년부터 현재(2018)까지 삼농문제가 문건에 담겨왔다. 농업생산능력 제고, 농민 소득증대, 농업현대화 건설, 사회주의 신농촌 건설 등의 내용을 담고 있어 이를 통해 중국 정부의 삼농문제 해결 의지를 확인할 수 있다. 2018년 1월 2일에도 국무원은 '향촌진흥전략 실시에 관한 의견(关于实施乡村振兴战略的意见)'을 1호 문건으로 발표한 바 있다.

Keyword

71 도농 이원구조(城乡二元结构)

도농 이원구조는 중국의 사회주의 계획경제체제하에서 형성된 독특한 경제구조이다. 도시와 농촌의 이원화된 경제구조의 고착화로 사회구조적 모순이 심화되고 있다.

❶ 도농 이원구조의 정의

'도농 이원구조 체제' 혹은 '도농 이원경제구조 체제'라고 칭한다. 일반적으로 도시 경제와 농촌 경제로 나뉘는데, 도시 경제는 현대화된 공업 생산을 바탕으로 빠르게 발전하는 반면, 농촌 경제는 주로 전형적인 소규모 농업생산이 이루어져 더딘 발전을 보인다. 상주인구를 제외한 인프라, 사회보장, 소득과 소비 수준 등 모든 면에서 도시가 농촌을 앞서가는 형태의 경제구조가 형성되는데, 이렇게 도시 경제와 농촌 경제로 양분되어 같이 존재하는 형태를 도농 이원구조라고 한다.

❷ 도농 이원구조 체제의 형성 배경: 중국 사회주의 계획경제

도농 이원구조 체제는 중국의 장기간에 걸친 사회주의 계획경제체제하에서 형성되었다. 제1차 5개년 계획(1953~1957) 때부터 추진된 중공업 우선 발전정책은 대약진운동으로 발전했다. 농촌에서는 인민공사가 설립되어 농촌주민들의 농업 생산 의욕을 감소시켰고, 대약진운동의 실패와 맞물려 농업 생산력 저하로 이어졌다. 도시에서는 1차 5개년 계획 때 소련이 설계한 156개 공업건설 단위를 토대로 단위(单位) 체제가 확립되었다. 단위는 농촌의 인민공사와 같은 사회통제 기능을 담당하였는데 이렇다 할 복지 혜택이 없던 농촌에 비해 도시는 단위 체제를 통해 주택, 의료, 교육 등 여러 가지 사회보장서비스를 받을 수 있었다.

도시 주민의 이러한 혜택은 농업에서 창출된 잉여가치를 중공업 분야와 도시의 각종 인프라에 투자하면서 발생하게 된 것이다. 이렇게 도시와 농촌에 각각 인민공사와 단위 체제의 형성 그리고 1958년 호구제도의 제정으로 정부가 중국 사회를 완벽하게 통제함에 따라 도시와 농촌은 두 개의 사회·경제로 분리되었다.

❸ 도농 이원구조 체제의 심화: 개혁개방 이후

개혁개방 이후 사회주의 시장경제체제를 도입하면서 도농 이원구조 체제가 본격화되었다. 사회주의 계획경제 시기에 '경제체제'로 도농 이원구조가 형성되었다면, 이 시기에는 '발전 방식'으로 인한 도농 이원구조 체제가 심화되었다고 볼 수 있다. 거점식 개발에 따른 지역 간·도농 간 불균형 발전으로 경제발전의 격차가 점차 커지는 시기였다.

도시 쪽은 도시건설 사업이 진행되고 공장이 대거 들어서면서 2차산업이 빠르게 발달하였고, 그와 동시에 도로, 통신, 교육, 의료, 위생 등 도시 인프라가 완비되고 사회보장과 사회복지서비스가 정비되었다. 농촌 사정은 도시와 달랐다. 개혁개방 초기 농촌에 대한 정부정책은 '농업 생산력 증대'에 초점이 맞춰졌다. 생산력이 증대하면 농민 개인 소득이 증가하고, 그럼으로써 농촌 경제도 발달할 것으로 보았다. 하지만 추진 결과 농민들의 소득은 지속적으로 증가했지만, 소득 증가 수준이 도시에 비해 상당히 낮아 소비 수준이 높지 않았고, 기본적으로 취약한 농업 인프라 시설에 투자되지 않아 농촌 경제는 더디게 성장했다.

▌ 중국 도시와 농촌 간 소득격차(단위: 元)   자료: 중국국가통계국

연도	도시 주민 1인당 가처분소득	농촌 주민 1인당 순소득
1978	343.4	133.6
1980	477.6	191.3
1982	535.3	270.1
1984	652.1	355.3
1986	900.9	423.8
1988	1,180.2	544.9
1990	1,510.2	686.3
1992	2,026.6	784
1994	3,496.2	1,221
1996	4,838.9	1,926.1
1998	5,425.1	2,162
2000	6,280	2,253.4
2002	7,702.8	2,475.6
2004	9,421.6	2,936.4
2006	11,759.5	3,587
2008	15,780.8	4,760.6
2010	19,109.4	5,919
2012	24,564.7	7,916.6
2014	28,843.9	9,892.9
2016	33,616	12,363
2017	36,396	13,432

자료: 국가통계국

연도	도시화율(%)	연 도	도시화율(%)
1949	10.7	2001	37.6
1953	13.3	2002	39.1
1955	13.5	2003	40.5
1958	16.2	2004	41.7
1960	19.8	2005	43.0
1965	18.0	2006	44.3
1966	17.8	2007	45.9
1970	17.4	2008	47.0
1971	17.2	2009	48.3
1976	17.4	2010	49.9
1979	19.0	2011	51.3
1981	20.1	2012	52.6
1984	23.0	2013	53.7
1986	24.5	2014	54.8
1987	25.3	2015	56.1
1991	26.9	2016	57.4
1996	30.4	2017	58.52

* 도시화율은 총인구 중 도시 거주민 비율이다.
* OECD 34개국 도시화율(2010년 기준)을 보면 한국 85.4%, 일본 76%, 미국 84%, 영국 90% 수준으로 OECD 평균은 47.1% 수준이었다(2012, OECD).

중국의 도시와 농촌의 관계 정립

마르크스 이론에 따르면 도시와 농촌의 관계는 상호의존(相互依存), 분리(分离)와 대립(对立), 융합(融合) 혹은 통합으로 형성된다. 이를 토대로 중국 도시와 농촌의 관계를 보면 시기별로 분리 → 대립 → 융합으로 형성되었는데, 개혁개방 이전 시기를 분리, 개혁개방 이후 시기를 분리와 대립 시기, 2000년 이후 4세대 지도부가 들어선 후 후진타오 주석의 '조화사회(和谐社会)' 건설과 더불어 신농촌 건설, 도농 통합 발전 추진 시기를 융합 시기로 나눌 수 있다. 도농 간 '분리화'는 '선부론(先富论)'의 시작과 동시에 본격적으로 진행되었다. 일부 개인, 지역, 업종이 우선 부를 축적하였고 농촌은 그 일부 대상에서 제외되었다.

홍콩 〈사우스차이나모닝포스트(SCMP)〉에 따르면 2016년 말 중국의 도시화율은 57.35%로, 중국 정부는 2020년까지 이를 60%로 끌어올릴 방침이다. 도시화율은 전체 인구 중에서 도시에 사는 인구가 차지하는 비율을 말한다. 이는 중국인 10명 중 4명은 아직 농촌 지역에서 산다는 것을 뜻한다. 중국 정부는 도시와 농촌의 소득 격차를 줄이려고 애쓰지만 2016년 도시 거주인의 평균 가처분소득은 3만 3,616위안으로 농촌 주민의 2.71배에 달했다. 도시 가구의 90% 이상은 수도와 가스 공급 혜택을 누리지만, 농촌 지역의 수도 공급률은 70%, 가스 공급률은 고작 20%에 불과하다. 2016년 공공시설에 대한 정부 지출도 도시 지역이 1조 7,400억 위안에 달해 농촌 지역의 4,026억 위안을 압도했다.

Keyword

72 계획생육(计划生育)

중국이 국가적으로 시행한 산아제한정책으로 1980년대에 들어서면서 '1가구 1자녀' 정책을
실시하여 인구 증가를 강력하게 억제하고 있다.

❶ 계획생육이란?

일반적으로 산아제한정책이라고 하는 중국의 '계획생육'정책은 늦게 결혼
하고(晚婚), 늦게 낳고(晚育), 적게 낳고(少生), 건강하고 총명하게(优生) 키우
자는 구호 아래 시행되었다. 덩샤오핑이 정권을 잡은 이후에 본격적으로 시
행되었지만, 그 이전부터 중국에서는 인구 증가에 따른 부작용을 감안해 계
획생육정책을 실시하고 있었고, 1978년 3월에 계획생육정책이 헌법에 삽입
되기도 하였다.

신중국 건국 이후 중국 인구의 자연증가율은 급격히 늘었는데, 건국 후 4
년간 중국의 인구증가율은 20% 정도였다. 1953년 제1차 중국 인구조사❷❹
때 인구증가율 역시 약 23%의 높은 수치를 기록했는데, 중국 인민들의 생
활수준이 향상되고 의료·위생 부문이 개선되어 사망률이 대폭 하락하고 출
생률이 지속적으로 상승한 것이 이 시기 중국 인구가 급격히 증가하게 된
원인이다.

❷ 계획생육정책의 시작

마오쩌둥은 '인구가 힘이다(人多力量大)'라는 구호 아래 중국의 인구 증가

국가위생건강위원회

2018년 3월, 국가위생계획
생육위원회를 폐지하고 지
금의 명칭으로 변경했다.
그 전신인 국가계획생육위
원회(国家计划生育委员
会)는 1981년 3월에 설치
된 중앙부처로, 이는 국가
차원의 가족계획정책이 37
년 만에 종료되었음을 의
미한다.

❷❹ 신중국 건국 후 중국에서는 총 여섯 차례 인구조사를 시행했다. 각각 1953년, 1964년, 1982년, 1990
년, 2000년, 2010년으로 1~3차까지 인구조사는 부정기적으로 시행되었고, 1990년 제4차 인구조사 때
부터는 '중화인민공화국통계법 시행세칙'에 따라 10년마다 연도 끝자리가 '0'이 되는 해에 실시하기로 규
정하였다.

로 인한 식량문제는 혁명을 통한 생산성 제고로 해결할 수 있다는 사상을 갖고 있었다. 하지만 당시 중국 경제학자이자 베이징대학교 총장이었던 마인추(马寅初)는 인구를 억제하지 않는다면 식량 등 자원이 부족해지고 사회 발전에도 영향을 줄 것이라고 우려하며 1957년 7월 〈인민일보〉에 '신인구론(新人口论)'을 발표하면서 계획생육정책의 필요성을 주장하였다.

1960년대 초반 대약진의 실패와 자연재앙으로 약 3,000만 명이 아사하면서 중국에서는 인구 증가에 대한 조치를 취하기 시작하였다. 1962년, 일부 시·현에서 계획생육정책을 시작하였고, 1964년에는 그 범위가 더욱 확대되었다. 1971년, 국무원에서 '계획생육공작 달성에 관한 보고(关于做好计划生育工作的报告)'를 발표하기도 하였다. 하지만 이 시기 정책들은 강력하게 억제하기보다는 권고 수준에서 그쳤다.

❸ 1가정 1자녀 정책

1981년 인구가 10억 명(1949년 5.4억)을 넘어서면서 폭발적인 인구 증가에 대한 위기감이 커졌다. 마인추 이론을 토대로 1982년 공산당 제12차 전국대표대회에서 계획생육을 기본 국책으로 정하고, 같은 해 12월 헌법에 삽입하면서 본격적인 계획생육정책이 시행되었다. 1가정 1자녀를 기본으로 하였지만 농촌 지역과 소수민족은 2자녀까지 허용되었다. 농촌 지역과 소수민족의 계획생육정책은 각 지역에 따라 다르지만, 기본적으로 소수민족은 정책시행 때부터 2자녀를 허용하였고, 1984년 농촌 지역에서도 2자녀까지 허용하도록 정책을 조정하였다.[25]

1970년대 가족계획(계획생육) 포스터

[25] 소수민족의 경우 소수민족의 존속과 번영을 위해 2자녀를 허용하였다. 그 결과 소수민족의 인구비율은 1982년 6.7%에서 2010년 8.49%까지 상승하였다. 농촌 지역의 경우 제한적으로 2자녀를 허용하였는데, 첫째가 여아라면 한 명 더 낳는 것을 허용하였다.

❹ 계획생육정책의 부작용

중국의 1가정 1자녀 정책은 인구를 효과적으로 억제했지만[26] 한편으로는 정책 부작용으로 여러 가지 사회문제도 발생하였다. 전통적으로 남아선호 사상이 강한 중국은 여아를 임신하게 되면 자의 혹은 타의로 낙태하는 경우가 많아졌고, 남초 현상으로 인구구조가 기형적으로 바뀌었다.

농촌에서는 '헤이하이즈(黑孩子)'가 심각한 사회문제로 대두되었다. 중국, 특히 농촌에서는 2명 이상 아이를 낳으면 호적(戶口)에 등록하지 않는 경우가 많았는데, 아이를 더 낳으면 부과되는 벌금이 연소득의 3~6배에 달했기 때문이다. 반면, 도시에서는 한 자녀밖에 낳지 못하는 가정에서 아이를 황제처럼 떠받들어 키우기 시작했는데, 1980년대 이후 출생한 외동을 '소황제(小皇帝)', '소공주(小公主)'라고 부르기 시작하였다.

마지막으로 저출산과 고령화 현상으로 인한 노동력 부족이 심화되었다. 중국은 2017년, 60세 이상 인구가 이미 2억 4,000만 명을 넘어 약 17.3%를 차지했는데, 2030년에는 약 25%, 2050년에는 4억 8,700만 명으로 중국 인구의 약 34.9%를 차지할 것으로 예측되고 있다. 노동 가능 인구인 15~64세까지의 인구[27]는 2011년 최고치를 기록한 후 2012년 처음으로 감소(345만 명 감소)하기 시작했다. 2015년 9억 1,100만 명에서 2030년에는 8억 3,000만 명으로 줄고, 2030년부터는 매년 760만 명씩 감소하여 2050년에는 7억 명 수준까지 줄어들 것으로 예측되었다.

❺ '얼타이(二胎)' 시대의 개막

계획생육정책의 부작용을 해결하기 위한 사회적 공감대가 형성되었고, 특히 고령화 현상과 노동 인구 감소 현상은 중국 정부로서도 심각한 사안이었다. 이에 정책 개선에 대한 요구가 높아졌고, 2014년 1월 저장(浙江), 장시(江

---

[26] 중국은 계획생육정책으로 40여 년간 4억 명 이상의 인구를 억제하였다(《인민일보》 2013. 11).

[27] 국제적으로는 일반적으로 15~64세를 노동 가능 인구로 규정하고 있고, 중국에서는 남자는 16~60세, 여자는 16~55세로 규정하고 있다.

西), 안후이(安徽), 광시(广西), 산시(山西), 쓰촨(四川), 베이징(北京), 톈진(天津), 상하이(上海) 등 9개 성급 정부에서는 단독 2자녀 정책(単独二胎政策)을 시행하였다. 부부 중 한쪽이 독자일 경우 자녀를 2명까지 둘 수 있도록 허용한 것이다. 그 후 2015년 공산당 제18차 중앙위원회 제5차 전체회의에서 전면적인 1가정 2자녀 정책 시행(2016년 시행)을 결정하였다.

2016년과 2017년의 출생인구는 각각 1,786만 명, 1,723만 명으로 2000년대 이후 두 번째로 높은 출생인구 수치를 기록하였다. 12차 5개년 규획 기간(2011~2015) 연평균 출생률인 1,644만 명보다 높은 수준으로 전면적인 2자녀 정책의 효과가 나타나고 있다. 하지만 젊은 세대들은 경제적 부담으로 인해 둘째 출산을 기피하고 있어 새로운 계획생육정책의 효과는 시간을 두고 지켜봐야 할 것이다.

▌중국 연대별 계획생육정책 변화 과정

1960년대	人多力量大	인구가 국력이다.
1970년대	一个不少, 两个正好, 三个多了	하나도 적당하다, 둘이면 딱 좋다, 셋은 많다.
	晚, 稀, 少	남성은 25세, 여성은 23세 이후에 결혼하고, 둘째는 4년 후에 낳고, 아이는 둘만 낳는다.
1980~2000년대	只生一个好	하나만 낳자.
	双独二胎	독생자 부부간 둘째 자녀 출산 허용
2010년대	単独二胎	부부 중 1명이라도 독생자면 둘째 자녀 출산 허용(2013년 허용)
	全面二胎	모든 부부에게 둘째 자녀 허용(2015년 10월부터 허용)

73 바링허우(80后), 지우링허우(90后)

1980년대에 태어난 세대를 '바링허우(80后)', 1990년대에 태어난 세대를 '지우링허우(90后)'
라고 한다. 이들의 사회적 성장 환경과 가치관, 문화는 기성세대와 확연히 구분된다.

❶ 시대의 산물

중국은 1980년대부터 '1가구 1자녀' 정책인 계획생육정책을 실시하여 급
격히 늘어나는 인구수를 조절하였다. 정책 시행 이후 태어난 아이들은 가
정에서 애지중지 키워졌고, 이 아이들이 바로 우리가 흔히 이야기하는 '소황
제', '소공주'이다. 이 아이들은 한 가정에 한 자녀밖에 없기 때문에 부모와
조모, 조부, 외조모, 외조부의 관심을 받으며 황제나 공주처럼 자라기 때문
에 이러한 명칭(Six pocket generation)으로 부른다.

출생 시기로 나누어 1980년대에 태어난 아이들은 '바링허우
(80后)', 1990년대에 태어난 아이들은 '지우링허우(90后)'라고 한
다. 이 세대는 또 부의 대물림을 기준으로 '푸얼다이(富二代)',
'핀얼다이(貧二代)'로 나누기도 한다. 신세대 농민공 역시 이 세
대에 해당한다.

80년대생의 사랑과 성공을 그린 영화 〈80后(2010)〉

❷ 세대의 특징

80년대생과 90년대생 세대는 이전 세대보다 학력 수준이 높고 임금 수준
도 높은 편이다. 하지만 취업률과 고(高)물가 등으로 중국판 'N포세대'[28]라고

---

[28] 3포세대(연애, 결혼, 출산 포기)부터 시작하여 5포 세대(3포+집, 경력), 7포 세대(5포+희망, 취미) 등 N
가지를 포기한 세대를 말하는 신조어이다.

볼 수 있다. 현재 갓 사회에 진출했거나 사회생활을 안정적으로 하고 있는 세대로 사회에서 가장 중요한 소비군으로 성장했다. 이 세대는 실용적인 제품을 선호하고 제품의 품질을 중요시한다. 특히 사회 트렌드에 민감하고, 사회관계망 서비스(SNS)를 통해 다양한 사람과 소통하면서 많은 정보를 교환한다. 비교적 합리적인 소비를 하는 편으로 오프라인보다는 온라인 쇼핑을 선호한다.

▌ 기성세대와 80后·90后세대 비교

	기성세대	80后 세대	90后 세대
성장환경	대약진, 문화대혁명, 계획경제, 천안문사건	1자녀 정책, 개혁개방, 양극화, 국제화, 인터넷 보급	개방된 사회, 물질적 풍요, 디지털화, SNS
가치관	공동체의식, 이념투쟁, 획일성	개인주의, 자유, 개성, 다원화	자기중심적·개방적 사고, 우월감, 평등, 민주
소비성향	절약 저축, 근면 검소, 실질적인 소비	명품과 브랜드 선호, 가족주의 소비, 가성비 중시, 까다로운 '니즈(needs)'	얼리어답터, 다양한 브랜드 체험, 유행, 인터넷 쇼핑

❸ 사회의 소비 주력군으로 성장

1960년대와 1970년대에 태어난 제2차 베이비붐 세대는 50대로 접어들어 점차 노년층으로 진입하고 있고, 80년대생과 90년대생 세대가 사회의 주력군으로 성장하였다. 소비력이 충분한 이들은 사회의 소비 트렌드를 이끌어 나가고 있다. 2000년대 중후반부터 '세계의 공장'에서 '소비대국'으로 변화하고 있는 중국은 내수시장이 확대되면서 사회 생산과 소비의 주력군으로 떠오른 80년대생과 90년대생 세대가 더욱 주목받고 있다.

개혁개방 이전 세대인 70년대생(70后) 세대의 근검절약하는 소비 습관과 반대로 이들의 소비 습관은 마음에 드는 것은 바로 사고, 구세대보다 과소비하는 경향이 있으며, 저축보다는 소비에 더 비중을 둔다. 삶의 질이 높아져 자동차나 휴대전화, 노트북 등 내구재 외에 여행, 엔터테인먼트, 건강 등의 분야에도 관심이 많다.

특히 중국 온라인 쇼핑의 급성장은 이들 세대의 소비 성향이 반영된 결과로 두 세대 모두 인터넷 모바일에 친숙해 인터넷 쇼핑을 선호한다. 80년대생과 90년대생 세대는 중국 인터넷 쇼핑 이용자의 70%가 넘는 비율을 차지한다. 90년대생 세대가 80년대생 세대보다 인터넷 쇼핑 비율이 높지만, 실제 구매액과 구매 능력에서는 현재 사회활동이 가장 왕성한 80년대생 세대가 더 높다.

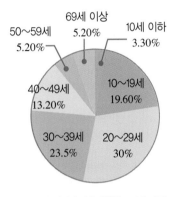

연령별 인터넷 사용 현황(2017년 기준)

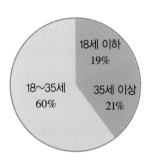

인터넷 구매 연령 분포(2016년 기준)

중국의 베이비붐(婴儿潮)

중국은 세 차례의 베이비붐이 있었다. 첫 번째 시기는 신중국 성립 이후로 이 시기 인구증가율이 약 300‰에 근접했다. 두 번째 시기는 대약진과 3년간의 자연재해가 끝난 1962년부터 1965년에 정점을 찍은 후 1973년까지 지속되었다. 중국 역사상 출생 인구가 가장 많은 시기로 출생률이 평균 33‰였고, 10년간 전국 출생 인구는 약 2억 6,000만 명으로 당시 전국 총인구의 약 20%에 육박하였다. 세 번째 시기는 1986~1990년으로 이 시기의 출생 인구는 약 1억 2,400만 명, 당시 전국 총인구의 10% 정도였다. 두 번째 베이비붐 시대에 태어난 세대가 성년이 되어 세 번째 베이비붐 현상을 이끌었다. 이 시기에 출생한 인구가 시대상을 대표하는 '80后'와 '90后'로, 현재 중국에서 생산과 소비의 주력군으로 떠올랐다.

74 가오카오(高考)와 중국의 대학

가오카오는 중국의 중앙정부가 시행하는 대학입학시험을 말한다. 정식 명칭은 '일반대학입학 전국통일시험(普通高等学校招生全国统一考试, The National College Entrance Examination)'이다. 중국판 '대학수학능력시험'이라 할 수 있다.

1952년부터 시행된 중국의 대학입학시험 가오카오(高考)는 문화대혁명 기간(1966~1976)에 정치적 이유로 폐지됐다가 1977년 재개되었다. 1994년 '사회주의 시장경제'가 본격화되면서 대학교육이 유료화되고 민영대학이 생겨나기 시작했는데, 이를 계기로 가오카오 응시생이 폭증했다. 지금은 매년 900만 명 이상이 응시하는 세계 최대 규모의 대입시험이다.

❶ 교육제도 시장화로 최대 규모의 대입시험이 된 가오카오

문화대혁명의 종결로 1977년 재개된 가오카오의 1980년대와 1990년대 응시생은 200만~300만 명 수준이었다. 이는 당시 교육제도가 '사회주의 계획경제'하에 있었기 때문이다. 즉, 4년제 혹은 2~3년제 전문대학에 진학하려면 우선 이를 허용한 고등학교에 입학해야만 했다. 또 모든 대학은 국공립이었으며, 학비는 무료였고, 대학을 졸업하면 국가가 전공에 따라 직업을 배분했다. 따라서 졸업생들은 직업 선택의 자유가 없었다. 당시 가오카오 규모는 국가의 계획에 따라야 했다.

중국은 1994년에 '사회주의 시장경제'를 영위한다고 대외적으로 선언했다. 이에 따라 교육제도 역시 '시장화'되었다. 1998년에 이르러 대학은 학비를 받기 시작했다. 더는 무료로 교육받을 수 없었고, 졸업생들은 자기 힘으로 직장을 구해야 했다. 아울러 이때부터 민영대학이 많이 생겨났다.

그 결과, 가오카오에 응시하는 수험생이 폭증했다. 2008년에는 무려 1,050만 명이 응시했고, 이는 같은 해 한국의 대학수학능력시험 응시자(55만 명)의 19배가 넘는 수치였다. 이후 농촌 지역의 소득 증가로 이전에는 고교 졸업 후 산업현장으로 향했던 많은 수의 농촌 비인문계 고교 졸업자들이 가오카오에 응시해서 매년 900만 명 이상이 응시하는 시험이 되었다. 바야흐로 전 세계에서 규모가 가장 큰 대입시험이 된 것이다.

▌1977년 이후 가오카오 응시자와 합격률 추이(전문대 포함) 자료: 성균중국연구소

연도	응시자 수(만 명)	합격자 수(만 명)	합격률(%)
1977	570	27	4.7
1982	187	32	17.1
1987	228	62	27.2
1992	303	75	24.8
1997	278	100	36.0
1999	288	160	55.6
2002	510	320	62.7
2007	1,010	566	56.0
2012	915	685	74.9
2016	940	772	82.1
2017	923	-	-

❷ 1987년 민영대학 등장, 2014년 입학정원의 24.1% 점유

중국은 1949년 건국 이후 줄곧 공립대학 체계를 유지해왔다. 1987년까지 중국 내에서 대학을 설립할 수 있는 주체는 교육부, 지방정부 교육청, 교육부로부터 승인을 받은 중앙정부 부처뿐이었다. 그런데 1987년 국가교육위원

회가 법인 자격을 갖춘 국가기업 사업조직(연구소 등), 정당, 농촌 정부, 사회단체, 학술단체, 국가로부터 승인받은 개인도 교육기관을 설립할 수 있도록 했다. 물론 개혁개방 직후인 1981년에 교육부, 광둥성 성정부와 합작으로 광둥성 산터우시에 화교 재벌 리자청(李嘉诚) 기금이 투자한 산터우대학(汕头大学)이 중국 최초 비공립대학으로 설립된 바 있다.

1997년 10월, 국무원은 민영대학 운영과 관련한 제도를 더욱 규범화했다. 그 결과 1998년 말 기준으로 교육부가 승인한 학위 과정 민영대학은 22개, 학위 인정 시험 조건부 민영대학은 120여 개, 비학위 과정 민영대학은 1,252개에 달했다. 더 나아가 중국 정부는 2002년 12월 민영교육 관련 최상위법인 '민판교육촉진법(民办教育促进法)'을 제정했는데, 이후 민영대학 설립이 대폭 확대되었다.

민영대학은 설립 주체, 운영 주도권에 따라 독립학원과 비독립학원으로 나눌 수 있다. 독립학원은 국가(주로 공립대학)가 소유·발기해서 설립하되 민간 자율로 운영되는 대학이다. 국가가 소유하지만 민간이 독립적으로 운영(公有民办)한다. 반면 비독립학원은 대부분 민간자본으로 설립되었다.

따라서 4~5년제 본과 과정을 두고 있는 민간 운영 대학, 그중에서도 비독립학원이 한국의 사립대학과 가장 유사한 형태의 교육기관이라고 할 수 있다. 2013년 말 기준으로 학위 과정이 있는 비독립학원 민영대학은 100개다. 기존 독립학원 규범화 정책에 따라 독립학원에서 비독립학원으로 전환하는 민영대학이 많아져 2015년 8월 말 140개로 증가했다. 2014년 기준으로 본과 졸업생 중 23.6%, 입학정원 중 24.1%가 민영대학 소속이었다.

▌**중국 공립대학과 민영대학 개념도**

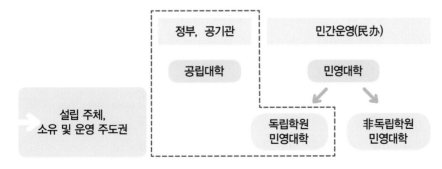

■ **중국 내 대학 현황**(2013년 기준)(단위: 개)　　　　　　　　　　　　자료: 중국교육부

	합계	중앙부처			지방정부				민간운영
		소계	교육부	기타부처	소계	교육부처	기타부처	지방기업	
일반대학	2,491	113	73	40	1,661	1,015	598	48	717
본과 대학	1,170	110	73	37	668	601	67	0	392
독립학원	292	0	0	0	0	0	0	0	292
비독립학원	100	0	0	0	0	0	0	0	100
전문대	1,321	3	0	3	993	414	531	48	325

❸ 고교 졸업자의 56.3%만 대학 입학

2016년 현재 중국 내 4년제 대학은 1,237개, 2~3년제 전문대는 1,359개다. 중학교까지가 의무교육으로, 고등학교부터는 직업학교와 인문계 등 다양한 교육기관이 상존한다. 중국 교육부의 2016년 통계를 보면 초등학교 졸업자는 1,507만 명, 중학교 모집정원은 1,487만 명으로 초등학생 거의 대부분이 상급학교에 진학한다. 반면 중학교 졸업생은 1,423만 명인데 일반 고등학교 모집정원은 802만 명으로 충원율이 56.4%에 불과하다. 실업계 고교(직업교육기관 포함) 정원은 593만 명이다.

고등학교부터 비평준화 시스템으로, 모든 중학생은 '중카오(中考)'라고 불리는 '중학교 학업수준고사(初中学业水平考试)' 점수에 따라 고등학교(인문계, 실업계)를 지원해서 진학한다. 중국의 고등학교는 여러 조건에 따라 차등화되어 있으며 명문대 입학생을 얼마나 많이 배출했느냐도 우수고교 기준 중 하나다.

호구(户口)제도에 따라 의무교육 기간에는 본인이 속한 하위 행정소재지를 벗어날 수 없으나(시-구의 경우 구 내에서만 진학), 고등학교부터는 중위 행정소재지 내에서 진학할 수 있다(A구 중학생이 B구 고교 지원 가능). 명문고교

로 진학하기 위해 재수하는 것도 보편화되어 있다.

전통적으로 의무교육 과정은 국공립 교육체계를 근간으로 하지만, 2001년 부터는 민간 설립 초등학교와 중학교도 허용되었다. 교육부 통계에 따르면, 2016년 현재 민간 설립 초등학교는 5,975개, 재학생은 756만 명, 입학정원은 127만 명이다. 민간 설립 중학교는 5,085개, 재학생은 532만 명, 입학정원은 188만 명이다. 재학생 기준으로 중국 전체 초등학교의 7.6%, 중학교의 12.2% 수준이다.

대학 입학문은 더욱 좁아지고 있다. 2016년 고교 졸업생은 1,329만 명(인문계 796만 명, 실업계(직업교육기관 포함) 533만 명)이었으나 4년제 대학 입학정원은 405만 명, 전문대는 343만 명으로 총 748만 명에 불과했다. 모든 고교 졸업자의 56.3%만이 대학에 입학할 수 있다는 말이다.

❹ 천재들의 경연장 가오카오

10년간의 문화대혁명 시기에 중단됐다가 1977년에 부활한 가오카오는 1세대 천재를 탄생시켰다. 바로 신싼제(新三届)다. 농촌에서 노동하며 10년간 머물러야 했던 지식청년 중 배움의 희망을 놓지 않았던 570만 명이 27만 명의 대입정원을 두고 22:1의 경쟁률을 뚫어야만 했다. 이후 3년간 예외적으로 연령에 상관없이 가오카오에 응시할 기회가 부여되었다. 이때 대학에 입학한 다양한 연령(입학 당시 22~29세)의 77학번, 78학번, 79학번을 '신싼제'라고 일컫는다.

신싼제는 중국 엘리트 중 엘리트로, 현재 중국 사회 각층에서 최고위 오피니언리더 그룹을 형성하고 있다. 그 선두주자로 리커창(李克强) 총리(베이징대학교 78학번), 왕이(王毅) 외교부장(베이징 제2외국어대학교 78학번)이 있다.

지금도 이른바 명문대에 진학하려면 천재여야 한다. 베이징대학교와 칭화대학교를 비롯한 수도권이나 대도시 명문대에서는 성·직할시·자치구별로 입학정원을 사전에 할당한다. 지방의 우수인재와 소수민족에 대한 배려다. 그러나 여전히 베이징이나 상하이 등 대도시에 많이 할당되어 지방 학생들은 상대적으로 불리하다.

가오카오는 보통 2~3일간 진행되며, 국어·수학·외국어는 공통과목이다. 문과 과목은 정치·역사·지리, 이과는 물리·화학·생물이다. 문제 유형은 선택형, 괄호 넣기, 지문 읽고 답하기, 작문 등 다양하다. 보통 750점 만점이나 성별로 다소 차이가 있다. 국어 150점, 수학 150점, 외국어 150점, 기타 과목 300점 만점이다.

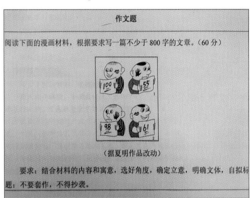 

2016년 광둥지역 가오카오 어문 작문 문제

제시된 만화를 보고 함의와 비유를 활용한 800자 이상의 작문을 요구하고 있다. 시사만화가 샤밍(夏明)의 원작 '진보와 퇴보'에 근거하여 낸 문제로, 한 학생이 공개한 답을 보면 100점짜리 중국 탁구팀은 세계 1위이므로 98점을 받으면 호되게 질책을 당하지만, 중국 축구팀은 월드컵 예선통과도 힘든 수준이므로 61점을 받아도 칭찬을 받는 경우로 비유했다.(www.gaokao.com)

❺ 중국 대학 분류

베이징대학교와 칭화대학교가 명문인 것은 중국 수험생뿐만 아니라 전 세계 사람들이 알고 있다. 2017년 '타임스고등교육원 세계 대학 평가(The Times Higher Education World University Rankings)' 순위에서 베이징대학교는 29위, 칭화대학교는 35위를 기록했다. 또 다른 순위인 '2018 QS 세계 대학 평가(QS World University Rankings)'에서도 칭화대학교 25위, 베이징대학교 38위로 세계적인 대학들과 어깨를 나란히 하고 있다.

칭화대학교

베이징대학교

　가오카오에서는 중국만의 대학 분류 기준이 따로 있다. 교육부는 개인별 가오카오 점수에 따라 지원할 수 있는 대학을 본과1차(本科1批), 본과2차, 본과3차, 전문대(专科) 4단계로 구분한다. 일정한 기준에 따라 대학의 규모(교직원, 학생), 시설(강의실, 교사), 역량(교육, 연구) 등을 파악해 모든 대학을 위 4단계로 분류한 것이다. 1차적으로 중국 내 우수한 대학은 본과1차에 속한 학교들이라고 할 수 있다. 일반적으로 기타 국공립 대학들은 본과2차에, 신생 민영대학들은 본과3차에 속한 경우가 많다.

　또 대학들은 지역(성, 직할시, 자치구)별로 4단계로 구분되어 있다. 참고로 한 입시 사이트에서 밝힌 2017년도 31개 지역별 4단계 지원 커트라인을 보면, 베이징 문과 본과1차 대학에 지원할 수 있는 점수 커트라인은 750점 만점에 555점이었다. 반면 푸젠성은 489점으로 지역에 따라 차이가 있음을 알 수 있다.

　2015년 중국 내 본과1차에 해당하는 대학은 모두 159개로, 본과 대학 1,237개 중 12.9%를 차지했다. 최근에는 지역별로 본과2차와 본과3차를 합병하는 경우가 많아 본과3차 학교는 점차 줄어드는 추세다.

❻ 중국 명문대의 기준

　중국에서 명문대를 구분하는 기준은 국가가 추진하는 중점 프로젝트에 선정된 대학인지 아닌지다. 대표적 프로젝트 중 하나로 985공정을 들 수 있다. 1998년 5월, 베이징대학교 100주년 기념식에서 장쩌민 당시 주석이 발표한 세계 일류대 양성 프로젝트다. 세계 수준의 일류대학을 육성하기 위해 9개 대학에 국가 재정수입의 1%를 투자하는 국책사업으로 시작하여 연간 300억 위안(약 5조 4,000억 원)이 투자되었다. 2016년 현재 39개 대학이 985 공정 지원 대학에 포함되었다. 이들 대학의 정원(18만 7,000명)은 2016년 가오카오에 응시한 940만 명의 2%에 불과하다.

다음으로 211공정이 있다. 1995년부터 실시되었으며, 21세기를 향해 세계 일류대학 100개를 육성하려고 정부가 물적·인적 지원을 하는 프로젝트다. 2016년 기준으로 211공정에 선정된 중국 내 대학은 112개이며, 이들 대학은 각 대학 특성에 따른 연구개발(R&D) 프로젝트, 연구기금 등으로 정부 지원을 받는다. 1995년부터 2005년까지 정부가 투자한 금액은 368억 위안(약 6조 6,000억 원)에 달한다. 중국 언론에서는 985공정과 211공정에 선정된 대학을 중점대학(重点大学)이라고 하며, 이들 대학은 중국에서 명문대로 통한다.

75 사회보장카드와 5대 보험

중국 정부는 1980년대 이후 점진적으로 사회보장제도를 개선·보완하고 있다. 그 일환으로 5대 기본 보험을 실시하고 사회보장카드를 발급하고 있다.

❶ 사회보장카드

정식 명칭은 '중화인민공화국 사회보장카드(中华人民共和国社会保障卡)'로 1999년 최초로 발급되었다. 인력자원과사회보장부에서 통일된 규격으로 발급한 전자카드로 여러 용도로 사용된다. 의료비 계산, 양로보험 사무처리, 취업과 실업 등기 수속, 실업보험금 수령 신청, 직업훈련 신청, 노동능력 검증, 공상보험금 수령, 온라인 노동·사회보장 관련 사무 처리 등을 할 때 사용한다.

중국의 사회보장카드 앞면과 뒷면

중국은 13·5규획(2016~2020)에서 12억 이상 인민에게 사회보장카드를 보급하여 보급률을 90%(2017년 기준 총 10억 8,800만 명 보급, 보급률은 78.7%)까지 제고하고, 사회보장카드의 사용 범위와 사용 가능한 지역을 더욱 확대하며, 서비스 체계를 개선하겠다는 목표를 세웠다. 이와 관련하여 칭다오(青岛), 청두(成都) 등 일부 지역에서 전국에서 처음으로 전자사회보장카드를 발행하여 시범 운영 중이다. 이 카드는 비접촉식카드 기능(QR코드)을 추가하여 온·오프라인 통합 서비스를 제공한다.

사회보장카드의 주요 기능

1. 사회보장과 관련한 기본적인 개인 신상정보와 정보 조회(성명, 출생일, 성별, 민족, 호구지 등)
2. 5대 보험료 납부 상황 등 입력
3. 진료 후 의료비(진료비, 약값) 지불
4. 5대 보험 업무 처리
5. 양로보험과 의료보험 누적 총액 등 정보 확인
6. 양로보험금 수취, 구직, 실업, 직업훈련 등과 관련한 사회공공서비스
7. 예금, 인출, 송금, 전기료와 수도료 납부 등의 금융 지원 기능
8. 대중교통 결제 등 전자지갑 기능(추가 예정)

❷ 5대 보험

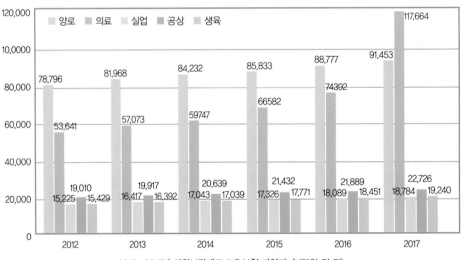

2012~2017년 사회보장제도 5대 보험 가입자 수(단위:만 명)

1. 양로보험

정식 명칭은 사회기본양로보험(社會基本養老保險)으로 중국 사회보장제도의 가장 기본이 되는 보험이다. 우리의 국민연금에 해당한다. 양로보험은 노년인구의 생활을 보장하여 안정된 삶을 영유토록 하는 것에 그 목적이 있

다. 개혁개방 이전 국가(단위 체제)가 전담했던 사회보장이 시장경제 도입 이후 국가와 개인, 민간 부문의 부담으로 재편됨으로써 고령화가 진행되고 있는 현재 중국은 노후대비가 사회문제로 새롭게 부각되고 있다.

농촌의 경우 1982년 전국 11개 성시 3,547개의 생산대에서 양로금제도가 처음 시행되었고, 2008년 신형 농촌 사회양로보험제도가 시행되면서 범위와 혜택이 대폭 확대되었다. 2011년 '도시 주민 양로보험'이 수립되고, 2012년에는 신형 농촌 양로보험과 도시 주민 양로보험을 합쳐 '도시 및 농촌 주민 양로보험'으로 재편성하였다.

현재(2017년 기준) 양로보험의 개인 납부 비율은 8%이고 기업 부담 비율은 20%이지만, 지역에 따라 비율은 차이가 있다(광저우와 저장성은 14%, 산둥과 푸젠은 18%, 상하이는 21%를 부담한다). 최저 납부 기한은 15년으로 법정 퇴직 시점으로부터 매월 연금을 수령하게 되고, 15년을 채우지 못한 경우 일시불로 지급된다.

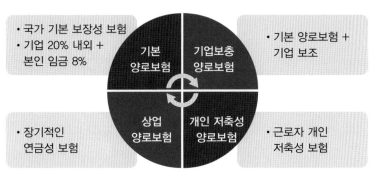

양로보험의 분류

2. 의료보험

중국의 의료보험 체계는 도시와 농촌의 이원구조로 구성되어 있다. 도시의 경우 1951년 '노동보험조례'에 근거하여 단위와 국유기업에서 근로자들에게 공비의료[29]와 노동보험의료를 제공하였고, 농촌에서는 합작의료제도를

---

[29] 의료위생부 규정에 따라 무료 의료서비스를 제공하는 것.

실시하였다. 도농 이원화구조로 인한 의료서비스 체계의 불균형이 심화됨에 따라 중국 정부는 의료보험개혁에 착수하였다. 1994년 공산당 제14기 3중전회에서 사회 통합과 개인 저축계정을 결합한 도시 근로자 의료보험제도를 수립하여 1994년 장쑤성 쩐쟝시(镇江)와 장시성 지우쟝시(九江)에서 시범 적용하였다. 1998년 국무원은 '도시 직공 기본 의료보험제도 구축에 관한 결정(关于建立城镇职工基本医疗保险制度的决定)'을 발표하고 근로자 의료보험제도 개혁을 전국으로 확대하여 실시하였다.

농촌에서는 합작의료제도를 실시했지만 90% 이상 농민이 자비로 의료비를 지출하면서 의료비 지출에 대한 부담이 지속적으로 늘어났다. 그래서 2003년부터 일부 지역에서 시범적으로 신형농촌합작의료제도를 시행하였고, 그 범위가 점점 전국적으로 확대 시행되어 2010년 전국의 80%가 넘는 농촌 지역에서 이 제도를 시행하였다.

현재(2017년 기준) 의료보험의 기업 납부 비율은 근로자 총임금의 7.5%이고, 직공 납부 비율은 본인 임금의 2%이다.

3. 실업보험

1949년 신중국 건립 이후 중국의 도시 실업인구는 474만 2,000명으로 실업률이 23.6%였다. 이에 중국 정부는 1950년 5월 국무원에서 '실업 근로자 구제에 관한 지시'를 통과시키고, 같은 해 6월 '실업 근로자 구제 임시 방법'을 비준하였다. 신중국 건립 후 첫 실업구제에 관한 규정이 정식으로 제정되었지만, 실질적 대책이 아닌 임시 조치에 그쳤고, 이듬해 중국의 첫 사회보험제도에 관한 문건인 '노동보험조례'가 발표되었지만 실업보험에 관한 내용은 빠져 있었다.

중국이 실업에 관한 규정을 다시 제정한 것은 개혁개방 이후인 1986년이다. '국영기업 직공 대업(待业)[30] 보험 임시집행규정'이 공포되면서 실업에 대한 사회보장제도가 시행되었다. 하지만 국유기업 근로자에 한해 시행되었고,

---

[30] 계획경제 시절 중국은 모든 근로자에게 직장을 분배하였다. 따라서 '사회주의 시장경제'를 시작한 1994년 전까지 이론상 중국 내에서는 실업자가 없었다. 대업(待业, 따이예)은 아직 직업 배분을 받지 못한 인원을 지칭하는 것으로, 1994년 전까지는 실업자와 구직자를 '待业' 인구로 통칭하여 사용하였다.

근로자들이 실질적으로 사회보장 혜택을 받으려면 까다로운 조건을 충족해야 했다.

1993년 '국영직공 대업 보험규정' 시행으로 자발적으로 퇴직한 근로자들도 범주에 포함되면서 거의 모든 근로자가 실업보험 혜택을 받게 되었고, 1999년 '실업보험조례'가 시행되면서 중국의 실업보험제도가 현대적으로 재정비되었다. 그리고 그동안 지역과 계층별로 차등 적용되었던 실업보험이 통일되었고, 대상 범위를 도시 지역 노동조합 소속 근로자, 농촌 지역 집체 및 사영기업 근로자를 포함한 모든 형태의 근로자로 확대하였다. 또한 실업보험 기금비의 기업 부담률을 기존 0.6~1%에서 임금 총액의 2%로 제고하였고, 근로자 총임금 1%를 근로자 부담으로 규정하였다.

4. 생육보험

여성 근로자가 임신 혹은 출산으로 노동력을 상실했을 경우 국가와 사회가 의료서비스, 생육 수당, 출산휴가를 제공하는 사회보장제도이다. 생육보험의 비용은 모두 기업이 부담하고, 납부대상은 남녀 직원 모두에 해당한다. 납부 비율은 근로자 임금총액의 0.8% 정도로 해당 지역 규정에 따라 차이가 있다(2017년 기준 베이징은 0.8%, 광저우는 0.85%).

▌ 생육의료비 지원 규정(2018)

난산 (제왕절개 수술 등)	다둥이	정상 분만	4개월 이상 태아 유산	4개월 미만 태아 유산
4,000위안	2,000위안 +(N*100위안)	2,000위안	1,000위안	300위안

＊ N은 한 번에 낳는 자녀 수

생육보험은 1951년 공포된 '노동보험조례'에 근거하여 실시되어왔고, 1994년 공포된 '기업직공 생육보험 시행방법' 시행으로 생육보험기금이 전국적으로 통일되었다. 그 이후 생육보험 관련 규정이 추가되지 않아 현재까지 이 '시행방법'을 근거로 시행하고 있다.

생육보험의 주요 보상은 출산휴가와 생육수당이다. 기존 출산휴가 일수는 90일이었는데, 2012년 4월 28일 '여직공 노동보호 특별규정'이 공포되면서 98일(14주)로 늘어났다. 그리고 출산 전에 15일 더 휴가를 신청할 수 있고, 난산일 경우 15일, 다둥이일 경우 1명이 추가될 때마다 15일, 만산일 경우 14일을 더 신청할 수 있다. 4개월 미만 태아를 유산했을 때는 15일, 4개월 이상 태아를 유산했을 때는 42일의 출산휴가가 주어진다.

중국은 2016년 계획생육정책을 1가구 2자녀 정책(二胎政策)으로 개정하여 이전에 1가구 1자녀까지만 누렸던 생육보험혜택을 2자녀까지 받을 수 있게 되었다.[31]

생육보험 지급 기준은 기본적으로 직원의 전년도 월평균임금이며 기본임금, 상여금, 수당, 보조금 등을 모두 포함하는데, 평균임금을 '보험료납부 임금기수(缴纳基数)'라고 한다. 지급방법과 지급률은 각 지역의 재정 상태에 따라 다르고, 본인 앞으로 납부된 생육보험금을 기초로 하여 지급한다.

5. 공상보험

근로자가 작업 중 혹은 법으로 규정한 특수한 상황에서 발생한 사고로 입는 손해에 대해 보상받는 사회보장제도로 우리나라의 산재보험에 해당한다. 1951년 공포된 '노동보험조례'에 근거하여 공상보험제도가 시행되었지만 지역별, 업종별, 기업 유형별로 혜택이 차등 적용되었다. 1996년 노동법에 근거하여 '기업 직공 공상보험 시행 방법'이 공포되면서 체계가 통일되었고, 전국적으로 '공상보험기금'이 설치되었다.

공상보험료는 기업만 납부하고 총임금의 1%를 초과하지 않도록 규정하였다. 하지만 실제로는 차등 적용되어 0.3~2% 수준의 보험료를 납부하였다. 그 후 2004년 '공상보험조례'가 시행되었고(2011년 수정) 공상보험기금, 산재인정, 노동능력검정 등을 규정하였다. 현재(2018년 기준) 기업의 공상보험료 납부 비율은 0.3~2.5% 수준으로 위험 수준에 따라 납부율을 차등 적용한다.[32]

---

[31] 임신 횟수를 규정으로 삼고 있기 때문에 '二胎'는 두 번째 임신 횟수를 뜻한다.

[32] 저위험군 업종(증권, 은행, 보험업 등)은 1류로 분류하고 납부 비율은 0.5%, 중등 위험군(부동산, 환경관리, 농산물식품가공 등)은 2류로 납부 비율은 1.0%, 고위험군(석유화학 가공, 연료 가공 등)은 3류로 납부 비율은 2.0%이다.

화교(华侨)와 화인(华人)

중국 본토가 아닌 국가나 지역에서 거주하는 중국계 사람을 화교(华侨)라고 하며, 화인(华人)은 중국이 아닌 국가나 지역에서 태어나 현지 언어를 사용하고 현지 국적을 취득하여 정착한 중국계 사람들을 지칭한다.

❶ 대항해 시대에 생성된 화교들

화교(华侨)는 중국 본토 외의 국가나 지역에서 거주하는 중국계 사람을 가리킨다. 화(华)는 중국을 의미하며, 교(侨)는 타국에서 임시로 거주함을 뜻한다. 중국 국무원이 1984년 공포한 '화교, 귀국화교, 화교학생, 귀국화교학생, 화교가족 등 신분에 대한 해석' 규정에 따르면 화교는 '국외에 거주하는 중국 공민'을 지칭한다. 즉 화교는 중국 국적을 유지하는 중국인인 셈이다.

그러나 중국 국적을 가진 사람들 중 다수가 이미 현지 국적을 취득했고, 화교들의 자손은 2세, 3세로 시간이 흐름에 따라 지금은 현지 국적을 가진 화교가 대부분을 차지한다. 따라서 이들은 화교와 구분하여 화인(华人)이라 부르기도 한다. 화교라는 용어는 1911년 신해혁명 이후에 모든 해외 거주 중국인에게 보편적으로 사용되었다.

화인은 태어난 곳도 중국이 아니며 현지 언어를 사용하고 국적도 현지 국적을 취득하여 그곳 시민으로 정착해 살고 있는 중국계 사람들을 지칭한다. 중국인과 화교를 포함한 가장 광범위한 개념이다. 현재는 중국 이외의 지역에 살면서 중국 국적을 포기하고 거주국 국적을 취득한 중국계를 통칭하는 말이다. 대부분 화교 2~3세들로 중국계 미국인(Chinese American), 중국계 말레이시아인(Malaysian Chinese) 등으로 통칭한다.

문헌을 보면, 실크로드가 시작된 진시황의 진나라(기원전 221년), 유방의 서한(기원전 202년) 시대부터 중국인이 해외에 거주한 것으로 나타난다. 이후 풍성한 문화제국을 이루었던 당나라(618~907) 시기에도 상인들이 해외로 많이 진출했으며, 남송(1276)이 멸망하자 많은 유신(遺臣)이 동남아 지역으로 유출된 기록이 문헌에 남아 있다.

대규모 화교를 발생시킨 역사적 이벤트는 명나라 정화(郑和, 1371~1433)의 대항해이다. 정화는 윈난성 출신으로 명나라 성조 영락제 때 시작된 남해(南海)원정의 총지휘관이다. 조카 혜제가 죽지 않고 해상에 숨어들었다고 의심한 영락제의 명으로 1405년부터 1433년까지 7회에 걸쳐 대선단을 지휘하여 동남아에서 서남아를 거쳐 아프리카 케냐 스와힐리에 이르는 30여 개국을 원정하였다. 1차 원정 때만 장병 2만 8,000명이 동원되었고, 이들 중 대다수는 동남아 각국에 남겨져 현지화되었다. 당시 발생한 화교들은 10만 명 이상으로 추산되며 동남아 각지에서 집단적으로 거주함으로써 페라나칸과 같은 특성을 지닌 화교 사회를 형성하기 시작했다. 정화의 인도양 진출은 콜럼버스의 신대륙 발견(1492), 바스코 다 가마의 인도양 도달(1497)보다 90여 년이나 앞섰다.

페라나칸
말레이로 이주한 중국인과 말레이인이 결합하여 생겨난 혼혈 문화와 그 인종을 지칭한다.

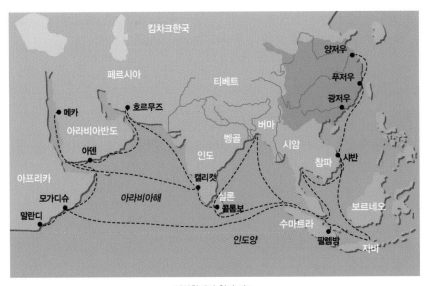

정화함대의 원정 경로

❷ 정성공에서 홍콩까지

화교의 해외이주에는 여러 가지 복합적 배경이 작용하는데 다음 세 가지로 요약된다.

첫째, 중국의 내란이나 왕조 교체기에 대거 해외로 도피하는 경우이다. 그 대표적 인물이 정성공(鄭成功)이다. 1664년에는 청조가 명을 멸망시킨 후 많은 유민이 타이완으로 건너가 정성공과 함께 명나라를 재건하려는 항청복명(抗清复明) 투쟁에 참가하였고, 이 중 적지 않은 사람이 다시 동남아 지역으로 이주하였다.

둘째, 자연재해, 사회 혼란 등으로 적은 농경지에 비해 많은 인구가 생활고에 직면할 때도 대규모 해외이주가 일어났다. 명조의 멸망으로 1661~1812년 푸젠성 인구가 5배 증가했는데 경작지는 32% 증가하는 데 그쳤고, 광둥 인구는 20배나 늘었으나 경작지는 27% 증가에 그쳐 많은 사람이 타이완이나 동남아 이주를 택했다. 산둥성을 중심으로 일어난 의화단운동으로 사회가 혼란해지고 1897년부터 해마다 자연재해가 일어나 많은 사람이 기아와 질병으로 죽자 적지 않은 중국인이 바다 건너 조선으로 이주해와 한국의 1세대 화교로 자리 잡았다.

셋째, 이주 대상국의 이민정책 변화와 같은 외부 요인도 화교 형성의 배경이다. 우선 아편전쟁(1840~1842) 이후 서구열강은 청조로 하여금 중국인의 출국을 합법화했는데, 이는 노예무역의 종식(1808)에 따라 부족한 노동력을 중국에서 공급받기 위한 구도였다. 실제 1862년 미국은 서부개척을 위해 대륙횡단 철도를 부설하는데 여기에 필요한 대량의 인력을 중국에서 조달했다. 이때 송출된 중국인 노동자를 화공(华工)으로 불렀다. 이 시기 중국에서 이주한 이들이 1세대 미국 화교인 셈이다.

1989년 천안문사건이 비극적인 유혈사태로 끝나자 많은 홍콩인이 1997년 7월 이후 중국으로 반환될 홍콩에서의 자유를 의심하기 시작했다. 마침 오스트레일리아, 캐나다 등은 투자이민 정책으로 홍콩인들에게 문호를 개방하였고, 1997년까지 홍콩인 약 60만 명이 해외로 이민을 나서게 된다. 이는 홍콩 인구 8.4%에 달하는 비중이었다.

샤먼박물관에 있는 정성공 동상

미국 동서횡단철도 건설 당시 동원된 화공의 유물과 사진들(19세기)

❸ 신(新)화교의 등장과 화교의 다양화

화교를 집계하는 공식 기구로는 중국의 국무원교무판공실과 타이완의 교무위원회를 꼽을 수 있다. 온라인에 연도별 보고서를 공개하는 후자에 따르면 2012년 말 기준 전 세계 화교 인구는 4,136만 명으로 이들 중 74.3%가 아시아 지역에서 거주한다. 국가별로 보면 인도네시아(19.6%)와 태국(18.2%), 말레이시아(16.4%) 3국이 전 세계에서 화교가 가장 많이 거주하는 국가이다.

여러 연구물을 종합하면 이들 화교 중 50.8%는 광둥성 출신이고 34.2%는 푸젠성 출신이다. 또 한족(汉族)의 한 분파인 객가인은 414만 명이 해외에서 살고 있으며, 이는 전체 화교 수의 10% 수준이다.

이전의 화교들이 주로 생존을 위해서 해외로 나섰다면, 1980년대 이후 중국인들은 자기 발전을 위해서 유학, 창업, 투자를 목적으로 해외로 나서게 된다. 이들을 연구자들은 '신화교'로 부른다. 실제 1950년대 세계 화교 중 아시아 지역 비중은 96.5%에 달했으나 최근에는 74.3%까지 떨어졌다. 이에 따라 미국, 유럽, 아프리카 지역 내 '신화교'가 증가하는 추세이다.

❹ 개혁개방의 원군 화교

봉건시대 화교는 왕조를 배반하고 해외로 도망간 역적에 불과했다. 따라서 화교는 보호 대상도 아니었고 활용할 수단도 아니었다. 이러한 기조는 중국 마지막 왕조인 청나라 때까지 유지되었다. 화교를 경제발전에 활용하기 시작한 사람은 개혁개방의 설계사로 불리는 덩샤오핑이다. 1979년 중국은 개혁개방정책을 시작하면서 광둥성의 선전, 산터우, 주하이와 푸젠성의 샤먼 4곳을 우선 경제특구로 정했다. '경제특구'는 외국 자본을 유치하는 권한을 지방정부에 위임하는 것에 방점이 있었다.

덩샤오핑은 화교의 50.8%를 점유하고 있는 광둥성과 34.2%를 점유하고 있는 푸젠성을 개방의 첫 출발지로 삼았다. 선전은 홍콩 화교, 주하이는 마카오 화교, 샤먼은 타이완 화교, 산터우는 광둥 차오저우 출신 화교라는 뚜렷한 외자 유치 목표가 있었다. 하지만 경제·사회 발전의 시계를 전대미문의 혼란으로 10년이나 멈추게 만든 문화대혁명이 끝난 지 불과 4년 만이었다.

문화대혁명 시기 해외로 나간 화교를 가족으로 둔 이들은 '반동'으로 몰려전 재산을 몰수당하고, 농촌으로 쫓겨났다. 따라서 경제특구 선전이 만들어졌지만 '홍위병'의 기억이 아직도 남아 있던 중국에 선뜻 투자할 외국 기업은 아무도 없었다. 이때 나선 것이 바로 동남아 화교들이었다. 이들의 고향은 광둥성이었고, 친척을 위해서 기꺼이 사회주의 국가라는 리스크를 감수했다.

이들 가운데 한 명이 전승절 70주년 기념식(2015. 9. 3) 때 시진핑과 함께 천안문광장 망루에 오른 5인의 화교 중 하나인 셰궈민(謝国民, Dhanin Cheanavanont) 회장이다. 태국 최대 화교기업인 CP그룹(正大集団) CEO인 셰궈민은 조부가 광둥성 출신이다. 그는 중국 첫 번째 경제특구인 선전이 정식으로 생기기도 전인 1979년 제1호로 선전에 외자 기업을 설립했다.

셰궈민의 판단은 옳았다. 중국 정부는 화교를 위한 법률·법규와 별도 우대정책을 만들어 고국에 투자한 화교 기업들이 수익을 거둘 수 있도록 지원했다. 현재 CP그룹은 1,200억 위안(약 21억 6,000만 원)을 투자하여 중국 내 400여 법인을 두고 직원 8만 명과 함께 연간 1,500억 위안(약 27조 원)의 매출을 올리고 있다.

2001년 WTO에 가입한 중국은 1991년 싱가포르에서 처음 개최된 화교들의 세계 최대 비즈니스 플랫폼인 세계화상대회(世界华商大会)를 난징과 청두에 유치하여 화교들과 교류하는 기회를 확대하고 있다.

세계화상대회

2년에 한 번씩 세계 각지를 돌면서 개최된다. 화교 기업인들의 교류의 장으로서 상호협력 분야를 찾는 데 그 목적이 있다.

▌ 전 세계 화교 현황 (2012년말 기준)(단위: 만 명, %)

지역별	화교 수	전체 화교 중 비중	지역별	화교 수	전체 화교 중 비중
미주 지역	769	18.6	아시아 지역	3,072	74.2
미국	424	10.3	인도네시아	812	19.6
캐나다	156	3.8	태국	751	18.2
페루	99	2.4	말레이시아	678	16.4
브라질	28	0.7	싱가포르	283	6.8
파나마	14	0.3	필리핀	141	3.4
아르헨티나	10	0.2	미얀마	106	2.6
베네수엘라	8	0.2	베트남	100	2.4
멕시코	6	0.14	일본	68	1.6
코스타리카	4	0.1	러시아	47	1.1
자메이카	3	0.1	한국	18	0.4
에콰도르	3	0.1	라오스	15	0.4
도미니카	2	0.05	캄보디아	12	0.3
칠레	2	0.05	인도	12	0.3
과테말라	2	0.05	아랍에미리트	11	0.3
수리남	1	0.02	터키	4	0.1
가이아나	1	0.02	브루나이	4	0.1
트리니다드 토바고	1	0.02	사우디아라비아	2	0.1

지역/국가	수	비율	지역/국가	수	비율
기타	5	0.12	우크라이나	1	0.0
유럽 지역	161	3.9	기타	5	0.1
프랑스	46	1.1	대양주	107	2.6
영국	42	1.0	오스트레일리아	87	2.1
이탈리아	20	0.5	뉴질랜드	15	0.4
스페인	14	0.3	폴리네시아	2	0.05
네덜란드	11	0.3	파푸아뉴기니	2	0.05
독일	9	0.2	기타	1	0.02
스웨덴	3	0.1	아프리카	27	0.7
오스트리아	2	0.05	남아프리카공화국	12	0.3
아일랜드	2	0.05	모리셔스	3	0.1
포르투갈	2	0.05	레위니옹섬	3	0.1
헝가리	1	0.02	나이지리아	3	0.1
덴마크	1	0.02	기타	6	0.2
노르웨이	1	0.02	**전체 화교 합계**	4,136	100%
기타	6	0.14			

* 이전까지 한국 화교 수는 구 화교(2만 명)만 집계하였으나 2012년부터는 중국에서 유입된 신화교까지 포함하여 18만 명으로 집계하였다.

┃ 역대 세계화상대회 개최 현황

회차	일시	장소	대회 주제
1	1991. 8	싱가포르	화인 기업 발전 및 세계경제 영향
2	1993. 11	홍콩	세계경제 뉴 트렌드와 화인기업 역할
3	1995. 12	태국 방콕	화인기업의 교류 및 공동발전 촉진
4	1997. 8	캐나다 밴쿠버	정보화에 대한 화인기업의 대응
5	1999. 10	오스트레일리아 멜버른	신시대 화인 네트워크
6	2001. 9	중국 난징	신세기 화인기업의 공동발전과 전망
7	2003. 7	말레이시아 쿠알라룸푸르	글로벌 성장과 번영을 위한 협력과 통합
8	2005. 10	한국 서울	화상과의 동반 성장, 글로벌 평화안정
9	2007. 7	일본 고베	화합 공영, 세계에 도움을
10	2009. 11	필리핀 마닐라	화상 네트워크 강화 및 세계 번영
11	2011. 10	싱가포르	뉴 프레임, 신화상, 신성장 동력
12	2013. 9	중국 청두	중국의 발전과 화상의 비즈니스 기회
13	2015. 9	인도네시아 발리	화상의 단결, 인니와 원원 전략
14	2017. 9	미얀마 양곤	미얀마 경제개방의 신기원을 개척

77 스포츠

현대 스포츠사에서 중국은 빼놓을 수 없는 한 축을 담당하고 있다. 기량이 뛰어난 선수를 배출하고, 세계 스포츠 경기에서 좋은 성적을 거두는 등 스포츠 산업에 과감히 투자함으로써 스포츠 강국으로 자리 잡았다.

① 올림픽

제29회 하계올림픽이 2008년 중국 베이징에서 열렸다. 1964년 일본, 1988년 한국에 이어 아시아에서는 세 번째로 열린 올림픽으로 중국은 총메달 100개(금메달 51개, 은메달 21개, 동메달 28개)를 획득해 미국을 제치고 1위를 차지하였다.

중국이 올림픽에 처음으로 모습을 드러낸 것은 1924년 제8회 프랑스 파리올림픽으로, 테니스 선수 3명이 개인 자격으로 올림픽에 참가하였다. 1928년 제9회 네덜란드 암스테르담올림픽에 참관인 자격으로 송루하이(宋如海)를 파견한 것이 중국이 국가 차원에서 처음으로 올림픽에 참가한 예다. 그 다음 올림픽인 1932년 제10회 미국 로스앤젤레스올림픽에는 최초로 6명으로 구성된 선수단(중화민국)을 파견하였다.

1949년 중화인민공화국 성립 후 중국은 국제올림픽위원회에 '2개의 중국 팀'에 반대하는 안건을 상정하였으나 무산되자 제16회 오스트레일리아 멜버른올림픽(1956) 참가를 거절하고 IOC를 탈퇴하였다. 그 후 중국은 올림픽에 계속 참가하지 않다가 1984년 제23회 미국 로스앤젤레스 하계올림픽 참가를 결정하면서 복귀하게 된다.[33] 1972년 이후 명칭 문제로 올림픽에 참가하

---

[33] 1980년 모스크바올림픽에는 소련과 아프가니스탄 전쟁을 규탄하는 미국의 주도로 여러 나라가 불참하였고 1984년 로스앤젤레스올림픽에는 반대로 소련의 주도로 공산권 국가들이 불참하였다. 중국은 이전부터 지속되어온 소련과의 마찰, 개혁개방 이후 미국과 교류를 통한 관계 개선 등의 이유로 로스앤젤레스올림픽 때 복귀했다.

지 못하던 타이완은 '중화민국(Republic of China)' 대신 '중화 타이베이(Chinese Taipei)'로 명칭을 변경하고 이 대회에 참가하였다.

이후 올림픽에서 중국은 좋은 성적을 거두었으며, 특히 2008년 자국에서 개최된 베이징올림픽에서 종합순위 1위에 오르면서 경제력과 스포츠 인프라, 스포츠 강국으로서 면모를 다시금 세계에 알리는 계기가 되었다.

2008 베이징올림픽 메인수영장 '워터큐브'

2008 베이징올림픽 메인스타디움 '냐오차오'
외형이 새 둥지 모양이어서 鸟巢(냐오차오, Bird's Nest)라는 별명으로 불렸다. 현재 국가체육관으로 조성되어 각종 국제경기가 운영되고 있다.

❷ 월드컵

　중국은 탁구, 배드민턴, 다이빙 등 여러 종목에서 세계 최고 성적을 내는 스포츠 강국이지만 유난히 월드컵과는 인연이 없다. 중국인들은 축구를 좋아하고 사랑한다. 하지만 '치우미(球迷, 축구팬)'의 열광적 응원과 기대에도 중국의 월드컵 진출은 단 1회, 2002년 한일월드컵에 그쳤고, 그나마 3전 전패를 기록하였다.

　2015년 중국 정부는 '중국 축구 개혁 종합방안(이하 방안)'을 발표하고 50개 개혁 조치를 제시하였다. 프로축구팀들은 막대한 자금을 동원해 세계 유명 선수들을 영입하면서 중국 축구 수준을 끌어올리기 위해 힘쓰고 있다. '축구굴기(足球崛起)'라고도 불리는 '방안'은 중장기적으로 축구협회 개혁, 클럽 관리제도 개선, 축구산업 체계 개선, 유소년 축구 발전, 국가대표 축구팀 개혁 등의 내용을 담고 있다. 여기에는 시진핑 국가주석의 축구 사랑도 영향을 미쳤다.

　중국 기업들도 스포츠 산업에 적극적으로 뛰어들고 있다. 완다그룹은 2015년 스페인 프로축구 아틀렌티코 마드리드 지분 20%를 4,500만 유로에 사들였고, 월드컵축구 중계권 독점 판매업체인 '인프런트 스포츠 앤드 미디어AG'를 11억 9,000만 달러에 인수하였다. 2016년 쑤닝그룹은 이탈리아의 프로축구 구단 인터밀란의 지분 70%를 1억 9,200만 달러에 인수하였다.

❸ 중국을 빛낸 스포츠 스타

1. 야오밍(姚明)

　야오밍(1980~)은 2002년 NBA 휴스턴 로케츠에 드래프트 1순위로 지명되어 중국 선수로는 최초로 NBA에 진출하였다. 데뷔 첫 시즌인 2003년 평균 13.5점, 8.2리바운드를 기록하면서 신인상 투표에서 2위로 선정되었고, 올스타에도 선정되는 등 화려하게 데뷔하였다. 2011년 은퇴하기 전까지 총 8번 올스타

에 선정되었고, 2016년 명예의 전당 선수로 선정되었다. 야오밍 덕에 중국인들의 NBA에 대한 관심이 대폭 증가하였고, 2005년 올스타 선정 때는 마이클 조던을 제치고 역대 최고 득표수를 기록하기도 하였다.

2. 쑨양(孙杨)

박태환의 라이벌로 잘 알려진 수영 선수 쑨양(1991~)은 2008년 베이징올림픽에서 국제무대에 데뷔하였다. 2010년 광저우 아시안게임에서 800m 자유형과 1,500m 계주에서 금메달, 200m와 400m 자유형에서 은메달을 획득하였다. 2012년 런던 올림픽 400m 자유형에서는 박태환을 제치고 금메달을 획득하였다. 2014년 인천 아시안게임에서는 금지약물로 1,500m 자유형 금메달을 박탈당했다. 쑨양이 비록 금지약물을 복용하기는 했지만, 중국에서는 세계대회에서 많은 메달을 획득해준 중국 수영 역사상 가장 탁월한 선수로 평가받고 있다.

3. 류시앙(刘翔)

류시앙(1983~)은 아시아 선수가 단거리 육상에서 좋은 성적을 낼 수 없다는 편견을 깬 선수이다. 2004년 아테네올림픽 110m 허들 경기에서 12.91이라는 세계 타이기록을 세우며 금메달을 획득하면서 단숨에 중국의 영웅으로 떠올랐다. 2007년에는 광고 수입만 1억 6,300만 위안을 벌면서 최고 인기를 누리기도 했지만, 2008년 베이징올림픽에서 아킬레스건 부상으로 기권을 선언하며 중국인들에게 실망을 안겨주었다. 그로부터 4년 후인 2012년 런던올림픽에서는 허들에 걸려 탈락하였지만 끝까지 결승선을 통과하여 높은 스포츠 정신을 보여주었다. 류시앙은 2015년 은퇴하고 2016년 정협 위원으로 활동하며 '양회'에 참가하기도 하였다.

4. 리나(李娜)

리나(1982~)는 아시아 테니스 역사를 새로 쓴 선수이다. 6세 때 테니스를 시작해 1999년 프로에 데뷔한 리나는 2011년 아시아인으로는 최초로 세계 4대 메이저대회 중 하나인 오스트레일리아오픈 결승에 진출해 준우승을 거머쥐어 전 세계의 주목을 받기 시작했다. 같은 해 6월에는 아시아인 최초로 프랑스오픈에서 우승해 아시아인 최초로 메이저대회 타이틀을 차지했다. 2014년에는 준우승만 두 번 차지했던 오스트레일리아오픈에서 우승하면서 세계 랭킹 2위까지 올라갔지만 그해 9월 우한에서 열린 차이나오픈에서 공식 은퇴 선언을 하여 많은 팬에게 아쉬움을 남겼다. 중국인들은 아시아인 불모지인 테니스에서 맹활약한 그녀를 자랑스러워한다.

Chapter

7

생활과 문화

78 차(茶) 문화

중국의 차(茶)는 기원전 2700년경 신농이 차의 효능을 발견하였다는 구전에 따라 약 5,000년이나 되는 역사와 문화를 이어오고 있다.

중국의 차 문화는 유구한 역사를 가지고 있다. 구전에 따르면 최초로 차를 마신 것은 신농씨부터라고 한다. 신농씨는 전설상 인물로 중국 신화 속 농업과 의약의 신(神)인 신농(神農)이 100가지 풀맛을 보다가 독초에 중독되었는데, 찻잎을 먹고 이를 해독하였다는 기록이 전해온다. 이밖에 중국 서남 지역에도 찻잎과 쌀을 넣어서 죽을 끓여 먹거나 나무의 어린잎을 차처럼 달여서 마시는 풍속이 있는 소수민족이 있었다. 이러한 기록은 전설이기는 하지만 신농이 기원전 2700년경 등장한 신이니 중국 차의 역사는 약 5,000년이나 되었음을 추측할 수 있다.

❶ 차 문화의 발전

시대별로 차의 발전 현황과 특징을 살펴보면 다음과 같다.

은(殷)·주(周)시대가 되면 차를 마시는 풍습이 전승되어 차 문화가 더욱 발전되고 서민들뿐만 아니라 귀족도 차를 즐겨 마셨으며, 각처에서 좋은 차 품종을 찾으려고 노력하였다. 춘추전국시대(春秋战国时代) 때 찻잎은 황허의 중류와 하류 지역으로 제(齐)나라(지금의 산둥성)까지 전해져 사람들이 찻잎으로 만든 부식을 즐겨 먹었다.

이후 전국시대 말기 진나라가 파촉을 멸망시키면서 황허 유역의 영향을 받아 차를 마시는 풍습이 생겼다. 한(汉)대가 되면 차가 건강에 미치는 영향이 더욱 부각되면서 찻잎에 대한 문헌기록도 증가하였으며, 이 무렵부터 차가 음료로 일상생활의 필수품이 되었다. 이후 위진남북조시대가 되면 차를 마시는 풍습이 창장(长江) 중류와 하류까지 전해져 내려오면서 차는 일상음료로뿐만 아니라 연회와 접대에도 사용되었다. 아울러 이 시기부터 찻잎은 갈증을 해소하고 피로를 없앤다는 건강 측면 이외에도 문화적 색채를 띠기 시작했다.

당(唐)대 중기 차를 마시는 풍습이 전국적으로 보급되기 시작하였으며, 후베이와 후난에 이르기까지 북방 지역에서도 차를 마시는 사람이 증가하였고, 찻잎 생산의 기초를 확고하게 다진 시기라고 할 수 있다. 또 이 시기에는 차 수요가 증가하고 찻잎 생산이 현저하게 발달하여 명차(名茶)가 많이 생산되었다.

차 문화의 집대성이라 할 수 있는 육우(陆羽, 733~804)의 『다경(茶经)』에는 찻잎의 역사·산지·효과·재배·채취·마시는 법에 대한 지식과 기술을 논했다. 이것은 세계 최초의 종합적인 차 연구서이며, 중국 찻잎 생산의 발전과 음용풍습이 확산되는 데 큰 역할을 하였다. 특히 찻잎과 차를 마시는 방법이 이 시기부터 외국으로 전파되어 한국과 일본에 큰 영향을 주었다.

송(宋)대와 원(元)대에는 차의 보편화와 생산량의 급증으로 차를 가공하는 기술이 발전하였다. 특히 송대 시인들은 차를 좋아하여 대부분이 차에 관한 시를 지었다. 이후 명·청 시기에는 차를 끓여 마시는 방법이 현대와 같이 뜨거운 물을 부어 우려 마시는 방법으로 바뀌었다. 명대에는 찻잎의 생산과 가공법에도 새로운 방법이 개발되었는데, 녹차를 찌지 않고 열을 가한 솥에 볶아서 건조하는 방법이 사용되었다. 명나라의 최대 성과는 공부 다예(工夫茶艺)를 완성한 것이라고 할 수 있는데, 명대의 장시와 저장지구의 도시에서 공부의 다예기술이 나타나 광둥·푸젠으로 전해졌다.

❷ 차의 종류

중국의 넓은 영토와 유구한 역사만큼이나 차의 종류 또한 다양하다. 중국 차는 100여 종류나 되며 지방마다 마시는 차의 종류와 습관에 차이가 있다. 북방 지역에서는 화차(花茶)를 선호하고, 남방 지역에서는 녹차(绿茶),

동남연해 지역에서는 우롱차(烏龙茶)를 즐겨 마신다.

이밖에 유목생활을 하는 몽골 지역 사람들은 고기를 자주 먹기 때문에 차를 사발로 많이 마시며, 티베트 사람들은 찻잎을 끓인 물에 야크버터와 소금, 참깨를 섞어 만든 수유차(酥油茶)를 마신다.

수유차

차의 종류는 발효 정도에 따라 분류하는데 녹차(불발효차), 백차(반발효차), 홍차(발효차), 황차·흑차(후발효차)로 나눌 수 있다.

녹차는 색깔이 연녹색으로 발효하지 않은 차다. 저장성 항저우시의 서호(西湖) 용정차(龙井茶), 장쑤의 벽라춘(碧螺春), 안후이성의 모봉차(毛峰茶)가 유명하다.

반발효차로는 우롱차가 대표적이다. 찻잎이 느슨하고 굵은 것이 특징이며, 가장 좋은 우롱차는 푸젠 우이산(武夷山)에서 생산되는 우이엔차(武夷岩茶)이다.

후발효차는 효소를 파괴한 뒤 찻잎을 퇴적하여 공기 중에 있는 미생물의 번식을 유도해 다시 발효가 일어나게 하는 방법으로 만들었다. 흑차 중에서는 윈난성에서 생산되는 보이차(普洱茶)가 가장 유명하다.

❸ 다도

다양한 차 종류와 함께 다구(茶具)를 이용하여 차를 대접하는 다도(茶道)도 중요한 차 문화 중 하나이다. 찻물은 일반적으로 3분의 2 혹은 4분의 3 정도로 따르며, 낯선 손님에게는 찻물을 세 번 끓여 낸다. 동행한 이가 할 말이나 해야 할 일이 끝난 후 주인이 자신의 찻잔을 덮으면 손님은 떠나야 한다.

차관에서 점원이 차를 따르는 모습

차는 중국인의 일상생활에서 빠질 수 없는 음료로 가정에서는 물론 직장에서도 각자 찻잔이나 차를 우려내는 병을 가지고 다니면서 수시로 차를 마신다. 차는 다이어트에 좋고 열기와 몸속의 독성을 제거하는 기능도 있다. 중국에서 차를 마시는 것은 단순히 마시는 음료로서 기능뿐만 아니라 중국 문화를 함께 향유하는 것이다.

베이징에 있는 노사차관(老舍茶馆)
현대문학가 라오서(1899~1966)의 이름을 딴 차관이다. 1988년에 생겼으며 중국 차 문화와 함께 경극, 상성, 평서 등 전통 문화를 경험할 수 있는 곳이다.

중국 최대 차 메이커 중 하나인 우위타이(베이징 다스란)
우위타이차좡(吳裕泰茶庄)은 1887년(청나라 광서 13년) 개업한 차 판매점으로 안후이성 서현 출신 오석경(吳錫卿)이 시작했다. 현재는 170여 개 지점을 둔 프랜차이즈로 발전했다. 상무부에서 중화전통브랜드(中华老字号)로 지정했다.

79

중국의 4대 요리

중국의 4대 요리는 산둥요리, 쓰촨요리, 장쑤요리, 광둥요리를 가리킨다. 지역별 구분에 따르면 동(东)은 장쑤, 서(西)는 쓰촨, 남(南)은 푸젠, 북(北)은 산둥성 일대를 포함한다.

　예부터 중국에는 "백성은 먹는 것을 하늘로 여긴다(民以食为天)"라는 말이 있는데, 이는 그만큼 중국인들이 일상에서 먹는 것을 중요하게 여긴다는 의미로 볼 수 있다.

　중국은 유구한 역사와 광활한 국토 면적만큼 지역마다 기후, 풍토, 자원 등에 각각 다른 특색이 있다. 이에 따라 경제, 지리, 사회, 문화 등 다양한 요소가 작용하여 각 지역을 대표하는 특색 있고 다양한 음식 문화가 생겨났다. 식재료와 맛의 다양함, 풍부한 영양, 다양한 조리법과 향신료 사용 등의 특징과 함께 음식 종류 또한 매우 많아 프랑스, 터키 요리와 함께 세계 3대 요리로 평가받고 있다.

　중국 요리는 지역적 특징에 따라 크게는 북방요리와 남방요리(2분법)로 분류하고, 동서남북을 기준으로 4대 요리로 분류한다. 중국을 대표하는 4대 요리로는 황허 하류의 산둥요리(鲁菜), 쓰촨요리(川菜), 장쑤요리(苏菜), 광둥요리(粤菜)가 있으며 동(东)은 장쑤(江苏), 서(西)는 쓰촨(四川), 남(南)은 푸젠(福建), 북(北)은 산둥성(山东) 일대를 포함한다. 지역별로 요리 방법은 다르지만 모두 음식의 색·향·맛을 중요시하며 중국 요리를 먹는다는 것은 서로 다른 특징이 있는 맛을 음미하는 것과 같다.

❶ 산둥요리(鲁菜)

　루차이(鲁菜)라고 하며 4대 요리 중 유일하게 자연스럽게 형성되었다. 중국에서 가장 먼저 요리의 틀이 형성되었고, 요리 역사가 가장 길며, 지역의 특색을 띤 요리 방식으로 맛이 제일 뛰어나다고 평가받고 있다. 산둥성은 황허 하류 지역에 있어 날씨가 따뜻하며 호수와 평지가 많고, 해양과 인접해 과일, 육류, 해산물, 민물생선, 버섯 등 식재료가 다양하고 풍부하다. 풍부한 식재료만큼이나 요리법도 다양하며 건어물, 훈제 등의 가공식품도 많다.

산둥요리는 대체로 짜지만 향이 짙고 신선하며 독특한 맛이 있다. 공자도 『논어』 「향당」편에서 보이는 것처럼 어떻게 요리할지, 무엇을 먹을지를 꼼꼼히 따졌다. 명·청시대에는 산둥요리사가 황궁에 들어가 궁중요리인 만한전석(滿汉全席)의 구심점이 되는 등 중국 요리 발달에 많은 영향을 미쳤다. 대표 요리는 산둥의 명승지 타이산(泰山)의 특산물 홍린어(붉은 잉어)를 재료로 한 '간작적린어(干炸赤鳞鱼)'로, 요리할 때 냄비에 넣고 튀기는 과정에서 생선이 살아 있기 때문에 다 튀긴 뒤 황금색을 띠며, 재료 본연의 맛을 느낄 수 있는 것이 특징이다.

❷ 쓰촨요리(川菜)

쓰촨요리는 중국 내륙의 쓰촨, 윈난(云南), 구이저우(贵州) 지역 요리를 포함한다. 쓰촨은 분지지형으로 더위와 추위가 심하며 고온다습하고 햇빛이 적다. 그래서 향신료가 풍부하고 마늘, 파, 고추 등을 많이 사용하여 얼얼함, 신선함, 향을 주요 특징으로 하는 맵고 자극적인 요리가 많다. '음식은 중국에 있고, 맛은 쓰촨에 있다(食在中國, 味在四川)'라는 말이 있을 만큼 연회요리, 대중음식, 가정식 요리 등이 발달했다.

쓰촨의 훠궈(火锅)

대표 요리로는 '마퍼더우푸(麻婆豆腐)', '훠궈(火锅)', '궁바오지딩(宮保鸡丁)' 등이 있다. 그중에서도 특히 마퍼더우푸는 청두(成都)에 살았던 성이 천(陈)씨인 부인이 만들어낸 요리로 먹을 때 마(麻, 얼얼함), 탕(烫, 뜨거움), 소(酥, 바삭바삭함), 넌(嫩, 연연하고 부드러움)의 독특한 맛이 있어 겨울에 잘 어울리는 요리로 알려져 있다.

❸ 장쑤요리(苏菜)

장쑤·저장요리로 난징, 상하이, 쑤저우, 양저우 요리를 포함하며 난징요리 또는 장쑤요리(쑤차이)라고도 한다. 창장 하류 지역을 포함하며 끓인 요리, 푹 삶은 요리, 뜸을 들인 요리 등의 조리법으로 조미료는 되도록 적게 사용하고 재료 본래의 맛을 강조한다. 해산물을 주재료로 하는 음식이 많으며 신선하고 담백한 요리가 많다. 대표 요리로는 홍사오러우(红烧肉)와 항저우의 둥포러우(东坡肉)가 있다.

Plus Info

둥포러우(东坡肉)

대표적인 쑤차이인 둥포러우는 송나라 시인 소식(苏轼, 소동파, 1031~1101)이 만들었다고 전해지는 요리다. 소식이 항저우의 지방 관리로 있을 때 창장이 범람해 큰 물난리 위기에 처했다. 이때 소식이 병사들과 백성을 동원해 강가에 제방을 쌓아 도시를 구하자 백성들은 소식이 돼지고기를 좋아한다는 이야기를 듣고 돼지고기를 선물로 보냈다. 소식은 선물받은 돼지고기로 육질이 아주 연한 자신만의 요리를 만들어 백성들과 나눠 먹었고, 이에 감동한 백성들이 소식의 호인 '둥포(东坡)'를 따서 둥포러우라고 불렀으며, 지금까지 많은 사람의 사랑을 받는 장쑤 대표 요리가 되었다.

둥포러우(东坡肉)

---

❹ 광둥요리(粤菜)

광둥차이(广东菜) 또는 위에차이(粤菜)라고도 한다. 요리 역사는 그리 오래되지 않았지만 중국 요리 중 세계적으로 가장 널리 알려져 있으며, 중국을 대표하는 요리가 되었다. 16세기 이래 광둥을 드나들던 외국 선교사와 상인들의 영향으로 전통 요리에 서양 요리법이 결합된 독특한 특성이 있다. 광둥요리는 조미료 종류가 다양하고 보편적으로 식재료 본연의 맛을 중요하게 여기며 담백하고 부드러운 요리가 주를 이룬다. 튀김, 부침, 구운 요리가 많고 새, 벌레, 뱀, 원숭이 등 야생동물에서 바다동물에 이르기까지 다양한 생물이 광범위하게 요리 재료로 사용된다.

한편 중국 요리의 꽃이라 불리는 '딤섬(点心)' 역시 광둥요리를 대표하며 매년 광둥성에서는 딤섬요리 경연대회와 축제가 열린다. 광둥요리는 홍콩으로 건너온 후 더욱 국제화되어 전 세계인의 환영을 받고 있다. 중국에서는 딤섬을 식사로, 홍콩에서는 전채요리로 먹는다.

다양한 딤섬(点心)

Keyword

80 명주(名酒)와 음주 예절

중국에서 술은 차만큼이나 역사가 오래되었다. 기록에 따르면 중국에서는 하나라(기원전 2029) 때부터 술을 만들기 시작하여 역대 제왕, 장군, 문인 등 예외 없이 음주를 즐겼다. 그만큼 중국에서 술은 고대 중국인들의 생활과 관계가 밀접하며, 사회 교류에서도 중요한 역할을 했다.

중국어에는 술을 의미하는 글자 '酒'와 관련된 고사성어가 많으며, 특히 문학작품에서 술에 대한 고사나 유래가 전해 내려오고 있다. 진(晋)나라 시인 도연명(陶淵明, 365~427)은 하루라도 술을 마시지 않으면 안 되었으며 그의 작품은 대부분 술과 함께 집필되었다고 한다. 두보(杜甫)의 시 〈음중팔선가〉의 한 구절을 보면, '이백은 술 한 말 마시며 시 100편 짓네(李白一斗詩百篇)'라는 내용이 나온다. 이밖에도 송나라 무송(武松)은 술을 단숨에 열여덟 사발 마시고 맨손으로 호랑이를 때려잡았다는 일화가 전해오기도 한다.

중국의 전통적인 술은 백주(白酒)이다. 지방마다 제조법과 원료 차이에 따라 증류주, 양조주, 혼성주 등으로 분류하는데, 이른바 8대 명주라 불리는 중국의 술은 대체로 백주 5가지, 황주 2가지, 약주 1가지로 나뉜다.

중국의 명주들(1990년대)
중국의 8대 또는 10대 '명주'들은 고대 문헌에 등장하는 유래가 깊은 술과 중국 정부, 주류협회 등 관련 기관에서 시행된 전국주류품평회(1952년 시작)에 다수 입선한 술들을 대상으로 통칭하는 개념이다. 따라서 시기별(1980년대, 1990년대 등) '명주'는 다소 차이가 있다.

대표적 백주인 마오타이주(茅台酒)는 구이저우성 특산품으로 1916년 파나마박람회에서 금상을 받으며 세계에 알려졌다. 한국의 소주처럼 가열하여 증류한 대표적 증류주이며, 도수가 무려 50~70도로 매우 높다.

황주(黃酒)는 저장성 샤오싱 지역의 지명에 따라 명명되었으며 소흥주가 유명하다. 역사가 4,000년 정도 되었으며 도수는 14~16도로 비교적 약한 편이다. 찹쌀에 누룩과 물을 넣어 발효시키며 오래 숙성하면 할수록 상품가치가 더 커진다. 이 지역의 대표 음식인 취두부(臭豆腐)와 함께 마시면 맛이 더 좋다고 한다.

취두부(臭豆腐)
썩힌 두부를 튀겨낸 음식

죽엽청주(竹叶青酒)는 한국인에게도 비교적 유명한 중국의 혼성주로 혈액을 맑게 하고 간과 비장의 기능을 좋게 하는 약술로 알려져 있다. 이밖에도 칭다오맥주, 옌타이포도주 등이 유명하다. 최근에는 건강을 중요시하는 웰빙족의 등장으로 포도주를 즐겨 마시는 중국인이 늘어나고 있다. 손님을 접대하거나 식사할 때 지역마다 술의 산지와 지역적 습성에 따라 선호하는 술이 조금씩 다르며, 귀한 손님일수록 도수가 높은 술을 권한다.

중국에서는 우리의 음주 문화와 달리 술잔을 다른 사람에게 돌리지 않으며, 상대방 술잔이 조금씩이라도 비워져 있으면 첨잔(添盞)하여 바로 잔을 채우는 것이 예의이다. 그리고 술을 마실 때는 서로 적극적으로 권하는데, 상대가 술을 많이 권할수록 손님에 대한 열정과 예의를 갖추는 것이라고 생각한다. 이를 징지우(敬酒)라고 하며 술을 권할 때는 우리의 건배사에 해당하는 경주사(敬酒词)를 해야 하므로 한두 개쯤 준비해두는 것이 좋다.

중국에서 비즈니스를 할 때는 그들의 술 문화를 이해할 필요가 있다. 술을 권할 때 "제가 한잔 올리겠습니다(我敬一杯)"라고 말하며, 함께 건배한 후 술잔을 비운다. 이밖에도 희주(喜酒)는 결혼식의 축하주를 의미하며 기쁜 일이나 경사스러운 일, 축하할 일이 있을 때 마시는 술도 희주라고 한다.

81 명절과 공휴일

중국의 전통 명절은 춘절, 원소절(정월대보름), 청명절, 단오절, 중추절 등이 있으며, 정부가 지정한 법정 공휴일은 노동절, 건국절, 국경절이 있다.

중국의 명절은 대부분 수백 년, 수천 년에 걸친 역사와 함께 각 민족들의 의식주와 행동양식, 제사, 종교, 민간신앙, 혼인, 장례 등에서 다양한 풍속과 관습을 형성해왔다. 춘절(春节), 원소절(元宵节), 청명절(清明节)과 한식(寒食), 단오절(端午节), 중추절(中秋节) 등과 같이 지금까지도 이어져 내려오는 전통명절과 근현대사 진행 과정 특히 공산당의 정치적 역정과 관련이 많은 현대 기념일, 즉 노동절, 건국절, 국경절 등으로 구분할 수 있다.

❶ 전통명절

1. 춘절(春节)

중국 최대 전통명절로 역사가 3,000년 정도 되었으며, 우리나라의 설날처럼 음력 1월 1일이다. 원래는 원단(元旦)이라고 했으나 1911년 신해혁명 이후 양력을 사용하면서 양력 1월 1일을 원단(신년)이라 명명하고, 음력 1월 1일을 춘절이라고 부르게 되었다.

춘절과 관련된 전통 풍속은 지역별로 다양하다. 대부분 흩어졌던 가족이 한자리에 모여 준비한 음식을 먹으면서 가족의 평안을 빌며, 집 안 곳곳을 깨끗이 청소하고 집집마다 연화(年画)와 춘련(春联)으로 새해맞이 장식을 한다. 그중에서도 복(福)자를 거꾸로 붙이는 풍속은 중국 어디에서나 쉽게 볼 수 있다. 중국어의 거꾸로(倒)라는 뜻의 단어가 도착하다, 오다(到)와 발음

춘련(春联)

(다오, dào)이 같기 때문에 복이 오기를 바라는 마음을 담아 '福'이라는 글자를 거꾸로 붙인다.

춘절 전날 밤을 제석(除夕)이라고 하는데, 이날은 온 가족이 함께 모여 연야반(年夜饭, 제야에 먹는 음식)을 먹는다. 연야반을 먹은 다음에는 둘러앉아 이야기를 나누며 밤을 새우는데 이를 수세(守岁)라고 한다. 12시가 되면 요란한 폭죽소리와 함께 새해의 시작을 알리면서 명절 분위기가 한껏 고조된다. 과거 중국인들은 귀신을 쫓아내고 집안의 액운을 막아준다고 여겨 중요한 행사 때마다 폭죽을 터뜨렸는데, 현대에 접어들면서 환경오염과 소음공해를 방지하기 위해 일부 지역에서는 폭죽놀이를 금지하는 추세이다.

춘절 아침이 되면 어린아이들은 가까운 친척이나 이웃을 방문하여 새해인사를 드리고, 어른들은 세뱃돈인 압수전(压岁钱)을 빨간 봉투에 넣어 주기도 한다.

중국의 춘절 음식은 매우 다양한데 그중에서도 북방음식과 남방음식에는 약간의 차이가 있다. 북방 지역에서는 주로 교자(만두)를 직접 빚어 식구들과 함께 먹는데, 새해로 바뀌는 교차점을 의미한다. 남방 지역에서는 탕원(汤圆)이나 연고(年糕)를 먹는데 이것은 '온 가족이 화목하게 지내다(全家团员)'의 의미를 담고 있다.

2. 원소절(元宵节, 정월대보름)

원소절은 정월 15일(음력 1월 15일)로 우리나라의 정월대보름에 해당한다. 춘절 이후 첫 번째 보름달 밤으로 등절(灯节)이라고도 한다. 원소절 당일 밤에는 형형색색의 예쁜 등을 걸어 장식하는데, '등'은 황제의 은덕이 모든 백성에게 고루 비쳐 어둠을 몰아낸다는 의미가 있다. 원소절 아침에는 찹쌀가루로 원형을 빚고 깨, 설탕, 꿀 등을 소로 넣어 끓인 탕원(汤圆)을 먹는다. 원소절에 원소를 먹는 풍속은 송(宋)나라 때 시작되었다고 하며 모든 일이 원만하기를 바라는 중국인들의 바람을 담고 있다.

탕원(汤圆)

3. 한식(寒食)·청명절(清明节)

청명절은 24절기 중 하나이면서 중국의 오래된 전통명절이다. 청명절은 양력으로는 4월 4일이나 5일이 되는 날로 이때 봄빛이 완연하고 새싹이 돋아나는 느낌이 들어 중국인들은 청명절이라고 한다. 청명절에는 조상의 묘를 찾아 잡초를 제거하고 제사를 지냈으나 현재는 도시화와 핵가족화로 일부 농촌에서만 성묘를 한다.

한식은 동지 후 105일째 되는 날로 청명절과 같은 날이거나 하루 뒤이다. 한식은 춘추시대(春秋时代) 문공(文公)이 개자추(介子推)를 추도했던 고사에서 기원한다.

기원전 655년, 문공은 계모의 정치적 음해로 아버지에게 쫓겨나 19년이나 망명 생활을 했다. 문공이 못 먹어서 병이 들자 개자추가 자기 다리 살을 베어 문공에게 먹여 목숨을 구했다. 이후 문공은 정권을 되찾아 왕위에 오르게 되었고, 자신을 보필한 신하들에게 상을 내리는 과정에서 개자추를 잊고 말았다. 관리가 되려고 서로 공을 가로채고 다투는 것에 환멸을 느낀 개자추는 어머니를 모시고 면산에 들어가 은둔했다. 그 사실을 안 문공은 면산에 불을 놓아 그들 모자가 산에서 나오기를 바랐으나 개자추는 끝내 산에서 나오지 않았고, 결국 버드나무 아래에서 어머니와 함께 불에 타죽었다. 이후 사람들은 개자추가 죽은 날이 되면 3일 동안 불을 사용하지 않고 차가운 음식을 먹으며 그를 애도했다.

4. 단오절(端午节)

단오절은 음력 5월 5일로 원래 단은 '처음 초(初)', 오(午)는 '오(五)'로 고대 한어에서는 초닷새라는 뜻이다.

단오가 되면 사람들은 종자(粽子)를 먹고 용선(드래곤 보트) 경기를 하는데, 이것은 중국 초(楚)나라의 유명한 시인 굴원(屈原)을 기념하는 행사이다.

초나라 회왕(怀王)의 충신이었던 굴원은 초나라 수도가 진(秦)나라에 함락된 후 비분함을 견디지 못하고 멱라강(汨罗江)에 뛰어들어 목숨을 끊었다. 굴원이 강에 뛰어든 후 사람

종자(粽子)

들은 굴원을 구하기 위해 배를 타고 서둘러 멱라강으로 갔지만 결국 시신을 찾지 못했다. 이를 안타깝게 여긴 사람들은 물고기들이 그의 시신을 훼손하지 못하도록 강에 종자를 던졌고, 용주(龙舟)를 저으면서 굴원에 대한 애도를 표시했다. 이것이 이후 용선경기로 발전했으며, 종자는 단오절에 먹는 전통 음식이 되었다.

5. 중추절(中秋节, 추석)

중추절은 음력 8월 15일로 팔월절 또는 중추(한가위, 추석)로 불리며, 2008년 공휴일로 지정된 이래 춘절 다음으로 중요한 명절이 되었다. 농업 사회인 중국에서는 오곡이 풍성한 것은 월신(月神) 덕분이라며 보름달을 향하여 감사의 제사를 지냈다. 이때 달에 바치는 제사 음식으로도 사용된 월병(月饼, Moon Cake)은 중추절에 먹는 대표 음식이 되었다. 둥근 모양은 보름달과 가족의 단란함을 상징한다.

월병(月饼)

❷ 공휴일

중국에서는 문화와 풍습 혹은 기념이 될 만한 날을 휴일로 지정하여 '법정공휴일(法定节假日)'이라고 한다. 정치, 경제, 문화 등을 반영하고 사회 여러 방면에 미치는 영향력을 고려하여 법률로 지정한다. 우리나라와 달리 중국의 공휴일은 휴일 일자가 고정적이지 않고 내수를 촉진해 경제성장에 유리하도록 정부에서 탄력적으로 운영한다.

1999년 국무원이 '전국 명절 및 기념일 휴일 방안(全国年节及纪念日放假办法)'을 반포한 후 2008년 개정을 거쳐 현재 중국의 공휴일은 총 7종류로 공휴일 일수는 11일이다. 일반적으로 국무원은 매년 연초에 필요한 대체근무일을 법규로 지정하여 7종류의 개별 휴무일을 3일 혹은 7일간 연휴로 만들어 공포한다. 예를 들어 2018년에 3일간만 쉬게 되어 있는 춘절(2월 16일 금)의 경우, 2월 11일(일)과 24일(토)에 대체 근무하도록 규정한 후 원래 법정휴일 3일에 연이어 있는 주말(토·일) 그리고 대체 근무로 획득한 2일간의 휴무일을 모두 더해 2월 15일부터 21일까지 7일간 연휴로 정한 바 있다.

법정공휴일인 원단, 청명절, 노동절, 단오절, 중추절 등 다섯 종류는 1일만 쉬고, 춘절과 국경절은 3일을 쉬게 되어 있다. 그러나 실제로는 법정공휴일과 인접한 주말과 대체 근무로 획득한 임시 휴일을 매년 지정하여 춘절과 국경절은 7일(长假), 나머지 5종류는 3일(小长假) 연휴로 쉰다.

중국에서는 1949년 세계 근로자의 날인 5월 1일을 노동절로 지정하였다. 예전에는 국경절과 더불어 국내 또는 해외여행이 많았지만, 2008년 공휴일 법규 개정 후 3일에서 1일로 휴무가 단축되면서 예전만큼 인구 유동이 많지 않아 극심한 교통 혼잡, 기차표 예매 전쟁이 완화되었다. 그리고 노동절 연휴 기간을 단축한 만큼 청명절, 단오절, 중추절을 휴일로 지정하여 3일 연휴(小长假)를 늘림으로써 소비 활성화를 도모하였고, 법정 휴무일수가 기존의 10일에서 11일로 늘어나게 되었다.

국경절은 양력 10월 1일로 중화인민공화국 성립을 기념하는 날이다. 법정공휴일은 3일이지만 7일간 휴무하고 주말에 대체 근무한다. 춘절과 더불어 중국인들이 1년에 두 번 고향으로 내려가는 공휴일 중 하나로, 최근에는 긴 연휴로 국내는 물론 해외로 여행을 가는 중국인이 많아졌다. 국경절에는 대륙뿐만 아니라 홍콩과 마카오에서도 기념행사가 많이 벌어진다. 특히 이날 천안문광장에서는 열병식이 거행되는데 마오쩌둥, 덩샤오핑, 장쩌민, 후진타오에 이르기까지 역대 주석들은 모두 열병식을 사열하여 중화인민공화국 성립을 기념하였다.㉞ 국경절에 시작해 광군절, 12월 연말까지 쇼핑시즌으로 이어지면서 온·오프라인에서 각종 할인행사가 대규모로 진행된다.

1949년 중국은 3월 8일 세계 여성의 날을 중국 여성의 날(妇女节)로 지정하였는데, 보통 싼빠지에(三八节)라고 한다. 이날 중국 직장 여성들은 반나절만 근무하고 퇴근한다. 그리고 1919년 5월 4일 일어난 5·4운동을 기념하여 이날을 청년절(青年节)로 지정해 전국적으로 각종 기념 활동이 열린다.

6월 1일은 어린이날(儿童节)이고 7월 1일은 중국 공산당 창립기념일인 건당기념일, 8월 1일은 건군기념일(建军节), 9월 10일은 스승의 날(教师节), 11

㉞ 마오쩌둥은 1950년·1951년, 덩샤오핑은 1984년, 장쩌민은 1999년, 후진타오는 2009년에 국경절 기념 열병식을 사열하였다. 시진핑 주석은 2015년 9월 3일 승전 70주년 기념 열병식을 천안문광장에서 거행한 바 있다.

월 11일은 솔로데이라고 해서 광군절(光棍节)이라고 한다. '광군'은 홀아비나 독신남 또는 애인이 없는 사람을 뜻하는데, 최근 중국 최대 전자상거래 기업 알리바바(阿里巴巴)의 타오바오몰에서 대대적 할인 행사를 시작하면서 중국판 블랙프라이데이로 불리고 있다.

▌ 중국 공휴일과 기념일 현황

원단(元旦)	양력 1월 1일	특별한 행사는 없다. 1월 1일 당일만 법정공휴일로 지정. 주말 대체 근무 후 3일간 휴무
춘절(春节)	음력 1월 1일	중국 최대 명절. 3일 법정휴무. 대체 근무와 주말 등을 포함하여 공식적으로 7일을 쉬며, 사정에 따라 휴무일이 더 늘어나는 곳도 있다.
부녀절(妇女节)	3월 8일	세계 여성의 날로 미국 시카고의 섬유공장 여성 노동자들이 남녀평등을 이유로 거리 시위를 펼쳤다. 중국 여성은 부녀절에 직장 여성이 오전만 근무하고 오후는 쉰다.
청명절(清明节)	4월 5일	성묘를 한다. 2008년부터 법정공휴일로 지정되었으며 3일간 휴무(주말 대체 근무 포함)
노동절(劳动节)	양력 5월 1일	근로자의 날. 2008년 이전 3일 법정휴무였으나 이후에는 1일로 단축했다. 세계 노동자의 날과 같으며 중국에서는 노동절을 매우 중요한 국가 기념일로 여긴다.
청년절(青年节)	5월 4일	1919년 5·4운동을 기념하기 위해 제정되었다(법정휴무일 아님).
단오절(端午节)	음력 5월 5일	굴원을 기리는 날. 용선경기가 열리며 2008년 법정공휴일로 지정. 3일간 휴무(주말 대체 근무 포함)
아동절(儿童节)	6월 1일	세계 아동의 날과 같은 날로 우리나라와 마찬가지로 어린이를 위한 다양한 행사가 열린다(법정휴무일 아님).
건국절(建军节)	8월 1일	중국 인민해방군 창립기념일로 중국공산당은 스스로 군사적 역량을 갖춘 군대를 형성했는데, 이날을 창군의 날로 제정했다(법정휴무일 아님).
중추절(中秋节)	음력 8월 15일	추석. 월병을 먹으며 보름달을 보는 풍습이 있다. 2008년부터 법정공휴일로 지정, 3일간 휴무(주말 대체 근무 포함)
국경절(国庆节)	10월 1일	중국 건국기념일. 1949년 10월 1일 중화인민공화국 성립 선포, 이후 매년 10월 1일에는 천안문광장에서 열병식 등 경축행사를 함. 3일 법정휴무. 대체 근무와 주말 등을 포함하여 공식적으로 7일을 쉼.

Keyword

82 결혼과 장례

관혼상제는 사람이 일생을 살면서 거치게 되는 대표적인 네 가지를 말하는데, 관례(冠礼)·혼례(婚礼)·상례(丧礼)·제례(祭礼)가 그것이다. 관례는 머리에 관을 쓰고 성인이 되었음을 알리는 성년의례이고 혼례는 혼인의 예법이다. 상례는 상중(丧中)에 행하는 예법을 가리키며, 제례는 제사를 지내는 예법이다.

유교 문화권 국가인 중국에서는 예법을 중시했기 때문에 관혼상제도 무척 중요하게 여겼지만, 오늘날 현대 중국 사회에서는 많은 관례와 풍습이 사라졌다. 우리나라와 일본에는 아직 남아 있는 '성년의 날'이 중국에는 없고, 제사는 공휴일로 지정된 청명절(清明节)에 지내기는 하지만 주로 농촌 지역에만 성묘 풍습이 남아 있다. 그러나 여전히 혼례와 상례에서는 전통 문화를 지켜가고 있다.

❶ 혼례

고대 중국 한족의 혼인 풍속으로는 선혼, 벌혼, 증혼, 사혼, 수계, 속혼 등을 들 수 있다. 선혼은 통치자가 민간에서 13세부터 20세의 아름다운 여자들을 황궁 내에 두고서 통치자의 성적 유희로 활용한 것인데, 이는 서한 시대에 시작하여 청대 말까지 지속되었다.

벌혼은 통치자가 이미 죄인으로 확정한 자의 아내나 딸을 노예 또는 하인에게 다시 시집보내는 것을 강행하였는데, 그것을 죄인에 대한 징벌로 삼았다. 증혼은 통치자가 이민족의 침략을 늦추거나 피하기 위해 궁녀나 황실 여자에게 '공주' 칭호를 붙여 다른 민족에게 시집을 보내는 것이다(이른바 화친, 한대 왕소군이 흉노족 임금 단우와 혼인한 것). 사혼은 통치자가 내부 모순을 완화하기 위하여 황제 친척들의 딸을 공이 있는 신하에게 하사하는 형식의 결혼 풍속을 말한다.

350

이러한 과거 중국의 혼인 풍습은 1950년 4월 13일 중국 정부가 새로운 '혼인법'을 공포하면서 바뀌게 되었다. 혼인법 공포로 중국의 남존여비 사상, 봉건주의적 혼인제도가 폐지되었다. 이후 1980년 9월 다시 혼인법이 수정되어 남자는 20세에서 22세, 여자는 18세에서 20세로 혼인의 법적 나이가 높아졌고, 3대 이내 친척 간의 혼인은 금지되었다. 또한 합법적인 부부가 되려면 정부가 허가한 결혼등록 부서에서 결혼등록을 해야 한다. 미혼증명서, 건강진단서, 신분증 등의 서류를 제시하고 몇 가지 질문에 통과하면 결혼증명서를 발급받게 되며, 법률적으로 정식 부부가 된다.

중국의 1970년대 혼인증

중국의 혼인증(결혼증명서)

최근 중국에서는 서양의 결혼 문화를 받아들여 결혼식을 올리는 의식에서는 전통혼례 방법이 대부분 사라졌다. 우리나라와 마찬가지로 주택 마련, 혼수 준비 등으로 결혼 비용이 사용되며, 갈수록 결혼식에 드는 비용이 많아지고 있다. 우리나라와 다른 점은 별도 식장(결혼식장)을 정해서 결혼예식을 하지 않고 식당을 정해 점심이나 저녁 때 결혼식 축하연으로 결혼예식(結婚典礼)을 대신하는 경우가 많다는 것이다. 친척이나 친구들은 이때 빨간색 봉투에 축의금(婚礼红包)을 주며, 불길한 숫자 금액(400위안 등)보다는 짝수의 길한 숫자 금액(666위안, 888위안, 999위안 등)을 넣는다.

축의금 봉투(婚礼红包)

중국 웨딩차 행렬(婚车)

최근 서양 문화의 영향으로 중국의 결혼식도 화려해지고 복잡해지는 추세이다. 1990년대만 하더라도 '혼인신고-기념촬영-결혼연회'가 결혼 절차의 전부였지만, 이제는 중국인들도 결혼식을 대형 호텔에서 치르면서 '신랑의 신부집 방문-신부 맞이하기-예비부부

신랑집 도착—시부모에게 인사—결혼식장 도착—결혼반지
교환—성혼선언—축하연' 등으로 성대하게 치른다. 웨딩
촬영은 별도로 시간을 잡아서 결혼식 전에 찍어 결혼식
당일 하객들에게 공개한다. 신랑이 신부를 처음 맞이하러
신부집에 갈 때 얼마나 호화스러운 결혼차(婚车) 행렬을
꾸미는지가 성공한 부부로 보이는 척도이기도 하다. 이때
수입차 수십 대가 도열하는 장관이 연출되기도 한다.

결혼식 축하연

한편 중국의 이혼율은 매년 10%를 훨씬 넘는데, 특히 상하이, 베이징을
중심으로 하는 대도시 이혼율이 높아져 사회문제가 되고 있다.

❷ 장례

중국 장례의식은 화장, 토장, 수장, 천장 등이 있다. 토장은 한족의 전통
적 장례풍습이다. 토장은 통상적으로 죽은 사람에게 수의를 입혀 관에 넣
는다. 그리고 죽은 사람이 생전에 좋아했던 물건들을 부장품으로 함께 묻기
도 한다. 화장은 송나라 이후 유가의 윤리 관념에 어긋난다고 하여 금지되었
지만 1997년 중국 정부가 '장례관리조례(殡葬管理条例)'를 제정하여 인구밀
도가 높고 농경지가 적은 대부분 지역에서 화장을 의무화하고 있다. 특수한
이유(기후, 종교 등)로 토장을 원하는 지역은 국무원에 보고하여 승인을 받아
야 한다.

일반적으로 장례식장(殯仪馆)에서 3일장이나 5일장으로 장례를 치르며, 형편이 여의치 않은 경우 장례를 생략하고 바로 화장장으로 향하기도 한다. 조문객들은 장례식장에서 조의금을 흰색 봉투에 담아 준다.

특히 소수민족의 장례 문화는 파격적인 종교적 특색을 간직한 채 오늘날까지 이어져 내려오는 경우도 있다. 비교적 특이한 장례풍속으로는 고대 남방의 소수민족 지역에서 유행한 현관장(悬棺葬)과 서부 소수민족인 장족의 천장(조장)이 있다.

현관장은 '관을 높은 곳에 매달아 장례한다'는 뜻으로 '관을 절벽에 안치했다'고 이해하면 쉬울 듯하다. 이러한 매장 풍습은 고대 중국의 소수민족들이 절벽이나 높은 곳의 동굴에 죽은 이의 시체를 안장한 데서 유래했다. 동굴에 관을 안장하는 경우 암벽 위에 형성된 천연동굴이나 암벽 틈 사이에 관을 밀어 넣는데 오늘날까지도 이것이 발견되고 있다.

천장(조장)은 시짱(티베트), 칭하이성, 간쑤성 등지에 흩어져 살았던 티베트인들의 독특한 장례 문화이다. 천장은 죽은 사람을 장지로 옮겨 독수리로 하여금 시체를 먹게 하는 독특한 풍속으로 티베트 사람들은 천장을 통해 죽은 자의 육체와 영혼이 서방 극락세계(西方极乐)로 갈 수 있다고 믿었다. 천장은 지정된 장소에서 행해지며, 장례일자는 라마승이 점을 쳐서 결정한다. 보통 사망일부터 사흘 후나 닷새 후 치르는 경우가 많고 일곱 날을 넘기지 않는다. 티베트인들은 홀수를 길하게 여기고 짝수를 흉하게 여기므로 장례일자는 사망 후 이튿날이나 사흘째는 피했다.

Keyword

83 소수민족

중국은 한족(汉族)과 55개 소수민족으로 이루어진 다민족국가이다. 수천 년 동안 이어진 역사 속에서 많은 민족이 동화와 소멸을 반복하면서 현재 55개 민족이 각자 영역에서 자신들만의 전통과 문화를 지키며 살고 있다.

소수민족은 중국 전체 인구의 10%가 채 안 되지만 그들이 차지하는 면적은 중국 영토의 60%에 달하며, 5개 소수민족자치구(네이멍구자치구, 신장웨이우얼자치구, 시짱자치구, 닝샤후이족자치구, 광시좡족자치구)를 중심으로 주변 지역에 분포하고 있다. 소수민족자치구에 거주하는 대표적 소수민족은 위구르족, 회족, 몽골족, 장족, 조선족 등이다.

▌ 중국 소수민족 인구 현황(2010년 제6차 인구조사)　　　　　　자료: 국가통계국

	민족		인구수(명)
1	壮族	좡족	16,926,381
2	回族	후이족	10,586,087
3	满族	만족	10,387,958
4	苗族	먀오족	8,940,116
5	维吾尔族	위구르족	8,399,393
6	土家族	투자족	8,028,133
7	彝族	이족	7,762,272
8	蒙古族	몽골족	5,813,947
9	藏族	짱족	5,416,021

10	布依族	부이족	2,971,460
11	侗族	둥족	2,960,293
12	瑶族	야오족	2,637,421
13	朝鲜族	조선족	1,923,842
14	白族	바이족	1,858,063
15	哈尼族	하니족	1,439,673
16	哈萨克族	카자흐족	1,250,458
17	黎族	리족	1,247,814
18	傣族	다이족	1,158,989
19	畲族	서족	709,592
20	傈僳族	리쑤족	634,912
21	仡佬族	거라오족	579,357
22	东乡族	둥샹족	513,805
23	拉祜族	라후족	453,705
24	水族	수이족	406,902
25	佤族	와족	396,610
26	纳西族	나시족	308,839
27	羌族	창족	306,072
28	土族	투족	241,198
29	仫佬族	무라오족	207,352
30	锡伯族	시보족	188,824
31	柯尔克孜族	키르기스족	160,823
32	达斡尔族	다워얼족	132,394

33	景颇族	징포족	132,143
34	毛南族	마오난족	107,166
35	撒拉族	싸라족	104,503
36	布朗族	부랑족	91,882
37	塔吉克族	타지크족	41,028
38	阿昌族	아창족	33,936
39	普米族	푸미족	33,600
40	鄂温克族	어원커족	30,505
41	怒族	누족	28,759
42	京族	징족	22,517
43	基诺族	지눠족	20,899
44	德昂族	더앙족	17,935
45	保安族	바오안족	16,505
46	俄罗斯族	러시아족	15,609
47	裕固族	위구족	13,719
48	乌孜别克族	우즈베크족	12,370
49	门巴族	먼바족	8,923
50	鄂伦春族	어룬춘족	8,196
51	独龙族	두룽족	7,426
52	塔塔尔族	타타르족	4,890
53	赫哲族	허저족	4,640
54	高山族	가오산족	4,461
55	珞巴族	뤄바족	2,965

대다수 소수민족 주거 지역은 변방으로 경제, 문화적 수준이 비교적 낮은 편이다. 하지만 지역 면적이 넓고 가스와 석탄 등 천연자원, 수력자원이 풍부하여 중국이 산업화와 현대화를 추진하는 데 매우 중요한 지역이다. 그뿐만 아니라 이 지역들은 대부분 러시아, 베트남, 미얀마 등 다른 나라와 접경지대여서 소수민족 지역을 대외에 개방함으로써 중국의 해외 진출 전략에 중요한 의미가 있다. 이러한 이유로 중국 정부는 소수민족의 분열을 막기 위해 강압적으로 통치하기보다는 그들의 전통문화와 문화유산을 보호하고 문화의 다양성을 존중하는 유화책을 펼치고 있다.

소수민족의 언어는 회족과 만주족이 한어(汉语)를 사용하는 것 이외에 다른 53개 소수민족은 자신의 언어를 가지고 있으며, 21개 민족이 모두 27종이나 되는 그들만의 고유문자를 사용하고 있다. 대표적인 것은 장족의 티베트어(藏语)와 나시족의 동파문(东巴文)이다. 하지만 중국 정부의 이중 언어 교육정책으로 대부분 소수민족은 보통화를 사용하고 있다.

Plus Info

나시족(纳西族)의 동파문(东巴文)

동파문은 시짱 동부와 윈난성 북부 지역에 거주하는 소수민족인 나시족이 사용하는 문자로 일종의 상형문자이다. 문자 기원 초기 형태를 지닌 문자로 추상화된 한자에 견주어 문자 모양이 나타내고자 하는 사물 모습을 가깝게 그려 그림문자에 가까운 특징을 보인다. 동파문은 모두 2,223개 글자가 있으며, 복잡한 사건을 기록하고 시와 작문을 쓸 수 있는 등 완전한 기록이 가능한 문자로 전해지고 있다. 오늘날 이 지역 관광객들에게 관광 상품으로도 인기가 많다.

소수민족은 한족과 함께 공통의 민속절기를 갖는 것 이외에 복식, 음식, 주거양식, 관혼상제, 명절 등 나름대로 특수한 민속습관을 가지고 있다.

소수민족의 고유 명절 중 대표적인 것은 네이멍구자치구 일대의 나달모(那达慕)대회, 다이족(傣族)의 발수절(泼水节), 이족(彝族)의 화파절(火把节), 짱족(藏族)의 설둔절(雪顿节) 등이다.

먼저 나달모는 고대 몽골어로 '오락', '유희'를 뜻하며 원래는 종교적 집회 위주 행사로 진행되었지만 지금은 농축산물을 교류하는 자리와 민속행사를 하는 대회로 치러지고 있다. 대회는 매년 7, 8월에 거행되며 참가자들은 전통복장을 하고 말이나 소 등에 모피, 약재 등을 싣고 정한 장소에 모인다. 그들은 그곳에서 물물교환을 하며 그밖에 씨름, 경마, 활쏘기(이 세 가지를 나달모라고 함) 등 전통경기를 한다.

다이족의 발수절은 다이족의 신년(다이족 달력 6월. 보통 3일에서 7일간 진행) 기간에 진행되며 윈난성 소수민족에게 가장 큰 명절로 손꼽는다. 명절날 아침에는 남녀노소를 막론하고 모두 전통복장을 하고 절에 찾아가 불상을 씻는다. 원래 다이족인들이 서로 물을 뿌리면서 축복하는 행사에서 유래하였으며, 서로에게 물을 뿌림으로써 건강과 행복을 기원하고 1년 동안 악운을 씻어내며 상대방에게 축복을 주는 의미가 있다.

이족의 화파절은 중국 서남부 지역의 이족, 바이족, 나시족 등의 전통명절로 날짜는 민족마다 차이가 있지만 대부분 매년 6월에서 7월 하순경까지 진행한다. 밤이 되면 횃불을 들고 언덕, 농경지 등을 천천히 다니면서 밤새도록 노래하고 춤추며 불 뿌리기, 투우, 씨름 등 전통 민속놀이를 즐긴다.

설둔절은 짱족의 명절로 설(雪)은 티베트어로 '요구르트'를, 둔(顿)은 '먹다'를 뜻하여 요구르트 축제라고도 한다. 시짱 달력으로 6월 말에 행사가 시작되며 시짱의 전통극을 공연하고 야크(고산지대에 사는 검은색 소) 경주를 한다.

다이족(傣族)의 발수절(泼水节)

짱족(藏族)의 설둔절(雪顿节)

84 지역축제

중국에서는 7,000개가 넘는 크고 작은 지역 축제가 열리는데, 그중에서도 우리에게 비교적 익숙한 축제로 알려진 칭다오(青岛)시의 국제맥주축제, 하얼빈(哈尔滨)의 국제빙설제(세계 3대 눈꽃축제) 등이 있다. 중국의 다양한 지역축제는 지에칭왕(节庆网, www.zgjqdh.com)에서 자세히 알 수 있다.

　　중국 정부가 1980년대 개혁개방을 실시한 이후 지방정부는 지역 문화 발전과 지역 활성화에 큰 효과를 창출하는 지역 축제에 관심을 갖기 시작했다. 이에 따라 빠른 속도로 증가한 축제는 개최 지역의 지역경제 활성화, 지역 관광 비수기 극복, 관광지 지정·개발, 지역 관광수입 증대, 지역 기반시설 확충과 도시개발 촉진, 지역 이미지 홍보 강화 등 파급효과를 가져왔다. 중국은 춘절, 청명절 같은 전통명절에 열리는 축제가 다양하듯 지역마다 관광자원이 풍부하다. 각 지역의 자원을 중심으로 진행되는 지역축제는 지역과 역사적 상관관계 속에서 생성되고 전승되어온 전통적 문화자원을 축제화한 것이다.

　　21세기에 들어서면서 중국은 사회·문화·경제적으로 교류하고 국제적 인지도를 높이기 위한 박람회 등 국제행사에도 각별한 관심을 갖기 시작했다. 이에 지역의 전통문화, 역사유적 등을 콘텐츠화, 산업화, 관광자원화하는 지역 문화의 산업적 활용에도 관심을 기울였다. 각 지역의 역사, 신화, 고전 등 다양한 스토리를 수집하여 지역의 고유한 문화 원형을 보존하고, 이를 문화 콘텐츠 산업화에 활용하기 위해 수집·가공한 스토리를 소재로 2차 문화 콘텐츠(만화, 공연, 영화 등)로 상품화하고 있다.

❶ 칭다오맥주축제

먼저 산둥성(山东省) 칭다오(青岛)시에서는 매년 7월부터 8월까지 약 2주간 칭다오 세기 광장에서 세계적인 맥주축제가 열린다. 칭다오에 거주했던 독일인 선교사가 살해당한 사건(1897)을 빌미로 독일은 40년간 칭다오를 지배했는데, 그 흔적으로 남은 것이 독일식 붉은 벽돌 건물과 맥주 제조기술이다. 또 1903년 독일인이 칭다오맥주(Tsingtao Brewery)를 설립해 지금까지 중국 최대 맥주회사로 명맥을 이어오고 있다.

칭다오시에서는 지역 관광을 활성화하기 위해 1991년 처음으로 '칭다오국제맥주축제'를 시작하였다. 2018년으로 28회를 맞이하며, 맥주를 중심으로 오락문화, 여행, 전시 등이 일체화된 대형 축제이다. 중국에서 최대 규모를 자랑하는 주류축제로 국내뿐만 아니라 세계적으로도 지명도가 높은 축제로 알려져 있으며, 아시아 최대 맥주축제로 꼽힌다. 입장료(10~80위안)가 있으며 공연, 맥주 시음 등 다양한 프로그램에 참여할 수 있다.

칭다오맥주거리

이밖에 칭다오맥주거리(啤酒街)에 가면 맥주가게들이 모여 있는데, 밤이 되면 화려한 조명등과 함께 매력적인 거리로 바뀐다. 맥주거리 안에 있는 칭다오맥주박물관(青岛啤酒博物馆) 역시 유명한 관광지로 꼽힌다. 박물관에 가면 칭다오맥주 100여 년의 역사와 현재 제조 과정을 볼 수 있으며, 갓 만들어진 맥주시음 등 다양한 체험을 할 수 있다.

칭다오맥주박물관

❷ 하얼빈국제빙설제

하얼빈국제빙설제(冰雪节)는 하얼빈얼음축제, 하얼빈눈축제, 하얼빈빙등제라고도 불리며, 얼음 조각과 눈 조각, 빙등 전시를 비롯한 다채로운 행사가 열린다. 처음에는 '하얼빈빙설제'였으나 2001년 빙설제와 헤이룽장 국제스키페스티벌과 병합하여 축제의 정식 이름이 '중국 하얼빈국제빙설제'로 바뀌었다. 하얼빈국제빙설제는 중국 역사상 처음으로 눈과 얼음을 이용한 조각전시회로 일본의 삿포로눈축제, 캐나다 퀘벡의 윈터카니발, 노르웨이 오슬로스키축제와 함께 세계 4대 겨울 축제로 꼽힌다.

하얼빈은 헤이룽장성의 성도이자 중국 동북 지방의 정치·경제·문화의 중심지이다. 19세기 중반까지만 해도 작은 어촌에 불과하였으나 19세기 말 러시아가 만주를 정복하려고 철도를 부설하면서 30여 개국에서 온 외국인 16만여 명이 거주하는 국제 상업도시로 발전하였다.

하얼빈 지역의 1월 평균기온은 영하 20도이고 최저기온은 영하 40도까지 내려간다. 이러한 기후 조건으로 이 지역은 눈과 얼음이 풍부하고, 이를 활용한 민간 예술이 일찍부터 발전했다. 그 대표적인 것이 빙등(冰灯)이다. 하얼빈 주민들은 자체적으로 1963년부터 매년 빙등전시회를 열었고, 이것이 오늘날 하얼빈국제빙설제의 시초가 되었다.

이후 1985년 1월 5일 제1회 하얼빈국제빙설제가 열렸고 지금까지 매년 1월에 개최되고 있다. 다른 축제와 다르게 폐막식은 따로 없으며(눈이 녹을 때까지 작품을 그대로 전시함) 축제 기간에 춘절, 원소절 등 전통명절을 함께 보낸다. 빙설제는 쑹화장(松花江) 북쪽에 있는 태양도공원(太阳岛公园)에서 열리며, 눈으로 만든 조각작품을 전시한다.

축제 기간에는 전 세계에서 모여든 빙설 조각가들이 매년 주어지는 축제 테마에 맞는 작품을 만든다. 예를 들면 고전 속 인물, 세계의 유명한 건축물, 애니메이션 주인공 혹은 다양한 캐릭터 등을 주제로 한다. 시민들이 직접 참여할 수 있는 겨울 수영, 빙상 결혼식 등 다른 축제에서는 볼 수 없는 이색적인 행사를 진행하여 관광객들의 참여도를 높이며 세계적인 겨울 축제로 자리 잡았다. 싸이의 〈강남스타일〉이 지구촌을 흔든 2012년 겨울에는 하얼빈 중앙대가에 말춤을 추는 거대한 싸이 눈사람이 등장하여 해외토픽난을 장식하기도 했다.

하얼빈국제빙설제

85 지방극

중국에서는 명대에서 청대에 걸쳐 다양한 희곡 작품이 수많은 지방극으로 만들어졌으며, 각 지역의 지역별 방언과 음악에 따라 양식이 구분되고 명칭이 달라진다.

전통 연극과 현대 연극을 통틀어 희극(戏剧)이라고 하는데, 이를 다시 희곡(戏曲)과 곡예(曲艺)로 분류한다. 희곡은 노래 위주의 극적 형식을 갖춘 연극을 말하며, 곡예는 말솜씨와 노래 위주로 자유롭게 연기하는 비교적 작은 규모의 연극을 말한다.

중국의 민간예술은 예술양식의 다양성에서 세계 최고를 자랑하며, 그중에서도 지방극은 각 지역의 특색과 전통문화, 풍속 등을 반영한 희곡극을 통칭한다. 지방극은 중국의 무형문화유산(非物质文化遗产)의 중요한 구성성분이면서 서로 다른 기타무형문화유산(其他非物质文化遗产)의 특수성을 포함한다. 이것은 지방극으로 전통문화가 표현되는 형식으로 역사와 시대를 반영한 문화 전통을 계승하고 또 창조적으로 바꿀 수 있는 특징이 있기 때문이다.

중국의 지방극은 종류만 해도 300종이 넘을 뿐만 아니라 예술의 양식과 다양성에서도 세계 최고를 자랑한다. 종류로는 전국적인 성격을 띤 경극(京剧)을 제외하더라도 월극(越剧), 안후이성의 황매희(黄梅戏), 허난성의 예극(豫剧, 허난방자라고도 함), 장쑤성의 회극(淮剧), 광둥성의 월극(粤剧), 쓰촨성의 천극(川剧) 등이 있다. 이 중에서 경극(京剧), 곤극(昆剧), 저장성의 월극(越剧), 천극(川剧) 등 4대 지방극을 중심으로 주요 내용과 특징을 정리한다.

❶ 경극(京劇)

경극은 중국을 대표하는 전통 연극으로 '베이징 오페라'라는 이름으로 세계적으로 알려져 있으며, 베이징을 중심으로 중국 전역에 보급되었다.

경극의 연출 양식은 창(唱), 대사(念), 동작(做), 무술동작(打) 네 가지가 종합된 공연 예술로 화려한 무술 동작을 효과적으로 배치함으로써 관객의 흥미를 이끌어낸다.

경극의 한 장면

지금도 경극을 공연하는 광둥회관(톈진희극박물관)

경극에는 여느 지방극과 마찬가지로 등장인물의 특징과 개성을 표현하는 '검보(臉譜)'라는 양식화된 분장법이 있다. 검보는 경극에서 사용되는 용어로 사람의 얼굴이지만 얼굴 같지 않은 분장 모양을 말하며, 분장 색깔에 따라 인물의 성격을 다르게 표현하는 것이 특징이다. 배역의 역할은 남자 배역 '생(生)', 여자 배역 '단(旦)', 개성적인 남자 배역 '정(淨)', 희극적 인물이면서 교활한 남성 인물을 연기하는 '축(丑)'으로 크게 네 개로 분류된다.

경극의 배역은 성별이나 연령 등 인물의 자연적 속성을 담고 있으며, 신분과 지위·성격과 같은 사회적 속성을 담고 있다. 이뿐만 아니라 제작자의 가치기준에 따라 배역의 선악이 결정되며, 각 배역에 따라 노래, 대사, 동작, 무술 등 극중 행동에도 차이를 보인다.

한편 경극의 화려한 의상 또한 중요한 부분인데, 배역에 따라 정해진 의상은 등장인물의 성격과 위상을 전달하는 역할을 한다. 경극의 의상은 시대성을 강조하지는 않는데, 현재 우리가 보는 경극의 의상은 명대(明代) 복식을 기본으로 하며, 공연 성격에 따라 약간 변형한다. 색깔은 울긋불긋하고 황색, 백색, 짙은 남색 등으로 색과 광택이 선명하여 강렬하게 대비된다. 예를 들면 남녀 배역 중 모자와 머리장식에서 단(여자 배역)의 머리 갓은 매우 화려하지만, 그것과 서로 대칭되는 극중 인물의 옷차림과 머리장식은 상대적으로 소박하지만 우아하다.

경극은 20세기 들어 최고 전성기를 맞이하며 불멸의 배우를 탄생시켰다. 여성 배역에 특출한 능력을 보이며 4대 명단(四大名旦: 메이란팡, 정연추, 순혜생, 상소운)이라 칭송받은 남자 배우 네 명으로 각자 계보를 형성한 것이다. 그중에서도 경극대왕이라 불리는 메이란팡은 영화 〈매란방〉과 〈패왕별희〉에서 그의 일대기를 그리고 있다.

경극은 시대 변화 속에서도 전통극의 맥을 이어가며 중국을 대표하는 지방극으로 자리 잡고 있다. 현재 중앙희극학원, 상하이희극학원, 중앙희극학원이 있으며 그밖에도 희극연구소, 베이징경극원을 중심으로 경극을 지망하는 젊은 배우들을 양성하고 있다.

❷ 곤극(昆劇) 또는 곤곡(昆曲)

중국 전통희곡 중 가장 오래되었으며 중국 전통희곡의 살아 있는 화석이라고 불린다. 2001년 세계무형문화유산으로 선정되었다.

곤극은 원나라 말기 장쑤성 쿤산과 쑤저우 일대에서 발생한 전통연극 장르로 여성적인 연애담과 서정적 음악을 특징으로 한다. 특히 곤극은 민족문화의 전통을 계승·발전시켜 예술체계와 이론 연구에서 발전을 가져왔다.

중국의 유명 희곡가 탕현조(汤显祖, 1550~1616)의 '모란정(牡丹亭)'이 곤극으로 만들어졌다. 주로 사대부와 귀족들의 지지를 받아 발전하였는데, 유미주의적 색채가 두드러진다. 창법 기교는 소리를 억제하고 리듬감 있는 속도, 곡조 변화, 발음의 정확성을 중요시한다. 부드럽고 감미로운 음악의 선율로 극중 분위기를 주도하며, 우아하고 아름다운 배우들의 연기가 다른 지방극과 다르게 표현된다.

곤극 분장은 준분과 축분으로 구분되며, 준분은 사람들의 신분을 표현하기 위해 분과 연지를 사용한다. 축분 분장은 사람의 오관(五官)과 얼굴 주름에 그림을 그려 넣어 과장 기법을 연출한다. 분장은 지역적 특성에 따라 다소 차이가 있는데 섬세하고 복잡한 분장으로 강남 문화의 지역적 특성을 반영하며 엄격, 간결, 대범하고 단순하며 소탈한 분장으로 중국 북방 지역의 특징을 보여준다.

❸ 월극(越剧)

월극은 경극에 이어 두 번째로 큰 지방극이다. 원래 1906년 저장성 소흥 인근에서 발원하여 당시 유행하던 곤극과 화극 등의 장점을 수용하면서 상하이에서 인기를 얻었으며, 이를 계기로 장쑤, 저장 등 각 지역으로 전파되었다. 일반적으로 알고 있는 경극과는 내용뿐만 아니라 언어와 복장에서도 다르다.

특히 전부 남성 연기자였던 기존의 지방극과 달리 월극은 여성 배우들이 연기하는 것으로 유명하다. 남자 배역도 거의 여자로 연출되는데, 이 때문에 월극은 우아한 여성미를 특징으로 하며, 여자 배우만의 섬세한 감정 처리에서도 두각을 나타낸다. 연출되는 레퍼토리 또한 여성극단의 특성을 잘 드러낼 수 있는 애정 이야기가 주를 이루는데, 대표 작품으로는 〈양산백과 축영대(梁山伯与祝英台)〉, 〈홍루몽(红楼梦)〉 등이 있다. 특히 유명한 바이올린 협주곡 양축의 주선율도 월극 〈양산백과 축영대〉의 곡조에서 차용할 정도로 극중 아름다운 음악을 자랑한다.

❹ 천극(川剧)

쓰촨 지역 문화를 이해하려면 반드시 이 지역을 대표하는 전통극인 천극을 빼놓지 말고 봐야 한다. 지방의 전통공연 예술은 오랜 기간 형성되어 이어져 내려오면서 그 지방의 방언, 문화, 음악, 무용, 의상, 연기 등이 집중되어 있는 지역 문화의 총체적 집산물이기 때문이다. 특히 쓰촨 지역은 중원과 멀리 떨어져 있고 지금의 중앙아시아인 서역(西域)과 가까워 중원 문화와는 다른 독특하면서도 차별되는 문화양식을 발전시켜왔다.

현재 천극은 이 지역에 전해 내려오는 민간 전통의 곡예와 기예를 바탕으로 제작된다. 그중에서도 변검(変脸)은 천극을 대표하는 예술장르 중 하나이다. 변검은 천극 연출의 독특한 기술 중 하나로 극중 인물의 내면과 생각, 감정 변화를 가면으로 표현하며, 이로써 극적인 변화를 이끌어내 관객의 이목을 집중시킨다. 연기 방식은 손동작이 화려하고 몸짓이 현란하며, 소품으로는 부채를 사용하여 관객들의 시선을 돌려 순식간에 가면을 바꾼다.

중국의 변검은 천극지화(川剧之花)라고도 불리며, 19세기 말 저명한 천극 예술인 캉쯔린(康子林)이 천극 〈귀정루(归正楼)〉에서 가면 3장이 바뀌는 삼변화신(三变化身)을 선보이면서 알려지기 시작했다. 그밖에도 변검술사 왕다오정(王道正)이라는 사람이 한 공연에서 무려 24장까지 얼굴을 바꾸는 기술을 만들어냈는데 이 사람은 오늘날 변검을 세계에 알린 것으로 유명하다.

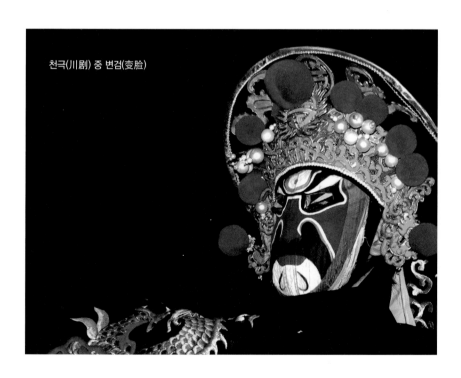

천극(川劇) 중 변검(変脸)

86 종교

중국은 다민족국가로 민족마다 종교 전통이 다르다. 중국의 종교는 고유한 종교들과 외래 종교들의 상호 영향과 제약 속에서 공존하며 이어져오고 있다.

현재 중국에서는 불교, 도교, 기독교, 천주교, 이슬람교 등이 공산당이 인정하는 5대 종교이자 지금까지 이어져 내려오는 대표적 종교이다. 1953년 이후 중국 중앙정부는 국무원 산하에 국가종교사무국(国家宗教事务局, State Bureau of Religious Affairs)을 두고 종교 사무를 관장하고 있다.

① 도교(道教)

도교는 중국인이 가장 많이 믿는 종교로 알려져 있으며 무위자연설을 근간으로 한다. 중국의 5대 종교 가운데 유일하게 중국에서 발원했으며, 외부에서 전래된 불교와 역사상 장기간 충돌을 겪었지만 그 영향력은 불교보다 우위에 있었다.

중화 전통문화 중에서 도교는 유학, 불교와 함께 이론학설과 실천학문을 탐구해가는 방법으로 여겨지고 있다. 세계 학계에서 말하는 도교는 중국 고대 종

중국 도교의 4대 사원인 쓰촨성 칭청산(青城山)

교 신앙의 기본으로 도가의 노자를 신격화해 그의 저술인 『도덕경』을 기본 경전으로 한다. 도교는 다른 종교처럼 인간에게 선행을 강조하며 미풍양속을 선양했다. 1957년 4월 중국도교협회가 창립되었다.

중국에서는 종교와 관련해 신성시하는 산들이 많다. 먼저 도교에서 신성시하는 5악(五岳), 즉 동악(东岳)이라 불리는 타이산(泰山, 해발 1,545m, 산둥

성 타이안시)이 있고, 남악(南岳)이라 불리는 헝산(衡山, 1,300m, 후난성 헝양시), 서악(西岳)이라 불리는 화산(华山, 2,155m, 샨시성 화인시), 북악(北岳)으로 불리는 헝산(恒山, 2,016m, 산시성 훈위안현), 중악(中岳)으로 불리는 쑹산(嵩山, 1,512m, 허난성 덩펑시)이 있다. 5악은 6세기 후반에 도교 신도들이 신성시하기 전부터 여러 고전에 언급되면서 이미 특별한 산으로 간주되었다.

❷ 불교(佛教)

불교는 석가모니가 기원전 6~기원전 5세기에 창립했으며 중국에 불교가 들어온 시기는 기원전 2세기 전한(前汉) 애제(哀帝)의 원수(元寿) 원년이라는 것이 학계의 통설이다. 이후 오늘날까지 중국 불교는 대체로 다음 다섯 시기로 분류된다.

① 전역(传译)시대: 최초 전래부터 동진(东晋) 도안(道安)에 이르는 시기(기원전 2세기 ~기원후 400)
② 연구시대: 동진의 나습(罗什)에서 남북조 말에 이르는 시기(401~580)
③ 독립시대: 수나라 초기에서 당(唐)나라 현종(玄宗)에 이르는 시기(581~750)
④ 실천시대: 당나라 현종에서 북송(北宋) 말에 이르는 시기(751~1120)
⑤ 계승시대: 남송에서 청조 말에 이르는 시기(1121~1910)

불교가 중국에서 미치는 영향력은 첫째, 불교로 사회의 정체성을 해소할 수 있었고 둘째, 불교가 중국에 전래된 이후 예술 쪽에서 많은 영향을 받았다. 중국 회화인 불상과 벽화는 위진남북조시대를 대표하는 예술이 되었다. 1953년 5월 중국불교협회가 창립되었다.

불교에서 신성시하는 4대 명산이 있다. 푸퉈산(普陀山, 286m, 저장성 푸터현), 어메이산(峨眉山, 3,079m, 쓰촨성 어메이현), 우타이산(五台山, 3,058m, 산시성 우타이현), 주화산(九华山, 1,344m, 안후이성 칭양현)이다.

구이저우성 구이양시에 있는 불교사찰 검명사
건륭 36년(1771)에 축조된 사찰이다.

❸ 이슬람교(伊斯兰教)

중국에서 이슬람교는 회교(回教)라고 칭한다. 이슬람교는 알라신을 유일한 신으로 믿는 일신교로 마호메트가 창조한 종교이며, 『코란』을 기본 경전으로 삼는다. 이슬람교가 처음 중국에 들어왔을 때는 이미 유교, 불교, 도교가 발전된 상태였다. 이러한 상황에서 이슬람교가 중국의 주류 종교로 자리 잡기에는 한계가 있어 이후 중앙아시아와 서아시아의 무슬림으로 형성된 회족과 기타 소수민족들에게 전래되었다. 특히 원대는 무슬림들이 대량으로 중국으로 진입한 시

닝샤후이족자치구 인촨시에 있는 중화회족문화원
(2002년 준공)

기로 실크로드를 거쳐 중국으로 들어온 무슬림들과 함께 생활하면서 중국의 각 지역에 흩어져 사는 독특한 거주 문화를 형성하였다. 당대 안녹산의 난(755~763) 때 군대를 파병하면서 이슬람 사람들도 정착하게 되었다. 이는 안녹산의 아버지가 이란계 소그드인이었으며, 어머니가 돌궐인(투르크계)이었던 데서 기인한다.

명대에는 회족에 대한 동화정책 아래 서역인(西域人)들 간의 통혼이 금지되어 한족과 자연스럽게 융화되었으며, 점차 이슬람교도들이 증가하며 중국에서 뿌리내리게 되었다. 현재 중국에서 이슬람교의 종교활동 장소인 모스크(mosque)는 청진사(清真寺)라고 하는데, 중국 각지에 분포되어 있는 회족 거리 중심에 있다. 중국 내 회족들은 신장웨이우얼자치구, 닝샤후이족자치구 등에서 지역별로 집단생활을 한다.

❹ 천주교(天主教)

천주교는 당대인 635년 중국에 전래되었다. 당시에는 경교(景教)라고 했으며, 845년 무종이 불교를 배척할 때까지 천주교도 거의 소멸되었다. 이후 원대에 천주교가 몽골인들을 따라 다시 중국으로 들어오면서 세력이 확대되었지만 원조가 멸망하자 천주교 교세도 점차 감소하였다.

마테오 리치(Matteo Ricci, 1552~1610)라는 이탈리아 선교사가 중국 문화와 풍속에 자연스럽게 자신을 흡수시키면서 명말 천주교는 다시 중국으로 진입했다. 그는 서구의 발달된 과학기술을 소개하는 방법으로 명나라 때 사대부와 다수 지배층의 호감을 얻었고, 그때부터 천주교가 조금씩 뿌리내리기 시작했다.

아편전쟁 이후 중국 문호가 개방되었고, 1844년 중국과 프랑스 간 황포조약(黃埔条约)을 체결하면서 천주교를 중국에 전교할 수 있는 특권이 부여되었다. 그 후 각국 전교사들이 중국으로 건너와 교회를 건립하면서 영역을 확장해나갔다. 1957년 중국 천주교 애국회(中国天主教爱国会)가 성립되어 중앙정부 관할 아래 종교 사무가 이루어지고 있다.

톈진시에 있는 시카이 천주교 성당
1916년 프랑스 선교사 폴 마리 드몽(Paul-Marie Dumond)이 축조하였다.

❺ 기독교(基督教)

기독교는 다른 종교보다 비교적 늦게 중국에 유입되었는데 중국으로 기독교를 전래한 사람은 1807년 중국에 도착한 영국 출신 로버트 모리슨(Robert Morrison, 중국어 표기로는 马礼逊)이다. 이후 의화단운동(1900)이 중국 기독교의 선교 측면에 하나의 큰 전기를 마련하는 계기가 되었고, 좀 더 유연한 방식으로 선교활동을 전개해나갔다. 1922년 중화기독교협의회가 성립되면서 어디에서나 선교사의 발자취를 발견할 수 있다. 기독교는 교육, 자선사업, 사상 방면에서 두드러진 특징을 보였다. 기독교에서 설립한 학교, 교과목, 서양 서적의 번역은 모두 중국 학술계에 새로운 변혁을 가져왔다. 1954년 중국기독교삼자애국운동위원회(中国基督教三自爱国运动委员会), 1980년에는 중국기독교협회(中国基督教协会)가 성립되어 중앙정부 관할 아래 종교 사무가 이루어지고 있다.

기독교 중화성공회 교회당
1907년에 건설된 중국 최초의 영국성공회 교회 건물이다. 2001년에 베이징시 문화유적으로 지정되었다.

유가사상 – 공자와 맹자

중국의 전통사상은 오랜 역사 속에서 형성되어왔으며 그 내용 역시 풍부하다. 시대별로 수많은 사상가가 탄생하였으며, 그들의 전통사상은 현재까지도 중국인의 삶에 깊이 영향을 주고 있다.

    중국 고대 시기 봉건제도가 등장한 이후 당시 혼란한 사회 속에서 세습되는 계급제도마저 흔들리게 되자 어지러운 세태를 바로잡고자 하는 여러 학파의 주장이 대두되었는데, 이때가 바로 춘추전국시대이다. 이 시기에 출현한 풍부하고 다양한 전통사상을 가리켜 제자백가(诸子百家)라고 하고, 이 시기를 중국 사상의 황금기로 분류한다.

    제자는 공자(孔子), 노자(老子), 장자(庄子), 묵자(墨子), 맹자(孟子) 순자(荀子) 등의 인물 즉 사상가를 지칭하며 백가(百家)는 유가(儒家), 도가(道家), 묵가(墨家), 명가(名家), 법가(法家) 등 학술유파(学术流派)를 지칭한다. 공자, 노자, 묵자를 대표로 하는 3대 철학계통은 큰 관심을 받게 되지만 여러 차례 곡절을 겪은 후 공자와 맹자를 대표로 하는 유가사상이 한나라 때 국교가 되어 송대 이후 성리학과 명대의 양명학, 청대의 고증학에 이르기까지 중국의 핵심사상이 되었다. 나아가 청나라 말까지 중국뿐만 아니라 동아시아 주변국과 기타 소수민족에게도 영향을 미치게 되었다.

❶ 공자(孔子)

    유가사상은 제자백가 학술 중 하나로 유교(儒教) 혹은 유학(儒学)이라고도 칭한다. 공자(기원전 551~기원전 479)의 성은 공이며 이름은 구, 자는 중니이다. 공자의 영어 명칭인 Confucius는 공자의 존칭어인 공부자(孔夫子)의 라

틴어 표기이다. 공자는 지금 산둥 지역인 노나라 출신으로 50세 때 법무장
관에 해당하는 대사구를 지냈으며 이후에는 후학 양성에 힘썼다.

공자의 유가사상은 인(仁)을 핵심으로 하며 예(礼)와 중용(中庸)을 강조한
다. 예로써 국가를 통치할 것을 강조하였는데, 이것은 주례로 지칭되어 협의
로는 관혼상제 등 각종 의례를 뜻한다. 광의로는 주나라 때 도덕의 중요성
을 강조하였다. 아울러 '예'사상에 부합하는 사상, 도덕, 행위 등을 인으로
간주하여 '자신을 극복하고 예로 돌아감을 뜻하는 극기복례(克己复礼)'라고
정의한다.

중용(中庸)은 공자가 예와 인이라는 이상원칙을 현실생활에서 실현하기
위한 사상법을 말하며, 극단에 치우치지 않고 모든 결정에서 중간의 도를
택하는 현명한 행동을 말한다.

산둥성 취푸 공림(孔林)

산둥성 취푸에 있는 공자의 묘

❷ 맹자(孟子)

공자가 죽은 후 그의 학설을 크게 계승·발전시킨 사람이 바로 맹자(기원
전 372~기원전 289)이다. 우리가 잘 알고 있는 맹모삼천지교(맹자의 어머니는 아
들의 교육을 위해 세 번이나 이사를 함)의 주인공이기도 하다. 맹자는 이름이 가
(轲)이고 자는 자여(子輿)이다. 유가의 대표 사상가이면서 교육자로 공자의
고향인 산둥성 취푸 부근 추(邹, 산둥성 추현 동남)에서 태어났다.

맹자는 인성론 측면에서 인간의 본성은 선하다는 '성선설(性善说)'을 주장

하였고, 이러한 선한 본성을 충실히 따르면 누구나 '성인(圣人)'이 될 수 있다고 여겼다. 맹자는 성선설에서 인간은 측은지심, 수오지심, 사양지심, 시비지심 등의 본성을 가지고 있는데 이는 '인', '의', '예', '지' 네 가지 도덕관으로 태어날 때부터 가지는 것이며, 인간과 짐승을 구분하는 근본적인 것이라고 강조했다. 맹자가 저술한『맹자』는 유가의 경전저작이자 사상가, 정치가로서 맹자가 언급한 견해와 내용이 정리되어 있다.

Plus Info

맹자의 성선설
사람의 본성은 타고난 것으로 그 본성 속에는 다른 사람의 불행이나 고통을 차마 보아 넘길 수 없는 측은지심(恻隐之心)인 인(仁)을 비롯해 옳지 않은 것을 미워하고 부끄러워하는 수오지심(羞恶之心)인 의(义), 어른을 공경하고 다른 사람에게 겸손하는 사양지심(辞让之心)인 예(礼), 선악을 식별하는 시비지심(是非之心)인 지(智) 등 사단(四端)이 존재한다. 인간의 이 본성은 공통적이므로 인성은 본래 선하다는(本善) 성선설을 주장했다.

88 인터넷 문학

Keyword

기존 문헌에 따르면 인터넷 문학(网络文学)은 인터넷을 매체로 하여 발표되는 문학작품을 말하며, 발표된 작품은 다양한 콘텐츠로 재탄생되어 상업적 가치가 있다.

중국 문학은 5,000년 역사를 지나오는 동안 상당한 수준의 수많은 문학 작품을 남겼다. 이백(李白), 두보(杜甫)와 같은 세계적인 시인이 있고『삼국지』,『서유기』등과 같은 소설과『논어』,『맹자』같은 산문에 이르기까지 다양한 장르의 문학작품이 세계문학사 전반에 영향을 미치고 있다. 이러한 중국 문학은 기존 작품을 통해 새로운 장르로 재해석되거나 파생되는 등 끊임없이 발전되고 있다.

중국인의 창작과 독서 열정은 인터넷 발전과 함께 '인터넷 문학'이라는 장르로 출판시장을 옮겨왔다. 특히 1990년대 후반 인터넷 문학이 대두된 이래 지금까지 수많은 작품이 다양한 인터넷 플랫폼에서 소개되고 만들어졌다. 1997년 중국에서 가장 큰 인터넷 문학 사이트로 손꼽히는 롱수샤(榕树下, www.rongshuxia.com)를 시작으로 2001년 8월 말까지 중국어로 된 문학 사이트는 3,700여 개로 증가하게 된다.

이 시기 중국은 인터넷 사용자(2000년 중국 인터넷 사용자 2,250만 명)와 인터넷 보급률이 급속히 증가하였고, 중국 최대 포털인 바이두도 탄생(2001년 9월)하였다. 이로써 인터넷을 플랫폼으로 하는 인터넷 문학은 빠른 속도로 성장하게 되었다. 처음 인터넷 문학이 주목을 받기 시작했을 때는 작품이 모두 무료로 제공되었고, 이후 책으로 출판되면서 수익을 남겼다. 2000년 이후 인터넷 문학 전문 사이트인 치뎬중문왕(起点中文网)이 개설되었고, 2003년 10월부터 모든 작품과 사이트에서 유료 회원제 서비스가 시작되었다.

2008년부터는 모바일 시대로 넘어가면서 휴대전화로 소설이나 문학작품을 열람하는 네티즌이 증가하였고, 인터넷 문학과 관련된 어플리케이션 역시 빠른 속도로 생겨났다. QQ위에두(QQ阅读)와 슈치(书旗) 등이 대표적이다. 이들 사이트는 소액결제 시스템을 도입하여 유료화 서비스를 개시하였고, 사이트 내에서 수익모델을 구축해나갔다. '작품창작-작가 육성-작품소비' 밸류체인을 온라인상에서 일체화하여 조회수에 근거해 작가에게 원고료를 지급하는 플랫폼을 완성하게 된 것이다.

수백 곳에 달하는 인터넷 문학 사이트에는 2억 자(글자 수)의 작품이 매일 갱신되고, 하루 평균 조회수도 15억 회가 넘는다. 독자들의 호평을 받은 유명한 인터넷 소설은 책으로 출판되거나 영화, 게임, 애니메이션 등 각종 콘텐츠로 재탄생되고 있다.

중국 인터넷 문학 시장의 빠른 발전과 성장은 정부의 지원정책과도 연관이 있다. 최근 중국 정부의 관련 부처가 인터넷 문학 발전과 관련된 여러 정책을 잇달아 발표함으로써 인터넷 문학 발전을 촉진·장려하고 있다. 특히 불법 다운로드로 인한 저작권 문제를 해결하기 위해 관련 법규가 많이 공포되면서 작품과 콘텐츠를 보호하고 있다. 인터넷 문학 작가들도 불법 콘텐츠 제작에 반대서명을 하면서 소비자들의 정품 유료 콘텐츠 소비에 대한 인식을 끌어올리는 데 큰 역할을 하고 있다.

이렇게 성장한 중국의 인터넷 문학은 해외시장으로까지 진출했다. 미국, 캐나다, 영국, 필리핀, 인도네시아 등에서는 중국 인터넷 소설에 열광하는 '팬덤'이 생겨났고, 미국의 중국 인터넷 소설 번역 사이트 'Wuxiaworld'는 전 세계 100여 개국의 팔로어 독자를 이끌어가고 있다. 역사와 로맨스뿐만 아니라 판타지, SF, 게임 등 각종 장르를 망라하며 세계 곳곳의 수많은 독자의 사랑을 받고 있는 중국 인터넷 문학은 중국 문화의 해외 진출에도 큰 역할을 하고 있다.

Plus Info

중국의 첫 인터넷 문학작품 『첫 번째 친밀한 접촉』

타이완 태생 차이즈헝(蔡智恒, 필명은 피쯔차이痞子蔡)이 장편소설 『첫 번째 친밀한 접촉(第一次亲密接触)』을 룽수샤에 발표해 엄청난 인기를 끌었다. 1998년 3월 22일 새벽에 온라인 공개가 시작된 이 작품은 34회와 후기가 연재되었으며, 같은 해 9월에 타이완에서 먼저 책으로 출판되었고, 중국 대륙에서도 온라인 인기에 힘입어 1998년 11월 책으로 출간되었다. 중국의 첫 인터넷 문학작품으로 기록된 『첫 번째 친밀한 접촉』은 2000년에 영화로 제작되었고, 2004년에는 드라마로 제작되었다. 사이버상의 만남, 실제의 만남과 헤어짐, 이별 후 상대 여성의 죽음 등 통속적인 러브 스토리를 다룬 차이즈헝의 소설은 종이책으로 출판되어 100만 부 이상 판매 기록을 세웠다. 이어서 연극, 영화, 만화 등으로도 각색되는 등 대단한 대중적 영향력을 발휘했다.

중국의 첫 번째 인터넷 문학작품
『첫 번째 친밀한 접촉』의 종이책

89 영화

중국 영화산업은 시대의 흐름에 따라 1896년 제1세대에서 시작하여 현재 제7세대에 이르렀다. 중국 영화의 특징은 100여 년 역사에 걸친 세대별 감독의 작품에서 알 수 있으며, 중국 영화산업은 전 세계적으로 주목받으며 급성장 중이다.

❶ 제1세대 영화

  1896년 8월 파리에서 영화가 등장했고 중국에서는 이듬해 상하이에서 처음 상영되었는데, 이때는 영화를 '서양그림자극'이라고 하였다. 신기한 그림자극을 구경하던 중국인들은 영화를 직접 제작하고 싶다는 생각을 하게 되었고, 런칭타이(任庆泰)가 이를 실현했다. 런칭타이는 1892년 베이징에 펑타이(丰泰)사진관을 개설하였고, 1905년 중국 최초의 영화 〈정군산(定军山)〉이 그의 사진관에서 제작되었다. 이로써 중국에서 영화가 시작되었고, 런칭타이는 중국 영화의 창시자라고 할 수 있다.

  비록 〈정군산〉은 경극의 몇 장면을 촬영한 기록물에 불과하지만 경극이라는 중국 전통예술 양식과 영화라는 새로운 매체가 접목되었다는 점에서 의의가 있다. 영화가 서양에서 들어왔지만 중국의 이야기(신화, 전설, 연극 등)와 접목함으로써 토착화를 시도하였고, 역사에서 비롯된 이야기가 소설이 되고 또 연극이나 영화로 재탄생되었다.

영화 〈정군산(定军山)〉 촬영 모습

  런칭타이는 천안문광장 앞에 중국 최초 영화관인 다꽌로우극장(大观楼电影院)을 개업했고, 이것은 당시 베이징에서 개업한 전문영화관이었다. 하지만 1909년 사진관에 불이 나서 런칭타이와 〈정군산〉은 역사 속으로 사라졌다.

  이후 1913년 정정치우(郑正秋)가 감독하고 대본까지 갖춘 최

영화 〈난부난처(难夫难妻)〉

초의 영화 〈난부난처(难夫难妻)〉가 상영되었는데, 이 작품은 전통적인 매매혼에서 초래한 비극을 영화로 소개했으며, 영화에 드라마적 요소가 가미되었다. 정정치우는 중국 영화 100여 년 역사에서 제1세대를 대표한다.

❷ 제2세대 영화

제2세대 영화는 1931년부터 1949년까지로 분류된다. 이 시기에는 영화기술이 발전해 영화산업 인프라를 바탕으로 멜로드라마부터 코미디, 뮤지컬 영화까지 다양한 장르의 영화가 제작되어 중국 영화의 황금기로 볼 수 있다. 하지만 1937년 중일전쟁의 발발로 영화산업은 다시 위축되었다. 이 시기 대표 영화감독으로는 청부가오(程步高), 선시링(沈西苓), 차이추성(蔡楚生), 스둥산(史东山), 페이무(费穆), 쑨위(孙瑜), 위안무즈(袁牧之), 정쥔리(郑君里), 우융강(吴永刚) 등을 들 수 있다.

❸ 제3세대 영화

제3세대 영화는 중화인민공화국 설립부터 문화대혁명 시기까지다. 이 시기에 중국 영화는 국유화되었고, 이때부터 영화는 국가의 정책과 이념의 선전도구가 되었다. 검열체계가 가동하면서 역사와 문화에 대한 예술적 해석을 당이 지도하게 되었고, 체제의 우월성과 혁명의 가치를 선동하는 영화들이 제작되었다. 이러한 체제는 1960년 문화대혁명 시기에 절정을 맞이했고, 이 시기에 만들어진 대다수 영화가 인민재판용으로 분류되어 상당히 많은 작가와 감독, 배우가 유배당했다.

❹ 제4세대 영화

제4세대는 1976~1982년까지로 이 시기 영화 주역들은 베이징영화학교(北京电影学院)를 졸업한 학생들이었다. 대표적인 감독으로는 〈바산에 내리는 밤비(巴山夜雨)〉(1981)와 〈성남의 옛이야기(城南旧事)〉(1982)의 우이궁(吳貽弓), 〈오래된 우물(老井)〉(1987)과 〈변검(变脸)〉(1996)의 우톈밍(吴天明) 등이 있다. 이들은 문화대혁명이 끝나자 자신들이 배운 방법을 활용하여 적극적으로 영화를 제작하였으며, 다음 세대의 영화감독과 영상예술을 이끌어내는 중요한 역할을 했다.

❺ 제5세대 영화

제5세대는 1982년 이후 세대를 말하며, 이때부터 중국 영화의 르네상스를 주도한 중요한 영화감독들이 배출되었다. 5세대 감독들은 기존 영화와 다른 영상을 선보이며 국제영화제에서 중국 영화를 세계에 알려 주목받기 시작했다. 대표적으로 천카이거(陈凯歌)가 〈패왕별희(霸王別姬)〉(1993)로 칸영화제 황금종려상을, 톈좡좡(田壮壮)이 〈푸른 연(蓝风筝)〉(1993)으로 도쿄영화제 그랑프리를, 장이머우(张艺谋)가 〈인생(活着)〉(1994)으로 칸영화제 심사위원 특별상을 받았다. 5세대 감독은 베이징영화학교에서 다양한 영화교육을 받았고, 서구영화와도 쉽게 접촉할 수 있었기 때문에 급부상할 수 있었다. 하지만 이들은 중국 영화의 세계화라는 목표에 너무 집착한 나머지 중국 내의 현실적인 문제를 도외시하였고, 이후 세대로부터 질타를 받게 되었다. 1990년대 이후 5세대의 이러한 성향을 꼬집으면서 등장한 이들이 제6세대 감독이다.

Plus Info

장이머우(张艺谋, 1950~)
중국의 5세대 감독을 대표하는 장이머우 감독은 중국의 시대극을 다룬 명작 영화를 제작해왔다. 대표적인 작품으로는 〈붉은 수수밭〉(1987)이 있으며, 이 영화로 베를린영화제에서 황금곰상을 수상하면서 세계적으로 이름을 알리기 시작하였고, 이를 계기로 서구 관객들에게 중국 영화의 인상을 각인시켰다. 이밖에도 〈국두〉(1990), 〈홍등〉(1991) 등의 작품이 있으며, 주연배우 궁리(巩俐)는 이들 작품을 통해 연기력을 인정받았으며 세계적인 배우로 성장하였다. 장이머우 감독은 2008년 베이징올림픽 개막식에서 중국의 4대 발명품(종이, 활자, 나침반, 화약)을 모티브로 중국의 역사와 문명을 화려하게 선보이며 전 세계의 주목을 받은 바 있다. 2018년에 개최된 평창동계올림픽 폐막식에서도 차기 개최지인 베이징을 소개하는 8분짜리 공연을 총지휘하였다.

➏ 제6세대 영화

제5세대 감독이 베이징영화학교라는 터전에서 발원했다면 1990년대 이후 등장한 제6세대는 천안문사건의 영향력 아래에서 생겨났다. 이들은 천안문 사태 이후 보수주의가 다시 영화를 장악하여 검열이 강화된 상황에서 등장하였으며, 독립영화를 제작해 창작의 자유를 얻으려고 했다. 대표적 감독으로는 장위엔(张元), 지아장커(贾樟柯), 러우예(娄烨), 왕샤오솨이(王小帅), 왕취안안(王全安), 왕차오(王超) 등이 있는데, 그중에서도 장위엔 감독은 〈베이징 녀석들(北京杂种)〉(1993)로 중국 내에선 금기시된 소재였던 젊은이들의 방황, 동성애, 가족문제를 과감히 다루었다. 이들은 기존 질서에 저항하는 의미로 '지하영화'라는 명칭을 사용했으며, 주류 영화에 편입되지 못했다.

그럼에도 그들의 영화는 세계적으로 꾸준히 관심을 받고 있다. 대표감독 지아장커는 베니스영화제에서 〈스틸라이프(三峡好人)〉(2007)로 황금사자상을 받는 등 독특한 영상화법으로 주목을 받았다.

➐ 제7세대 영화

2000년대 이후 등장한 감독을 제7세대로 분류하는데, 이들은 대부분 1970년대 이후 출생하였으며, 새로운 영화 제작 환경에 따라 다양하고 개성 넘치는 작품을 만들고 있다. 대표적 감독으로는 〈난징! 난징!(南京! 南京!)〉(2009)을 만든 루촨(陆川)을 들 수 있다.

Chapter

8

ICT와 4차산업혁명

90 중국의 4차 산업혁명

중국 4차 산업혁명의 핵심주제는 '스마트 제조'를 통한 IT와 제조업의 결합, 인터넷 플러스 정책, 스마트 팩토리 사업의 발전을 중심으로 추진되고 있다.

4차 산업혁명은 독일이 2011년 '인더스트리 4.0' 전략을 발표하면서 전 세계의 주목을 받기 시작했다. 인더스트리 4.0에서는 '기계 및 장비를 연결 네트워크로 연결하여 기계와 사람, 인터넷 서비스가 상호 최적화된 스마트공장을 구현·확장하는 프로젝트'로 명시하고 있다. 가장 최근에 '4차 산업혁명'이 다시 화두로 등장한 이벤트는 2016년 1월에 개최된 제46회 다보스포럼이다. 포럼에서 주제로 채택된 4차 산업혁명은 글로벌 경제 위기상황을 극복할 수 있는 대안으로 논의되었으나 오히려 많은 국가는 다가올 4차 산업혁명에 얼마나 준비되어 있는지 돌아보는 계기가 되었다. 그렇다면 중국은 어떻게 4차 산업혁명을 준비하고 있을까?

중국에서는 아직까지 '4차 산업혁명'이라는 단어를 많이 언급하지 않지만 최근에 이와 유사한 개념인 '4차 공업혁명'이라는 키워드를 등장시킨 계기가 두 건 있었다.

첫 번째는 2016년 6월, 톈진에서 개최된 제10차 하계 다보스포럼(WEF)이다. 2005년 WEF 클라우스 슈밥 회장의 제안으로 중국은 2007년부터 지금까지 '하계 다보스'를 개최해왔으며, 2016년에는 '제4차 산업혁명과 전환적영향'이라는 주제로 90개 국가에서 2,000여 명이 참석한 하계 다보스포럼이 개최됐다. 포럼에 참가한 리커창 총리는 '브렉시트 이후 중국 경제 안정'이라는 화두 외에도 '스마트 제조(智能制造)'라는 키워드를 제시했다. 펑페이 공업정보화부 차관은 '중국 제조업은 유효수요·공급이 모두 부족한 상황이며, 차세대 정보화 및 인터넷 기술과 제조업의 융합만이 제조업 발전에 기여할 것'임을 강조하고, 해결 방안으로 '스마트 제조'를 제시했다.

▌산업혁명의 발전단계

	1차 산업혁명	2차 산업혁명	3차 산업혁명	4차 산업혁명
시기	1780년~	1900년~	1970년~	2020년~
주도국	영국, 독일	미국, 독일, 일본	미국, EU, 일본	미국, EU, 중국
핵심기술산업	증기기관 방직	전력, 철도, 자동차, 항공기	인터넷, IT, 신소재, 제약	ICT, 인공지능, 빅데이터, 로봇, O2O, 자율주행차
전개 및 촉매	증기기관 유럽의 부상, 산업혁명 기계혁명	전력 미국 주도 New economy, 미국/유럽/일본 에너지 혁명, 2차산업의 성장	정보통신, 자동화 G1체제, 미국 중심의 정보통신/ 신소재산업 부상 IT혁명, 신흥국 제조, 선진국 소비	인공지능&빅데이터 중국의 부상, G2체제로 전환 가능성 초지능 혁명, 초연결, 대융합, O2O 플랫폼 혁명

두 번째 계기는 예능 프로그램에서 등장했다. 2014년부터 장쑤위성TV에서 방영 중인 최강두뇌(最强大脑)는 각 분야 영재(기억력, 암산, 예술)들이 나와 패널들과 승부를 겨루는 예능 프로그램이다. 2017년 1월, 중국 최대 검색업체 바이두의 인공지능 '샤오두(小度)'가 출연하여 1시간에 2,280개 숫자를 암기하는 천재 왕위형과 관찰력 대결을 벌여 완승했다. 중국 국민들도 우리가 2016년 3월 바둑기사 이세돌을 능가한 구글의 인공지능 알파고에서 충격을 받은 것이다. 이제 중국 국민들은 '4차 공업혁명'과 중국산 인공지능 '샤오두'를 연결짓기 시작했다.

바이두의 인공지능 샤오두(小度)

중국의 4차 산업혁명은 크게 세 가지 핵심주제로 분류된다.

첫째, '중국제조 2025'에서 명시한 아홉 가지 중점 추진사항 중에서도 '스마트 제조'를 통한 IT와 제조업의 결합이 중국판 4차 산업혁명과 맥을 같이 한다. 공업인터넷, 클라우드 컴퓨팅, 빅데이터와 기업 R&D, 설계, 생산제조, 경영관리, 판매서비스 등의 전체 프로세서와 전체 산업주기에서 종합적으로 통합·응용되도록 하여 전통 제조업 분야의 생산과잉 문제를 해결하고 제조업의 고도화를 실현하고자 노력하고 있다.

둘째, 인터넷 플러스 정책을 통한 4차 산업혁명의 추진방향과 전략을 제시한다. 최근 급성장한 인터넷, 모바일 기업을 중심으로 모바일 결제, 전자 상거래, O2O 등의 분야에서 창업과 혁신이 활발히 일어나고 있다. 나아가 BAT와 인터넷, 인공지능 분야 중심의 소프트웨어와 서비스 분야의 혁신과 거대한 내수시장, 뛰어난 플랫폼 운영 능력 등을 바탕으로 중국의 인터넷 플러스 정책을 통한 4차 산업혁명은 성공할 것으로 기대된다.

셋째, 스마트 팩토리 사업의 발전과 추진전략을 제시하고 있다. 스마트 팩토리는 제조장비와 물류 시스템이 인간의 개입 없이 폭넓게 자율적으로 조절되고 운용되는 형태로 중국어로는 지능공장(智能工厂)이라고 한다. 중국이 본격적으로 스마트 팩토리 사업에 나선 것은 2016년 12월 9일 공업정보화부가 공포한 '스마트 제조 발전규획(2016~2020)'에 근거한다. 이 규획은 2020년까지 스마트 제조의 발전기반 강화, 전통 제조 산업 중점 분야의 디지털화와 일정 조건과 기반을 갖춘 중점 산업의 스마트 전환 추진을 목표로 제시했다. 스마트 팩토리는 4차 산업혁명이 제조업에 주는 중요한 특징 중 하나로 전체 산업의 혁명을 가져올 것으로 전망된다.

▌ 중국의 4차 산업혁명 관련 정책 현황   자료: 중국국무원 공업정보화부

공포 일시	제목/공포 부처	주요 내용
2011. 12	사물인터넷 12·5 발전 규획 (物联网十二五发展规划)/공업정보화부	2011~2015년간 사물인터넷 관련 산업 발전을 위한 가이드라인
2013. 3	스마트제조 과학기술발전 12차 5개년 단독 규획, 서비스 로봇 과학기술발전 12차 5개년 단독 규획/과학기술부	2011~2015년간 스마트 제조, 서비스 로봇산업 육성을 위한 가이드라인 제시
2015. 5	중국제조 2025/국무원	향후 30년간 중국 제조업 선진화 로드맵
2015. 7	인터넷 플러스 적극 추진에 관한 행동 지도의견/국무원	스마트 에너지, 편리한 교통, 포괄적 금융, 협력적 생산, 녹색생태환경 등 11개 주요 임무 제시
2015. 8	빅데이터 추진을 위한 행동강요/국무원	정부 및 공공데이터 개방과 빅데이터 인프라 구축을 위한 가이드라인 제시
2016. 4	로봇 산업 발전 규획(2016~2020)/공업정보화부	로봇산업체계 구축, 기술·경쟁력 강화, 제품성능·품질확보, 핵심부품 기술확보, 시장수요 만족 등 5개년 목표 제시
2016. 5	제조업과 인터넷 융합발전에 관한 지도의견/국무원	스마트제조·공업클라우드 확대·새로운 융합모델 발전 등 '인터넷+' 가이드라인 제시
2016. 12	스마트 제조 발전 규획(2016~2020)/공업정보화부	스마트 제조 및 스마트 팩토리를 조성하기 위한 가이드 라인 및 발전목표 제시
2017. 1	빅데이터 산업 발전 규획(2016~2020)/공업정보화부	빅데이터 산업 응용능력 제고 방안 제시, 연평균 성장률 30% 목표치 제시

Keyword

91 인터넷 플러스

중국 정부는 2015년부터 '인터넷 플러스' 정책을 성장동력으로 채택하고 있다. 인터넷 플러스는 인터넷 플랫폼, 정보통신기술을 활용해 인터넷을 전체 산업과 융합함으로써 새로운 경제 발전 생태계를 창조하는 전략을 의미한다.

2015년 7월 리커창 총리가 '제12기 전국인민대표대회 제3차 정부업무보고 (政府工作報告)'에서 '인터넷 플러스'를 언급하면서 정식으로 국가 차원의 국책으로 대두되었다. 이후 국무원에서 '인터넷 플러스 추진에 관한 지도 의견 (关于积极推进 "互联网＋" 行动的指导意见)'을 발표하였다. 지도 의견에 관한 주요 내용은 총 3장 21개 항목으로 이루어졌으며, 2018년까지 인터넷과 경제사회 각 영역에 융합과 발전을 통해 인터넷을 기반으로 한 신성장동력을 창출하고, 2025년까지 네트워크화, 스마트화, 서비스화, 협력화 등으로 '인터넷 플러스'의 산업 시스템 구축을 핵심내용으로 한다.

▌중국 인터넷 플러스의 주요 행동 계획 및 핵심내용

지도 의견	'인터넷 플러스 행동계획'에서 '인터넷 플러스 행동 지도 의견'으로의 변화
기본형식	개방공유, 융합창조, 개혁체제전환, 확대개방, 안전질서유지: 인터넷과 각 산업 분야의 융합을 추진하는 것으로 대중 창업과 혁신을 촉진하고 경제발전에 새로운 전략을 제시하여 동력을 빠르게 확보하는 데 의의를 둔다.
발전 목표	2018년 • 경제발전을 통한 효과 증대 • 서비스의 발전을 통한 편리함과 혜택 제공 • 인터넷 플러스를 통한 1차적인 새로운 경제발전 모델의 형성 • 발전환경의 개혁과 개방

발전 목표	2025년 • 모바일화 • 산업의 지능화 • 협동화를 통한 '인터넷+산업'의 생태체계 완비
중점 추진 사항 (12개)	'인터넷+', 창업지원, 제조업 협력, 현대농업화, 스마트 에너지, 금융혜택, 국민들의 이익 극대화, 물류 효율 제고, 교통과 융합, 전자상거래 활성화, 녹색생태 환경관리, 인공지능

인터넷 플러스의 전략방안에 관한 구체적 내용은 다음과 같다.

첫째, 체제전환과 발전으로 인터넷을 통한 경제와 실물경제가 함께하는 환경과 구조를 마련하고, 경제체제를 안정화하여 신(新)성장동력을 확보한다. 이로써 소비를 촉진하고 생산형 서비스를 제공하는 것이 향후 발전의 포인트가 될 것이다.

둘째, 모바일 인터넷, 빅데이터, 인공지능 건설 등을 추진하여 각 산업과 연결지수를 높이고 도시별 인터넷 격차를 완화한다.

셋째, 생태계를 조성해 모바일 인터넷, 빅데이터 등을 '인터넷 플러스'의 새로운 생태계로 삼는다. 이로써 각 생산요소의 유동성을 확보하여 좀 더 안정적인 창업환경을 조성하는 것이 목표이다.

넷째, 시진핑이 강조한 민생의 안정을 목표로 한다. '인터넷 플러스'에서 가장 중요한 것은 바로 '인터넷+인간'으로 무엇보다도 인간을 기본으로 인터넷과 개인의 삶을 융합한다. 이를 바탕으로 한층 편리하고 효율적인 서비스를 제공하고, 인터넷이 만들어낸 의식주와 오락, 여가생활 등이 모두 인간의 삶과 연결되는 스마트한 환경을 조성해나가는 것이다.

다섯째, 혁신과 창업을 목표로 새로운 창업 생태계를 조성하여 고부가가치 창출이 가능한 프로젝트를 추진해 성장 엔진을 만든다.

여섯째, '인터넷 플러스'는 1, 2, 3차산업을 아우르며 산업의 인터넷화, 스마트화, 협력화로 산업과 각 분야의 융합을 목표로 한다. 실현 방안으로 중국은 국제적 영향력과 경쟁력을 갖춘 산업과 발전 모델을 구축하는 데 주력하고 있다. 즉 중국제조 2025를 위한 인터넷 금융, 전자상거래, 공업제조업 등 3대 분야를 핵심으로 이를 연결고리로 삼아 인터넷+산업+자본+대중+창업공간을 촉진함으로써 산업 클러스터의 촉진을 이끌고자 한다.

마지막으로 '인터넷 플러스'로 경쟁력을 제고(提高)해나가는 것을 목표로 한다. 기술혁신, 산업혁신, 문화혁신 등으로 세계시장에서 긍정적 영향력을 미칠 것을 강조한다. 이로써 지속적으로 세계시장에서 발언권과 주도권을 확보하여 과학기술혁신센터, 연결융합센터, 사상혁신센터를 확립하는 것을 목표로 한다.

중국에서 강조하는 인터넷 플러스에는 기존의 모든 응용 서비스는 인터넷을 통해 변해야 한다는 의미를 담고 있다. 예를 들면 전통광고에 인터넷이 더해져 바이두(百度, 검색엔진)가 탄생했고, 전통시장에 인터넷이 더해져 타오바오(淘宝, 알리바바가 만든 오픈 마켓)가 생겨났으며, 전통 백화점에 인터넷이 더해져 징둥(京东, JD닷컴이라고도 불리는 중국 온라인 쇼핑몰)이 등장했다. 이밖에도 전통은행에 인터넷이 더해지면서 알리페이, 즈푸바오 같은 온라인 결제플랫폼이 등장했다. 이처럼 중국은 '인터넷 플러스'정책으로 전통 업종과 끊임없이 융합하면서 긍정적인 발전을 이어갈 것이다.

▌ 인터넷플러스와 새로운 생태계 구조도

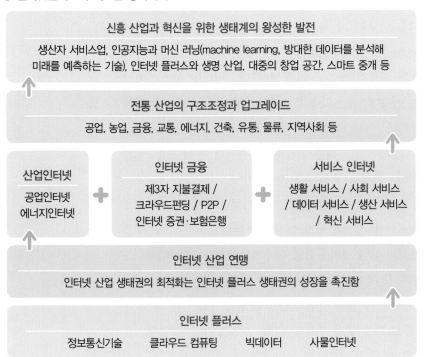

92 공유경제

새로운 경제 패러다임으로 공유경제가 주목받기 시작하면서 세계 각 중앙·지방정부에서는 소비시장을 활성화하고 일자리를 창출하기 위해 공유경제를 기반으로 하는 비즈니스 모델을 집중 육성하고 있다. 중국에서도 인터넷 보급률이 증가하고 모바일 사용자 수가 급속히 늘어 인터넷을 플랫폼으로 하는 공유경제가 주목받고 있다.

중국에서 공유경제[35]는 인터넷 등 현대 정보기술을 활용해 사용권을 공유함으로써 분산된 자원을 종합적으로 활용하여 다양한 수요를 만족시키는 경제활동이라고 정의하고 있다. 2015년 이후 계속된 중국 정부의 적극적 지원에 힘입어 짧은 기간 폭발적인 성장을 기록하고 있으며, 매년 『중국 공유경제 발전보고서(中国共享经济发展年度报告)』를 펴내서 중국 공유경제의 발전 현황을 발표하고 있다.

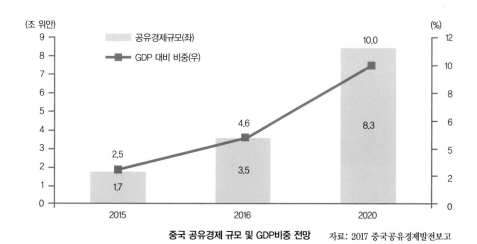

중국 공유경제 규모 및 GDP비중 전망　자료: 2017 중국공유경제발전보고

---

[35] 공유경제(Sharing Economy)는 단순하게는 개인의 유휴화된 자산을 타인과 공유한다는 개념으로 정의할 수 있다. 그러나 공유경제의 정의와 범위에 대해 하나의 개념으로 정의하기는 쉽지 않다. 그 이유는 공유활동의 주체나 대상 자원의 유형 등에 따라 각각의 분야가 다양한 특성을 지니기 때문이다. 또한 현재 공유경제 외에도 협력적 소비, 플랫폼 경제와 같은 의미가 유사한 용어가 다수 사용되고 있다. 「대외경제정책연구원 연구자료」(2017).

중국의 공유경제는 나누어 쓸 수 있는 모든 유·무형 자원을 공유하며 전통적 영역인 숙박, 차량뿐만 아니라 의료, 개인방송 등 다양한 분야와 연계되어 있다. 생활 밀착형 제품이나 공간을 공유하는 방식으로도 확대되고 있다. 이러한 성과는 다음 세 가지 요인이 작용한 것으로 평가된다.

첫째, 공유경제에 대한 정부의 전략적 육성이다. 중국 정부는 공유경제가 과잉생산 흡수, 다양한 새로운 사업모델 및 스타트 기업의 창출 등 신성장 동력이 될 수 있다고 판단하고 있다. 이후 리커창 총리가 2016년 3월 '정부업무공작보고'에서 공유경제 발전을 주요 정책으로 제시한 이후 관련 정책을 지속적으로 발표하고 있다.

둘째, 모바일 경제의 상용화이다. 중국 공유경제 서비스가 대부분 모바일 결제서비스와 연동되면서 사용자가 급증하고 있다.

셋째, 알리바바, 텐센트 등 대형 IT기업의 투자증가이다. 이 두 기업은 자사 모바일 결제서비스의 사용자를 확대할 목적으로 공유경제 서비스를 제공하는 기업들과 적극적으로 업무제휴를 하고 있다. 이에 대학가를 중심으로 공유자전거, 공유충전기, 공유농구공, 공유우산 등 새로운 형태의 공유경제 서비스가 증가하고 있다.

공유 충전지(휴대용 충전배터리) 서비스 Anker(街电)
휴대전화 전용 앱으로 결제, 이용, 반환하는 충전지 서비스다. 2015년에 창업한 선전가전과기공사가 '지에띠엔'이라는 브랜드로 서비스 중이다. 2018년 3월 말 기준 중국 내 200개 도시에서 하루 평균 120만 개가 서비스되고 있다.

중국의 공유경제는 스마트폰을 기반으로 한 플랫폼을 이용하는 다양한 비즈니스 모델이 되고 있다. 그중에서도 과거 중국인에게는 보편적 교통수단이었던 자전거가 가장 주목받은 분야라고 할 수 있다.

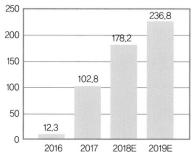
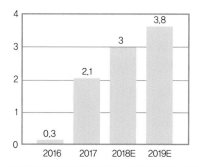

중국 공유자전거의 시장 규모 및 예측(단위: 억 위안)   중국 공유자전거의 사용자 규모 및 예측(단위: 억 명)

2016년 최초로 거리에 등장한 중국의 공유자전거는 QR코드를 스캔하여 사용할 수 있으며, 현재 오포(ofo)와 모바이크(mobike)가 주류를 이룬다. 다음 표는 중국 공유자전거의 대표업체인 오포와 모바이크의 특징을 비교한 것이다. 중국 최대 전자상거래업체인 알리바바와 샤오미가 오포에 투자하고 있고 텐센트, 폭스콘 등의 기업은 모바이크에 집중 투자하면서 중국 공유자전거 시장의 경쟁이 심화되고 있다. 한편 오포는 2018년 4월에 우리나라 최초로 부산에 시범 진출하여 서비스를 운영하고 있다.

중국 정부는 정책 및 대규모 자원 지원으로 공유경제의 발전을 추진하고 있으나 법제도의 미비, 시설 및 상품관리의 어려움 등의 문제점이 생겨나고 있다.

Plus Info

ofo(오포) 공유자전거 이용방법

1. ofo 어플을 다운로드하고 휴대전화 번호를 등록한 후 인증번호를 입력하여 가입을 완료한다.
2. 알리페이 혹은 위챗페이로 보증금 99위안(한화 약 1만 5,000원)을 결제한다.
3. 학생 혹은 선생님이면 자신의 학번 및 직번을 입력하여 할인을 받는다.
   할인대상이 아니라면 신분증 번호를 입력한다.
4. 주차되어 있는 ofo 자전거의 번호를 입력하면 자물쇠를 풀 수 있는 비밀번호를 휴대전화로 전달받게 된다.
5. 전달받은 비밀번호로 자물쇠를 풀어 자전거를 이용한다.
6. 사용 완료 후 주변 자전거 정차장에 정차한 뒤 자물쇠로 다시 잠그면 된다.

중국 공유자전거 업체 오포와 모바이크

자료: 최준환(2018)

	오포 (ofo, 小黄车)	모바이크 (mobike, 摩拜单车)
설립일	2014년 6월	2016년 4월
보증금	99위안	299위안
요금	도시: 1위안/30분 교내: 0.5위안/30분	도시: 0.5위안/30분 교내(협력학교): 0.1위안/10분
시장점유율	51.2%	40.1%
투입량	350만 대	365만 대
잠금장치	비밀번호 잠금	GPS스마트키
바퀴	보통타이어	방폭타이어
사용방식	구역 내 자유 주정차	구역 내 자유 주정차
결제방식	앱을 통한 수동결제	자동결제
국내진출 도시	46개	33개
해외진출 국가	싱가포르	미국 실리콘밸리, 싱가포르, 영국 런던, 캠브리지

공유자전거(베이징시 오포브랜드)

공공기관 운영 공유자전거(윈난성 쿤밍시)

93 BAT

BAT는 중국의 3대 IT기업으로 떠오른 바이두(Baidu), 알리바바(Alibaba), 텐센트(Tencent)를 지칭하는 용어로 첫 대문자를 따서 **BAT**라 하였고, 2013년부터 신조어로 사용되었다.

중국의 IT산업은 21세기 들어 연평균 30% 이상의 고도성장을 기록하였다. 이후 경제성장에 따른 소득증가로 인터넷 보급률과 인터넷 사용자(모바일, PC)가 급속히 증가하면서 자국의 인터넷 기업을 해외진출 없이 글로벌 규모로 키웠다. 이 가운데 BAT의 바이두, 알리바바, 텐센트는 인터넷 비즈니스의 요충지인 O2O(online to offline), 핀테크, AI, VR 등 다양한 분야에서 경쟁 중이다.

BAT 그룹은 전자상거래, 모바일결제 등의 분야에서 세계적 수준이다. 이들 기업은 서구 기업과 비교하여 후발주자이나 기존 글로벌 서비스(구글, 아마존, 트위터 등)와 유사한 서비스를 자국 환경에 맞게 제공하며 비약적으로 발전하고 있다. 특히 O2O 분야에서도 매년 역대치를 기록하며 성장하고 있다. 자금력과 탄탄한 거대 플랫폼을 바탕으로 빠르게 사업다각화를 추진 중이다.

❶ 중국 최대 포털 사이트 바이두(Baidu, 百度)

바이두는 2001년 9월 리옌훙(李彦宏)이 설립했으며 본사는 베이징에 있다. 중국판 구글로 불릴 만큼 정확하고 폭넓은 정보 서비스를 제공하며, 마침내 구글을 따돌리고 2001년 독자적인 사이트 바이두닷컴을 정식 오픈하면서 중국어권 최대 검색 포털 사이트가 되었다.

중국어 발음, 스냅사진 검색뿐만 아니라 맞춤법 검사, 주식, 뉴스, 영상과

바이두 맵을 통한 위치 정보, 길안내, 교통 정보 등을 제공한다. 최근에는 바이두의 신성장동력 중 하나인 무인 자율자동차를 개발하기 위해 글로벌 자동차 포드사와 합작 투자하여 연구개발에 힘쓰고 있다.

❷ 세계 최대 B2B사이트 알리바바(Alibaba, 阿里巴巴)

알리바바는 영어강사 출신 기업가 마윈(马云)이 1993년 3월 세운 전자상거래회사로 본사는 그의 고향 저장성 항저우시에 있으며, 중국 전자상거래 시장에서 80%에 이르는 점유율을 차지한다. 매일 1억 명이 물건을 구매하려고 알리바바 사이트를 찾으며, 중국 국내 소포의 70%가 알리바바를 통해 거래된다. 16년 전 직원 18명으로 시작한 알리바바는 현재 2만 5,000명이 넘는 규모의 그룹으로 성장했으며, 특히 한국의 빼빼로데이와 같은 11월 11일을 '광군절(光棍节): 솔로의 날'로 정하면서 중국판 블랙프라이데이로 엄청난 경제적 파급효과를 창출해내고 있다. 이밖에도 온라인결제, B2B 서비스 등 다양한 사업을 추진 중이며 관련 사이트로는 타오바오(淘宝), 티몰(T-mall), 무인편의점 등과 중국 최대 동영상 포털 요쿠(优酷)를 인수하며 더 큰 도약을 꿈꾸고 있다.

❸ 중국 모바일 플랫폼의 지배자 텐센트(Tencent, 腾讯)

텐센트는 광둥성 선전시에 본사가 있으며, 1998년 마화텅(马化腾) 등 5명이 창립한 이래 QQ, 위챗 그리고 게임으로 성공신화를 이루었다. 먼저 텐센트가 설립 초기 내놓은 PC메신저 QQ(큐큐)는 서비스 시작 반년도 되지 않아 당시 글로벌 PC메신저 MSN을 제치고 펭귄 붐을 일으켰다. 이후 PC메신저 시장에서 이룬 성공을 바탕으로 PC메신저와 휴대전화 문자 메시지를 연동한 서비스를 제공하게 되었고, 중국의 인터넷·모바일 시장이 급격히 성장하면서 2011년 모바일 메신저 '위챗(Wechat)'을 출시하였다. 위챗은 현재 총사용자 9억 명, 일평균 발송 메시지 280억 건을 기록하는 거대한 플랫폼으로 거듭났다. 텐센트는 온라인 게임 영역에 진출하여 사업다각화를 시도하였다. 그 결과 2017년에는 배틀 그라운드의 중국 판권을 확보해 배틀 그라운드 모바일 버전을 공개했다. QQ와 위챗을 통해 게임 광고를 하고, 별도 가입절차 없이 QQ아이디로 간단히 게임을 즐길 수 있는 플랫폼 전략을 구사하고 있다. 이밖에도 위챗이라는 독보적 플랫폼을 중심으로 검색, 광고, 쇼핑, 금융 등 다양한 영역으로 확장을 지속하고 있다.

▌ **BAT 기업의 주력 업무 분야**　　　　　　자료: KISDI 중국 인터넷서비스산업의 발전과 시사점

	주력 분야	제품 및 서비스
바이두	검색	바이두
	웨어러블	스마트밴드, 스마트워치
	인터넷금융	Baidu Wallet
	스마트기기	스마트TV
	애플리케이션	Du App
	빅데이터	빅데이터 활용광고, 분석 서비스
	O2O	바이두 배달
	스마트카	무인원전사업부
	인공지능	실리콘밸리, 인공지능연구소
	로봇	두미
	미디어	아이치이PPS, 아이치이영화사
알리바바	전자상거래	알리바바닷컴, 타오바오, Tmall
	지불결제	알리페이
	인터넷금융	위어바오(YueBao)
	모바일OS	알리윈
	빅데이터	전자상거래 참여 기업 및 소비자 정보
	O2O	어러마(饿了吗): 배달, 콰이디다처(快的打车)

알리바바	스마트기기	스마트TV, VR
	스마트카	상하이자동차, 재규어랜드로버
	인공지능	샤오AI
	로봇	소프트뱅크 로봇산업 투자
	미디어	알리바바 픽처스
텐센트	모바일 SNS	위챗(Wechat)
	지불결제	위챗페이
	인터넷금융	리차이통(理財通)
	모바일게임	위챗 게임센터
	전자상거래	JD.COM, 위챗 마켓
	O2O	디디추싱(滴滴出行)
	인공지능	스마트컴퓨팅 검색실험실
	로봇	Dream Writer
	미디어	텐센트비디오, 텐센트영화사

94 TMD

중국을 대표하는 IT 그룹인 BAT의 후발주자로 TMD가 주목을 받고 있다. TMD는 터우탸오, 메이톤, 디디추싱 기업의 각 앞 글자를 가져온 것이다. 터우탸오는 중국 인공지능 뉴스 앱, 메이톤은 음식배달 앱, 디디추싱은 차량 공유 서비스를 제공하는 앱이다.

중국은 인터넷이 발달하고 모바일 사용자가 증가하면서 정보 유통 비용이 저렴한 온라인과 실제 소비가 일어나는 오프라인의 장점을 접목하여 만든 O2O시장(Online to Offline, 온라인과 오프라인이 결합하는 현상을 의미하는 말로 최근에는 주로 전자상거래나 마케팅 분야에서 활용됨)이 급속한 성장세를 이어가고 있으며 식품, 뷰티, 음식, 자전거 등 다양한 분야에서 사용되고 있다. O2O 시장이 중국에서 빠르게 성장하는 이유는 중국의 소비구조의 변화와 정부에서 제시하는 관련 정책들 때문이다. 그중에서도 소비 주력군으로 성장한 80·90후 세대의 소비 패턴과 특징을 파악하고 고객을 확보한 TMD기업의 발전 전략이 매우 성공적인 사례라고 할 수 있다. TMD는 O2O, 공유경제라는 4차 산업혁명의 화두를 활용하여 세계 스타트업 가치순위에서 5위 안에 들어가는 기업으로 성장했다.

▎TMD 그룹의 특징

	T(今日头条)	M 美团(大众点评)	D(滴滴出行)
설립자	장이밍(张一鸣)	왕싱(王兴)	청웨이(程维)
설립시기	2012년 3월	2010년 3월	2012년 7월
주요 업무	인공지능을 통한 맞춤형 콘텐츠 제공(신문, 음악, 오락, 방송 등)	음식배달, 식당후기 및 평가, 생활편의 용품 제공, 단체 구매사이트	공유자전거, 차량공유, 카풀, 대리운전, 버스 등 모든 차량에 관련된 서비스 제공
사업 규모	하루 평균 독자 1억 명 이상	하루 주문 건수 1,000만 건 이상	하루 이용 건수 2,500만 건

❶ 터우탸오(Toutiao, 头条)

터우탸오(头条)는 중국어로 헤드라인을 의미하며 중국 내에 7억 명의 사용자를 보유하고 기업가치 220억 달러(23조 8,000억 원)에 달하는 기업이다. 베이징쯔제탸오둥커지(北京字节跳动科技, Bytedance)가 개발한 '모바일 뉴스 어플'이지만 다른 모바일앱이나 포털사이트와 큰 차이점이 있다. 바로 편집기자가 없다

는 점이다. 터우탸오는 단순한 뉴스 검색 서비스가 아니라 인공지능을 독자의 소셜 미디어 계정과 연동하여 개인의 취향과 선호도를 파악해 개인에게 최적화된 뉴스를 제공한다. 즉 위챗, 웨이보, QQ 등 중국에서 많이 사용하는 모바일 메신저 앱을 통해 로그인하면 나이, 직업, 거주지 등의 정보를 분석하여 개인에게 필요한 맞춤형 정보를 제공받을 수 있다. 터우탸오하오(头条号)라는 플랫폼을 개설하여 언론사, 정부기관, 기업 등의 콘텐츠를 제공받아 다양한 자료로 활용한다.

Plus Info

터우탸오(Toutiao, 头条)의 설립 배경

설립 5년 만에 중국 1위, 뉴스앱 분야 글로벌 제왕으로 급부상한 터우탸오의 탄생은 2012년으로 거슬러 올라간다. 2012년 3월 창립자 장이밍은 집에 돌아갈 기차표를 구하기 위해 여행사이트를 검색하였지만 표를 구하기 쉽지 않았다. 그때 장이밍은 자신의 필요에 따라 직접 프로그램을 개발하게 되었는데, 이것은 기차표 검색엔진을 만들어 원하는 기차표가 나오면 메시지 알림을 보내주는 프로그램이었다. 그 결과 장이밍은 30분도 채 걸리지 않아 원하는 기차표를 손에 넣을 수 있었다. 이것을 토대로 개발된 사이트는 현재 사용자가 7억 명으로 증가하였으며, '스마트 뉴스 추천앱'에서 '스마트 소셜미디어앱'으로 발전 목표를 제시했다.

---

❷ 메이퇀(Meituan, 美团大众点评)

음식배달앱과 맛집평가앱인 따종뎬핑이 합병하여 만든 음식배달의 대표 앱이다. 과거 배달문화가 발달되지 않았을 때는 대부분 외식하는 중국인들이 많아 외식 문화가 발달했다. 지금은 바

쁜 일상으로 집에서 배달음식을 먹는 중국인이 증가하였으며 2억 명에 달하는 싱글족, 혼밥족의 증가도 메이퇀 배달음식 사업 성장에 도움이 되고 있다. 지금은 공동구매, 호텔, 여행, 티켓 예매 등 다양한 분야의 서비스를 제공해 관련 매출과 사용자 수가 급증하고 있다.

메이퇀은 2010년 공동구매 플랫폼으로 시작하여 5년 만에 업계를 평정하였고, 2015년 따중뎬핑을 인수하면서 생활 서비스 플랫폼으로 자리 잡았다. 특히 대도시를 포함한 낯선 지역을 여행할 때 평가된 점수와 후기를 보고 자신에게 적합한 숙소를 선택할 수 있으며, 그 지역의 유명한 맛집에서 식사하는 데 도움이 된다.

메이퇀 배달원

❸ 디디추싱(Didichuxing, 滴滴出行)

디디추싱은 모바일 앱을 통해 가장 가까운 곳에 있는 택시와 개인 자가용 차량을 배차해주는 중국의 차량공유 서비스 회사이다. 디디추싱앱이 생긴 이후 거리에서 택시를 잡는 사람은 거의 보기 드물며, 대부분 디디추싱앱으로 택시를 부르거나 예약 서비스를 이용한다. 디디추싱앱에 등록된 택시는 豪车(하오처), 专车(좐처), 快车(콰이처) 등의 등급으로 분류하는데, 등급에 따라 기본요금이 다르다.

2015년 텐센트가 투자한 디디다처(滴滴打车, Didi Dache)와 알리바바그룹이 투자한 콰이디다처(快的打车, Kuaidi Dache)가 합병하여 탄생했다. 정식이름은 디디콰이디(滴滴快的, Didi Kuaidi)이지만 주로 디디추싱이라고 불린다. 텐센트의 위챗과 연동하여 고객이 편리하게 차량을 호출할 수 있도록 만들었고, 알리바바의 모바일 결제 서비스 알리페이로 쉽게 결제할 수 있다. 이후 카풀, 대리운전, 공유자동차 등 공유 개념으로 사업모델을 확대하고 있다.

하지만 최근 허난성 정저우시에서 디디추싱을 이용한 스튜어디스가 살해당하는 사건이 일어나 안전성 논란이 있다. 디디추싱을 이용하면 행선지, 차량번호, 위치, 운전기사 정보까지 모두 기록이 남기 때문에 범인을 잡기에는 용이하다. 하지만 예방 측면에서는 일반택시와 큰 차이가 없는 것으로 보인다.

95 핀테크 혁명

핀테크(FinTech)는 금융(Finance)과 기술(Technology)의 합성어로 금융과 IT를 융합한
금융서비스와 산업의 변화를 통칭한다.

예금, 대출, 자산관리, 송금, 결제 등 다양한 금융서비스가 IT, 모바일 기술의 발달과 더불어 새로운 형태로 진화하고 있다. 넓은 의미에서 이러한 흐름에 해당하는 모든 서비스를 핀테크 서비스라 할 수 있다. 그뿐만 아니라 관련된 소프트웨어나 솔루션, 플랫폼을 개발하기 위한 기술과 의사결정, 리스크 관리, 포트폴리오 재구성, 성과 관리, 시스템 통합 등 금융 시스템을 개선하기 위한 기술도 핀테크에 포함된다.

▌ 핀테크 등장 배경

모바일 소비 환경의 등장	– 오프라인이 아니라 모바일을 이용하여 언제, 어디서든 소비가 가능한 환경 도래 – 모바일 지급결제, 송금 등 핀테크의 잠재력 폭발
ICT 기술혁신과 빅데이터	– SNS와 스마트폰 등장 이래 데이터가 기하급수적으로 증가하면서 데이터를 수집하고 분석할 수 있는 빅데이터 시대 도래 – 데이터 안의 숨겨진 의미 있는 패턴을 분석하고 미래를 예측하는 빅데이터 금융이 신용분석 → 대출 → 자산운용으로 확장
기존 금융시장의 한계	– 서브프라임 모기지의 부실대출, 저금리와 수익 감소 등으로 기존 금융사들이 새로운 수익 모델 창출 – 핀테크의 혁신적인 금융기업을 활용한 수익 모델 활용
글로벌 IT기업의 치열한 경쟁	– 글로벌 모바일 전자상거래의 급성장과 경쟁 과열로 모바일 금융시장도 빠르게 성장하면서 글로벌화 – 2009년에서 2014년 사이에 중국의 모바일 전자상거래가 2,600억 위안에서 2조 7,900억 위안으로 10배 이상 급증

그렇다면 인터넷 모바일 결제 시장 규모가 가장 빠르게 성장하는 중국에서는 핀테크 산업이 어떻게 발전하고 있을까? 사실 국내 언론과 미디어에서 핀테크는 주요 키워드로 다뤄지지만 중국에서는 '핀테크'라는 단어를 찾아보기가 힘들다. 이미 '핀테크'는 일상에 스며든 전혀 낯설지 않은 생활습관이 되었기 때문이다.

    상하이에서 사는 27세 회사원 마오는 여자친구와 기념일을 축하하기 위해 약속 장소로 이동했다. 이동수단으로 택시를 이용했는데, 목적지에 도착해서 휴대전화를 이용해 알리페이로 택시비를 결제했다. 한 손에는 여자친구를 위한 선물이 들려 있었다. 회사생활이 바빠서 급하게 텐센트에서 QR코드를 입력해 구매한 스카프였다. 내심 여자친구가 마음에 들어하지 않을까 걱정되었지만 구매결정을 클릭하지 않아 언제든 알리페이를 통해 환불받을 수 있다는 사실에 마음이 놓였다.

위의 사례처럼 핀테크는 중국인의 일상에서 생활화되어 있으며 미국, 유럽보다 늦은 2012년에 본격적으로 핀테크를 시작했지만 인터넷 모바일 인구 증가와 더불어 급속한 성장세를 이어가고 있다.

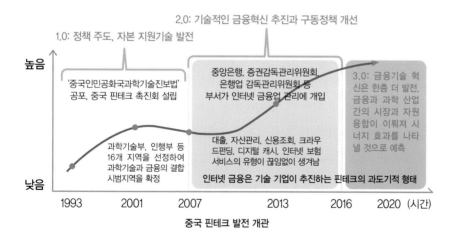

중국 핀테크 발전 개관

핀테크 산업은 온라인 기반 플랫폼을 중심으로 하기 때문에 장소와 시간의 제약을 뛰어넘는 혁신적인 금융 서비스가 가능하다는 것이 큰 장점이다. 특히 핀테크 회사들은 인터넷과 모바일 기반 플랫폼인 온라인에서 고객과 접점이 이루어져 금융업무의 처리절차와 비용을 획기적으로 절감할 수 있다. 초기 핀테크 업무 영역은 지급결제 서비스를 중심으로 발전하였으나 최근에는 정보통신을 이용한 대출, 투자중개, 개인자산관리, 보험 등 전문적인 금융지식이 결합된 고도화된 영역으로 확대되고 있다.

나아가 빅데이터 분석과 인공지능 기술의 발전으로 신용평가, 자금운용 등의 역량이 강화되고 있기 때문에 향후 핀테크 금융업의 발전 가능성은 매우 클 것으로 전망된다.

중국은 세 가지를 핵심으로 하여 핀테크 산업의 발전 영역을 넓히고 있는데 구체적으로 살펴보면 다음과 같다.

첫째, 제3자 지급결제 중심의 온라인 지급결제이다. 중국의 핀테크 금융업 중 가장 큰 비중을 차지하는 온라인 지급결제 시장은 전자상거래를 기반으로 발전한 알리바바나 텐센트 같은 비(非)금융 온라인 전문회사가 주도하고 있다. 제3자 지급결제방식은 구매자와 판매자 간에 신용관계가 불확실할 때 전자상거래 플랫폼 회사와 같은 제3자가 금전거래를 중개하는 매매 서비스 방식을 지칭한다.

마이(개미) 파이낸셜 홈페이지
2014년에 생긴 알리바바그룹 핀테크 금융지주사로, 산하에 알리페이, 마이뱅크, 즈마신용 등이 있다.

예를 들면 온라인 상품의 구매자가 물품 대금을 제3자인 알리페이 계좌에 예치해놓으면 판매자에게서 물품을 수령한 것을 확인한 이후 알리페이 계좌에서 판매자에게 물품 대금이 자동으로 지급되는 방식이다. 현재 중국 최대 전자상거래 회사인 알리페이는 공과금과 각종 세금, 교통요금, 통신비 등을 아우르는 광범위한 결제가 가능하며, 결제 서비스 외에도 다양한 금융상품을 연계해 다각화하며 성장 중이다.

둘째, 온라인 펀드의 출시이다. 중국의 금융은 오랫동안 국영은행이 장악해왔다. 금융 당국이 예금이자를 통제했기 때문이다. 하지만 중국 정부의 온라인 펀드 판매 영역에 관한 규제가 완화되면서 알리바바는 2013년 10월 온라인 펀드상품인 위어바오(余额宝)를 판매하기 시작했다. 온라인 펀드상품인 위어바오는 이자율이 높은 예금처럼 활용할 수 있도록 해서 큰 인기를 얻고 있다. 중국 금융 당국은 위어바오가 보편혜택금융에 기여하는 정당한 금융상품이라고 판단하여 발전을 유도하고 있다.

온라인 펀드는 은행카드가 앱과 연결되어 있기 때문에 쉽게 펀드상품을 구매할 수 있으며, 수익률 면에서 기존의 금융상품들과 비교했을 때 큰 차이를 보인다. 이로써 개인 예금투자자들은 투자 리스크가 거의 없이 은행예금보다 높은 수익을 얻는 혜택을 누릴 수 있게 되었다.

셋째, P2P대출 플랫폼의 확대이다. 중국 핀테크 금융업은 소액대출 영역으로까지 빠르게 발전하고 있다. 가장 대표적인 대출 영역은 텐센트의 위뱅크나 알리바바 마이뱅크와 같이 신설된 핀테크 민영은행을 통한 소액대출 확대이다. P2P대출은 금융기관을 거치지 않고 온라인 플랫폼을 통해 개인과 개인, 개인과 대출신청자를 연결해주는 금융거래 서비스로 온라인 P2P대출은 2015년부터 급증했다.

Keyword

96 알리페이와 위챗페이

알리페이와 위챗페이는 중국의 대표적 모바일 결제 시스템이다. 2016년 중국 모바일 결제 시장 규모는 5조 5,000억 달러(한화 약 5,887조 원)로 마트, 백화점, 택시, 식당, 호텔, 비행기표나 기차표 구매 등 공간과 시간을 가리지 않고 모바일 결제가 일반화되어 있다.

중국에서는 거지도 QR코드로 구걸한다는 말이 있을 정도로 노점에서 식사하거나 백화점에서 쇼핑한 후 계산대에서 휴대전화를 꺼내 계산하는 모습이 일상이 되었다. 실제로 중국 오프라인 매장에서는 80~90%가 휴대전화에 설치된 QR코드로 결제한다.

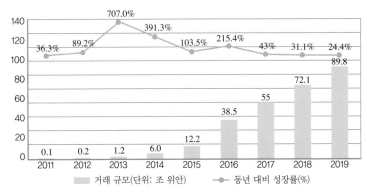

중국 3자 지급결제방식 규모

이런 모바일 결제가 빠르게 성장한 비결은 QR코드, 바코드, 지문결제 등의 기술과 결합한 온·오프라인의 편리한 결제 시스템과 다양한 혜택과 서비스에 있다. 중국의 모바일 결제 시장은 중국 최대 전자상거래업체인 알리바바를 출시한 이후 독점체제를 구축하다가 모바일 메신저와 게임 서비스를 연동하는 텐센트의 위챗페이가 등장하면서 모바일 결제 시장을 양분하고 있다. 현재는 위챗페이가 40%, 알리페이가 54%를 차지하고 있다.

❶ 알리페이(Alipay, 支付宝, 즈푸바오)

소비자들의 금융거래를 돕는 온라인 금융 및 결제 서비스 회사로 중국 최대 전자상거래업체인 알리바바 그룹의 자회사이다. 알리페이 가입 후 은행계좌, 신용카드를 연동해 인터넷, 송금 및 결제, 대출, 펀드 가입 등 다양한 금융 서비스를 이용할 수 있다. 유럽, 일본, 한국, 동남아, 홍콩, 타이완 등 해외에서 다양한 서비스를 제공하며 해외거래처를 확대해나가고 있다. 우버(Uber) 등 차량 예약 서비스도 알리페이로 결제할 수 있도록 지원한다.

위챗페이와 알리페이 사용 가능 표지판

2016년 10월 서울 코엑스몰에 오픈한 알리페이센터

Plus Info

알리페이의 즈마신용(芝麻信用)

즈마신용은 알리페이의 서비스를 담당하는 개인 신용평가기관에서 담당하며 2015년 중국 중앙은행인 인민은행으로부터 개인 신용 조회업 허가를 받았다. 즈마신용은 개인 신용지수를 점수화하여 등급을 나눈다. 이용자의 알리바바 생태계 내의 타오바오, 티몰 등 온라인 결제내역, 신용카드 연체 여부, 알리페이를 통한 각종 요금납부 등의 데이터를 기반으로 점수를 준다. 점수가 높은 사람은 여행 시 할인, 공유자전거 대여 시 보증금 면제 등 다양한 해택이 주어진다. 즈마신용은 단순 결제를 넘어 실생활의 혜택과 직결되는 개인별 신용 체계 플랫폼이다.

❷ 위챗페이(Wechat pay, 微信支付, 웨이신즈푸)

중국 최대 인터넷 기업인 텐센트의 자회사 텐페이에서 제공하는 결제수단으로 중국 최대 SNS인 위챗시스템 안에서 편리하게 계좌이체, 친구 간 송금 및 홍바오(红包)를 이용한 선물 전달이 가능하다. 위챗페이는 이미 20여 개 국가에 진출해 13만 개 해외 거래처와 협력하며 10여 가지 외화를 직접 결제할 수 있을 정도로 해외시장 진출에 적극적이다. 그뿐만 아니라 SNS와 직접 연결되어 있어 결제한 고객과 연결이 가능한 점을 이용해 고객에게 지속적으로 신제품 소개 등 마케팅에 활용하고 있다.

위챗페이의 홍바오(소액 송금 서비스)

97 드라마 한류(韓流)

한류(韓流)는 한국 문화가 해외로 전파되면서 소비되는 현상을 말한다. 한류라는 단어의 어원은 바둑에서 기원하며, 한국 문화가 다른 지역에 미치는 영향력을 지칭하는 뜻의 용어로 사용되었다. 한류는 넓은 의미에서 한국의 복장, 음식 등을 포함하며, 좁은 의미에서는 통상적으로 한국의 드라마, 영화, 음악 등이 특정 지역에 미치는 영향력을 포함한다.

한류현상은 아시아의 많은 국가에서 보편적으로 존재하며 아시아 이외의 다른 지역에도 전파되고 있다. 한류는 일종의 문화현상일 뿐만 아니라 그것을 포함한 경제, 정치 등과도 밀접한 관계가 있다. 한류를 문화현상으로 말하면 한국 문화의 영향력을 확대하는 것이다. 하지만 문화산업으로는 미디어 작품의 수출, 한국 브랜드의 옷·화장품 등으로 파생효과를 통해 많은 경제적 이익을 가져다줄 수 있다.

한류는 이미 한국 문화 외교의 중요한 방식이 되었을 뿐만 아니라 문화현상, 소비자, 지역 등을 고려해볼 때 '글로벌 대중문화 트렌드'라고 명명할 수 있다. 즉 지역적으로는 '글로벌', 소비자는 '대중', 문화현상으로는 '문화트렌드'적 성격을 갖는다.

다양한 문화 콘텐츠 중에서도 방송 콘텐츠 장르의 하나인 드라마는 중국 내 한류 열풍을 일으킨 주인공이다. 1997년 CCTV1에서 〈사랑이 뭐길래(爱情是什么)〉가 방영되면서 중국에서 드라마 한류가 본격적으로 시작되었다. 이후 2005년 〈대장금(大长今)〉이 후난TV에서 방영되고 난 이후 중국 전역에서 폭발적인 인기를 끌면서 한국의 드라마는 전성기를 맞이하게 된다.

2013년 방송된 드라마 〈별에서 온 그대(来自星星的你)〉는 여자 주인공인 전지현 패션, 화장품뿐만 아니라 치맥 열풍까지 일으키면서 드라마를 통한 한국의 음식, 전통의상, 화장품 등 다양한 장르로 파생되어 더 큰 경제적 효과를 가져왔다.

한류의 단계별 진화와 확장

자료: 한국문화산업교류재단

	한류 1.0 (한류 태동기)	한류 2.0 (한류 확산기)	한류 3.0 (한류 심화기)
시기	1997~2000년대 중반	2000년대 중반~현재	2013~미래
대상	연예인	아이돌	문화, 스타일
핵심 장르	드라마, 영화	K-pop, 게임 등 대중문화	K-Culture (K-pop, 드라마, 공연, 게임, 한식, 관광, 패션, 한글, 전통문화, 문화예술)
소비 권역	동아시아 (일본, 중국, 타이완, 홍콩)	아시아 (중국, 일본, 동남아, 중동, 남미, 일부 유럽)	전 세계
한계	일본 여성 중심의 특정 지역과 계층의 의존도가 높음	K-pop의 창작적 한계성, 드라마의 콘텐츠와 배급 한계	〈강남스타일〉 이후 후속타 없음

하지만 인터넷을 통해 무제한, 무규제로 침투해오는 한국 드라마에 위협을 느낀 중국 정부는 방송, 출판을 총괄하는 국가신문출판광전총국(国家新闻出版广电总局)을 통해 방송 콘텐츠에 대한 규제정책을 발표하였다. 2015년 4월부터 통신매체에서 방영되는 외국 드라마와 영화의 경우 저작권자가 정부로부터 통신매체 전파권을 취득하도록 했다. 완성된 드라마 전편을 심사하기 때문에 제작이 완료된 작품만 방영할 수 있는 규제(인터넷 방영 포함)가 적용되면서 드라마를 실시간으로 방영하는 것이 불가능해졌다.

이러한 이유로 드라마 한류는 침체기에 접어들었으나 2016년 〈태양의 후예(太阳的后裔)〉가 큰 반전의 계기를 만들었다. 〈태양의 후예〉는 저작권을 보호하고 중국 정부의 규제를 피하기 위해 중국의 화처(华策)미디어와 합작하여 '선제작 후방영' 방식으로 한국과 중국에서 동시방영하였다. 또한 독점 방영권을 소유한 스트리밍 포털 2위인 아이치이(爱奇艺)에서만 〈태양의 후예〉를 시청할 수 있었다. 이로 인한 아이치이의 유료회원 가입자는 2,000만 명이 되었고, 이로써 다시금 중국 내 한류 드라마의 붐이 일어나게 되었다.

인민일보(人民日報)와 CCTV

베이징에서 발행되는 일간신문 〈인민일보〉와 국영 방송매체인 CCTV는 중국을 대표하는 언론매체로서 중국 정부와 공산당의 대변자 역할을 한다.

❶ 인민일보(人民日報)

중국의 〈인민일보〉는 중국공산당 중앙위원회 기관지이자 중국을 대표하는 신문으로 1948년 6월 15일 허베이성에서 창간되었다. 이후 1949년 3월 본사를 베이징으로 이동하였고, 같은 해 8월 중국공산당의 공식 기관지가 되었다. 정치성을 띤 주요 기사  와 정부 당국이나 당지도자들의 연설, 정치적 문제 등을 주로 게재하며, 공산당의 이념과 노선, 당의 개혁과 과업을 수행하는 데 공헌할 것을 발행 목적으로 한다. 아울러 1949년 건국 이후 중국 현대사에서 중대한 사건이 있을 때마다 주요 참여자로서 여론을 선도하고 조정하는 등 적극적인 역할을 한다. 현재 〈인민일보〉는 중국어, 영어, 일본어, 프랑스어, 스페인어, 러시아어, 아랍어 등 7개 언어로 발행한다.

특히 1985년 7월 1일 창간된 〈인민일보〉 해외판은 세계 800개 국가와 지역에 배포되며 2017년 7월 기준 총발행부수는 330만 부를 넘어 여전히 증가세를 보이고 있다. 1997년 1월 1일부터는 〈인민일보〉 인터넷판인 인민망(人民网, www.people.com.cn)이 개설되었으며, 핵심내용을 PDF로 다운받을 수 있어 많은 사람이 인터넷에서 관련 기사들을 편리하게 볼 수 있다. 현재 23개 내부기관과 인민망을 포함한 72개 파견기관, 4개 산하기관을 두고 있다. 또 〈인민일보〉 외에도 〈환구시보(环球时报)〉(www.globaltimes.cn)를 포함한 20여 개 신문과 간행물을 발행하고 있다. 2017년 7월 현재 사장은 양전우(杨振武, 1955년생, 2014년 4월 취임)이며, 총편집장은 리바오산(李宝善, 1955년생, 2014년 4월 취임)이다.

〈인민일보〉는 유네스코로부터 세계에서 권위 있고 영향력 있는 10대 신문의 하나로 선정되었다. 수준 높은 취재·편집 역량을 보유해 중국 국내외의 중대한 사건을 심층적으로 보도한다. 2010년 1월 1일부터 24면으로 증면하여 발행하였는데, 이 중 1~6면은 헤드라인, 9~15면은 국내 뉴스, 17~20면은 전문 분야, 21~23면은 국제 뉴스로 구성된다. 지면 확대 이후 매일 헤드라인과 국제 뉴스를 각각 1면씩 추가하고 있으며, 매주 1개 이상 주제 및 뉴미디어 지면이 증가된다. 〈인민일보〉 해외판은 1985년 7월 1일 창간된 이후 중국의 대외개방 과정에서 국내외의 문화교류와 경제협력을 추진하는 교량적 역할을 하고 있다.

1979년 1월 1일자 〈인민일보〉 1면
전인대 상무위원회 명의 '대만동포에 고함'이라는 제하의 기사로, 양안관계의 큰 전환을 의미하는 사건이었다.

❷ CCTV(China Central Television, 약칭 CCTV)

CCTV는 중국 중앙TV방송국(中国中央电视台)의 영문 약칭이다. 중국을 대표하는 언론은 〈인민일보〉와 중국 관방통신사인 신화통신사(新华通讯社, 1931년 성립)가 있다. 1980년대 개혁개방과 함께 TV방송 매체가 발전하면서 CCTV가 급부상하였다.

CCTV는 1958년 5월 1일 베이징TV로 개국해 시범방송을 한 후 같은 해 9월 2일 정식 방송을 시작한 이후 1978년 5월 지금의 중국 중앙TV방송국(CCTV)으로 개명했다. CCTV는 성급 방송국-시·현급 방송국으로 행정구역에 따라 구분되어 있다. 한국은 지상파방송이 전국방송이지만 중국은 위성방송이 전국방송인 셈이다.

CCTV는 15개 지상파 채널을 보유하고 공중파 방송을 하고 있다. 1채널이 종합채널이고, 2채널은 경제·생활·서비스, 3채널은 음악이나 종합예술, 4채널은 중국어 국제방송, 5채널은 체육, 6채널은 영화, 7채널은 군사·과학기술, 8채널은 드라마, 9채널은 영어국제방송, 10채널은 과학방송, 11채널은 경극,

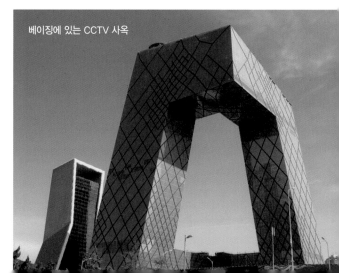

베이징에 있는 CCTV 사옥

12채널은 사회와 법, 13채널은 24시간 뉴스, 14채널은 어린이프로, 15채널은 음악 중심 채널이다.

CCTV의 대표 프로그램 신원롄보 첫 화면

CCTV를 대표하는 프로그램은 매일 저녁 7시에 중국의 거의 모든 TV방송국(지상파와 위성TV채널 포함)에서 동시에 방송되는 신원롄보(新聞联播)이다. 매일 30분씩 방송되는 신원롄보의 핵심 내용은 최고지도부의 동정을 다룬 보도로 7시 뉴스 시작과 함께 중국공산당의 동정이 서열 순으로 방송된다. 또 국제적 이슈나 사안에 대해 중국 정부가 어떻게 대응하고 있는지 방송을 보며 정확하게 이해할 수 있다. 따라서 신원롄보는 중국뿐만 아니라 세계적으로도 중국의 정치·경제·사회·문화의 현재 상황을 분명하게 파악할 수 있는 중요한 창구역할을 한다.

Plus Info

CCTV의 현재 사장
CCTV는 국가신문출판광전총국의 직속기구로, 2018년 현재 사장은 선하이슝(慎海雄)이다. 그는 저장성 후저우 출신으로 항저우대 중문과에서 신문학을 공부했다. 시진핑 주석이 저장성과 상하이시 서기로 재직하던 기간을 전후로 저장, 상하이시의 신화통신 지사에서 근무했다. 30세에 신화통신사 역사상 최연소 고급기자로 승진한 기록을 갖고 있다.

99 중국산 휴대전화

저사양·저가폰이라는 이미지가 강했던 중국산 휴대전화는 자신들만의 기술을 이용해 최첨단 제품을 생산하고 있다. 특히 세계 최초의 QHD(4중 고화질) 스마트폰을 내놓거나 스마트폰의 핵심기능을 자체 개발하기도 하는 등 고가의 하이테크 제품까지 영역을 넓히고 있다.

중국에서는 스마트폰만 있으면 일상생활에서 전혀 불편을 느끼지 못한다. 기본적 기능인 통신은 물론이고 쇼핑·식사·예매·결제에 이르기까지 모든 업무를 스마트폰으로 해결할 수 있기 때문이다. 그래서인지 중국에서 한 분기당 팔리는 스마트폰 수는 전 세계 스마트폰 시장의 3분의 1에 육박할 정도이며, 스마트폰 생산량 역시 세계 생산량의 약 40%를 차지한다.

이처럼 중국은 전 세계 최대 스마트폰 시장으로 빠르게 성장하고 있다. 주목할 것은 성장을 이끄는 스마트폰 브랜드가 더는 애플이나 삼성 같은 수입 브랜드가 아니라 ViVO, OPPO 등 자국 브랜드 제품이라는 점이다.

2013년만 해도 삼성은 중국 내 스마트폰 점유율 1위였다. 하지만 점점 하락하기 시작하더니 2014년 2분기 1위 자리를 샤오미에 내준 이후 매년 판매량이 줄어들면서 2015년에는 5위까지 밀려났다. 당시 삼성 앞 순위에는 화웨이, 샤오미, OPPO, ViVO 등 4개 중국 업체가 자리하고 있다. 지금은 그동안 삼성과 애플이 양분하던 세계 스마트폰 시장에서도 중국 브랜드 스마트폰이 주역으로 등장하고 있다.

	2014	2015	2016	2017	
	6.1%	8.2%	16.8%	18.1%	OPPO
	6.6%	8.2%			vivo
	12.4%	15.1%	14.8%	15.4%	小米
	8.8%	13.6%	8.9%	12.4%	苹果
			9.6%	9.3%	其他
	56.4%	40.3%	33.5%	24.4%	

2014~2017년 중국 내 스마트폰 브랜드 시장점유율(2018)(단위: %) 자료: 치엔잔(前瞻)산업연구원

그중에서도 화웨이, OPPO, VIVO 등 중국산 3개 브랜드의 2017년 1분기 글로벌 점유율이 24% 상승하였다. 중국 국내시장의 판매량을 보면 OPPO가 1위(21.2백만 대, 2017년 1분기)이고 그 뒤에 화웨이(20.8백만 대), VIVO(18.2백만 대), 애플(12.4백만 대), 샤오미(8.1백만 대) 순이다.

중국산 저가 스마트폰 하면 대부분 화웨이와 샤오미를 떠올리는데, 실제로 중국에서 판매량으로 가장 큰돈을 번 브랜드는 OPPO와 VIVO이다.

중국 백화점 내 VIVO, OPPO 매장

OPPO는 2008년 휴대전화 제작을 시작한 이래 불과 8~9년 만에 글로벌 기업으로 성장하였으며, 중국 내에선 2017년 1분기 점유율에서 화웨이와 1, 2위를 다투고 있다. 저가 스마트폰 중에서 카메라 성능이 가장 좋으며 특히 셀카(selfie)가 잘 찍히는 스마트폰으로 젊은 층에서 인기가 높다.

VIVO는 2009년 중국 휴대전화 시장에 진출하였으며, 2014년에는 브랜드의 국제화 전략을 추진하여 중국 대륙을 제외하고도 인도, 태국, 미얀마, 말레이시아, 필리핀 등 동남아시아 지역을 중심으로 시장을 확대하고 있다. 이 두 기업은 모두 부부가오그룹(步步高, 1995년 설립)의 자회사로 OPPO는 프리미엄 스마트폰을 지향하고, VIVO는 젊은 층을 타깃으로 중저가 스마트폰을 출시하고 있다. 특히 VIVO는 〈태양의 후예〉의 송중기를 주요 모델로 발탁하며 인지도가 더 높아졌다.

이 두 기업의 성공요인을 살펴보면 첫째, 현재 소비자들이 무엇을 원하는지를 정확히 파악하고 있다는 점이다. 특히 소비자가 필요로 하는 독특한 기능과 디자인을 중심으로 제품을 출시하고 있다.

둘째, 고화소 카메라와 오디오를 장착하였으며 고속충전, 배터리의 장시간 사용이 가능하게 하여 기존 제품의 불만을 개선하였다.

셋째, 온라인 판매 대신 오프라인 스토어를 운영하여 소비자를 직접 대면하면서 신뢰를 쌓는 방법을 택했다. 이들은 중소도시를 중심으로 오프라인 마케팅에 주력하였는데, 대부분 3선급 도시들은 경제발전 정도와 온라인 구매 비율이 낮아 오프라인 매장 판매 방식이 적합했기 때문이다.

이러한 요인들 때문에 두 상품을 사용해본 소비자들은 브랜드에 대한 충성도가 매우 높은 편이며, 이들은 자국 브랜드 스마트폰 시장에서 빠른 성장을 도모하고 있다.

100 왕훙(网红)과 왕훙 마케팅

왕훙은 왕뤄훙런(网络红人)의 줄임말로, 인터넷상에서 인기몰이를 하는 스타를 뜻한다. 원래는 어떤 사건이나 행위로 인터넷에서 주목을 받아 유명하게 된 사람을 가리키는데, 현재는 주로 웨이보, 웨이신 등 중국 SNS에서 활동하면서 수많은 팬을 확보하고 있으며 영향력을 지닌 사람으로 통용된다.

중국 모바일 사용자 증가와 IT기술 및 관련 시장의 성장에서 왕훙은 하나의 산업으로 전환되어 주목받고 있다. 단순히 인터넷 스타 개념이 아닌 연예인처럼 SNS에 활동 사진을 올리면 그들이 입는 옷, 화장품, 신발, 액세서리 등이 완판되는 사례가 이어지면서 최근 중국과 해외 투자자들이 왕훙을 활용한 마케팅 전략에 집중하고 있다.

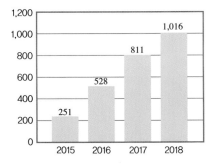

왕훙(网红) 산업 규모(단위: 억 위안)

중국의 왕훙은 마케팅 수단으로도 활용되어 다양해진 온라인 매체만큼 왕훙이 활동하는 플랫폼과 수익률이 증가하는 추세를 보이는데, 왕훙의 종류를 크게 세 가지로 분류할 수 있다.

첫 번째는 전자상거래 왕훙으로 주로 유명 모델, 디자이너, 타오바오(C2C, B2C사이트) 판매자 출신의 전자상거래 플랫폼을 통해 수익을 창출하는 형이다. 이들은 대부분 80년대생과 90년대생 세대로 패션, 메이크업 등에 관심이 많고, 자신의 SNS계정에서 라이프스타일을 공유함으로써 팬들의 관심을 받고 있다. 즉 스스로 하나의 브랜드가 되어 상품을 기획하고 판매하는 유형으로 연예인에 준하는 높은 인지도를 가지고 있다.

두 번째는 콘텐츠 왕훙이다. 이들은 모두 자신만의 미디어를 가지고 인터넷상에서 관련 콘텐츠를 다양한 방법으로 공유한다. 일반적인 이야기, 여행기, 평론, 웹툰 등의 콘텐츠가 포함되며, 인터넷 매체로 홍보효과를 극대화한다.

세 번째는 유명인사 왕훙으로 이미 사회에서 유명인사로 활동하는 사람이다. 방송스타, 기업가, 교수 등 SNS에서 인지도가 높거나 팔로어가 많은 사람들이 기업을 홍보하기 위해 왕홍으로 활동하는 사례를 포함한다.

이들은 모두 인터넷에서 상품 정보를 습득하는 데 능숙한 젊은 층이 중국 내 주요 소비층으로 대두됨에 따라 경제적 가치가 지속적으로 증가되는 추세를 보이고 있다. 특히 1980년대, 1990년대 이후 출생한 소비자들은 왕홍의 콘텐츠를 적극적으로 소비해 왕홍이 판매하는 상품이나 그들이 제공하는 정보에 기반해 물건을 구매하는 문화에 익숙하다는 특징이 있어 상대적으로 높은 효과를 기대해볼 수 있다.

▌중국 1인 미디어의 발전 자료: 「트레이드 포커스」

	1세대	2세대	3세대	4세대(왕홍)
주요 활동	포털사이트	블로그	micro블로그 (블로그＋메신저)	생방송 플랫폼
대표 플랫폼	Sina, Sohu	Sina blog	Weibo, Wechat	Douyu(斗魚)
콘텐츠 형식	문자＋사진	문자＋사진	문자＋사진＋동영상	(실시간) 동영상
중심 기기	PC	PC	스마트폰	스마트폰
커뮤니케이션	원천 자료 제공	정보 해석, 심화	즉각성, 현실성	실시간 소통
수익모델	배너광고(기업수입)	협찬, 판매	협찬, 선물, 판매	협찬, 선물, 판매

왕홍을 활용한 마케팅 전략은 소비 특성이 유사한 사람들의 집단일 확률이 높으므로 판매 상품에 적합한 타깃층만 대상으로 마케팅을 시행할 수 있다. 예를 들면, 여성의류 또는 화장품 분야에서 활동하는 왕홍의 팔로어는 대부분 20대, 30대 젊은 여성으로 이들이 좋아할 만한 상품을 해당 왕홍을 통해 홍보한다면 대중을 향한 마케팅보다 효과적일 수 있다.

이뿐만 아니라 스마트폰으로 생방송 도중에 간편 결제가 가능하며, 실시간 대화를 하며 상품에 대한 설명과 정확한 정보를 얻을 수 있어 젊은 소비층의 라이프스타일에 적합하다. 이러한 점을 이용하여 최근 한국 기업들은 중국의 왕홍 마케팅을 활용해 뷰티 상품의 중국시장 진출을 적극 추진하고 있다. 특히 인지도가 낮은 상품인 경우 왕홍을 통해 사전 판매를 하여 중국 내에서 제품 반응을 살피고, 차후 진출 방향을 정할 수 있어 실패 확률을 최소화할 수 있다.

참고문헌

CHAPTER 1

1. 강민주·정도숙, 「중국자유무역시범구 운영 현황 및 시사점-상하이 자유무역시범구를 중심으로」, 『KOCHI 자료 16-012』, KOTRA, 2016
2. 공상철, 『중국, 중국인 그리고 중국문화』, 다락원, 2011
3. 김동하, 「중국 서부대개발 정책이 한국기업에 주는 시사점」, 『중국연구』 27권, 2001
4. 김동하, 「중국의 중부굴기 정책에 대한 소고」, 『국제·지역연구』 제16권 3호, 서울대학교 국제학연구소, 2007
5. 김동하, 『중국지리의 이해』, 부산외대출판부, 2016
6. 리무췬, 「중국 중부지역 발전계획」, 『이슈리포트』 11-6호, 중국삼성경제연구원, 2011
7. 유다형, 「중국의 신성장거점, 자유무역시험구 현황 1-환발해권역·톈진·랴오닝」, 『한중Zine』 Vol. 203, 인천발전연구원, 2017
8. 진병진, 「중국의 동북진흥계획 추진성과와 전망」, 『한국동북아논총』 제47권, 2008, 8~9쪽
9. 최지원, 「중국 동북진흥정책 평가 및 신정책 방향 분석」, 『KIEP 지역기초자료』 17-4, 2017
10. 「중부지역굴기 촉진 13.5 규획'의 내용 및 평가」, 『KIEP 북경사무소 브리핑』, Vol. 20 No. 10, 2017
11. 「"中华人民共和国"国号的由来，您知道吗?」百度百家号, 2017. 3. 20
12. 「2016 중국개황」, 외교부, 2016
13. 유네스코 한국위원회, heritage.unesco.or.kr

CHAPTER 2

1. 김종호, 「중국어의 해음현상 교육방안에 관하여」, 『중국학연구』 56권, 2011, 83-106쪽
2. 박종한 외 2인, 『중국어의 비밀』, 궁리출판, 2012
3. 박홍수, 『중국 언어와 문자』, 한국외국어대학교, 2004
4. 전략, 「한중 외래어 수용 방식 대조 연구」, 『시민인문학』 제19호, 경기대학교 인문과학연구소, 2010, 175~179쪽
5. 최환, 『중국어 신조어와 현대 중국 사회』, 영남대학교출판부, 2011
6. 홍인표, 『중국의 언어정책』, 한국학술정보, 2008
7. 「스파이 의혹… 미국서 역풍 맞는 공자학원」, 주간조선, 2018. 5. 21
8. 「육서」, 네이버 지식백과
9. 「六书」, 百度百科
10. 공자학원총부(粽子学院总部) 국가한판(国家汉办), www.hanban.edu.cn
11. 차이홍 공자학당, www.chg.co.kr

CHAPTER 3

1. 김재선, 『모택동과 문화대혁명』, 한국학술정보, 2009
2. 미야자키 이치사다, 『중국통사』, 서커스출판상회
3. 박강, 『아편과 20세기 중국』, 선인, 2010
4. 박한제·이근명·김형종, 『아틀라스 중국사』, 사계절, 2015
5. 백승욱, 『문화대혁명: 중국 현대사의 트라우마』, 살림, 2007
6. 서진영, 『21세기 중국정치』, 폴리테이아, 2008
7. 손잔췐, 『중국사 인물과 연표』, 나무발전소, 2017

8. 신성곤·윤혜영, 『한국인을 위한 중국사』, 서해문집, 2010
9. 쑨룽, 『중국사 산책』, 일빛, 2011
10. 이매뉴얼 C.Y. 쉬, 『근·현대중국사-상권』, 까치, 2013
11. 전국역사교사모임, 『처음 읽는 중국사』, 휴머니스트, 2014
12. 젠보짠, 『중국사 강요 1, 2』, 중앙북스, 2015
13. 조너선 D. 스펜스, 『현대 중국을 찾아서 1, 2』, 이산, 1998
14. 조영남, 『덩샤오핑 시대의 중국 3-톈안먼 사건』, 민음사, 2016
15. 패트리샤 버클리 에브리, 『사진과 그림으로 보는 케임브리지 중국사』, 시공사, 2014

CHAPTER 4

1. 구자선, 「중국 국방·군 개혁 현황 및 전망: 조직 구조를 중심으로」, 국립외교원 외교안보연구소, 2016
2. 김동하, 「홍콩의 센트럴 점령 시위를 통해서 본 일국양제 고찰」, 『한중사회과학연구』 통권 37호, 2015, 1-24쪽
3. 모리 가즈코, 『현대중국정치, 글로벌 강대국의 초상』, 한울아카데미, 2013
4. 벤저민 양, 『덩샤오핑 평전』, 황금가지, 2005
5. 서진영, 『21세기 중국정치』, 폴리테이아, 2008
6. 성균중국연구소, 『중국공산당 제19차 전국대표대회 보고』, 지식공작소, 2018
7. 신동준, 『인물로 읽는 중국 현대사』, 인간사랑, 2011
8. 윤영덕, 「중국의 일국양제(一國兩制)와 경제특구 선전」, 『아시아연구』 제10권 1호, 2007, 77-105쪽
9. 주장환, 『중국 정치 엘리트』, 두남, 2007
10. 하버드대학 중국연구소, 『하버드대학 중국 특강』, 미래의 창, 2018
11. 「중국몽」, 『중국현대를 읽는 키워드 100』, 국민대학교 중국인문사회연구소
12. 「一目了然: 改革后的解放军领导管理体系全图」, 中华网, 2016. 2. 2
13. 『2016 중국개황』, 외교부, 2016

CHAPTER 5

1. 강선주, 「AIIB 출범 2년 평가: 중국의 경제외교 수단 vs. 다자개발은행」, 국립외교원 외교안보연구소, 2017
2. 곽복선 외, 『중국경제론』, 박영사, 2015
3. 김동욱, 『세계사 속 경제사』, 글항아리, 2015
4. 김동하, 「소비에트연방이 중국의 제1차 5개년 계획에 미친 영향 요인에 관한 연구」, 『경제사학』 60권, 2016
5. 김동하, 『차이나 머천트』, 한스미디어, 2013
6. 김동하, 『현대중국경제사: 5개년 경제계획을 중심으로』, 차이나하우스, 2018
7. 김동하, 『현대 중국경제와 통상제도』, 부산외대출판부, 2016
8. 김혜연, 「신창타이」, 『중국현대를 읽는 키워드 100』, 국민대학교 중국인문사회연구소, 2017
9. 따찌야나 미하일로브나 찌모쉬나, 이재영 옮김, 『러시아경제사』, 한길사, 2006
10. 린중원, 『大国经济新常态』, 人民日报出版社, 2015
11. 알렉 노브, 김남섭 옮김, 『소련경제사』, 창작과비평사, 1998

12. 이봉걸, 「일대일로 프로젝트 현황과 영향」, 『Trade Focus』 Vol.14, No.16, 국제무역연구원, 2015
13. 이철용, 「신창타이 중국경제」, 『LG Business Insight』 2014. 10. 29, 1~19쪽
14. 임기택, 『중국 자동차산업의 현황과 미래』, 화서당, 2003
15. 임영석·박두정, 「중국 일대일로 추진 동향 및 시사점」, 『이슈리포트』 09, 한국수출입은행 해외경제연구소, 2015
16. 쩡비쥔·린무시, 박상선·최영렬 옮김, 『중국현대경제사』, 매일경제신문사, 1994
17. 「AIIB 발전 전망과 정책적 시사점」, 『오늘의 세계경제』, Vol.16, No.25, KIEP, 2016
18. 「AIIB 발전 현황과 시사점」, 『오늘의 세계경제』, Vol.17, No.22, KIEP, 2017

CHAPTER 6

1. 강성현, 「중국의 입시지옥, '가오카오(高考)'」, 중앙일보, 2013. 2. 26
2. 곽복선 외, 『중국경제론』, 박영사, 2014
3. 김동하, 『중화경제권의 이해』, 부산외대출판부, 2015
4. 김동하, 『화교 역사·문화 답사기1』, 마인드탭, 2017
5. 김동하, 「중국의 지능정보사회를 위한 교육 분야 규범화에 대한 연구」, 『중국학』 62권, 2018
6. 신금미, 「중국 신세대 농민공의 특징과 문제점」, 대외경제정책연구원, 2011
7. 썬쟈, 「중국 소비시장에 등장할 신(新)주류: '80後'세대 공략 포인트」, LG경제연구원, 2007
8. 유진석, 「소비대국 중국, 그 중심에 있는 신세대」, 『SERI 경제포커스』, 삼성경제연구소, No.424, 2013
9. 조지현, 「중국 사회보장제도 개혁의 주요 내용 및 전망」, KIEP 북경사무소, 2014, 1~15쪽
10. 천천, 「'부활 40주년' 맞은 '중국판 수능' 가오카오 대해부」, 아주차이나 리포트, 2017. 6. 29
11. 「중국 소황제 신드롬과 마케팅 시사점」, 농수산물유통공사, 2011
12. 「폭스콘 中 공장서 또 노동자 자살·입 닫은 폭스콘」, 연합뉴스, 2018. 1. 10
13. 孟穎穎·李慧丽, 「改革开放以来我国失业保险制度的政策回顾与述评」, 《社会保障研究》 第5期, 2015
14. 「单独二孩实施近两年全国申请量185万」, 一财网, 2015. 12. 1
15. 「第41次中国互联网络发展状况统计报告」, CNNIC
16. 「国务院关于进一步推进户籍制度改革的意见」, 中华人民共和国中央人民政府网, 2014
17. 「户籍制度改革」, 百度百科
18. 「毛泽东与马演初的人口观」, 腾讯新闻, 2012. 3. 2
19. 「人社部签发首张电子社保卡 将在青岛, 成都等地开展试点」, 人民网, 2018. 4. 23
20. 「'十三五'社会保障卡发展规划」, 卡服务网, 2016. 8. 5
21. 「消费对经济增长贡献率58.8%成第一驱动力」, 中国网, 2018. 2. 1
22. 「中国计划生育40多年累积少生4亿多人」, 人民日报, 2013. 11. 12
23. 「中国的老龄化速度快基数大, 未来如何养老?」, 人民网, 2018. 4. 18
24. 「2016农民工检测调查报告」, 家统计局, 2017
25. 「2016网购人群大数据舆情分析报告」, 新浪
26. 「2017年'全面二孩'政策效果继续显现」, 中国新闻网, 2018. 1. 21
27. 「2018年生育保险新政策包括哪些?」, 招商信诺, 2018. 1. 31
28. 「2030年后劳动年龄人口每年将减少760万」, 网易财经, 2016. 7. 22
29. 가오카오왕, www.gaokao.com

30. 중국교육신식망, www.chinaedu.edu.cn

31. 중국교육온라인, www.eol.cn

CHAPTER 7

1. 강진석, 「중국인의 다양한 장례문화」, 『중국학연구회 학술발표대회 자료집』, 2005

2. 고영근, 『중국학 입문』, 부산외대출판부, 2013

3. 공봉진 외 5명, 『한중수교 20년』, 한국학술정보출판사, 2012

4. 공상철, 『중국, 중국인 그리고 중국문화』, 다락원, 2011

5. 국민대학교 중국인문사회연구소, 「중국의 인터넷문학」, 『중국현대를 읽는 키워드 100』

6. 권석환 외, 『중국 문화답사기 3』, 다락원, 2007

7. 김동영, 「중국 변검의 국내 수용 및 한국 변검 공연화에 대한 연구 -한국 변검의 창작과정 및 공연적 특징을 중심으로」, 세종대학교 문화예술콘텐츠대학원 석사학위논문, 2013

8. 김태만 외 3명, 『쉽게 이해하는 중국문화』, 다락원, 2011

9. 김택규, 『중국출판과 인터넷문학』, 차이나하우스, 2014

10. 박종우, 『중국 종교의 역사-도교에서 파룬궁까지』, 살림지식총서, 2006

11. 부샤오평, 「중국 곤극의 분장과 분장방법 연구」, 광주여자대학교 석사학위논문, 2011

12. 어우양쥐취안, 「중국 인터넷 문학이 세계를 휩쓰는 이유」, 인민화보사, 제5호, 2017

13. 이진원, 「월극 춘향전과 창극 홍루몽: 중국 희극과 한국 창극의 교류에 관한 소고」, 『판소리학회지』 제16권, 2013

14. 임대근, 『임대근의 차이나 무비 1, 2, 3, 4』, 2017

15. 석도윤·이다현, 『중국 차문화』, 하늘북, 2004

16. 송철규, 『경극』, 살림출판사, 2004

17. 장야난, 「중국의 전통명절 풍속에 관한 이미지 포스터 연구」, 성균관대학교 학위논문, 2011

18. 장서연, 「중국의 결혼과 장례 풍습」, 『친디아 저널』, Vol.40, 2009

19. 전영란, 『중국 소수민족의 장례문화』, 중문출판사, 2011

20. 최재용, 「중국 인터넷 문학 연구에 대한 비판적 검토」, 『중국어문학지』 제34집, 2010

21. 한국콘텐츠진흥원, 「중국 인터넷 문학과 저작권」, 중국 콘텐츠산업동향, 11호, 2017년

22. 「맹자」, 중국인물사전, 한국인문고전연구소

23. 「중국 불교」, 철학사전, 2009

24. 「中国法定节假日」, 『2018年春运』, 百度百科

25. 「昆剧的故事」, www.china.com

26. www.cine21.com

27. www.shanghaibang.net

CHAPTER 8

1. 강민주, 「중국 왕홍 4.0시대, 현상에서 산업으로 진화」, KOTRA 해외뉴스시장, 2016

2. 고정민 외, 『한류 포에버』, 한국문화산업교류재단 한류총서Ⅴ, 2011

3. 구자근, 『차이나 핀테크』, 스리체어스2018

4. 김동하, 「중국제조 2025와 인터넷+양대 축 통해 육성」, 『친디아 플러스』, Vol. 122, 2017

5. 김우정, 「중국 관광객, 해외 어디서도 휴대폰 하나면 결재 끝」, KOTRA 해외시장뉴스, 2017

6. 김성옥, 「중국 인터넷서비스산업의 발전과 시사점」, KISDI, 2016

7. 김수한, 「자전거·금융·의료까지 공유경제 시장 급속 성장」, 『친디아저널』 125호, 2017

8. 김수한 외, 「중국 공유경제의 발전과 특징(1)-기본현황 및 정책현황」, 『INChina Brief』, Vol. 343, 인천발전연구원, 2017

9. 김정덕 외, 「중국 온라인 마케팅의 핫이슈, 왕홍 이렇게 활용하라!」, 『트레이드 포커스』 46호, 국제무역연구원, 2016

10. 김정향, 「2017년 상반기 중국 휴대폰시장 결산」, KOTRA 해외시장뉴스, 2017

11. 김택환 외, 「중국의 언론제도 및 산업현황 연구」, 『한국언론진흥재단 연구보고서』, 2012

12. 나승권 외, 「국제사회의 공유경제 추진현황과 시사점」, 대외경제정책연구원, 2017

13. 마화텅·쟝샤오평 외, 『인터넷 플러스 혁명』, 비즈니스북스, 2016

14. 백서인, 「중국 인터넷 기업 텐센트의 'Imitation to Innovation'」, 『과학기술정책』, 통권 233호, 과학기술정책연구원, 2017

15. 백서인·김단비, 「중국의 디지털 전환 동향과 시사점」, 과학기술정책연구원, 2017

16. 서봉교, 『중국경제와 금융의 이해: 국유은행과 핀테크 은행의 공존』, 오래, 2017

17. 서봉교, 「중국 핀테크 산업 성장과 규제완화」, 『정책연구』 16-27호, 한국경제연구원, 2016

18. 이정진, 「'오포'와 '비보'의 창업자 돤융핑」, 『CSF 이슈와 트렌드』, KIEP , 2016

19. 이찬도, 「방송한류콘텐츠 비즈니스의 대외경쟁력 제고 방안」, 『e-비즈니스연구』 제14권 제5호, 2013

20. 장규수, 『한류와 아시아류』, 커뮤니케이션북스, 2013

21. 한석주, 『핀테크』, 커뮤니케이션북스, 2015

22. 「중국 세계 10대 핀테크 기업 중 5개 차지」, 『핀테크 동향』, 한국인터넷진흥원, 2017

23. 「중국의 왕홍경제&팬덤경제 열풍 분석」, 『중국콘텐츠산업동향』 한국인터넷진흥원, 13호, 2016

24. 「중국 공유경제 시장규모 1조 9,500억 위안」, KIEP 중국전문가포럼, 2016. 3. 2

25. 「현금 없는 시대 맞이한 中 '모바일 결제'시장」, 『이슈와 트렌드』, KIEP, 2018. 1

26. 「즈마신용-알리바바-핀테크-생태계의-잠재력」, https://medium.com

27. 「2017년 중국 공유경제, 순조로운 발전」, 한국무역협회 무역통상정보, 2018. 3. 7

28. 「2017 중국의 핀테크 산업 현황」, 『중국콘텐츠 산업동향』 제5호, 한국콘텐츠진흥원, 2017

29. 「关于积极推进"互联网+"行动的指导意见」, www.gov.cn/xinwen